人美学术文库

人美学术文库

青萍之末

嘉道年间岭南的文人生活与艺术世界

李若晴 著

人民美術出版社
北京

图书在版编目（CIP）数据

青萍之末：嘉道年间岭南的文人生活与艺术世界 / 李若晴著. -- 北京：人民美术出版社, 2021.3
（人美学术文库）
ISBN 978-7-102-08612-5

I. ①青… II. ①李… III. ①文人－社会生活－研究－广东－清代 IV. ①D691.71

中国版本图书馆CIP数据核字(2020)第208692号

人美学术文库　RENMEI XUESHU WENKU

青萍之末：嘉道年间岭南的文人生活与艺术世界

QINGPING ZHIMO：JIADAO NIANJIAN LINGNAN DE WENREN SHENGHUO YU YISHU SHIJIE

编辑出版　人民美術出版社
（北京市朝阳区东三环南路甲3号　邮编：100022）
http://www.renmei.com.cn
发行部：（010）67517602
网购部：（010）67517743

责任编辑　教富斌　秦晓磊
装帧设计　翟英东
责任校对　李　杨
责任印制　宋正伟
制　　版　朝花制版中心
印　　刷　雅迪云印（天津）科技有限公司
经　　销　全国新华书店

版　次：2021年5月　第1版
印　次：2021年5月　第1次印刷
开　本：710mm×1000mm　1/16
印　张：26
印　数：0001—3000册
ISBN　978-7-102-08612-5
定　价：98.00元

出版说明

人民美术出版社推出的这套“人美学术文库”系统地反映了我国现当代艺术理论的最新发展和成果，尤其彰显了改革开放以来我国艺术理论的研究成果：一是重要艺术理论家的代表性艺术论著，强调学术传统的积累与传承。二是当代中青年学者能够体现新材料、新方法、新观点的新锐力作，以推动中国艺术理论与思想的创造发展。三是海外研究中华传统艺术的知名学人的研究成果，以丰富艺术研究的方法和视角，促进中外中华传统艺术研究的交流与合作。

“人美学术文库”的选题以高端、前沿和厚重为主要特点，内容分别以美术学和设计学两个学科的学术研究来构建：美术学涉及美术史、美术教育、美术创作、美术批评、美术考古、书法、书画鉴定等领域；设计学涵盖设计史、设计美学、设计批评、设计方法论等方面。两个学科的专著在书籍装帧设计上加以区别，以示两个不同的系列。在研究方法上，综合性的艺术研究和分门别类的艺术研究、艺术自身的研究和其他学科交义的研究、艺术的共性研究和中国艺术的特点研究都是我们提倡的，就是要拓宽门路，“百花齐放，百家争鸣”。本套丛书的研究成果主要集中在对“中国的艺术问题”的研究，以及由中国文化生发引申出来的艺术现象研究上。我们认为只有先把中国的艺术问题解释清楚了，才能更好地参与人类艺术的共性问题研究。

我们坚信，随着社会发展和时代的进步，中国艺术学理论的研究和艺术创作实践会越来越成熟。恩格斯说：“一个民族想要站在科学的最高峰，就一刻也不能没有理论思维。”（《自然辩证法》）对于艺术理论也不例外。这不仅关系着艺术事业的发展，也关系着民族文化的提高，更是文化自信的坚实基础。

人民美术出版社

序

大风起于青萍之末

《青萍之末——嘉道年间岭南的文人生活与艺术世界》（以下简称《青萍之末》）是海丰李若晴治广东艺术史的第三部著述。2014年他点校广东书画名流谢兰生的《常惺惺斋日记（外四种）》（以下简称《日记》，图1），以扎实的文献考据，塑造了事主的时代形象，占据了岭南绘画研究的学术制高点。2020年，在《越台春望：区域竞争中的广东美术（16—20世纪）》中，他以十个专题呈现五百年地方文化专史中绘画图像的演变，为界说第一次鸦片战争前夕由谢兰生主盟的广州艺坛，提供了一个历时的坐标。在此基础上，这本新著又以十二个章节建构了一个共时的坐标，聚焦谢兰生最后三十年（1802—1831）的文人生活和艺术世界，运用《广州大典》等地方史文献和中外特有的视觉图像，不仅凸显广州在世界海港城市中的中心位置，拉开中国近代史的序幕，而且凭借世界消费文化中作为商品的金石书画，来反思艺术史叙述中的“广州模式”。

这本新书的副标题所示时间段是第一次鸦片战争前夕，李

图 1 《常惺惺斋日记（外四种）》书影

图 2 《蒙元入侵前夜的中国日常生活（插图本）》书影

若晴意在回应法国年鉴学派大家谢和耐（Jacques Gernet）的名著《蒙元入侵前夜的中国日常生活》（图 2），从看似平淡无奇的日常生活，揭橥世界历史重大转折的到来。13 世纪南宋杭州繁华的都市生活，背后是即将代之而起的横跨欧亚的蒙古草原帝国，并为大航海时代出现的前奏。19 世纪前期广州之所以成为大航海时代的中心，可由其海事史的发展寻得端倪。如蔡鸿生所指出的，大清帝国从市舶（传统朝贡体制）向洋舶（现代条约体制）的转换始于广州。处于这一世界史断代剖面的岭南艺术发展，便是李若晴书中再现的“大风起于青萍之末”的时代意象。本书为读者提供了真实可信的视觉信息，具有无可替代的学术价值。其将生未生之态势，相互撞击、层层激荡，给人以极为深刻的启示。

意象之一是建构第一次鸦片战争前夕广州、中国乃至世界的跨语境范畴，重新认识谢兰生和广东文化被边缘化的现象。由于“天高皇帝远”的地理位置，岭南长期被视为蛮荒之地。

图3 《伍秉鉴画像》 约1840—1850年 水彩画 纵25厘米，横19厘米 英国维多利亚与阿伯特博物馆藏

图4 《潘长耀家的庭院》 1842年 〔英〕托马斯·阿隆(Thomas Allom) 铜版画

从乾隆二十二年（1757）施行“一口通商”到道光二十四年（1844）签订《南京条约》开始五口通商为止，这87年的外贸垄断地位，从根本上改变了广州在国际贸易关系中的作用，使之成为梁启超所说“全地球最重要之地点”。而从市舶向洋船转换的结果，是产生了一批“富甲天下”的行商人物，叱咤国际风云。最典型者，当推十三行商总伍秉鉴（图3），不但名列《华尔街日报》近千年中世界50名富豪榜，而且是入选的中国6名富豪中唯一不是政治家的商人。这种区别于传统官商性质的行商巨贾，使伍秉鉴除了代理皇家宫廷经营外贸交易之外，同时参与域外铁路、保险、银行的实业投资，用这一课题的研究专家范岱克（Paul A. Van Dyke）的话说，伍秉鉴“将通行其时的世界商业政治操控于股掌之中”。丽泉行潘长耀（图4）则参与跨国商务诉讼，为如何从事国际贸易，积累了第一手经验，打下现代中国银行制度的基石。区别于国内其他商帮在江南的艺术赞助，广州的文人生活和艺术世界由于行商、盐商的积极介入，大胆开拓，独具

图5 《"涅瓦号"船长李香斯基(Yuriy Lisyansky，1773—1837)肖像》 1810年 〔俄〕博罗维科夫斯基(Vladimir Borovikovsky，1757—1825) 油画

国际中心特色。谢兰生的《日记》为读者绘制了这样一幅自画像，颇为传神：当他吃着番面百饼（面包？），品着洋酒，点着洋烛，用着洋磁做的笔洗，擦着蝉翼洋巾（手帕？），穿着洋布织品，盖着洋被面，挂着洋绒毯，铺着洋锦毡毹铺垫，用着洋薄荷水医治牙疼眼热，拿着洋商邱熙所赠《种痘书》，看邱氏为其孙种牛痘，年终岁末记录着书院山长岁修四百五十两白花花的洋银，所有这些来自洋舶的物质文化讯息，使他比国内任何地区的文化精英，都能更真切地触摸到时代的脉动。如此丰厚滋润的生活，也让北美新大陆同一时期在东部、中西部和南部如雨后春笋般出现的以广州（Canton）命名的城市居民梦寐以求，艳羡不已。在这个共时的坐标上，华南社会传统的皇帝与宗族之间的结构关系，由于新的国家与市场关系的渗入，随时调整其"中心—边缘"的位置，树欲静而风不止，意味着时代的风暴正在形成。《青萍之末》创构的这个特殊意象，使读者能见微知著，洞悉新思潮的到来。请看，十三行商总潘振承对来自纽约的中国"皇后号"商船首航广州的热情接待，向独立才刚刚八年的美利坚合众国人民展示了广州的迷人风采。潘有度、

图 6 《自画像》 1840 年 〔英〕钱纳利 油画

潘正亨父子在“南墅”（图 4）庭院款待来访的俄罗斯“涅瓦号”船长（图 5）和美国商人，讨论正在改变世界历史的拿破仑战争，通过直接对话外商，了解最新的国际政治形势，形成中外文化的观察比较，前所未闻。谢兰生和潘有度联姻，为潘正亨开蒙，和其他行商的公干和私交，特别是和当时的世界首富伍秉鉴之间极为频繁的走动（仅《日记》就提到 221 次），以及他和粤海关署相邻而居，与各代榷史、朝廷地方各级官员的往来，使他在绵密的士绅、商人和官员的人脉系统中，把握住了“变现无常”的历史风云。和大多数祖籍福建的行商开拓十三行国际政治经济重镇的努力一样，流寓、仕宦广州的国内外艺术家和趣味制造者对这个文化中心的贡献不容小觑，从英国著名画家钱纳利（George Chinnery，图 6）为伍秉鉴绘制的大幅油画肖像，到盐商李秉绶聘请孟觐乙、宋光宝两位花鸟画家前来传艺，这些在原籍默默无闻的人物、思想和行迹，坚实有力地证实了中外人士对岭南文化在时代剧变中对地缘政治重要性的认同。

意象之二是关于嘉庆道光年间广州生活与艺术的在地性，即嘉庆九年（1804）刊行的言情小说《蜃楼志》中罗浮居士于序

图 7 《写画——正在摹绘洋画》 18 世纪末 蒲呱 水粉画 纵 38.1 厘米，横 28.9 厘米 美国迪美博物馆藏

图 8 《潘振承画像》 油彩镜画 瑞典哥德堡市立博物馆藏

文所说的“本地风光”，呈现士商各界在时代风暴将临之前的真实处境。嘉庆七年(1802)进士及第后，谢兰生决意回归故里办学，出任羊城书院山长。早他三年金榜题名的吴荣光，盐商出身，游宦四方，退仕还乡后，筑“赐书楼”，颐养天年。两相比较，谢兰生更接地气，独擅胜场。要感知这个“大风起于青萍之末”的社会流动状态，没有比麦哲维 (Steven Miles) 在哈佛大学的博士论文主标题“Local Matters:Mobility and Identity in Nineteenth-Century Guangzhou（本地之事物备受关注：19 世纪广州的社会流动性与身份认同）”更能说明研究岭南思想史和思想史家的在地性的了。英文“local matters”一语双关，意为“本地之事，本地攸关”。他始料未及的是，尽管他在第二章以谢兰生为建构岭南学的人脉中心，但在英文著作出版时，却将正题改为“The Sea of Learning”，用“学海堂”指代广州，结果在中译本书名《学海：清末岭南学术》中，使得 19 世

图 9 《靖海全图》之"海防定策" 清代 绢本设色 香港海事博物馆藏

纪广州精英阶层的社会流动、身份认同和"本地风光"都遁形匿迹，令人惋惜。和"大风"的意象紧密相关，这个生死攸关的本地风光，是中国和现代世界开始真正联系在一起的中心，并由此积聚起时代的风暴。失去了如此国际化的"本地之事"，何以显示广州文人生活的魅力？不能领会这个双关话语，讨论清末岭南学，难免落入与科举同归于尽的经学研究窠臼，使谢兰生高足陈澧所代表的"学海"失去"洋舶"的本色。考虑到现存谢兰生的《日记》只有他 71 年人生中后面 9 年的实录，所以其缺略部分，就为研究第一次鸦片战争前夕的广州社会埋下了伏笔。而这个伏笔，便是李若晴新著独具慧眼、胜人一筹的视觉命题。翻阅《青萍之末》的插图作品，从公车应制的五条路径到大清海图全景，从文人的金石书画，到作为"外销画"的旅游纪念品［有素描、水彩、水粉、油画、铜版画不同媒介，包括通草纸（图 7）、漆画屏风和镜画 / 玻璃画（图 8）等奇特形式］，不但确认一种真实可信的在地感，而且不时唤起人们的历史想象力。这些视觉命题中，嘉庆时期绘制的《靖海全图》中"海防定策"的场面（图 9），正是《蜃楼志》屡屡提及的海

图 10 《广州同文街上一家帽子专卖铺》 1825—1830 年
美国迪美博物馆藏

患，更是谢兰生精心撰写《广东通志》《海防门》的看点。如果对比李若晴《越台春望》开篇明刊本《三省备边图记》粤东平定潮惠山寇、促成珠三角“文酒升平”的画面，第一次鸦片战争前夕谢兰生和朝廷上下的关注点，似乎只在平定华南海盗。读者可以注意到，《日记》中只字未提的外商形象，却出现在1825年至1830年间佚名画工笔下：广州同文街上一家帽子专卖铺，门口有洋文牌记，店老板正和头戴礼帽的外商握手送别，并由伙计将其所购的鸡毛尘掸送回商馆（图10）。《日记》多处提到广州城内外的大小火灾，但却失记1822年11月1日晚九时半开始的外国商馆大火。好在有广州佚名画家以油彩记录了令人震惊的整个过程（图11）。《日记》虽然没有语及潘振承的镜画肖像和伍秉鉴、潘有度等人的油画肖像，或潘有度庋藏由郎世宁（Giuseppe Castiglione）等绘制的畅春园西洋铜版画，但这些绘画表现手法，却成为1894年前荷兰籍美国商人范罢览（Andreas Everardus van Braam Houckgeest）向两位佚名广东画家定制的《中国风土图册》的图像参考，用于是年荷兰

图 11 《广州商馆大火》 1822 年 油画 每幅纵 27 厘米，横 38 厘米 香港艺术馆藏

使团进京参加乾隆登基 60 年大庆的旅途指南。谢兰生出身金石世家，常将乃父谢景卿编订的《汉印分韵》和自己与人合编的《双桂草堂印谱》以及印篆，作为和本地及国内各界交往的礼物，显示出以印学为重要组成部分的金石学在岭南一带的中兴。正因为潘有为、吴荣光和谢兰生等在金石书法方面的收藏和造诣，使阮元提倡的碑学观念，由印学一端作为回应，最后由康有为在《广艺舟双楫》中达到理论的升华。就在由学海堂刊行的《皇清经解》（又称《学海堂经解》）煌煌 1400 卷巨册随着科举体制寿终正寝之时，体现小学金石文字成就的《汉印分韵》、《看篆楼鉴藏古铜印》（图 12）、《筠清馆金石录》等著述，与 19 世纪欧洲艺术开始的“永久革命”并驾齐驱，至今仍为艺术家和艺术史家所重视。放在一个共时的坐标上，多种艺术品同时出现在谢兰生眼前。尽管他选择的是金石书画，尽管他的书法以帖学为重，但所达到的认识制高点，在同时期无论洋人还是国人中，都鲜能窥见。譬如，同时期法国画家达维特（Jacques-Louis David）、英国画家布莱克（William Blake）、透纳（Joseph

图 12 《看篆楼鉴藏古铜印》钤印本书影 1787 年（邝以明提供图片）

图 13　《暴风雪中的汽轮》　1842 年　〔英〕透纳　油画　纵 91,4 厘米，横 121,9 厘米　英国泰特美术馆藏

Turner，钱纳利在皇家绘画学院同窗，图 13）、康斯太勃尔（John Constable）、西班牙画家戈雅（Francisco José de Goya）和德国画家弗里德里希（Caspar David Friedrich）等，代表着贡布里希（Ernst Gombrich）所形容的“告别传统”的创新努力，却无一知晓一场金石学革命的思潮正在广州悄然萌生；同一时期日本著名兰学家、画家司马江汉（图 14）和画家、“幕末伟人”、“日本开国史上的第一人”渡边华山尽管知道当代荷兰和欧洲社会、科技、文化和艺术的诸多信息，却没有机会在长崎或日本其他城市亲眼看到能和钱纳利水准相当的西方绘画。借用程美宝 2019 年《走出地方史：社会文化史研究》的新书书名，《青萍之末》对嘉道年间广东艺术史的考察，由“本地风光”联通世界艺术史。这些视觉命题，未必都见诸同代人的文字，但其交互作用所构成的“起于”态势，不久将超越一时一地，成为中国“三千年一大变局”的视觉表征。

图 14　《东西方相会图》　〔日〕司马江汉　绢本设色　纵 101.6 厘米，横 49.53 厘米　美国明尼阿波利斯美术学院美术馆藏

意象之三是作为“青萍”的广州这一世界海港城市中心的艺术消费品，由此引发对中外艺术史叙事模式的宏观考察。如果像广州地方经济史研究者所说的那样，把 19 世纪“消费文化”

视为“理解广州的中心要素”，那么，缺失了金石书画和外销艺术的“消费文化”，还有什么“中心要素”可言？《青萍之末》抓人眼球之处，是拈出“艺术作为消费品”这样有目共睹却总被人们视而不见的事实。在共时的坐标上，艺术消费品这一“青萍”意象事关重大，尽管嘉道年间广州这个繁荣的艺术世界不过“蜃楼随风”，尽管世界首富伍秉鉴仅有象征“浩官”品牌的一批油画、水彩画像存于国内外公私藏家之手，尽管谢兰生和他的书画艺术被岭南后来的书画家超越，继而掀起碑学高潮和绘画革命。回到李若晴提供的插图，就看到广州在第一次鸦片战争前夕各个艺术市场空前活跃的状况，验证“大风起于青萍之末”的历史实景。美国马萨诸塞州广州市（Canton）西北 70 千米处是著名的海港城市塞勒姆（Salem）。那里的迪美博物馆（Peabody Essex Museum），大量收藏来自广州的由中外画家制作的艺术纪念品。前面提到的《中国风土图册》，现存 249 开共 10 册，仅为原来 1800 开共 38 册的六分之一。范罢览 1897 年曾在美国费城和欧洲先后展览之，引起西方观众的兴趣和关注。其水墨和欧洲透视并用的画法，不仅引发 1866 年郑绩提出“夷画”“儒画”之分的视觉争议，开启 20 世纪初关于中国画兴衰问题一波又一波的论辩，而且更重要的是，由孟觐乙再传弟子、“革命画师”高剑父、高奇峰、陈树人等继续尝试，在民国初年的上海，创立“折中派”，成为绘画革命的先锋。“看篆楼”“筠清馆”“听帆楼”“风满楼”“岳雪楼”的金石书画收藏，和乾隆盛世对历代艺术藏品的垄断逆向而行，以民间之力，为广州一地的艺术繁荣提供了宝贵的图像资源。潘有为收藏六国秦汉私印的魄力和眼光高蹈独立，在岭南和全国出新求异，潘正炜在石涛《搜尽奇峰打草稿》卷跋尾中强调的一个“奇”字，体现出艺术趣味的转化。回到嘉道年间广州的艺术市场，

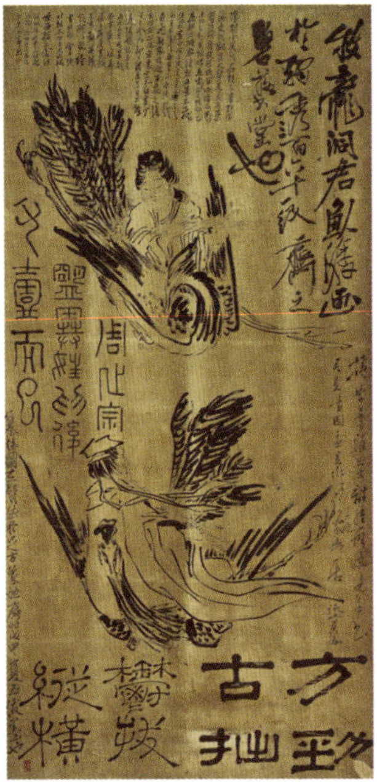

图 17 《吹箫引凤图》 1848 年 苏仁山 纸本水墨 纵 246 厘米，横 118 厘米 香港中文大学中国文化研究所文物馆藏（童宇提供图片）

图 15 “伊秉绶印”（朱文印） 清代 谢景卿（邝以明提供图片）

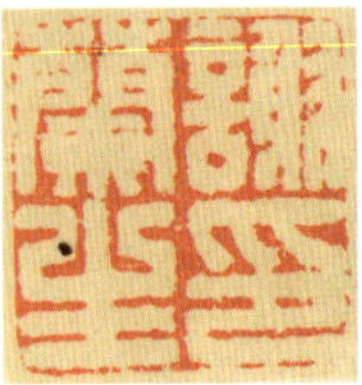

图 16 “谢兰生印”（白文印） 清代 谢兰生 纵 2.5 厘米，横 2.5 厘米（邝以明提供图片）

谢景卿长于金石，精于鉴赏，亦擅铸印，以鬻书画篆刻为生，为清代隶书大家伊秉绶治印（图 15），响应碑学时风。秉承家学，谢兰生亦能以竹根治印（图 16），颇具古风。又以祭酒的名望，一年雅债的笔墨润资，相当于额外添一份山长的收入。在其周边，不论本地人还是外来客，多以金石书画为生计，乐此不疲。像友人尹右铸印，被谢兰生称为“绝技”。即使像苏仁山这样孑然于主流群体之外的“另类”书画家，依然能依托市场，另辟蹊径，自开生面，呈现出 19 世纪中国画坛难得的艺术原创性（图 17）。而行商巨贾的赞助，无疑增进了广州和江南等地艺术家的竞争实力。《日记》提道：“为潘季彤（潘正炜字）作山水四帧已就，内有一幅写梅花及橘柚、柑橙、朱橘等果者，颇有新意。”潘正炜就是中国书画著录史上记录每一藏品价格的“听帆楼”主人，其后人批校《听帆楼书画录》，可以在增

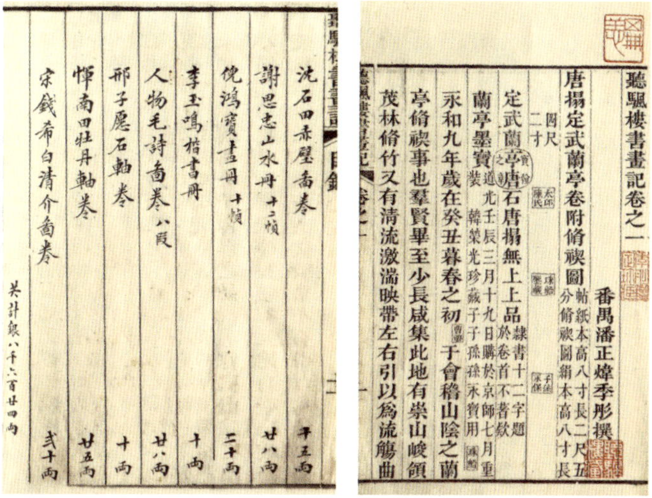

沈石田赤壁圖卷 十五兩
謝思忠山水冊 十二幀 廿八兩
倪鴻寶書冊 十幀 二十兩
李玉鳴楷書冊 十兩
人物毛詩圖卷 八段 廿八兩
邢子愿石軸卷 十兩
惲南田牡丹軸卷 廿五兩
宋錢希白清介圖卷 式十兩
共計銀八千六百廿四兩

聽颿樓書畫記卷之一
番禺潘正煒季彤撰
唐搨定武蘭亭卷附脩禊圖 帖紙本高八寸長二尺五分脩禊圖絹本高八寸長圖尺二寸
定武蘭亭唐石唐搨無上上品 隸書十二字題於卷首不著款
蘭亭墨寶 光壬辰三月十九日購於京師七月重裝 韓榮光珍藏子子孫孫永寶用
永和九年歲在癸丑暮春之初會于會稽山陰之蘭
亭脩禊事也羣賢畢至少長咸集此地有崇山峻領
茂林脩竹又有清流激湍映帶左右引以爲流觴曲

图 18　《听帆楼书画录》初刻本书影　私人收藏（黎丽明提供图片）

补的条目下，补上收购单价（图 18），可见行商簿记可供外商客户审核的条规遗风。当谢兰生为卢文锦“写大幅绢画松泉”，如同他为广利行初代写墓铭所得丰润的酬报，其绘画主题让人想到北宋郭熙为文彦博作“一望松”，沿袭“希望子孙延绵不绝”的应酬路数。相比之下，谢兰生在收受潘正炜的画润时，由于趣味相投，更富创新意愿。所绘橘柚、柑橙、朱橘等水果，以及他存世的《荔枝图》，都是岭南著名风物，也是谢兰生的最爱。对于罗浮仙境，谢兰生从道教信仰到“广东文化”观的自我认同，大胆挥写，精心收拾，创作了《罗浮分霞岭图》《茶山飞瀑图》等实景山水，堪称精品。这出现在广州艺术史、中国艺术史、世界艺术史特定时段的“青萍”意象，并不只有文物遗产的价值，而是像广州海事史一样，从市舶到洋舶，体现出重大的国际政治经济学意义。与梁启超 1905 年提出的“世界

图 19 “声自海来”(白文印) 清代 边款纵 2.6 厘米，横 1.5 厘米 印纵 1.5 厘米，横 1.2 厘米 私人收藏（邝以明提供图片）

史上广东之位置”重大命题几乎同时，《老残游记》中的老残（刘鹗）提出惊人之语，认为“南革的首领，初起都是官商人物”，仿佛预见辛亥革命的到来，也似乎预见岭南艺术史将会翻开的新篇章。不足为奇，历史学家郭适（Ralph Crozier）的《现代中国的艺术与革命——岭南画派（1906—1951）》（*Art and Revolution in Modern China: The Lingnan (Cantonese) School of Painting*, 1906-1951）成了第一本讨论岭南画史的西文著作，所采用的叙事模式，衔接的是“南革”的统绪。而那些官商人物，“都是聪明出众的人才”，他们对艺术史的贡献，则将由《青萍之末》呈现给读者。这就是“艺术与革命”所仰赖的基础，即“艺术与市场”。就这样，《青萍之末》不仅弥补了广州 19 世纪消费文化研究中忽略金石书画和国内外旅游纪念品的严重缺失，而且从世界艺术史学史的高度，喻示了一个“艺术与市场”的“广州模式”。比较此前苏州、徽州、扬州的“艺术—商业”模式，谢兰生的名声虽然不出岭南，但其生活在消费社会中心，推重金石书画作为特殊商品的价值，却为后来上海的

“艺术—商业”模式先行一步，树立了样板。这个大清帝国“经济特区”的“青萍”意象，开风气之先，前无古人。

和任何优秀的诗篇一样，好的学术著作，总是带给读者无尽的联想。相信读者能从《青萍之末》中探寻地方视觉文化的奥秘，分享中国艺术研究的乐趣，感知世界艺术永久革命的端倪，由此体验十三行同文行后裔、诗人潘飞声“声自海来”（图19）的壮阔情怀。

洪再新

2020 年 7 月 15 日于积学致远斋

目录

导言

第一节　研究目的与范围

谢兰生（1760—1831），字佩士，号澧浦，又号里甫，广东南海人。清嘉庆七年（1802）进士，先后任粤秀、越华、羊城书院山长。曾受两广总督阮元延聘，任《广东通志》总纂。谢氏为广东著名书画家、学者、诗人，著有《常惺惺斋文集》四卷、《诗集》四卷、《北游纪略》二卷、《书画题跋》二卷、《游罗浮日记》一卷。

除了上述著述外，谢兰生还留下十年的《常惺惺斋日记》（以下简称《日记》）手稿，今藏中国国家图书馆。《日记》始于嘉庆二十四年（1819），终于道光九年（1829），中阙道光七年（1827），其中记录了谢氏每日的工作、行程和交往，是了解谢兰生及其时代的重要资料（图 0-1、图 0-2、图 0-3）。近年来有学者开始关注这本日记手稿，但是专门研究的，就笔者所知，仅有哈佛大学费正清中心麦哲维教授①和香港中文大学

① 麦哲维：《谢兰生〈常惺惺斋日记〉与嘉道间广州城市生活一览》，《华南研究资料中心通讯》第 33 期，2003 年。另外，麦哲维《学海：十九世纪广州的社会流动性与身份认同》一书第二章“谢兰生的城市：1810—1830 年间广州文化精英的社交行踪”，也大量运用了《日记》中的材料。详见 STEVEN B. MILES: *The Sea of Learning: Mobility and Identity in Nineteenth- Century Guang zhou*. Cambridge(Massachusetts) and London: Harvard University Press, 2006. 关于此书，程美宝有一书评，见程美宝：《从思想史到思想家的历史——评麦哲维〈学海：十九世纪广州的社会流动性与身份认同〉》，《清史研究》，2007 年第 2 期。

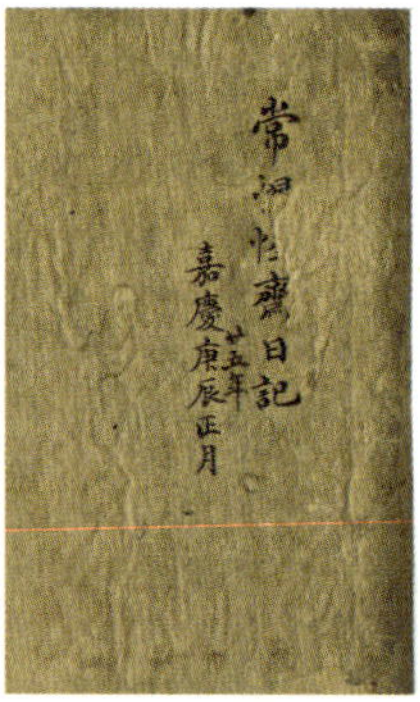

图 0-1 《常惺惺斋日记》封面前护

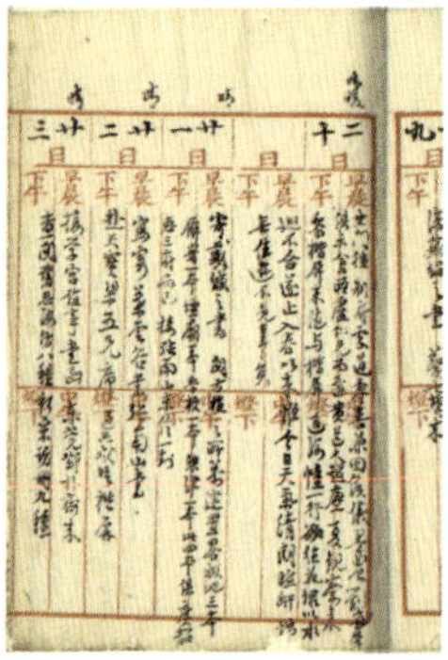

图 0-2 《常惺惺斋日记》正文之一

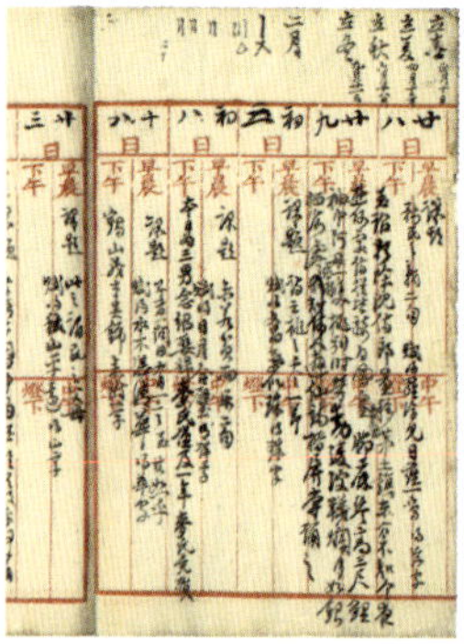

图 0-3 《常惺惺斋日记》正文之二

莫润棣博士[①]。造成这一研究状况的最主要原因是，谢兰生的著作大多深藏于国内各大图书馆，而坊间难以见及，从而制约了研究的广度与深度。

《日记》详细记载了嘉道年间岭南地区（尤其是广州）的书画创作、鉴藏及与之密切联系的城市生活，为我们的相关研究提供了丰富的一手资料。当时距离第一次鸦片战争爆发不过十来年，《日记》也展示了强敌入侵前夕广州平静岁月的士绅日常生活。

以谢兰生为代表的岭南文人士大夫如何运用书画活动营建社会网络，而广州丰富多彩的城市生活对其产生何种影响，是本书主要关注的问题。为此，笔者将根据《日记》中的细致情节对谢兰生的书画活动展开探讨，并分析书画活动在其退隐生涯中所起到的各种功能。关于书画在文人生活中承担何种社会功能的研究，已有不少专著面世，最有代表性的是西方学者高居翰（James Cahill）、柯律格（Craig Clunas）等人的相关著作，其研究重点在于改变偏重风格与笔墨的传统研究模式，转而聚焦艺术家的社会身份，将其定位为社会网络中有血有肉的个体，从人情酬酢、书画交易与礼物交换的视角再现了艺术

① 莫润棣：《谢兰生与广东书画收藏家》，莫家良编：《学道扬尘：香港中文大学中国艺术史论文集》，香港中文大学艺术系，2003 年。

家不为世人熟知的另一面，使我们对明清书画有了更为丰富多元的理解，因而具有一定的启迪意义。[②]

就明清书画的区域研究而言，当时经济文化最为发达的江南地区尤为学界所重视，而广东地区则相对所涉甚少。因此，受这一研究取向的影响，19世纪的广东绘画，要么被选择性忽视，要么被加以亚流、附庸、边缘一类的劣评。然而，到了20世纪初期，广东绘画却异军突起，成为与京、沪三足鼎立的重镇[③]，很显然，广东绘画从边缘走向中心的过程中，出现了一个断层。其实，在所谓的"并非衰落的百年"[④]里，广州应是一个重要角色。单从经济上而言，便可看出这一点，清乾隆二十二年（1757），广州成为全国对外通商的唯一口岸，自此垄断了中国的对外贸易，这种情况一直持续到第一次鸦片战争爆发后的道光二十二年（1842）。在长达八十多年的对外垄断贸易中，广州逐渐壮大成为中国南方最大的经济中心，书画创作与收藏活动亦随之兴起，谢兰生正是生活在这样的背景下。作为当时广州地区最负盛名的书画家，谢兰生以书画与官绅、商人交游，他的书画活动正好提供了一个重新探讨19世纪初期广州文化圈的契机。

西方列强的武力侵略与文明冲击造成了中国传统经济文化的衰落瓦解，传统的美术史研究通常以此为大背景，来论述中国近现代绘画的起承转合。这是常见且稳妥的做法，经济结构的改变及其所引起的阶级矛盾，往往是研究时代风尚演变的重要背景。但在研究中，我们常常发现，所谓的经济基础，并不能直接决定该地区文人士大夫集体意识的发展走向，反倒是特殊的地缘政治文化传统和特定的历史契机对其产生更大影响。因此，我们在回答广东美术为何在20世纪初期突然崛起时，有必要对第一次鸦片战争爆发前夕的广州书画世界进行细致深入的考察。

② 〔美〕高居翰著，杨贤宗等译：《画家生涯：传统中国画家的生活与工作》，生活·读书·新知三联书店，2012年；〔英〕柯律格著，刘宇珍等译：《雅债：文徵明的社交性艺术》，生活·读书·新知三联书店，2012年。

③ 朗绍君：《论中国现代美术》，江苏美术出版社，1988年，第75页。

④ 详参万青力：《并非衰落的百年——19世纪中国绘画史》，广西师范大学出版社，2008年。

法国年鉴学派代表人物布罗代尔曾言："社会各层次的衣、食、住方式决不是无关紧要的。这些镜头同时显示不同社会的差别和对立，而这些差别并非无关宏旨。整理、重视这些场景是饶有兴味的事情，我不认为它浅薄无聊。"[①]英国新文化史家彼得·伯克把年鉴学派的主导理念概括为："首先，是以问题导向的分析史学，取代传统的事件叙述。其次，是以人类活动整体的历史，取代以政治为主体的历史。再次，为达成上述两个目标，与地理学、社会学、心理学、经济学、语言学、社会人类学等其他学科进行合作。"[②]他还认为年鉴学派的成就在于开拓了广袤的史学领域，"这一群体已将史学家的领域，拓展至出人意表的人类活动领域及传统史学家忽视的社会群体。与这一史学领域拓展密切联系的，是对新史料的挖掘及开发新方法以求运用这些史料[③]"。自布罗代尔以来，不少史学家放弃宏大历史题材的叙述，转向发掘区域或个人历史的微观研究。法国汉学家谢和耐《蒙元入侵前夜的中国日常生活》一书，是运用年鉴学派方法研究中国史的经典之作。[④]在写作拙稿时，我时常将此书置于案头以作榜样。私意以为，19世纪的广州与13世纪的杭州一样，有其独特的城市性格与命运，因而也就同样具有无可替代的研究价值。

《日记》对当日广州城内文人阶层的生活起居、人情酬酢等诸多方面都有细致记载，借助这一难得的新史料，应能发掘许多新鲜有趣的课题。这种琐碎的城市生活情景，如何与宽广的历史、社会脉络产生关联，是近年来文化史、生活史研究者的共同关注之处，[⑤]正如李孝悌所指出的："在习惯了从思想史、学术史或政治史的角度，来探讨有重要影响的历史人物后，我们似乎忽略了这些人生活中的细枝末节，在形塑士大夫文化中所扮演的重要角色。其结果是我们看到的常常是一个严肃森

① 〔法〕布罗代尔著，顾良、施康强译：《十五至十八世纪的物质文明、经济与资本主义》，第一卷"日常生活的结构：可能和不可能"上册，前言，商务印书馆，2018年，第11页。

② 〔英〕彼得·伯克著，刘永华译：《法国史学革命：年鉴学派，1929—2014》，导论，北京大学出版社，2016年，第3页。

③ 〔英〕彼得·伯克著，刘永华译：《法国史学革命：年鉴学派，1929—2014》，第六章"全球视野下的年鉴派"，北京大学出版社，2016年，第200页。

④ 〔法〕谢和耐著，刘东译：《蒙元入侵前夜的中国日常生活》，江苏人民出版社，1995年。

⑤ 李孝悌编：《中国的城市生活》，"序：明清文化史研究的一些新课题"，北京大学出版社，2013年，第20页。

然或冷冰乏味的上层文化。缺少了城市、园林、山水，缺少了狂乱的宗教想象和诗酒流连，我们对明清士大夫文化的建构，势必丧失了原有的血脉精髓和声音色彩。”⑥换言之，《日记》有助于我们从多元视角观察清代中期广州社会生活的深层变革，改变广东绘画是江南画风附庸的刻板印象。这对重新讨论清代中期的广东绘画，分析广州在大航海时代如何成为一个独具特色的区域性大都会，有着重要的学术意义。

19世纪初期的广州文人圈，是以“辞官归故里”的士绅官宦为核心，如谢兰生、刘彬华、叶梦龙等人。虽然从未在朝廷中位居要津，亦无显赫的仕历可言，但他们都通过科考取得功名或者捐纳入仕，因而被赋予履行儒家经世济民的责任，属于广州的精英阶层。嘉庆初年北京官场经历大规模整肃，粤籍官员本来就很边缘，而与粤人颇有渊源的几位重要官员（如翁方纲）也纷纷去职，广东士子顿失奥援，对于仕途不再抱有信心，于是许多人选择南归退隐。⑦

谢兰生等人的退隐林下，也与当时广州社会经济的繁荣有着密切关联。自唐代以来，广州便是世界闻名的商贸城市。此后，广州的经济一直在不温不火中持续发展，到了明中叶，已逐渐赶上江南地区的水平，“广州虽自汉唐以来便是中外海上贸易的重要口岸，但真正带动珠江三角洲整体经济发展的，却是明代以后中国与西方国家贸易的兴起与大规模的沙田开发”⑧。乾隆二十二年（1757），清政府关闭江苏、浙江、福建三处海关，广州成为全国唯一的通商口岸。外贸业的蓬勃发展，带动了区域经济的迅速增长，广州官绅与十三行洋商共同造就了广州繁荣富庶的景象。乾隆二十九年（1764），两广总督杨应琚上呈乾隆的一封奏折中称，广州因“外洋各国夷商，无不梯山递海，源源而来，现在辐辏肩摩，实为边海第一繁庶之地”⑨。

⑥ 李孝悌：《士大夫的逸乐：王士祯在扬州（1660—1665）》，台北：《历史语言研究所集刊》，第76本第1分，2005年，第83页。

⑦ 张艺仪：《十九世纪初广东文人画的本土意识》，收入林亚杰、朱万章主编：《广东绘画研究文集》，岭南美术出版社，2010年，第332—349页。

⑧ 程美宝：《地域文化与国家认同——晚清以来广东文化观的形成》，第一章“导论：展览文化”，生活·读书·新知三联书店，2006年，第32页。

⑨ 〔清〕杨应琚：《海洋运米商民酌请议叙疏》，《（乾隆）广州府志》，卷五十三“艺文五”，光绪五年（1879）刻本，广东省立中山图书馆藏。

19世纪初期的广州进入全盛时期，充分展现了丰富多彩的文化面貌，从花船、游宴、戏曲等娱乐事业，到书画、刻书、书院等文化事业，都无不臻于极盛。全国各地的人才不断南下，他们的后代在广州占籍定居下来，形成一个独特的“捕属人家”，为广州注入新鲜血液，提升了广州的文化水平。在地方官员和士绅的支持下，19世纪初期的广州拥有数量众多的书院[①]。虽然清代广东科举成绩不甚突出，但有清一代广州府共有进士570人，占广东进士总人数比例高达59.06%，远高于省内其他地区。[②]广州一府的进士人数在全国范围内也是惊人的，仅次于杭州、苏州、福州、常州四府，排名全国第五。[③]此外，自嘉庆二十三年（1818）至道光六年（1826），著名学者官员阮元督粤期间，兴办学海堂、编修《皇清经解》，推广朴学，扭转了广东的学术风气，又奖掖了一批人才，使之成为日后广东朴学的中坚力量。这些举措令广东摆脱心学束缚，进入朴学的学术主流，而广东文化自清初以来的落后局面也因此大为改观[④]。嘉道年间广州兴盛的文化景象，既是对明代中晚期广东文化强势崛起的一种复兴，也是日后晚清民国广东文化恢宏气象的预演。

经济与文化环境的改善，也吸引了省外不少文人士大夫与著名画家入粤游历，如伊秉绶、汤贻汾等人。伊秉绶一度在广东任官，此后又两次入粤重游，受到广州士绅的热情接待，他曾经与谢兰生、吕坚、刘彬华、叶梦龙合写《蒲涧坐石图》[⑤]，而谢兰生也多次题跋伊秉绶的画作，如《题伊墨卿〈四游图〉，谓湘浦、泰山、滦阳、罗浮也》《题墨卿秋水园图》[⑥]。汤贻汾是嘉道年间享有盛誉的著名文人画家，在粤期间，经常出席本地士人举办的诗酒之会，谢兰生还邀请汤氏到其书斋交流画艺。[⑦]道光二十七年（1847），汤贻汾离粤近三十年后，仍对粤中雅集眷念不已，

① 清代广州府共有书院152间，而省城之内官私书院当不少于100间。详见刘伯骥：《广东书院制度》，第三章“分布的形态”，商务印书馆，1938年，第90页。

② 陈利敏：《清代广东进士地理分布及其特点分析》，《浙江档案》，2007年第10期，第46页。

③ 何炳棣统计清代广州府进士总人数为597人，详见何炳棣著、王振忠译：《科举和社会流动的地区差异》，表36“清代科甲鼎盛的府”，《历史地理》，1993年，第11辑，第312页。

④ 李绪柏：《清代广东朴学研究》，第二章“清代广东朴学的兴起”，广东地图出版社，2001年，第26—50页。

⑤ 汪兆镛：《岭南画征略》，卷六，广东人民出版社，2006年，第203页。

⑥ 〔清〕谢兰生：《常惺惺斋书画题跋卷上》，收入《常惺惺斋日记（外四种）》，广东人民出版社，2014年，第500—501页。

⑦ 〔清〕张维屏：《听松庐诗钞》，卷五，《广州大典》第93册，广州出版社，2014年，第36页。

在其《七十感旧》诗中深情回忆道：

> 论交遍湖海，结契由文章。岭南风雅盛，月旦多诗狂。争雄刘黄郑，拔帜吴谢张。同游不胜数，方外复异乡。六法墨池擅，八分磬泉强。十室九台榭，三朝两壶觞。浮瓜海珠寺，醉菊风幡堂。雅集必图志，良游每诗偿。云泉盛祖帐，厚谊何时忘。衔官乐清暇，宏奖增惭惶。谁乎果不朽，千载空茫茫。

令汤氏萦绕于怀的“刘黄郑”，即刘彬华、黄培芳、郑萱坪，“吴谢张”，即吴兰修、谢兰生、张维屏。当然，以他的交游圈之广，又怎止这六人呢？在诗的下面，他自注云：

> 羊城多文字交：谢澧浦、刘朴石、三山、张墨池、南山、磬泉、吴石华、郑萱坪、黄香石、苍厓、仪墨农、孟华墀、李芸甫、叶云谷、麦南村、马德隅、曾竹屋、陈仲昙。游客则魏春松、姚石甫、恽子居、顾剑峰、江石生、素山、胡香海、郭兰池、缪莲仙、吴白庵、宋芝山、周南卿、徐复园、万湘曲、何舟、周伯恬、李绍仔、叶蓉塘、刘月邻、陈棠湖。方外则淡庵、澄波二上人，江瀛涛、黄越尘二道士。胜地频游，雅集恒举。宦游者更指不胜屈。韩桂舲、曾宾谷两先生，最为宏奖风流。桂舲先生赠余句云：“人道李曹皆画史，我惭屈宋作衔官。”宾谷先生赠余句云：“可惜汤生好身手，但与吾侪争不朽。”至今思之，令人汗下。云泉山馆在白云山，余迁灵邱，同人集缁流羽客饯余于此。[8]

诗注中追怀的一众人物，大致囊括了当时整个广州文化圈的精英。正是这样一个名家荟萃的地方精英集团与宦游、流寓于此的外省籍官员、文士，共同成就了19世纪初期广州书画世界的盛况。而谢兰生《日记》所记叙的，就是处在广州经济文化极度繁荣时期的一位文人士大夫的闲居生活。从《日记》主

⑧ 〔清〕汤贻汾：《琴隐园诗集》，卷三十二，《续修四库全书》，卷1083，上海古籍出版社，1995年，第341页。

人与阮元、吴荣光、叶梦龙等名公巨卿的交往，可以想见谢兰生在当时广州精英阶层的段位。这个圈子除了精英之外，还有大量不被正史关注的底层文人，也包括僧道、画贾、刻工、歌姬以及为文人雅集提供各种便利的洋商、盐商等。

本书以《日记》作为基础史料，将讨论的时间范畴限定于谢兰生归隐广州至其去世之间的三十年内，即嘉庆七年至道光十一年（1802—1831），地理空间则以广州府城为中心，向珠江三角洲中小城市、山川田野延伸。具体而言，则有书院（如羊城书院）、寺观（如海幢寺）、洋行（如伍家）、园林（如荔湾）、名胜（如罗浮山）等社会活动场所。本书的几个地理概念“广州”“府城”“省城”，特指由城墙围起的府城内外及近郊部分区域，它既是广州府的府城，也是广东省的省城，分属两个附郭县南海、番禺管理。

本书虽然属于区域美术史研究，但不局限于广州的行政区域，而是深入讨论区域之间（尤其是岭南与江南）的互动与竞争。在关注士大夫阶层的同时，本书力求将社会各阶层人群纳入研究范畴，以此进行区域整体史研究。本书关注的不仅是历史细节，而是探讨书画鉴藏、艺术创作在某一区域文人士大夫阶层日常生活中所发挥的意义，并结合政治、经济等其他领域的相关材料，以天下时势为大背景，解释岭南地区的艺术与社会的变迁。通过梳理相关书画作品、文献材料（日记、笔记、方志、诗文集等），努力解答为何传统上被视为偏僻、文化落后、常常被艺术史研究者忽视的岭南地区，会在20世纪初期发展成为中国最为重要的美术中心之一。

第二节　广州府的地理概貌

清代的广州府，管辖南海、番禺、顺德、花县、东莞、从化、龙门、新宁（今台山）、增城、香山（今中山）、新会、三水、清远、新安（今深圳、香港）共14个县，与今天的珠江三角洲地区几乎重叠。珠江三角洲面朝南海，其西面和北面的边界为罗平山脉，罗平山脉以西为粤西山地，以北为粤北山地，其东界则是罗浮山区。广州府属于亚热带海洋性气候，夏无盛暑，冬无霜雪，四季不明，树木常青，花开四时。[①]珠三角地区在地貌上属于多汊河道三角洲，即三角洲上有多条呈放射状的河道。[②]这里土地肥沃，是广东最重要的稻米产区，但是从明代开始，为了追求经济效益，普遍不种水稻，而改为桑基鱼塘或种植荔枝、甘蔗等其他经济作物，广州府的粮食反而仰仗于广西、湖南、江西等邻省的输入[③]。自雍正年间开始，洋米进入广东，此后所占大米供应比重越来越大，而暹罗与小吕宋在洋米输入市场中占据重要地位[④]。

珠江由西江（主河道）、北江和东江组成，故而分成西江、北江与东江三个流域。珠三角地区拥有密集的水路网络，西江与北江于广州西郊的三水县汇合，又与东江在珠江口再次汇合，共同注入南海。因此，直到20世纪初，水行仍然是这一地区最为重要的交通方式。

从广州出发，在肇庆府境内沿西江溯流而上，可以直达广西的梧州、桂林。在风帆行舟的时代，遇到激流险滩，货船需要纤夫拉纤，至今在一些河岸岩石上仍可见当年纤绳留下的痕迹。因为从下游至上游的运费高于返程，所以从下游运往上游的物品多是单价较高的物品，而上游运往下游的则是相对便宜的物品。正是这一段黄金水道，促成了两广地区资源物产的合

① 曾昭璇：《广州历史地理》，第二章“广州气候今古”，广东人民出版社，1991年，第86页。

② 曾昭璇、黄少敏：《珠江三角洲历史地貌学研究》，广东高等教育出版社，1987年，第8页。

③ 陈春声：《市场机制与社会变迁——18世纪广东米价分析》，第二章“米粮地区差价与米粮市场的运作”，中国人民大学出版社，2010年，第22—23页。

④ 陈春声：《市场机制与社会变迁——18世纪广东米价分析》，第二章“米粮地区差价与米粮市场的运作”，中国人民大学出版社，2010年，第40—41页。

理配置。从明代开始，广东将盐运往广西，然后把广西的大米运回广州。而广西大藤峡正处在这条黄金水道的咽喉位置，明政府为了保证对这条交通要道的绝对控制，与占据此处的瑶人进行了长达数十年的战争，即所谓的“大藤峡之役”[①]。明清两代两广总督府，明代设于广西梧州，清初设于肇庆，其后又迁至广州，总是设置在西江沿岸，正是出于交通便利、容易控制两粤的考虑。除肇庆府外，粤西地区则是俗称“下四府”的廉州（今属广西）、琼州、高州、雷州府与省直辖的罗定州，它们的大部分地区与广州不能直接水路相通[②]，对物质运输、商贸往来造成一定的不便，文化也相对落后。但这四府一州在语言、民俗上与广州府很是接近，一般认为是广府文化的亚文化区。

相较而言，处于东江流域的惠州府与广州的联系不如西江流域密切。从地理上来看，东江由江西寻乌发源，在东莞石龙流入南海，与广州并未直接交汇，这也导致这两个地区的交通不如粤西那么方便。而位于东江流域外围的潮州府与嘉应州，与广州府更是往来较少。这是三个完全不同的方言区，东江流域的北面是讲客家话的嘉应州，东面则是讲福佬话的潮州府。

潮州府所处的潮汕平原，是广东第二大平原。潮州也是富庶之区，在明代已被认为是广州之外另一粤中名城。明代人就说该地“阊阎殷富，士女繁华，裘马管弦，不减上国”[③]。清代言情小说《蜃楼记》则说：“这潮州本是富庶之邦，那北省人有‘到广不到潮，枉到广东走一遭’之说。”[④]但在整个清代，潮州府除了短暂的和平之外，一直处于动荡之中[⑤]。即使是相对稳定的雍正至道光年间，潮州地区“海滨邹鲁”之称已名不副实。雍正六年（1728）任职潮州的地方官蓝鼎元认为：“潮郡依山附海，民有杂霸之风，性情劲悍，习尚纷嚣，其大较也。

① 麦思杰：《“瑶乱”与明代广西销盐制度变迁》，《广西民族研究》，2008年第2期；唐晓涛：《明代桂西土司力量在大藤峡地区的更替——兼论大藤峡瑶民起义的发生》，《广西民族研究》，2011年第3期。

② 如苏轼由广东惠州转谪儋州，即是沿西江直至梧州方往南折回雷州，再渡海过海南岛。

③ 〔明〕王士性：《广志绎》，卷四，中华书局，1981年，第101页。

④ 〔清〕庾岭劳人：《蜃楼志》，第十九回“花灯挂孽障，馆甥笔生涯”，华夏出版社，2013年，第162页。

⑤ 陈海忠、温建钦：《清代粤东地方动乱与治理》，中山大学出版社，2019年。

苏子瞻作《昌黎庙碑》，谓潮之士皆笃于文行，延及齐民，号称易治。当时朴陋初开，旋登彬雅，海滨邹鲁之称，所由来乎。历年既多，流风日下，文士渐趋浮华，习奔竞，先名后实，而邹鲁为之一变矣。”[⑥] 当地虽然有清一代进士人数 115 人，仅次于广州府的 570 人，[⑦] 但差距较之明代进一步拉大，而且没有产生太多重要的学者、文人和官员，这和明代文风鼎盛的情况大不相同。乾隆之后海运事业发达，对外贸易蓬勃发展，不少潮州府商民远赴泰国运输大米，从事走私获利。但灰色经济的发展，并未带来文化的繁荣，反而使其走向反面，许多人弃儒从商，放弃科考，游走于灰色地带，导致科考成绩下滑，因而几乎没有潮州士子能进入广州城内文人交游圈子。在谢兰生的《日记》中，亦看不到他们的身影。

嘉应州在晚明是有名的盗区，[⑧] 经过朝廷大规模的征剿，方始平定。雍正十一年（1733），原属惠州府的兴宁、长乐（今五华）二县，潮州府程乡（今梅县）、平远、镇平（今蕉岭）三县，从原先的行政区域中抽离出来，组成嘉应州，时称“嘉应五属”，直属广东省管辖。此地虽然经济落后，但文风颇盛，清代共有 82 名进士，科考成绩仅次于广州府、潮州府[⑨]，名列全省第三。嘉道年间，众多嘉应州文人来到广州，在府城的文人圈中占有一席之地。但随着人口激增，客家人不断涌入珠三角腹地，在田地、坟地、学籍等方面蚕食广府人原有权益，两个族群矛盾日益扩大，最终酿成土客之争。这一极为惨烈的大规模械斗，间接促成了太平天国运动的产生。[⑩] 嘉应州地区也是广东重要的兵源地，直到民国，广东的地方实力派明确规定只在贫瘠的“下四府”廉州、琼州、高州、雷州以及嘉应州征兵，而决不在富裕的地处平原地区的广州府与潮州府两地征兵。

北江是广州与华中、江南地区保持频繁联系的重要孔道。

⑥〔清〕蓝鼎元：《鹿州全集》（上），厦门大学出版社，1995 年，第 298 页。

⑦ 陈利敏：《清代广东进士地理分布及其特点分析》，《浙江档案》，2017 年第 10 期，第 46 页。

⑧ 唐立宗：《在盗区与政区之间：明代闽粤赣湘交界的秩序变动与地方行政演化》，台湾大学出版委员会，2002 年。

⑨ 陈利敏：《清代广东进士地理分布及其特点分析》，《浙江档案》，2017 年第 10 期，第 48 页。

⑩ 刘平：《被遗忘的战争：咸丰同治年间广东土客大械斗研究》，商务印书馆，2003 年。

由北江沿岸的韶州府城出发，将分出五条线路到达北京。其在东者有三，分别为沙井路、长江路、中江路。[①]

第一条为沙井路。这条路线从广州乘船到达韶关，再转入始兴，至南雄改陆行，翻过南岭进入江西南安，又换成水路，沿赣江一直到达南昌。从南昌陆行至九江，在九江渡过长江，进入湖北黄梅，然后经过安徽合肥、江苏徐州、山东德州，进入直隶，到达北京。[②]《公车见闻录》说："此路为南北通衢，若早换大车，日依正站行走，计自广州至京不过七十日之间。但乘车之时多，乘舟之时少，未免劳顿且费用较多耳。"[③]

第二条为长江路。在到达南昌之前的路线与沙井路相同，此后改为入鄱阳湖北行到湖口。入长江后沿长江的安庆、南京抵达扬州，进入运河北行，然后在淮安的清江浦登岸，改陆行，经江苏、山东、直隶到达北京。[④]《公车见闻志》称："此路自江西省城至清江浦一水可通，倘遇南风，连日瞬息百里，实是快事。或北风太多，须泊舟以待。万一风候迟而程期迫，则中途登陆者亦时有之。"[⑤]

第三条为中江路（亦称浙河路）。在到达南昌之前的路线与沙井路相同，由南昌入鄱阳湖，沿水路东行至鹰潭、玉山，改陆行进入浙江常山，然后沿新安江水行到达杭州，从杭州改走运河，经过苏州到达镇江，渡过长江抵达对岸的扬州，此后路线则与长江路重合。[⑥]《公车见闻志》称："此路自粤至京，约在三个月内外。河面甚狭，波平如掌，且吴越江山，固有名胜，苏杭物产素称秀丽。初出门者，多闻而乐之。惟是度山两次，盘

① 〔清〕林伯桐：《公车见闻录》，《广州大典》第92册，广州出版社，2014年，第775页。（以下引用该书只标页码，不再注明出处。）

② 林伯桐记录此条具体路线为："自广州城发船，经佛山，经清远县，经峡山，经连州江口，经英德县，至韶州府城换船，度太平关，经始兴江口，至南雄州登陆入行。由行发夫挑行李，自乘爬山虎，度大庾岭，至江西南安府大庾县入行。由行写舳子船，经南康县，至赣州府换船，度赣州府东关，经十八滩，经万安县，经龙泉河口，经泰和县，经吉安府卢陵县，经吉水县，经峡江县，经新淦县，经樟树镇，经丰城县，至沙井。登岸雇小车，陆行，经建昌县，经德安县，经九江府德化县，渡江，经黄梅县，经太湖县，经潜山县，经桐城县，经舒城县，经庐州府合肥县，经宿州，经徐州府，渡河经滕县，经邹县，经兖州府滋阳县，经汶上县，经东平州，经东阿县，经茌平县，经高唐州，经恩县，经德州，经景州，经阜城县，经献县，经河间府河间县，经任邱县，经雄县，经新城县，经涿州，经良乡县，经卢沟桥，入广宁门，进京。"

③ 〔清〕林伯桐：《公车见闻录》，"就道"条，第753页。

④ 林伯桐记录此条具体路线为："自广州城发船，度韶州东关，度大庾岭，换船度赣关，至江西省城，始与走沙井者分路。换船经吴城镇，经南康府星子县，经大姑塘，经大姑山，经湖口县，经彭泽县，经小姑山，经东流县，经安庆府城，经铜陵县，经繁昌旧县，经芜湖县，经采石矶，经江宁府城外，经龙江关，经仪徵县，经扬州府。换船度扬州钞关，经邵伯驿，经露筋祠，经高邮州，经宝应县，经淮安府，经移风上闸，经移风下闸，至清江浦泊船。登岸渡河至王家营雇轿车，陆行，经来安集，经重兴集，经仰化集，经宿迁县，

坝一次（或者至吕城亦须搬坝）。度关不少，换船甚多，纵不惜费用，而未免烦杂矣。”⑦

其在西者有二：汉口路与樊城路。汉口路是在韶关舟行到乐昌，越过南岭到达湖南郴州。沿湘江北行过湘潭、长沙，入岳阳湖到岳阳，进入长江，东行至武昌。渡过长江后，改走陆路。经过河南信阳、郑州、卫辉，进入直隶保定、涿州，到达北京。“此路行程颇捷，路费较省，沿途亦无烦扰，惟地面虽大，俱近质朴。泷河两宿，同泊者少。车路之初，住店褊小，换船颇多，船不甚宽耳。”⑧

樊城路，自广州到武昌路程与汉口路相同，在武昌溯汉水西上，到达樊城后改走陆路，经过河南南阳、开封进入直隶到达北京。“自广州城起行与走汉口路同。此路亦名西大道，自西行者多由之，但较汉口路舟行所增已多，而车行所减甚少，水路颇难速行，每日站路甚长，且车马杂沓，略觉劳顿也。”⑨

林伯桐最后总结说：“各路互有利钝，沙井之好在捷，其难在劳费。长江之好在便，其难在疑虑（风候难逆料）。浙河之好在逸，其难在繁扰。西路（樊城、汉口）之好在稳，其难在简质。各有境地，则各有所宜。性之所近，用其所长可也。”⑩当然，上述五条路线（沿北江至粤北之后始分路）只适合珠三角地区与西江流域的广东士子，至于韩江流域尤其是粤东北地区的士子，上京应试则不必绕道广州，潮州府的举人走韩江，嘉应州的举人走梅江，至大埔县三河坝溯汀江而上（汀、梅二江在三河坝汇合成为韩江，韩江南下，在潮州城下出海）经闽西进入江西再北上

经红花埠，经郯城县，经李家庄，经伴城，经垛庄，经蒙阴县，经嶅阳，经新泰安，经杨柳店，经泰安府，经张夏，经潘村，经齐河县，经晏城，经禹城县，经平原县，经德州，经景州，经河间府，经雄县，经涿州，进京。”

⑤〔清〕林伯桐：《公车见闻录》，“就道”条，第753页。

⑥林伯桐记录此条具体路线为：“自广州城起程，度韶关，度大庾岭，度赣关，至江西省城（自广州城至此俱与走沙井、走长江路者），始与走（沙井、长江）者分路，经瑞洪湖，经抚州水口，经余干水口，经安仁县，经贵溪县，经弋阳县，经铅山河口，经上饶县，经广丰县，至玉山县登岸入行。由行发夫挑行李，自乘爬山虎，度山至浙江衢州府常山县入行，由行写建德船，经陈家江口，经衢州府，经北方人家，经湖镇，经兰溪县，经富春驿，经乌石滩，经钓台，经桐庐县，经新城港口，经富阳县，至杭州府城钱塘江口。登陆入行发夫搬行李过坝，至北新关，换船，经塘西镇，经石门县，经石门镇，经嘉兴府，经平望，经八尺湖，经吴江县，经太湖宝带桥，至苏州府城。经枫桥，经浒墅关，经无锡县，经常州府，经奔牛镇，经吕城（冬春之间必须修坝，倘遇打坝则搬坝换船），经丹阳县，经丹徒巡司，经镇江府京口驿，渡扬子江，经瓜洲，度由关，经三义河，经扬州府（此后与走长江者即合路，由王家营起车），进京。”

⑦〔清〕林伯桐：《公车见闻录》，“就道”条，第753页。

⑧〔清〕林伯桐：《公车见闻录》，“就道”条，第755页。

⑨〔清〕林伯桐：《公车见闻录》，“就道”条，第755页。

⑩〔清〕林伯桐：《公车见闻录》，“就道”条，第756页。

入京。[1]

这五条道路既是广东士子公车北上的驿道，也是全国各地物产运入广州的商路。18世纪以后，饮茶之风已在英国普遍形成，英国对茶叶的需求量急剧增长，使茶叶一跃成为世界性商品。出口的茶叶中，绿茶主要产自江苏、安徽、浙江三省，红茶主要产自福建武夷山区。在“一口通商”政策之下，这四处的茶叶只能运至广州出口。

最受洋人欢迎的武夷红茶，产于福建崇安的武夷山麓。从崇安运茶至广州，必须水陆跋涉。首先要翻越武夷山，抵达江西铅山。山道狭窄，挑夫每次担运1至2箱，约需八日才到达铅山，再换小船（载重2箱）运至河口，自河口换船（载重约20箱）入鄱阳湖，再溯赣江而上，抵达赣州。在赣州又换船（载重约60箱）运至南安，然后挑夫肩扛背负，翻过梅岭，抵达南雄，又换船载到韶州，再换大船（载重量约500—600箱）顺北江而下，到达广州。这一茶叶运输路程全长1443公里，需要50天至60天才能到达。漫长的运程，导致运价不菲，而且沿途关卡众多，更是加重了茶商负担。茶商为了缩短运程，开辟了新的商路，即从武夷河口沿崇阳溪顺流而下直达福州，再换帆船海运，只要半月即可到达广州。[2]然而因为绕过位于粤赣交界的太平榷关，清政府失去相应关卡税收，也损害了行商的贸易垄断权，因而，出于地方保护主义，嘉庆二十二年(1818)，两广总督蒋攸铦答应行商的呈请，向朝廷奏准，重申茶叶“令由内河过岭行走，永禁出洋贩运”[3]。

江苏、安徽、浙江的绿茶与丝绸，江西景德镇的瓷器，也沿着沙井路、长江路、中河路这三条线路，翻山越岭，水陆兼程，缓慢而艰难地抵达广州。而产于川、陕二省的大黄，则由汉口路与樊城路运贩到广州出口。[4]

① 〔清〕赖盛远：《示我周行》，“广东潮州府由汀州府至江西省城合路”条，卷二，第515页；又“广东潮州府大埔县至福建汀州府路程”，卷二，711页。乾隆五十二年（1787）鹤和堂刊第，中国国家图书馆藏。

② 程镇芳：《五口通商前后福建茶叶贸易商路论略》，《福建师范大学学报（哲学社会科学版）》，1991年第2期，第90页。

③ 〔清〕梁廷枏总纂，袁钟仁校注：《粤海关志》，卷十七，禁令一，广东人民出版社，2002年，第353页。

④ 〔清〕梁廷枏总纂，袁钟仁校注：《粤海关志》，卷十七，禁令一，广东人民出版社，2002年，第354页。

这些线路展示了广州最显著的地理特点，就是远离帝国的中心。天高皇帝远，对于商人、应试的举子和南来任职的官员而言，广州与北京之间是一段艰难的旅程。从广州向北望去，自然容易得出这样的结论，但把目光朝南面大海望去，在浩瀚的世界贸易的大时局里面，广州又是一个重要的世界级海运枢纽。梁启超《世界史上广东之位置》一文曾指出："广东一地，在中国史上可谓无丝毫价值者也……崎岖岭表，朝廷以羁縻视之，而广东亦若自外于国中。故就中国史观察广东，则鸡肋而已。虽然，还观世界史之方面，考各民族竞争交通之大势，则全球最重要之地点仅十数，而广东与居其一焉，斯亦奇也。"⑤这一地理特点也造成广东人独特的族群性格："广东人于地理上受此天然优胜之感化，其剽悍活泼进取冒险之性质，于中国民族中，稍现一特色焉。其与内地交通，尚不如与海外交通之便。故其人对内竞争力甚薄，而对外竞争力差强。"⑥

⑤ 梁启超：《世界史上广东之位置》，《饮冰室合集文集》第七册，中华书局，1932年，第76页。

⑥ 梁启超：《世界史上广东之位置》，《饮冰室合集文集》第七册，中华书局，1932年，第91页。

作为海上丝绸之路的起点，广州拥有两千多年的海上贸易史。在"一口通商"的80余年间，广州作为全国唯一对外贸易口岸，是全国物产荟萃之地。来自全国各地的茶叶、生丝、绸缎、瓷器、大黄等物产，通过各条商路，源源不断地运至广州，再转运海外。外国商品则统一在广州进口，再分销至全国各地。直到第一次鸦片战争结束，清政府被迫开放更多商埠，"五口通商"之后，粤海关一枝独大的局面方才结束。

当时广东地区已普遍使用洋银，在谢兰生的《日记》中，记算单位皆以"元"（1元约等于0.72两）为准，说明其时的流行程度。原本清廷规定夷商交易，只许以货易货，不许现银交易，但中国对外贸易长期出超，洋钱遂大量流入广东。其次，外商大量套购白银出口，并对华积极投资和借款。此外，因为中国其时是以银两为主币，系称量金属货币，各地平砝不划一，宝银成色参差不齐，在交易收付上远比不上洋银计枚论值便利，这也让洋银有机可乘。[1] 朝廷一度担心外商以洋钱兑换内地足色白银私运出洋，导致国内银贵钱贱，故欲严禁洋银。嘉庆十九年（1814），两广总督蒋攸铦专门为此上奏，请求收回成命："至于洋钱进口，民间以其使用简便，颇觉流通，每年夷船带来洋钱，或二三百万圆，或四五百万圆，亦有数十万圆不等。现在市价每圆换制钱七百二三十文，若至浙江、江苏等省，可值钱八百数十文。江、浙商民贩货来粤销售后，间有径带回洋钱者，此系该处洋钱市价昂贵，非由夷人抬价，欺朦合无。仰恳天恩，俯顺舆情，免其饬禁，仍准照常行使，以安夷商而便民用。"[2] 面对积重难返的局面，嘉庆也不得不以"依议"二字准了两广总督的折子。

珠三角地区长期讲的是粤语，这是一种与国语差异极大的语言。粤语起源目前无法确定，或说源自北方中原雅语，也有人认为源自楚国方言。从汉代至唐宋，中原移民源源不断地迁入岭南，促进了粤语的发展和定型。[3] 陈澧《广州音说》认为广州方音密合于隋唐韵书切语，为他方所不及，"盖千余年来中原之人徙居广中，今之广音，实隋唐时中原之音"[4]。元代之后，中原语言急剧向北京官话演化，而已经定型的粤语则独立发展，与北方官话渐行渐远。从屈大均《广东新语》的记载来看，明代的广东话，大体已与今天相同。[5]

广州作为当时唯一的通商口岸，西方人来到中国后，最早接触到的汉语，实是粤语而非官话。因而在西方人的概念中，广东话与官话（满洲话）是两种地位平行的语言，19 世纪晚期，德国柏林大学在延请满族教官教北方官话的同时，还曾聘请广东人潘飞声出任广东话教习[6]。

掌握国语是广东士人难以逾越的一道关卡，这也导致了粤

① 陈春声：《清代广东的银元流通》，《中国钱币》，1985 年第 1 期，第 46—53 页。

② 〔清〕梁廷枏总纂，袁钟仁校注：《粤海关志》，卷十七，禁令一，广东人民出版社，2002 年，第 345 页。

③ 李新魁：《广东的方言》，第二章"广东方言的老大哥——粤方言"，广东人民出版社，1994 年，第 32—59 页。

④ 〔清〕陈澧：《广州音说》，黄国声主编：《陈澧集》第一册，上海古籍出版社，2008 年，第 58 页。

⑤ 〔清〕屈大均：《广东新语》，卷十一，"土言"条，中华书局，2006 年，第 326 页。

⑥ 潘飞声 (1858—1934) 出任柏林大学东语学堂广东语教习的经历，详见洪再新《艺术鉴赏、收藏与近代中外文化交流史——以居廉、伍德彝绘潘飞声独立山人图为例》，《故宫博物院院刊》，2010 年第 2 期，第 6—25 页。

籍官员仕途的不顺。据说梁启超在“戊戌变法”期间，面见光绪帝，因其官话太差，将“孝”字念成“好”音，两人无法正常交流，致使光绪帝十分失望，而不委以重用，只给他一个赴上海办报的闲差。[7]

本章简略地介绍了广州府地区的地理特点，这是一片与帝国核心区无论是地理、文化、语言、风俗，都保持相对独立的地区，当然，它们也维系着极为密切的经贸往来和文化交往。相对于王朝中心区来说，这是一个富庶但又边远的地区，需要跋山涉水、历经艰难始可抵达，但它同时却又是大清王朝中叶与世界保持联系的唯一口岸。以下各章将对广州地区社会生活与书画世界进行探讨，以期更为深入地展示它个性鲜明的城市性格与风貌。

⑦ 杨鸿烈:《回忆梁启超先生》,《广东文史资料》, 第8辑, 第38页。

第一章 山长谢兰生

第一节 踊跃于科名而恬淡于仕宦

在《日记》记载的十余年间，谢兰生（图 1-1）一直住在广州府城。其居处常惺惺斋在新城素波巷内[①]，“常惺惺”是佛教语，指头脑长久保持清醒[②]。素波巷毗邻粤海关署，谢兰生是海关府上的常客。《日记》表明，他和多任海关监督建立了深厚的友谊。

谢兰生于乾隆五十七年（1792）中举，此后，三赴公车不售，直至嘉庆七年（1802）方中进士，选庶吉士[③]，时年 42 岁。中馆选后，他于当年七月请假返乡，一直不愿回京散馆任职。嘉庆九年（1804）其父去世，他在乡丁忧，从此绝意仕途，这一年他才 44 岁，按理尚有可为[④]。丁忧守制，对一般行政官员的仕途甚是不利，但对以学术文化事业为志业的士人而言，却能摆脱外界干扰，专心治学，有人甚至因此退隐林下，不再出仕。

① 黄佛颐编纂：《广州城坊志》，广东人民出版社，1994 年，第 488 页。

② 明代李贽《答耿中丞论淡》：“世人白昼寐语，公独於寐中作白昼语，可谓常惺惺矣。”《焚书·续焚书》，卷一，中华书局，2009 年，第 24 页。

③ 庶吉士介于官与非官之间，等于候补翰林官员，实为清华之选，明清名宦多由此进阶。每届会试之年，殿试传胪后，再于保和殿举行朝考，然后综合会试、殿试、朝考三项名次等级，取其年龄未甚老而名次较高者，不授他职而改为翰林院庶吉士，继续学习，三年期满，再行考试（名为散馆）授职。

④ 张仲礼曾计算过清代进士及第时的平均年龄，约在 33 岁至 36 岁之间，详见张仲礼《中国绅士》上编第二章“19 世纪中国绅士的人数分析”，上海人民出版社，2008 年，100 页。谢兰生 42 岁进士及第，虽略显偏大，尚属于正常范围之内。如谢兰生的晚辈、广东著名诗人张维屏也是在 42 岁（道光二年）中进士，却此后在湖北、江西等地担任地方官，直至 57 岁（道光十七年）才退隐广州。

图 1-1 《谢兰生像》

这是清代士人的风尚，谢兰生并非个例。谢兰生的后人将其坚不回京散馆，归结为生性恬淡：

> 七月假归，展拜大母真容，涕零如雨，谓家人曰："吾母不在，登一黄榜，何欢之有？"……大父恒促令府君入都散馆，而意殊不尔。府君先意承志，故以他事枝梧（支吾），逾期不进，乃曰："仕途了无止境，不躁进，亦是好处。且汝于荣身之计，未为得于养志之道，未为失也。"十二月，大父患噎食病，弃养。府君擗踊逾常。丁卯正月，奉柩合葬于大母吴太孺人墓左。府君素性高尚，前此之叠赴礼闱者，为显扬计，至是绝无宦情，又以家口重累，不能远行，以故坚不散馆。[1]

除了年纪偏大和无缘禄养双亲之外，谢兰生的绝意仕进，当然也有经济状况与仕途前景方面的原因。他在给座师魏元煜的书信中，解释了自己何以不再入京谋职的原因：

① 〔清〕谢念功：《皇清敕授文林郎翰林院庶吉加一级显考澧浦谢公府君行述》，《广州大典》第 189 册，广州出版社，2014 年，第 841 页。

窃惟兰久稽散馆，虽由驽骀，实亦有故。兰少读书，志在禄养。不幸高堂相继殂谢，壮志渐灭，而家道贫寒，食指繁冗，挈眷入京，无此厚力。若两地分顾，必形狼狈。亲知中无可佽助，只有称贷。然与其负欠重叠，何如守约自安，以此坐困一步，不复可行。今年五十又二，目眩齿落，精神迥不如前，即使过蒙天恩，留馆供职，亦事事后人。何时登迹，展转思维，只得自甘恬退。[②]

也有人认为嘉庆初期北京官场的大规模整饬，粤籍官员本就在北京官场处于边缘位置，而与粤人颇有渊源的几位重臣（如翁方纲）也纷纷去职，广东士子失去奥援，对仕途失去信心，所以他们大多数回乡归隐。[③]

家庭经济的捉襟见肘与仕途前景的黯淡无光，固然是谢兰生选择退隐故里的原因，但似乎还不是最主要的原因。与谢氏同科中举人的广东嘉应人宋湘，虽较谢氏早一科中进士，但发榜之年已是46岁，且家里一贫如洗，其于书院读书时常靠做枪手以取酬劳度日，有一次被学使发现，绑在大堂上，还能口述为人捉刀：

嘉应宋芷湾太史湘未第时，尝替代文字。一日应童子试，为学使所觉，系于大堂之侧，曰："还能捉刀否？"题为"可以人而如鸟乎？诗云穆穆文王"，时旁有童生某于渡下处构思未就，宋乃从容晓之曰："何不云'鸟不如人，犹可恕也。人不如鸟，实可耻也。如耻之，莫若师文'。"王某大喜，用其语，果获售，其灵敏多类此。[④]

他中进士后虽在惠州丰湖书院、广州粤秀书院教了几年书，但一有机会出任实缺即牢牢抓住，此后一直在云南、湖北等地任地方官直至卒于任上，从不言退。清时民谚形容知县收入"不贪不滥，一年三万"[⑤]，虽有夸张的成分，正好说明"为贫而仕，

② 《复魏爱轩夫子书》，《常惺惺斋文集》，收入谢兰生《常惺惺斋日记（外四种）》（李若晴等整理），广东人民出版社，2014年，第350页。此信写于嘉庆十六年（1811），谢时年52岁。魏元煜，字升之，号爱轩，河北昌黎人。乾隆五十八年（1793）进士，授庶吉士。嘉庆二十三年（1818），任广东布政使。嘉庆二十五年（1820），调任江苏巡抚。

③ 张艺仪：《十九世纪初广东文人画的本土意识》，收入林亚杰、朱万章主编：《广东绘画研究文集》，岭南美术出版社，2010年，第332—349页。

④ 〔清〕倪鸿：《桐阴清话》，收入《岭南随笔（外五种）》，广东人民出版社，2015年，第488页。另参见张静庐：《记前清科举考试的一些概况》，《广东文史资料》，第33辑，第126—127页。

⑤ 〔美〕张仲礼著，费成康、王寅通译：《中国绅士的收入》，第一章"担任官职作为收入的来源"，上海社会科学院出版社，2001年，第27页。

仕而多金”，出仕恰好是改善经济状况的最佳途径。

谢兰生的晚辈谭宗浚《止庵笔语》，有一则材料论及清代广东士人风尚，似乎更能说明谢兰生为何踊跃功名而又过早退出官场的原因，逐录如下：

> 吾粤人多踊跃于科名而恬淡于仕宦，凡士子非青一衿、登一科者，不能为乡中祭酒。既释褐后，或因祖尝饶裕，或因馆谷丰腴，遂谢脱朝衫，有终焉之志者比比皆是也。余尝考明代粤中士大夫多与中原士大夫往来而仕宦亦盛，故议礼、廷推诸举，皆有粤人厕其间。至于诗文亦狎主中原坛坫。嘉靖中之前后七子、五子，不乏粤人。即如国初之屈、梁、陈诸公，亦喜与外省人士缔交，未尝不通缟纻，捧敦槃也。不知何时而习俗一变，乃与中原声气绝不相通。观乾隆间词臣多以文章受特达之知，而粤中仅得一庄滋圃相国。其实相国原籍福建，非累代居粤也，至其时汉学盛行而粤人无解此者，殊觉弇陋。若诗文则冯鱼山、宋芷湾住京最久，与中原人酬唱较多。黎二樵与冯周生、李南涧尚识面，王兰泉、黄仲则、翁覃溪辈则仅有通函。此外张、黄、吕诸公自南涧外更无酬唱之人矣。或谓粤人操土音，不甚能与外省人酬对。岂明及国初诸公皆不操土音耶？此理之不可解者。大抵吾粤风气多笃实，不急急于表暴名声，不染时贤标榜习气，如倪秋槎、彭春洲辈，往往有诗文绝工而名不出于岭外者。其好处在此，其受病处亦在此也。[①]

谢兰生无疑属于“踊跃于科名而恬淡于仕宦”中的一员，当日广东士子极重科名，其子说他：“嗣是功名念淡而犹仆仆不肯休者，以大父精神尚健，志图禄养。又尝谓：‘读书半世，不获成进士，是读书之债未偿，而文章之气未吐也。’”[②]谢

① 〔清〕谭宗浚：《止庵笔语》，刻本，广东省立中山图书馆藏。

② 〔清〕谢念功：《皇清敕授文林郎翰林院庶吉加一级显考澧浦谢公府君行述》，《广州大典》第189册，广州出版社，2014年，第841页。

兰生的学生陈澧（1810—1882）久困场屋，第六次铩羽而归决意放弃之时，仍然勉励儿侄辈“我此后决不再来会试，吾侄当努力，盖今人之重科名，亦古人重门第之遗意，是以科名未可轻也”[③]。

③〔清〕陈澧：《与硕卿侄书》，黄国声主编：《陈澧集》第一册，上海古籍出版社，2008年，第449页。

然而历尽千辛万苦获得功名，取得官场入场券，却又放弃，实在可惜。广东士子选庶吉士旋又请假还乡且从此退出仕途的先例，可能是从清初梁佩兰开创的，此后多有从此例者。谢兰生的老师刘彬华亦是如此，陈澧是这样回忆其两位老师的：

> 澧从学时，先生掌教羊城书院，刘朴石编修彬华掌教越华书院，时广州省城翰林惟两先生，士民尊敬之。刘编修选粤东近人诗为《岭南群雅集》行于世。编修留馆，后归里不复出。先生则点庶吉士，未散馆即归里。当是时广州富盛，若两先生欲入都，告大吏及乡人资助甚易，而两先生不为也。每课期，皆坐讲堂为诸弟子讲解，诸弟子环立而听之。[④]

④〔清〕陈澧：《谢里甫师画跋》，黄国声主编：《陈澧集》第一册，上海古籍出版社，2008年，第150页。

大量书院的出现，为谢兰生这一类虽有功名但又不愿深陷官场泥沼的士人找到一条新的出路，而这一切又可归因于雍正十一年（1733）朝廷解除书院的禁令，并且大力扶持书院建设。如果我们回到嘉道年间的广州府城的话，肯定会惊讶于当时书院的众多。在以广州府衙为圆心、半径一公里的范围（3.2平方公里）内，竟然集中了三所学宫、五所省级书院、一所府级书院、两所县级书院和一个全国第二大的书坊市场。[⑤]在这个庞大的书院群中，集中了粤秀、越华、羊城、禺山、西湖、学海堂等著名书院，以及遍布当年惠爱街、双门底、仙湖街、流水井、大马站、小马站等处的上百所合族祠书院。[⑥]

⑤〔美〕蒂莱曼·格里姆：《广东的书院与城市体系》，〔美〕施坚雅主编：《中华帝国晚期的城市》，中华书局，2000年，第141页。

⑥王建军、慕容勋：《论清代广州书院城市化》，《华东师范大学学报（教育科学版）》，2005年第23卷第1期，第76页。

第二节　羊城书院

谢兰生曾在省城内最好的两所书院粤秀、越华书院短暂任过山长，他还一度受聘掌教肇庆府的端溪书院，那也是一所省级书院，地位非寻常书院可比。此后，他还兼任揭阳、海丰两县书院的外聘山长，“藩台着人送海丰丽江书院刘公关聘来”[1]。又“藩台着人送到揭阳关书并修金四十两，榕江书院”[2]。“接夏观察书并揭阳修金四十两。”[3]“入城会罗太尊并领寄到海丰修仪一百贰十两。”[4]

而他生命的最后十来年，却是在羊城书院山长位置上度过的。羊城书院前身为穗城书院、羊石书院，嘉庆二十五年（1820），知府罗含章以郡属书院向未设膏火，无生徒肆业，因而整合原有教育资源，将各书院归并为一，设立膏火条规，更名为羊城书院[5]。经过广州知府罗含章和山长谢兰生的努力，它很快成为府城内可与粤秀、越华书院一比高低而三足鼎立的名牌书院，并因此触及省内三家省级书院的既得利益，引起反弹。在争取学生权益上，谢兰生不惜与三家书院的山长对抗，最后借助于罗含章回任广东巡抚，才将此事摆平：

> 向例，书院送考录遗，只有粤秀、越华、端溪三书院，此外不得送考。自月川先生改立羊城，仿照三书院，一例录送。讵料月川先生升任后，三学教官向学使合递一呈，谕诸生归学，录遗仍不准送考。府君致书月川先生，备言颠末。逾年，月川先生巡抚粤东，始复原定章程，至今不改。人固感月川先生之嘉惠士林，而益叹府君之乐育为无穷也。[6]

羊城书院内的布置，据《日记》可知“内座有康茂园方伯所颜‘静成’二字额”，院内树碑，“上阮制府、罗观察两扁额，

① 《日记》嘉庆廿五年（1820）二月十一日条。

② 《日记》嘉庆廿五年（1820）三月廿二日条。

③ 《日记》嘉庆廿五年（1820）九月廿六日条。

④ 《日记》嘉庆廿五年（1820）十一月廿一日条。

⑤ 〔清〕阮元、刘彬华、陈昌齐等纂：《广东通志》，卷一百三十七，建置略十三，上海古籍出版社，1990年，第2614页。

⑥ 〔清〕谢念功：《皇清敕授文林郎翰林院庶吉加一级显考澧浦谢公府君行述》，《广州大典》第189册，广州出版社，2014年，第843页。

⑦ 《日记》道光元年（1821）四月二十日条。

⑧ 《日记》道光元年（1821）正月十五日条。

⑨ 《日记》道光元年（1821）二月廿一日条。张于道光三年（1823）中进士后，改由一黄姓监院，疑其人为黄丹书。

⑩ 〔清〕梁廷枏《越华记略》就记载：“凡民籍、旗籍生监文童，均各设有定额。中仍分别正外附课名目，其考列附课者，向不限以定额内。民籍生监正课额

敬请先贤子、朱子牌位及名宦牌位，供于中座”[7]。而首任山长谢兰生则亲为书院书匾[8]。除山长之外，还配备监院，其职责是早来点名、分发课卷、膏火，广东著名诗人张维屏成为首任监院[9]。

书院招生是有定额的，如越华书院每年的招生数就大致维持在一百人左右[10]。羊城书院虽然是一所新书院，但考生踊跃报考。第一次招生，考生就多达二千多人。[11]这直接导致淘汰率极高：根据启馆人数来看，录取率仅为2%。作为广州府属重点扶持的书院，羊城书院得到了广州知府罗含章的特别关照，开馆之日，罗知府及南海县各位教官都参加仪式[12]。书院成立不久，罗知府就荣升山东兖沂曹道，为了感激他的功德，监院张维屏“与诸生送锦屏、酒席与罗观察”[13]。此后，又将罗的禄位供奉于书院之内[14]。

宋明时期的书院多坐落于城郊甚或深山野林之中，但清代的书院却占据城市的黄金地段。这倒不是清廷较之前朝格外重视教育，而是别有用心，其首要出发点是为了便于监控士子的思想动向[15]。清代书院不再有宋明时期讲学议论时事的风尚，而是变成一种类似今天高考尖子补习班性质的学校，而授业者也成了应试辅导教师，虽然“山长”的称呼还是保留了下来。书院的课程紧密围绕应举而设，大约十天一个课程，课程内容也很简单：生童各一篇以《四书》为题的八股文、一首应制诗。

为了表示对教育事业的关心，督抚道府各级官员都有任课安排，这就是所谓的“官课”。甚至连原先并无授课任务的粤海关总署也自告奋勇，愿意资助教学经费，但条件是再增加一次关署课。《越华纪略》记：

> 长白达公方榷粤市，留任至再，既去，越数年复来。久于粤，稔知先生（即谢兰生）教育之宏数，至院论文最匿。

八十九名（按遇科场年则加增十名），甄别正考约扣额二十名。外课额三十六名，正考约扣额十名，所扣之额俟启馆后请有课衙门于官课日补考取足。”详见〔清〕梁廷枏：《越华记略》，《广州大典》第230册，广州出版社，2014年，第319页。

⑪《日记》道光元年（1821）正月十八日条。道光六年（1826）正月十八日考羊城书院，人数依然众多，生童共一千五百余人。道光八年（1828）正月十八日考羊城书院，赴考一千四百余人。道光九年（1829）正月廿一日考羊城书院，赴考更是多达二千一百廿四名，详见当日《日记》。

⑫《日记》道光元年（1821）正月廿六日条。

⑬《日记》道光元年（1821）四月初九日条。

⑭《日记》道光元年（1821）七月二十日条。

⑮ 刘伯骥：《广东书院制度》，第七章师生，商务印书馆，1938年，第222页。

尝从容言，欲于关市筹谋经费，自例定官课外，别增关署一课。事垂成而后止。先是有阿榷使者名阿克当阿，亦重文士。尝就越华观风，示召诸生，拣期课之，奖赏极为优厚，以次递杀，虽末等亦沾其实惠。[①]

越华书院的惯例是“凡官课每年自正月至十一月，自督院至粮道皆轮月课士，每月定以初三日”[②]。为了错峰出行，羊城书院把官课特别安排在每月初二日。而父母官广州知府的课程更多，每月十六日及八、九、十、十一月初二日都有一堂府课[③]。对照谢兰生的《日记》，可知羊城书院严格遵守了这一规定，如道光元年（1821）上半年的官课期如下：二月初二日制军课，三月初二日抚台课，五月初二日臬台课，六月初二日运台课，七月初二日粮台课，严格按照官阶高低排了一遍课，此外还见缝插针地安排了广州知府罗含章在二月十六日的太府课。有时官员外出，还须调课，如“运台公出，课期另候改示”[④]，十余天后才补课，“本日翟运司课题：生监‘刚毅木讷近仁’，文童‘若夫润泽之’，赋得云晴即作峰得峰字”[⑤]。但诸位官员公务缠身，一般都派“委员”来代课[⑥]，或者干脆就让山长谢兰生代课了，如“代制军命生监课题”[⑦]。又“代制军阅生监课卷”[⑧]。而山长的课程则称为“院课”。越华书院的山长每月授课两次，即从二月至十一月中的十三、廿三日两个半天[⑨]，谢兰生的教学任务也相同，分别是每月的初九日和廿四日两个上午的课程。[⑩] 当然，最大的工作量还是课后阅读批改生童在课堂上所做的诗文。

道光二年（1822）正值乡试之年，所以谢兰生于

① 〔清〕梁廷枏：《越华记略》，卷七，《广州大典》第 230 册，广州出版社，2014 年，第 369 页。

② 〔清〕梁廷枏：《越华记略》，卷一，《广州大典》第 230 册，广州出版社，2014 年，第 320 页。

③ 〔清〕程含章：《兴修广州羊城书院设立膏火银两碑记》，《岭南集》，卷四，《广州大典》第 440 册，广州出版社，2014 年，第 588 页。

④ 《日记》道光三年（1823）六月初二日条。

⑤ 《日记》道光三年（1823）六月十四日条。

⑥ 《越华纪略》记：“凡月之初三日官课，先期十日由监院官具禀主课衙门，俟奉批后，先期一日仍差人禀知，听候拣委正途出身之员。监课、委员出堂，东西对坐。委员西面坐点名，监院官东面坐散卷点名毕，退至憩处，公拆题纸，发院书誊写题牌，委员押日，酉刻汇收，由监院官开列所收卷数清单，封固课卷，亲诣缴送，毋令及烛。按：各署课卷均于申刻汇齐，笼灯缴送，向无越宿之事，惟督院节署在外城靖海门内，于书院实隔一城垣，收卷时门已下锁，未便会营请启，故两次课卷仍以是日收存监院，俟明晨赴缴。”详见梁廷枏：《越华记略》，卷一，《广州大典》第 230 册，广州出版社，2014 年，第 321 页。

⑦ 《日记》道光六年（1826）二月初二日条。

⑧ 《日记》道光六年（1826）二月初三日条。

⑨ 《越华纪略》记：“院长专聘以课习文艺，较之官课宜数。然溯考初设时，止每月望日一课，其期殆与今之官课等。后乃定为今例，自二月至十一月中，均以月之十三、二十三日为期，月凡两课，逢科举之年，因七月二十三日、八月十三日两期并停其课试。”详见〔清〕梁廷枏：《越华记略》，卷一，《广州大典》第 230 册，广州出版社，2014 年，第 322 页。

⑩ 〔清〕程含章：《兴修广州羊城书院设立膏火银两碑记》，《岭南集》，卷四，《广州大典》第 440 册，广州出版社，2014 年，第 588 页。

⑪ 《日记》道光元年（1821）五月初八日条。

五六月间大讲时文，为八月的乡试作复习准备。“讲《中庸》。”⑪“讲‘射不主皮’一节，张素存文。”⑫“讲‘点尔何如’一节，胡任舆文”⑬。“讲“‘述而不作’一节，潘宗洛文”⑭。“讲‘有一言而以终身行’一节，惠士奇文。”⑮“讲张晓楼‘君子有诸己’至‘有也’文。”⑯“讲张晓楼‘如切如磋’二句题文。”⑰“讲‘故远人不亲’二句，张晓楼文。”⑱“讲‘夏后氏以松’至‘战栗’，储中子文。”⑲几乎隔天讲一篇时文，但他还是没压中题目，头场的次日，他接到提调监试送到头场题目：“知者不惑”三句，“正己而不求于人”，“入其疆”至“则有庆”，赋得海不扬波得波字。⑳虽然压题不中，然而羊城书院中举人数甚多，“科院内诸生暨旧同学中式共二十三人”㉑。广东乡试将近七千六百人参加考试，㉒中举名额全省也不到八十人㉓，百里挑一，可谓难矣。羊城书院牛刀初试，有这个成绩自是相当喜人了。

每次乡试过后，一得到当年题目，谢兰生会立即让学生重做一次真题，“命诸生默写头场诗”㉔。头场在三场中最为重要，考《四书》文三题及五言八韵诗一首。考生中举与否，主要看头场的成绩㉕。而试帖诗虽是律体，但与近体诗并不相同，并不注重真情实感而是注重技巧，如“结联往往用颂扬语，遇冠冕题并有全首用颂扬体者，颂扬语或单抬或双抬，贵合体制”㉖，“复忌平头上尾，四句上二字虚实相同者为平头，下三字虚实相同者为上尾”㉗，所以要反复训练。

书院虽然为科举而设，但自从阮元督粤后，古学渐兴，也不可避免受到影响。羊城书院的首日课程，便是阮元的“古学六题”，书院中还设有学海堂壁，专门张

⑫《日记》道光元年（1821）五月初十日条。

⑬《日记》道光元年（1821）五月十二日条。

⑭《日记》道光元年（1821）五月十四日条。

⑮《日记》道光元年（1821）五月十八日条。

⑯《日记》道光元年（1821）五月二十日条。

⑰《日记》道光元年（1821）五月廿二日条。

⑱《日记》道光元年（1821）五月廿六日条。

⑲《日记》道光元年（1821）五月廿八日条。

⑳《日记》道光二年（1822）八月初十日条。

㉑《日记》道光二年（1822）九月初六日条。

㉒阮元《改建广东贡院号舍碑记》记道光二年（1822）新落成的贡院号舍共七千六百二间”，见〔清〕阮元：《揅经室集》，三集卷二，中华书局，2016年，第623页。又如道光八年（1828）广东乡试“共印七千六百余纸，闱考遗才者，尚遗三千余人，人才可谓盛矣。详见〔清〕李钧：《使粤日记》道光八年（1828）九月初五日条，卷下，道光十四年（1834）刊本，开封府署藏板，中国国家图书馆藏。

㉓如道光八年（1828）广东乡试录取名额为正榜七十四名，副榜十四名。详见〔清〕李钧：《使粤日记》道光八年（1828）九月初五日条，卷下，道光十四年（1834）刊本，开封府署藏板，中国国家图书馆藏。

㉔《日记》道光八年（1828）八月廿四日条。

㉕商衍鎏：《清代科举考试述录及有关著作》，第二章“举人及关于举人系内之各种考试”，百花文艺出版社，2004年，第79页。

㉖商衍鎏：《清代科举考试述录及有关著作》，第七章“八股文、试帖诗概纪及举例释义”，百花文艺出版社，2004年，第262页。

㉗商衍鎏：《清代科举考试述录及有关著作》，第七章“八股文、试帖诗概纪及举例释义”，百花文艺出版社，2004年，第264页。

古学榜[1]，而且经常沿用学海堂的课题："本日生监题七律三首：绿于野屋，奇花初胎，夜渚月明，皆学海堂所颁诗品题目。"[2]又"课题：鹤舒台、石屏台、妙高台、见日台，俱七律，此是学海堂课题'十台'之四"[3]。即使道光六年（1826）阮元离任后，其影响力依然存在，羊城书院依然时有沿用学海堂课题："生童课，用学海堂诗题：岭南劝耕诗五古二首，文澜阁落成诗。"[4]下表为羊城书院与省级书院的比较。

	粤秀书院	越华书院	端溪书院	羊城书院	学海堂
创办时间	康熙四十九年（1710）	乾隆二十年（1755）	万历元年（1573）	嘉庆二十五年（1820）	道光四年(1824)
办学地点	广州盐运同署	广州司后街	肇庆高要	广州龙藏街	广州粤秀山
招生人数	150	169	320	120	初无定额，同治五年(1866)，设专课生10名
学制	一年	一年	一年	一年	三年
招生范围	广东全省	广东全省	广东、广西两省	广州府	广东全省
每月课期	3	3	3	3	每岁分为四课，由学长出经解文笔古今诗题，限日截卷，评定甲乙。
课考内容	四书文一篇帖诗一首	四书文一篇帖诗一首	四书文一篇帖诗一首	四书文一篇帖诗一首	专以古经课士
山长修金	704.4两	590两		400两	学长八人，每人36两
学生膏火(10个月计)	生童皆18两	生童皆18两	生童皆12两	生18两，童12两	不分生童，皆20两

书院教学中出题割裂的情况十分常见。实则出题割裂，明代已然。这种风气沿及清代，更为严重。盖因八股文命题，只能从《四书》《五经》中选取一句话或者几句话作为题目，到清中叶，

① 《日记》道光元年（1821）三月十二日条。

② 《日记》道光二年（1822）十月廿四日条。

③ 《日记》道光三年（1823）六月初九日条。

④ 《日记》道光六年（1826）八月廿四日条。

科考次数渐多，考题难免雷同，为了不使考题重复，出题者有时将完整的章句掐头去尾，骈拇枝指，或将上下内容并不关联的几句话糅在一起，前言不搭后语，或将当断的句子连上，当连的句子点断，题目因此怪异无比且文义不通，令考生无从下手，时人称之为“割裂题”。朝廷也察觉这样出题太过刁钻无理，因此明令禁止出割裂题。乡试、会试之后，礼部会重审题目，若是发现出题割裂，要追究主考之责，因此乡试、会试，割裂之题并不多见，而常见于生童院试。出题割裂最著名的例子，莫过于咸丰年间河南学政俞樾[5]出题割裂惨遭革职一事：

> 又咸丰年间，翰林院编修俞樾，以出题割裂革职，传其所出题目数则。《论语》之《邦君之妻章》有“异邦人称之亦曰君夫人”句，《阳货章》有“阳货欲见孔子”句。俞出“君夫人阳货欲”为题，是以上章末句割“君夫人”三字，下章首句割“阳货欲”三字成之。《孟子·梁惠王篇》之《齐人伐燕章》有“王速出令，反其旄倪”句。俞出“王速出令反”为题。割下句反字连上句成之。又《梁惠王篇》之《滕文公问曰章》有“二三子何患乎无君，我将去之”句。俞出“二三子何患乎无君我”为题。割下句我字连上句成之。按此三题，“君夫人阳货欲”一题，过于戏侮，第二三题曲解之，可云王出令使造反，无君而有我。若逢雍正时之疑忌严酷，不难兴起大狱。闻此案由俞樾自行检举，故得处分从轻，而仅予以革职。当时相传河南学政衙门，向有狐仙为祟，学政到任，必往祭之，俞樾不肯，遂于出题时神思恍惚，而致有此，则属于迷信妄说，殊不足以为据。[6]

但法不责众，出题割裂的情况越到后来越严重，晚清广东著名学者陈澧就痛斥割裂题误人子弟：

⑤ 俞樾，字荫甫，浙江德清人，道光三十年（1850）庚戌科进士，咸丰五年（1855）以翰林院编修任河南学政。

⑥ 商衍鎏：《清代科举考试述录及有关著作》，第八章“科举案件与轶闻”，百花文艺出版社，2004年，第339—340页。

> 文章之弊，至时文而极，时文之弊，至今日而极。士之应试者又或不自为文而剿袭旧文，试官患之，乃割裂经书以出题。于是题不成题，文不成文。故朱子谓时文为经学之贼，文字之妖。其割裂出题，则经学贼中之贼，文字妖中之妖也。[1]

科场考试的失败者、六次公车均告铩羽而归的陈澧可能深受其害，故而对这种怪题深恶痛绝。但他作为诸生在羊城书院读书时，山长谢兰生肯定给他们出过这种割裂题。如道光元年（1821）四月初九日，“童生题：‘其至尔力也其中。’”题目梗塞难通，因为《孟子 • 万章下》的原文本为：“其至，尔力也；其中，非尔力也。”又如“他日由邹之任见季子由平陆之齐”，可能谢兰生也自觉此题有割裂嫌疑，故而在《日记》中还特意加了一句“题目来得甚晏”[2]。实则《孟子 • 告子下》此句原文为“他日由邹之任，见季子；由平陆之齐，不见储子”。又如生监课题：“红紫不以为亵服当暑。”[3]《论语 • 乡党》原文为：“君子不以绀緅饰，红紫不以为亵服。当暑，袗絺绤，必表而出之。”此题截头去尾，不知所云。又如生监题“子曰爱人问知”[4]，原文出自《论语•颜渊》：“樊迟问仁，子曰：‘爱人。’问知，子曰：‘知人。’”又文童题“色斯举矣翔”[5]，原句为《论语 • 乡党》“色斯举矣，翔而后集”。

这些便都属于典型的割裂题了。在当日的时风下，无论出于何种目的，谢兰生也不能免俗，时不时要出几道割裂题考考学生，就如今天的高考辅导老师为了追求升学率，让学生熟悉各种题型而怪题百出一样。

① 〔清〕陈澧：《科场议》，黄国声主编：《陈澧集》第一册，上海古籍出版社，2008 年，第 77 页。

② 《日记》道光二年（1822）七月初二日条。

③ 《日记》道光三年（1823）八月初九日条。

④ 《日记》道光三年（1823）二月廿四日条。

⑤ 《日记》道光九年（1829）四月初九日条。

谢兰生的讲授内容不局限于四书，有时也讲宋学。如“讲《西铭》一篇”[⑥]，又“讲程子《定性书》”[⑦]。作为古文爱好者，他又花了大半年时间给学生讲解韩愈散文，以利于提高学生写作策论的水平。如“讲韩文《原道》一篇”[⑧]“讲韩文《答李翊书》”[⑨]“讲韩文《张中丞传后叙》”[⑩]“讲韩文《送董邵南序》”[⑪]“讲韩文《平淮西碑》”[⑫]。

在广州城中，当时有功名而不乐仕进的还有何南钰（字相文）[⑬]、刘彬华（字朴石）[⑭]等人，他们分别担任粤秀书院、越华书院的山长。士绅之间，往往通过联姻来维系家声。谢兰生的长子娶两淮盐政张青选（号云巢）长女[⑮]，而长孙谢震则定亲何南钰次孙女，当时其孙才四岁[⑯]。

⑥《日记》道光三年（1823）三月廿八日条。

⑦《日记》道光三年（1823）四月初一日条。

⑧《日记》道光三年（1823）四月十九日条。

⑨《日记》道光三年（1823）四月廿一日条。

⑩《日记》道光三年（1823）四月廿六日条。

⑪《日记》道光三年（1823）四月廿八日条。

⑫《日记》道光三年（1823）五月初四日条。

⑬ 何南钰，字相文，广东博罗人，嘉庆四年（1799）进士，道光二年（1822）起任粤秀书院院长。

⑭ 刘彬华，字藻林，一字朴石，广东番禺人，嘉庆六年（1801）进士，官至翰林院编修，编有《岭南群雅》，时任越华书院院长。

⑮ 张青选，字商彝，号云巢，广东顺德人。乾隆五十年（1785）举人，由知县历官湖北按察使，有《清芬阁诗集》传世。

⑯《日记》道光三年（1823）十月初八日条。

第三节　堪舆与科举

除了与权门联姻外，读书应举，无疑是保持家声不堕的最有效途径，谢兰生敦促儿子在社会阶梯上继续攀登，力争进入绅士上层和宦途。道光二年（1822），长子念典、次子念功参加乡试。为了让次子安心备考，他还“着次儿辞退怡和馆地”[⑰]，为本年秋试作最后冲刺。发榜当晚，“黄监院、劳静菴、刘缃华来，大兄来，俱候放榜。二更前后报次儿念功得中四十六名举人，三更后买得试录，看过乃寝”[⑱]。他次日不顾劳累，一大早就返乡祭祖。次儿的中举，令他联想起多年前的一个乩语，越发对儿孙辈夺取科名充满信心：

⑰《日记》道光二年（1822）四月初五日条。

⑱《日记》道光二年（1822）九月初六日条。

“名垂八座连朱绂，象列三台近紫微。麟阁久开虚左待，从容咫尺奉天威。”此己卯年在鸥波吟舫扶乩承吕祖赠念功之作，久不记忆。今日端明大师来，详述其事，并默写原诗谨志之。[①]

然而，次子的功名之路到此为止。道光九年（1829）五月初二日，“接次儿场后信一函并首艺一篇、诗一首，俱佳，可以望中”[②]。不过，十天后，谢兰生再一次得到次子名落孙山的消息，极为愤懑不已[③]。而长子的功名之路更是蹭蹬，连举人都考不上，只能以诸生终。道光八年（1828），自感时日无多的谢兰生详细记录下长子参加秋闱的每一场考试，就连哪一场何人前去接场也记得清清楚楚。发榜当晚，他又焦虑等待，“至三鼓后买得题名录乃寝”[④]，想必又是一夜难眠吧。

科举是一项淘汰率极高的比赛，能够金榜题名的始终只是少数人，更多的是失败者，谢兰生就记录了一个七十四岁还在参加童生考试的远房穷亲戚：

高明东坑家佐周名元城自端溪书院一晤，今特来访，意欲推荐而事不可行。今年七十四，尚应童试，可悯也。[⑤]

要想家族兴旺，科举是一条捷径，但成功之路实在太难捉摸，于是不少人想到借助冥冥中的神异力量，从而极重风水。谢兰生为家族选择墓地，可谓不遗余力。嘉庆二十四年（1819）回乡祭墓期间，初次确定墓穴：

四更开船至镇龙墟泊，黎明上坟后，至冷水坑候实园来，同看矮岗仔山。山在冷水坑禾堂之左，山顶连开数金字，当中出脉，趋至平壤，另起石顶结穴，堂局明秀，外见大江水逆朝，通体平稳。再上山顶左转里余至狮石岭，山不知何名，因山石像睡狮，暂呼狮石岭。狮鼻之上，左有小石，另抽一脉，垂下结穴。穴前遥望西北，两江

① 《日记》道光二年（1822）九月初十日条。

② 《日记》道光九年（1829）五月初二日条。

③ 《日记》道光九年（1829）五月十三日条。

④ 《日记》道光八年（1828）九月初七日条。

⑤ 《日记》道光八年（1828）十一月十四日条。

数百里水逆流到堂左右。沙势环抱，左有金山锁水口，再折而聚为郁水一潭，与穴正对。山左青龙位出大沙一块，锁住郁水，水从山脚绕青龙而去，下关又得东坡洲一沙抱住，实是天然位置。此种水法为粤山第一，可称奇穴。大地阅毕，快甚。⑥

⑥《日记》嘉庆廿四（1819）年八月廿八日条。

明年，谢家的"御用"堪舆师李实园又来报告有更佳的穴位：

李实园来，云矮岗之山在冷水坑村之左，即村南也，土角流金之山在洗米坑，又连珠岗之地，左水右草，提金星出脉，有朝有案，是梁文康公祖山之余地，在文康祖山内连叠两岗，将趋平壤矣。

冷水坑的山地最终没有买成，于是改为购买白云山东麓探花塘山地⑦。谢兰生不顾年老，亲自上山竖立山界：

⑦《日记》道光四年（1824）七月廿三日条。

仝三侄上山，三侄先到苏退山处写山契，随到百花冈竖立山界，冈在百花冢左臂，其外为探花塘。山庄午饭毕，步上白云，经月溪寺、双溪寺、仙岩等处一览而还，已申酉之间矣。⑧

⑧《日记》道光四年（1824）闰七月初六日条。

买好山地后，又按当时的风俗，掘土以验吉凶："实园仝上百花冈，开穴探附穴土，大次两儿从，傍晚方还书院。"⑨忙活了一个下午，不过谢兰生当天日记没有写下评语，似乎在无可无不可之间，也有可能是还有埋之以动物骨头的程序，须隔几天才有结果⑩。最终结果令人满意，于是谢兰生便与李实园上山确定穴位：

⑨《日记》道光四年（1824）闰七月廿四日条。

⑩ 谢兰生的弟子陈澧也精于此道。其《说葬》一文详细记录了探土试埋的各个环节和优劣标准。见黄国声主编：《陈澧集》第一册，上海古籍出版社，2008年，第348页。

实园早来，仝上百花冈，覆定向头，三儿从。内向坐庚向甲兼酉卯，毕三度、参五度，外向坐庚向甲或微兼酉卯亦可。⑪

⑪《日记》道光四年（1824）八月初二日条。

虽然确定穴位后，他还是放心不下，趁着上白云山赏梅的机会，特地从山上观测穴位方向："下天梯看百花冈新定向头，疑其顶楼来脉不正，尚要与实园再订也。”[1] 于是明年春天，“实园仝上探花塘，覆定向头仍以坐庚向甲微兼酉卯为妥毕三度，参五度，详载去年八月初二日登记”[2]。

李实园作为谢家的专职堪舆顾问，深得谢兰生的信任。有一次李实园来探望他，并赠送腌鸭六只，也令他感慨“此老多情可感”[3]。李实园逝于道光九年（1829）六月初一日，谢兰生听到消息后，感叹道：“乡中老成人几顿尽矣。”又写一挽联：“乡国典圣，没宜祭社；髫年交旧，稀过晨星。”[4]

清代广东士绅笃信青乌之术，常常将一地文运的兴衰归结为地气所致。譬如，清初广东人科举不太鼎盛，远不如明代，且从未出过状元，于是人们认为这是旧贡院文气已尽所致，因其地在清兵入粤时一度改为兵营，于是将贡院从越秀山南麓迁至府城东南，果然此后广东科举成绩大有起色。以现代人眼光分析，这应该是经济繁荣所随之而来的文化兴盛，与风水没多大关系，但清代人更愿意相信这是贡院位置选得好的缘故：

> 前明贡院，宣德七年建于城北粤秀山麓西竺寺故址。后毁于兵火。迨平藩师至，云屯内城，四民屏迹；院之故址，营房占据矣。顺治辛卯乡试，以光孝寺设棘，官署权宜集事，士子号舍，率结篷厂为之。至甲子科，议建贡院，当事者谓旧址畚锸伤脉，玉盘既缺，灵气泄尽，不可仍也；遂迁设于城之东南隅焉。论者又谓旧址近接粤秀山之正脉，其气最盛，故有明一代人文为特盛云。[5]

但也有人认为越秀山上的观音阁导致广州士子科名不显：

> 广州城北粤秀山有观音阁，明指挥花英所建也。粤秀山为粤垣之主山，建阁在永乐时，嗣后科名始盛。然流俗相传谰说，有绝可笑者。或云所供乃字星，非观音，其垂首下指者，乃厌胜之术也，故广州科名不大显。或曰

① 《日记》道光四年（1824）十一月初一日条。

② 《日记》道光五年（1825）二月初十日条。

③ 《日记》道光八年（1828）十二月初八日条。

④ 《日记》道光九年（1829）六月初六日条。

⑤ 黄佛颐编纂：《广州城坊志》，广东人民出版社，1994年，第109页。

> 楚人柳先开者，游粤与伦迂冈文叙不相能，忌粤中龙脉之旺，故作观音阁于山上以压之。一吠百声，递相传布。考《南海志寺》中有万历间陈大伦碑，即云众人有擅焚寺一事，知无稽之言，由来亦已久矣。[⑥]

甚至连城门之内是否建有照壁，也被认为关乎文运，文眼被挡住了，所以少有榜眼：

> 广州东西城内，均有照墙。形象言谓其阻塞文明，故俗传广东"不开眼"为此也。道光己酉西门照墙倾圮，明年番禺许涑文其光以榜眼登第。迨咸丰丁巳，东门照墙为夷人所拆毁，庚申南海林樵山彭年以榜眼登第。咸以为照墙断不可以立矣。同治癸酉重修城垣，刘稌村布衣岳谓省城龙脉太盛，宜仍立照墙，庶稍停蓄。闻者讥诮之。明年余亦以榜眼登第。浮言始息，然则风水之说，固亦幸中，而不可过泥耶。[⑦]

当时的阴阳家论风水，以地脉通畅为要诀，故有将科运不利归结于地脉不通者，为政者顺应下情，浚通水渠，竟然有大功于科考：

> 康方伯茂园基田善观形势，精太乙家言，谓东粤人士自庄殿撰后鲜有及第者，地利未尽故也。于是通六脉渠，改建各书院，于广郡学宫左隅建奎光楼，言数年后必有及第者。嘉庆己巳，定安张澥山岳崧果以第三人及第。自时厥后，道光壬午，南海罗萝村文俊亦以第三人及第，癸未吴川林芾南召棠以第一人及第。[⑧]

具体到科举名家，阳宅选址也很重要，庄有恭于乾隆年间得中状元，当时人认为是他父亲选对了阳宅：

> 雍正时，潮州有张某者，精堪舆术，善认气。慕省会山水雄秀，遂移家来羊城，登白云，陟梅坳，度东、

⑥〔清〕谭宗浚：《荔村随笔》，《丛书集成续编》第26册，上海书店，1994年，第511页。

⑦〔清〕谭宗浚：《荔村随笔》，《丛书集成续编》第26册，上海书店，1994年，第510页。

⑧〔清〕吴绮等撰，林子雄点校：《清代广东笔记五种》，广东人民出版社，2006年，第412页。

西得胜，逾观音山顶。夜宿其上，每五更起以望气，遂步寻至旧仓巷，喟然叹曰："满城郁葱佳气，萃于此矣。十年内必发鼎甲。"于是买宅于旧仓巷北头之东，与庄宅对街而居。张有二子，皆秀才，亦能文，督课甚严，窃以大魁天下在转瞬间耳。乃乾隆己未，庄有恭状元及第，即对街庄宅也。泥金之日，彼自惭术不精细，遂携家宵遁。说者谓彼能认气，而未晓迎运。当雍正至乾隆年间，四缘管局，庄府居街西，门开巽，正迎吉运；彼居街东，门则向兑。此所以张败而庄兴欤？[①]

较之阳宅，祖坟葬得好更为要紧，对于青乌之术的重视，直接导致明清两代朝野上下都极为重视祖坟的选址问题。如明代霍韬：

南海人言，霍文敏善青乌之术，葬其祖于石湾之蛇山。山不甚高，四望皆田，有石脉延袤数里，至本山而止。山之巅有石岩如蛇口状，牧鹅鸭者遇风雨，人畜辄避其中。公之祖葬于岩下，至公而显；墓上槁树一株，终岁不脱一叶，每脱一叶，则有一子孙登科者。[②]

又林召棠于道光三年（1823）高中状元，后世相传只是因其祖坟葬对了地方，但因其祖父以卑劣手段骗得该处山地，故而林氏虽高中状元而仕途蹭蹬，只能以一介书院山长终老[③]。

道光十年（1830），岭南另一重要文人士大夫吴荣光在《趼舍诗存》序言中，述说他为寻找父母茔址不辞劳苦，以至脚底磨成了"趼"（"趼"通"茧"）：

余自道光戊子秋，择地经营两先茔，历揽西樵、石门、浔峡、嘉桂、白云、罗浮诸山，趼足两载，几及百舍，祁寒暑雨，不敢告劳。[④]

当然，也不是所有的士大夫都笃信无疑，和谢兰生同时代

① 〔清〕刘世馨编，许联陞订：《粤屑》卷五，"旧仓巷"，收入《岭南随笔（外五种）》，广东人民出版社，2015年，第256页。

② 〔清〕吴绮等撰，林子雄点校：《清代广东笔记五种》，广东人民出版社，2006年，第419页。

③ 祝秀侠：《粤海旧闻录》上册"林状元因堪舆夺冠"条，（台北）圣文书局，1987年，第126页。

④ 〔清〕吴荣光：《趼舍诗存·序》，《石云山人诗集》，卷十四。据任百强先生考证，吴氏后人吴趼人（我佛山人）为纪念先祖的这一忠孝之举，特意改号为"趼人"。详见任百强《我佛山人评传》，第六章"创巨痛深"，第74—76页。

的吴应逵，在给友人的书信中就曾批评过这种风气：

> 闻足下近耽于堪舆至废时失业，此大误也。古之言地理者，必曰杨曾廖赖。今四公子孙达者几人，可屈指乎？岂彼但能为他人种福而不能为自己种福乎？况足下所尊信之人花甲将周，尚未有子，闻其家业亦日就消削，岂非不值一笑乎。先祖秋岩公曰地师譬如媒人，不过为一时撮合计。他日妻荣夫贵，不得谓媒之力，至于镜破钗分，亦不得谓媒之咎。真笃论也。愿足下熟思之。⑤

⑤〔清〕吴应逵：《与友书》，《雁山文集》，卷二，《广州大典》第450册，广州出版社，2014年，第217页。

吴应逵的书信，虽然立足于批评，但是恰好从一个侧面反映了当日广州士绅盛行堪舆之风的事实。而重视风水的根本原因，还是对于子孙后代科举成绩的孜孜以求。明乎此，我们在阅读《日记》时便可理解谢兰生为何在墓址的选择上反复提及，念兹在兹，乃是风尚使然，绝非孤例。

第四节　山长的收入

广东人居家过日子历来精打细算，谢兰生也不例外。在《日记》每个月的第一页页眉上，他都用苏州码记下当月收支情况（图 1-2）。羊城书院山长的年薪是 400 两白银，这个待遇虽然比之各县邑的小书院山长要好很多，但据刘伯骥先生考证，省城院长“资望既高，各方应酬及费用动支亦巨，每年修脯六七百两，尚感不敷应支的痛苦”[①]。他又举嘉庆六年（1801）任粤秀书院山长的冯敏昌的《书院事宜陈刍》为例说明情况：

> 六七年前，岁修千金。乾隆壬午端溪陆大田先生尚六百金，而粤秀延范九池先生岁修则八百金，其薪米皆在外。家潜斋太史，尚复回千金，后此掌教，自请岁省三百金，当道奏为令。蒙子弟并随从，益以长班、茶房、厨子、火伕，家口见在为三十三人，日约须米三十六斤，为银九钱，早菜二钱，晚二钱，柴薪一钱五分，灯油一钱，一日银一两六钱计之，岁为银五百七十六两矣。而每岁家人工食约二十金，轿钱约四五十金，二千余里家眷之来，约费百金，则已七百四十余金矣。而每岁上下添补粗衣，省中应酬，红白将何所出？不得不借助于贽见礼矣。旧例人贽见七八元，蒙非有加于前。然则诸生中则有执贽四元三元者焉，有二元一元者焉，有仅一元无之而但具一帖者焉，而且但具一帖者，以正别榜正附课计之，其来见者仅半，将何所恃以助哉？且尤异者，播散谣言，以为掌教贪财忘义，口众我寡，事昧难辨。窃愿大人之为粤东人士计，俟蒙避位之后，仍奏请照回原日事例，庶可他时延接外硕儒宿学，造就此邦人士，凡此皆不得已而后言之者。[②]

① 刘伯骥：《广东书院制度》，第七章“师生”，商务印书馆，1938 年，第 298 页。

② 同上注，第 300—301 页。

③《越华纪略》记：“甄别云者，取所课之人而别其去留也。旧例入院读书应课，三年后始将肄业生童及新来投试者合而考之，留汰旧人之意与招来新进之意相辅而行，其学成而归者不就试，试而不复取录则出院，故书院于新旧名中最有区别。闻初时甄别每卷所收价无多，其后乃逐渐加增至银一钱，止新者倍之。以后永不复增。除津贴院中人役及支应一切未便请领商捐如花木修葺各零杂用外，有余皆归监院为薪水费，其递增截止之年皆不知所自始矣。”详见梁廷枏：《越华记略》，卷二，《广州大典》第 230 册，广州出版社，2014 年，第 333 页。

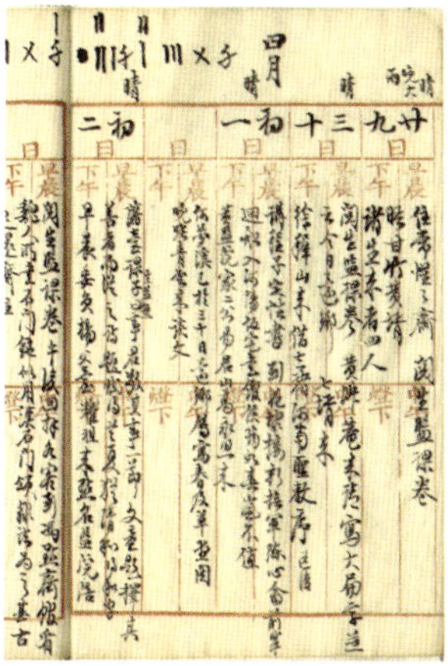

图 1-2 《常惺惺斋日记》天头上的苏州码

冯敏昌因为经济拮据，故而有多收学生贽金之事，于其声名颇有损毁。按照书院的规定，考生考前要交一钱银子的“甄别费”[3]。考上了，与山长初次见面，要送贽礼，“拜见业师、恩师礼，入门通名，有贽仪礼物，即于此传进，俟召进始进”[4]。数目多少，也是有规定的，总在二两到三两白银之间[5]。但依据各人经济状况，有多有少也是正常之事。冯氏可能因为别人贽金不足数而不予接见，未免予人口舌。数十年后，张维屏在回忆师友时，就借别人之口对其进行了批评：

艺圃性伉直，往往使酒骂座。尝曰吾于世只服两人，人品服徐芗圃先生，学问服吾师纪晓岚先生而已。时冯鱼山负盛名，或问鱼山何如。艺圃曰：鱼山归至羊城，必坐四轿，是胸中不能忘官样也。掌教书院，生徒贽仪及门包不如数者不得进见。鱼山有贤名，不宜委权于仆从阻抑士气。[6]

后来编修《粤秀书院志》的梁廷枏则为其先师辩解道：

钦州冯院长颇信形家言，谓讲堂外两厢房外向大堂

④ 佚名：《岭南丛谭》，收入《岭南随笔（外五种）》，广东人民出版社，2015 年，第 671 页。

⑤《越华纪略》记：“凡额定贽礼。生童见院长区别正外附课为数之差等，正课贽礼银二两八钱，外课二两一钱，附课一两四钱。其贽见监院官，正课贽礼银一两四钱，外课一两八钱，附课七钱。两员并设，贽礼不便加增，故榜发后，以正外课之一三五以下凡名在奇数者贽礼归正监院，二四六以下凡名在偶数者归副监院。其不受贽之监院，仍令生童以名帖入见，以为识别之地。凡此皆初设议定旧行之定例，例外毫不多取，其有加送优厚者听。按：生童向以洋钱作贽，其中轻重参差不一，仍听诸生随宜封送。今以两数核算，系属约略之词，毋庸拘泥。又按此外，别有随礼名目。院长、监院之司阍、长随，咸得藉给。于是亦以正外附课为差等。院长随礼，正课四钱以次递减一钱，监院则正课二钱，以次递减五分。”详见梁廷枏：《越华纪略》，卷二，《广州大典》第230册，广州出版社，2014年，第333页。

⑥〔清〕张维屏：《谈艺录》，卷下，《广州大典》第 94 册，广州出版社，2014 年，第 590 页。

东垣外铺民楼高斜北外出，又门外照墙、仓亭、屋顶三处背向外出，宜诸生历称傲岸。列札陈之当事，请酌而更之。是时一岁一甄别，而诸生尚沿三年甄别旧例，先年居院者不致院长贽礼。先生家累既重，挈室而来，不肯干与公事，故所入修脯不给，不得不资于诸生之贽。于是昧理者不无烦言。会先生方严出入之禁，哗然无稽，因以四起，所谓傲岸者，指此言之，亦先生所值之不幸也。[①]

按照梁廷枏的说法，由于甄别试由三年改成一年一次，所以贽见之礼也要改成每年交一回，但老生入学后根据老规矩，不肯每年都交贽金，以此双方产生矛盾。无论冯敏昌本人还是梁廷枏，都辩解不能不收学生贽礼的原因，是束修太低所致。粤秀书院是省属书院，山长年薪高达704.4两，另课席17.6两[②]，冯敏昌尚且叫苦连天，何况谢兰生年薪仅得400两呢？入不敷出，只能另谋出路。谢兰生头上顶着翰林头衔，又是省城山长，属于优质师源，所以很多私立书院请他批改会文[③]，他也乘此机会弄些创收。有的会文一次性有几百卷之多，“瑶头乡送会文五百余卷来阅”[④]，“文澜书院送至会文六百余篇，允月底付与”[⑤]。创收的形式还有许多种，最常见也最主要的是书画、墓碣、寿文的润笔，不过，和“点主”相比，这些润笔倒显得微不足道了。

所谓点主，是广州民间丧俗中的最后环节，也称作题主。“主”，指的是神主牌。广州旧俗要为死者做七七四十九天的丧事，在末七时，要举行点主仪式。丧家先在神主牌上，用楷书写上“某某之神主”，不过“主”字只写成“王”字，上面空了一点，待请来的有身份人士用朱笔加上一点而成“主”字，随后再用墨笔将朱色的一点填成黑色，方才礼成。请什么人点主，颇有讲究。首选自是有功名的人，这样不仅丧家有面子，还能为子孙带来科举运气。点主例不请武官，因为武官事关杀戮，恐对

① 〔清〕梁廷枏：《粤秀书院志》，卷七，《广州大典》第230册，广州出版社，2014年，第490页。

② 刘伯骥：《广东书院制度》，第七章“师生”，商务印书馆，1938年，第297页。

③ 会文是地方书院设立的一种有奖作文竞赛，多由乡贤拟题、批阅，定出名次。嘉道年间，岭南各地书院都盛行会文之风。

④ 《日记》嘉庆廿四年（1819）十一月初八日条。

⑤ 《日记》道光五年（1825）三月初五日条。

子孙不利。文官而曾任刑部官职的，也不能请，嫌其带有杀气。清代科举最后一科榜眼朱汝珍民国后蛰居香港，因其曾供职刑部，故而很少受豪门延聘点主，盖因“朱笔一点，杀气太重，不利于先人云云”⑥。

点主的酬金，有高有低，因身份而异。谢兰生没有透露具体数额，但他贵为翰林，酬金自然不菲。一般的行情，可以民国初年退居香港的粤籍进士赖际熙、区大原所收的酬金为参考，每次点主，各家致送的花红金、袍金等，自五十至五百元不等⑦。据说光绪六年（1880）状元黄思永南游香港，适逢港人韦氏大办丧事，请他点主，酬劳竟高达一万元。内地人闻知，惊诧之余，不禁感叹：“粤人之豪，即此可见。”⑧

点主仪式多在城内家宅、寺庙中举行，但有时富商会接他下乡点主。应四大洋商之一的卢家之请，他特地走了一天一夜的水路，又在舟中静等一天，第三天“登岸与诸公送殡上山”⑨，第四天“辰刻上山上点主”⑩，第六天才回到家中，因为“连日舟中打坐，殊不佳。又十四日被小轿摇兀，尤不自在，今日闲坐斋中，一日不出门，并命小厮将书院行李暂搬回”。这样舟车劳顿，想必出场费定是极高的。不过，碰到丧家请到比自己更有身份的人点主，他就只能担任主持丧事仪式的“知宾”了：“早到马头为吴荷屋知宾，以抚台卢到点主故也。”⑪

当然，点主也绝非一点技术难度都没有，仪式中还须口诵或书写赞语。谢兰生积累了一些赞语，到场可以临时发挥：

> 检阅旧书，夹有点主赞语，附录于后。祠堂用：“祖功宗德，积厚流光。朱华一点，申锡无疆。”“彩笔腾辉，红轮丽正。载锡之光，则荐其庆。”“傧尔笾豆，惠于宗公。熊熊朱点，如日方中。”“寝成孔安，保艾尔后。如竹之苞，如松之茂。”“松桷有梴，旅楹有闲。资富能训，

⑥ 伯子：《辛亥革命后寓居香港前清遗老"的种种活动》，《广东文史资料》第 11 辑，第 171 页。

⑦ 同上注。

⑧ 黄国声：《羊城旧话之点主》，《南方都市报》2011 年 3 月 17 日。

⑨ 《日记》道光元年（1821）十二月十四日条。

⑩ 《日记》道光元年（1821）十二月十五日条。

⑪ 《日记》道光九年（1829）六月十三日条。

受禄绵绵。”“滴露研朱，灵光在笔。紫气东来，祥灵捧日。”“丹砂之英，金管之灵。克昌厥后，继继绳绳。”“春秋匪懈，享祀不忒。得主有常，祈祈来格。”“既齐既稷，孔惠孔时。子子孙孙，勿替引之。”[①]

但总体而言，“点主”是来钱快且不太累的行活，与之相比，舌耕得来的修仪和其他润笔，都是辛苦换来的“血汗钱”了。

谢兰生还与朋友合股投资地产，可谓生财有术：

铭山来早饭，顺艇与铭山到小东线香街候陈罗山，订本月廿六日仝往高明县看荔支塱。罗山又言东莞县有大岭山，其地可耕，尝亲临看过，不用钱买，只要开垦工本及起造之费耳。[②]

为了考察项目的可行性，他乘船沿着西江上溯，抵达肇庆府属的高明县，这也称得上是他暮年的最后一次远游了。这次远行由九月廿六日清晨开船，直至三十日方回到家中。他很细心地考察了项目：

> 五鼓过小船，黎明泊松柏山下。登岸约八九里，已到塱中。两面高山，中一径纡曲而入，所惜地势不高峻，若路与山齐，则更妙耳。入塱后土地平旷，别一洞天。土地旧荒，今耕种渐熟，尤宜种芏，有上馆，有下馆，有鱼塘甚阔。诸峰不甚秀，中藏九乡，约有千余丁，极南有一口名金洲窦，是一塱出水处。窦外近南岸围，与麦岗相对，中为西江水，是高要县管下，若由西江入此窦，不过数里，即可到塱，较之由三洲而来便易多矣。管事人老朱甚俗，与诸子约览塱内形势，早饭后即循旧路还船已。[③]

① 《日记》道光八年（1828）一月廿七日条。

② 《日记》嘉庆廿五年（1820）九月十一日条。

③ 《日记》嘉庆廿五年（1820）九月廿八日条。

他还是有些犹豫不决，于是“铭山兄弟暨罗山仝来，极道荔塱佳处”[4]，再次劝其入股。最终一个月后入股：“罗山来，云荔塱已立定帖。”[5]这次投资还算成功，不久就有其他人要求入股：“陈罗山来，云有客黎姓者，欲入荔塱股分，先出围底二百余金。”[6]

他还和大兄在广州城郊买地作为投资，“沙背乡内中村之旁有余地，名西屏，可作村场。午间与大兄买舟往看，不甚合意”[7]。又投资房产，“未刻往看乡尾大屋一间，地段颇好”[8]。地产之外，另有商铺的投资：“西湖街铺让与林姓，今日交价未成。”[9]四日后，经过讨价还价，西湖街铺终于转让出去。[10]

谢兰生的年收入是多少呢？他没有明言。在道光二年（1822）岁杪《日记》天头中有一行“连书院数共进壹千柒佰拾捌元”[11]的小字，估计此处提及的数字1718元，就是他当年的总收入了。谢兰生的山长年薪是400两（折合洋银约550元），而其一年卖画所得与之相当：“近岁求画者益众，润笔所入，不亚馆榖。”[12]这两笔收入总数为1100元，剩下的600多元，应该就是点主、卖文润笔以及批阅会文等劳务收入了。那么，这个年收入在当时属于哪个层次呢？张仲礼曾经推算了各类型绅士的年收入：平均每个官员一年的总收入为5000多两银子；[13]出任幕僚的平均年收入为560两，大约相当于官员平均收入的十分之一；[14]从事教学的绅士，平均每年收入为100两。[15]可知谢兰生的年收入，比上不足，比下有余，还算是相当丰厚的。

尽管各项收入不菲，但家中人口众多，开销极大，他在书信中向师友哭穷道：“现承大宪命掌书院，所得

④《日记》道光元年（1821）正月十八日条。

⑤《日记》道光元年（1821）三月十六日条。

⑥《日记》道光元年（1821）四月初九日条。

⑦《日记》嘉庆廿五年（1820）十月初三日条。

⑧《日记》道光八年（1828）一月十三日条。

⑨《日记》嘉庆廿五年（1820）十二月初八日条。

⑩《日记》嘉庆廿五年（1820）十二月十二日条。

⑪《日记》道光二年（1822）十二月初三日条。

⑫〔清〕谢念功：《皇清敕授文林郎翰林院庶吉加一级显考澧浦谢公府君行述》，《广州大典》第189册，广州出版社，2014年，第841页。

⑬〔美〕张仲礼著，费成康、王寅通译：《中国绅士的收入》，第一章“担任官职作为收入的来源”，上海社会科学院出版社，2001年，第42页。

⑭〔美〕张仲礼著，费成康、王寅通译：《中国绅士的收入》，第三章“充当幕僚作为收入的来源”，上海社会科学院出版社，2001年，第81页。

⑮〔美〕张仲礼著，费成康、王寅通译：《中国绅士的收入》，第四章“教学作为收入的来源”，上海社会科学院出版社，2001年，第102页。

修脯，仅足糊口。”[①]又称：

兰有六男七女，家累既重，婚嫁牵连，称贷无时，头脑甚痛。前时又不自忖量，学权子母，一涉手便致亏损。获有馆地尚可弥补，一赋闲则茫无可恃，而得过且过。[②]

当然，文人向来有“哭穷”的传统，谢兰生的好友崔弼就写诗说自己穷到要卖掉婢女以渡过难关：

阿凤吞声哭，临行情勃谿。十年思主母，一别隔云泥。学绣针初度，邀梳鬟未齐。暮年两儿女，相顾并酸嘶。

一贫遂至此，笑我学三虫。从未康成怒，翻为如愿空。他年金可赎，即日恨何穷。行矣事新主，无劳顾乃翁。[③]

谢兰生自然不至如此窘迫不堪，他的“贫穷”只是相对于官员、洋商而言，是想买一处园林而不能的无力感：

吾粤腊月百果成熟，若柑、若橙、若柚、若橘、若金橘，烂如锦绣，而梅、桃竞放，适际期会。吾尝欲购一园，遍植诸花果，贫不遂志。偶阅元人“径合交枝果，园当独树花”之句，聊写以寄怀。[④]

当然，《日记》中的资料说明他确实手头并不宽裕，根本无法随意花销：“见大砚一方甚佳，恨价稍昂耳。”[⑤]“漱芳砚店以大砚来求售，真是奇宝，惟价太昂耳。”[⑥]甚至有入不敷出的时候，连续两年要向合股人挪借公款方能度过年关：嘉庆二十五年（1820）岁杪“从澹如处挪五十元为度岁之资”[⑦]。明年又“与澹如挪五十金结账，允明春二月归赵”[⑧]。不过，在道光六年（1826）的岁杪，他终于过了一个肥年，大大过了一把购买古字画的瘾：

今日过浆栏街，古玩、花果、字画并陈于市，五色灿烂，不可不一览，取回李北海《叶有道碑》一本、钱箨石《兰竹》一幅。[⑨]

然而这样的肥年也就仅此一次，道光九年（1829）还未到年终，他又须“暂借邓君百金，付家中结账”[⑩]了。

① 〔清〕谢兰生：《复魏爱轩夫子书》，《常惺惺斋文集》，收入谢兰生《常惺惺斋日记（外四种）》（李若晴等整理），广东人民出版社，2014年，第350页。

② 〔清〕谢兰生：《复初颐园夫子书》，收入谢兰生《常惺惺斋日记（外四种）》（李若晴等整理），广东人民出版社，2014年，第349页。

③ 〔清〕崔弼：《卖婢》，《珍帚编诗集》，卷三，《广州大典》第450册，广州出版社，2014年，第722页。

④ 〔清〕谢兰生：《自题山水》，《常惺惺斋书画题跋》，卷下，收入谢兰生《常惺惺斋日记（外四种）》（李若晴等整理），广东人民出版社，2014年，第417页。

⑤ 《日记》道光元年（1821）十一月廿五日条。

⑥ 《日记》道光四年（1824）六月初七日条。

⑦ 《日记》嘉庆廿五年（1820）十二月廿八日条。

⑧ 《日记》道光元年（1821）十二月廿六日条。

⑨ 《日记》道光六年（1826）十二月廿九日条。

⑩ 《日记》道光九年（1829）八月初七日条。

第二章　城市生活的乐趣

第一节　府城内外

一、老城与新城

广州府城背倚越秀、白云两山，南临珠江一水，这一格局与位置，历经两千多年一直没有变更。清代的广州府城由老城与新城两部分组成（图2-1）。老城在北，清初尚可喜驻扎期间，被其子侄和麾下军官圈住，大小衙门都被赶出，迁往新城。自三藩之乱平定后，各处衙门方才改入旧城。广东巡抚衙门，原先即为尚可喜府第[①]。新城始建于明嘉靖四十二年（1563），自西南角楼以及五羊驿环绕东南角楼。清朝顺治四年（1647）冬，又筑东西两翼城，直至江边，以固江防[②]。

谢兰生的居处常惺惺斋在新城素波巷内[③]，素波巷的西面与粤海关署毗邻，从粤海关署再往西，便是两广总督府，这是清代广州城内最高的权力机关。据说是为了方便监视两广总督，

① 黄佛颐编纂：《广州城坊志》，广东人民出版社，1994年，第7页。

② 黄佛颐编纂：《广州城坊志》，广东人民出版社，1994年，第438页。

③ 黄佛颐编纂：《广州城坊志》，广东人民出版社，1994年，第488页。

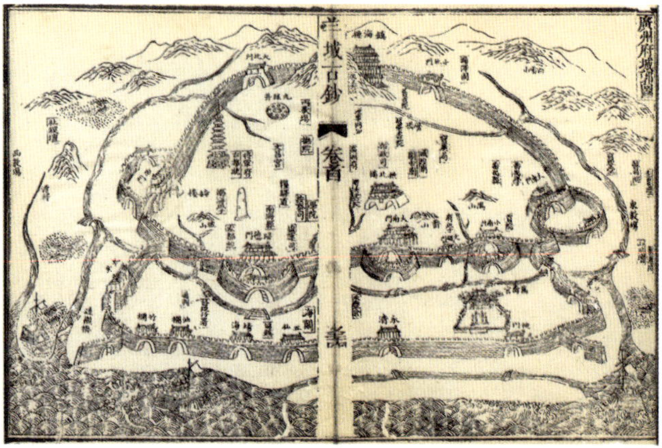

图 2-1 《广州府城廓图》 清代 引自仇巨川《羊城古钞》

故而让粤海关与之毗邻[①]，但很显然，清廷最初或无此意，总督府直到乾隆十一年（1746）方由肇庆迁来省城：

> 明时，总督驻扎西省梧州，而广州、肇庆俱设行署。国朝，总督仍驻肇庆，乾隆十一年，前督臣策楞奏请移驻广州，自是历任相沿，不复回肇庆驻扎。[②]

因为一直是临时性质，所以总督虽然较巡抚更为位高权重，但府第却极为隘窄，“将军署及抚署乃平南王尚可喜及其子之信旧邸，规模宏壮，制署则极狭隘”[③]。（图 2-2）从素波巷往东便是广州协镇。新城主要就是这三个政府机构。新城共有八个城门，从东向西分别是：小东门、永兴门、永清门、五仙门、靖海门、油栏门、竹栏门、太平门。从新城进入老城，仍须由城门进入，从东向西分别有：小南门、文明门、大南门、归德门，这其实是老城的南面城门。一到夜间，老城与新城之间的城门也要关闭，以致给住在新城的总督造成一些不便，如他到城内书院出题考试诸生，学生交卷后已是傍晚，须待次日清晨城门开启才能送抵。[④]当然，遇到紧急之事，仍然可以买通门卫出关，油栏门外水关，即可贿之启门出关。如沈复《浮生六记》所记，

① 潘仕成曾向法国旅行者告知粤海关的这一政治功能：“粤海关监督通常是皇室的成员，或者是皇室年老的家人，或者是远房的亲戚——皇室家族滋生的大量食客。这个官员忠心耿耿，因为他是如此接近最高统治者。他通常是一个间谍，如此安排是为了监督总督的一切言行。”〔法〕伊凡著，张小贵、杨向艳译：《广州城内》，广东人民出版社，2008 年，第 66 页。

② 黄佛颐编纂：《广州城坊志》，广东人民出版社，1994 年，第 510 页。

③〔清〕李钧：《使粤日记》道光八年（1828）九月十二日条，卷上，道光十四年（1834）刊本，开封府署藏板，中国国家图书馆藏。

④《越华纪略》：“毕退至憩处，公拆题纸，发院书胜写题牌。委员押日酉刻收，遇由监院官开列所收卷数清单，封固课卷，亲诣缴送，毋令及烛。按各署课卷均于申刻笼灯缴送，向无越宿之事，惟督院节署在外城靖海门内，于书院实隔一城垣，收卷时门已下，未便会营请启，故两次课卷，仍以是日收存，监院俟明晨赴缴此。”详见〔清〕梁廷枏：《越华记略》，《广州大典》第 230 册，广州出版社，2014 年，319 页。

图 2-2　《广东巡抚署》　1800—1805 年　水粉画　纵 41.9 厘米，横 54.6 厘米　大英图书馆藏（本书插图凡外销画均藏于该馆，以下不再注明）

他与友人招花艇之妓入城，为人告发，不得不携二妓出逃城外，友人告诉他："幽兰（油栏）门有水窦可出，已托人贿之启钥。"到了水窦边，果已开关，沈复"左掖喜，右挽翠，折腰鹤步，踉跄出窦"。[⑤] 从这段记录来看，水窦之水并不甚深，行人可涉水而出。

相对而言，老城更具防御性质，东西仅各开一门，为正东门、正西门。北面另有两个城门：正北门、小北门。北城沿越秀山逶迤而建，其上的镇海楼为全城制高点，历经沧桑，屡圮屡修："北门镇海楼，明洪武七年为永嘉侯朱亮祖所建。谓岭南濒海都会，且近水涯，宜镇以上，遂建此楼，而层数取五，俗因是名五层楼。明季圮废。国初，平南王圈楼下山地为养鹿院，径通内殿。王不议复，有司不敢过而问焉。都人瞻望，如破巾在首，青乌家以为不利。既而藩以罪徙。"[⑥] 三藩之乱平定后，镇海楼得以重修并成为一处向市民开放的著名景点："撤藩后，总督李栖凤益增饰之，缭以重垣，旁启月户，上祀文武帝君，任人登眺。咏觞茗尘，遂无虚日。"[⑦] 越秀山被风水先生认为是广州龙脉所在，而五层楼乃是提起龙头之关键，自五层楼建

⑤〔清〕沈复：《浮生六记》，卷四"浪游记快"，上海古籍出版社，2009 年，98 页。

⑥ 黄佛颐编纂：《广州城坊志》，广东人民出版社，1994 年，第 135 页。

⑦〔清〕樊封：《南海百咏续编》，卷一，广东人民出版社，2010 年，第 172 页。

成之后，广州府人才辈出：

明初朱亮祖率兵平粤，李质归附，见白云山形势有霸王气，所以前代赵佗、刘龚有窃据之事，于是建五层楼于观音山顶以镇之。厥后黄萧养谋叛无成，此其力欤！顾有嫌其高压龙头不利者，非也。省城自白云山来龙，至东得胜、西得胜，龙势逶迤平演，入首少耸拔之势。尝考明以前粤东人物，如张文献、余襄公则起于韶州，姜公辅、宁良悌则起于钦州，而广州无闻焉。至有明而伦氏父子会状及第，梁储会元宰辅，霍韬会元尚书，黄士俊状元宰相，方献夫、何维柏皆尚书，其余登显仕者不一而足。而白沙征聘，从祀文庙，甘泉理学，官居台鼎，皆前代所无者，岂非得五层楼提起龙头作主星，故人物兴起欤！[①]

越秀山南麓的粤王台也是城中著名景点，每当春初红棉盛开之时，被誉为天下奇观。王士祯《渔洋诗话》就写道："粤王台，枕广州北城，有呼鸾道故迹。女墙间皆木棉，花时红照天外，亦奇观也。余甲子祭告入粤，屡游之。赋诗云：歌舞岗前辇路微，昌华故苑想依稀。刘郎去作降王长，斜日红绵作絮飞。"[②]

谢兰生上班的地点羊城书院位于老城内南边城墙的脚下。谢兰生从素波巷出发，穿过大南门进入老城的承宣直街，再折入龙藏街，便到了羊城书院，全程大概十分钟。龙藏街以此地为龙藏寺旧址得名，尚可喜在龙藏寺遗址上修建大佛寺，使之成为老城内规模宏大的丛林[③]。沿承宣直街向北不远处即是双门底，双门底建有拱北楼，楼上有元代滴水铜壶[④]，为著名的计时器皿：

铜壶滴漏在拱北楼东偏，砖级累置其上，大者高六尺余，三者递减一尺，围俱视所高而杀。时辰筹树小壶中，有铜衡壶面，遇其时则字浮尺间。元延佑五年十二月，

① 〔清〕刘世馨编，许联陞订：《粤屑》，卷五"五层楼"条，收入《岭南随笔（外五种）》，广东人民出版社，2015年，第201—202页。

② 黄佛颐编纂：《广州城坊志》，广东人民出版社，1994年，第143页。

③ 黄佛颐编纂：《广州城坊志》，广东人民出版社，1994年，第252页。

④ 黄佛颐编纂：《广州城坊志》，广东人民出版社，1994年，第215页。

宣慰司陈用和造。[⑤]

双门底附近书坊众多，阮元督粤期间尤其兴盛，他曾以此在学海堂命题课士[⑥]。继续朝北行数百步，就是布政司衙门。它是原先明初最高的地方行政机构，入清之后，其地位被总督和巡抚所取代，但它在城内的中心位置，仍说明它往日的荣耀。承宣直街是省城附郭南海与番禺两县的大致分界线，其东为番禺，其西为南海。《番禺县志》是这样介绍的：

> 邑与南海分治郭下，内城从郡署分界，西属南海，东属番禺；郡署前横街又从街心分界，自照壁起，至藩署前止，南属南海，北属番禺；藩署前又从方岳碑坊至正南门，街西南海，东番禺；郡后墙中起，至司后街正南街中，街南番禺，北南海；正南街至都土地巷街，西南海，东番禺；折而西三多里，街南南海，北番禺；转而北至越秀山应元宫，西南海，东番禺。[⑦]

在面对基层的亲民官中，附郭省城的知县是最不易当的。清代官场流行一条谚语："前生不善，今生知县；前生作恶，知县附郭；恶贯满盈，附郭省城。"[⑧] 附郭县，也称"首县"，即县治与府治同在一城，附郭省城则是县衙在省城之内。省城之中，各级官员众多，附郭知县作为最低级别的官员，整日须对长官趋迎跪拜，酬应之多，成为无穷的压力，简直是前世恶贯满盈的报应。布政司面前是惠爱街，这是一条贯通东西的大路，其尽头分别是正东门与正西门。它与承宣直街一横一纵，形成一个"丁"字，是老城内最为重要的主干道。而老城内除了惠爱街，剩下的便是小街小巷了。曾来广州旅行的法国外交使团随员伊凡记道："旧城或鞑靼城，除了三四条街道以外，如惠爱街，从正东门延伸到正西门，其余只是狭窄曲折的小巷。这些脏臭的小巷里的房屋是由泥土和

⑤ 佚名：《岭海丛谭》，收入《岭南随笔（外五种）》，广东人民出版社，2015年，第685页。

⑥ 黄佛颐编纂：《广州城坊志》，广东人民出版社，1994年，第220页。

⑦ 黄佛颐编纂：《广州城坊志》，广东人民出版社，1994年，第22页。

⑧〔清〕梁章钜：《归田琐记》，卷七，"首县"条，中华书局，2012年，第137页。

图 2-3 《广州港和广州府城画》（局部） 约 1760 年 水粉画
纵 74 厘米，横 920 厘米

竹子盖成的。”[①]

惠爱街以北，是各种官衙的所在，布政司东边依次是城隍庙、番禺县署、番禺学宫，西边依次是广州府署、广东巡抚署、广州将军府，还有原先汉人禁足的旗人区。自大北门至归德门止，直街以西概为旗境；自九眼井街以至长泰里，复西至直街以东，则属民居。自乾隆二十一年（1756）后，满汉合驻。

惠爱街以南，则是主要的文教机构所在。承宣直街以东，是位于老城东南隅的贡院，它由越秀山南麓迁来此处。贡院西南是广州府学与万寿宫。承宣直街以西，是广东学政署以及环绕其左右的书院群。谢兰生任教的羊城书院，其实是整个书院群的一角。在其北面，分别有西湖书院、粤秀书院及大小马站大大小小的许多私家书院。

二、府城之外

新城的南面便是珠江，这一段穿城而过的江面，通常称作

① 〔法〕伊凡著，张小贵、杨向艳译：《广州城内》，广东人民出版社，2008 年，第 60 页。

图 2-4 《广州港和广州府城画》之“日近亭”

省河。新城与珠江之间，是一片新积滩地，这也导致珠江江岸线不断南移。此处是清代重要的商业区，由于商贾林立，故兴建东西两面的“鸡翼城”加以护卫，从东西两侧伸出，直下江边，形成两翼，故而得名。永清门南面的日近亭，又称“接官亭”，是清代来粤做官的大员抵达广州府城的第一站（图 2-3）。其从珠江的天字码头登岸，先到该亭稍事休息，然后排列仪仗，乘坐绿呢大轿，前呼后拥，抵达自己的衙署。到接官亭迎接新官的僚属，排班向新官屈半膝请安，叫作请“圣安”。[2]日近亭的旁边是广州的刑场，俗称“法场地”。为何两地毗邻，据说考虑到刑场乃至阴之地，而近照亭乃至阳之地，故而两相中和，可保一方平安。

珠江之上，满是船只。据说广州附近水面生活着大约 8 万名船上居民，他们是清代长期被归入“贱民”的疍家（图 2-4）。[3]美国人亨特的游记中对此印象颇深，他首先记录下疍家的生活情景：

> 从广场上望珠江，可以看到各式各样大大小小的船艇在不停地来往，几乎把整个江面都盖满了。这景象提

② 司徒瑞：《清代广州的接官亭、法场地与万寿宫》，《广州文史资料存稿选编》第五辑，中国文史出版社，2008 年，第 1—3 页。

③〔美〕穆黛安著，刘平译：《华南海盗（1790—1810）》，第一章“水上世界”，商务印书馆，2019 年，第 21 页。

供了一个图解，说明这些人民在岸上同样是不息地劳作，使他们在土地上放出异彩。这些小艇中十有九只是整个家庭的唯一住所，全家人从不在岸上落脚。这些人里面不仅有生意人、工匠、木匠、鞋匠，以及裁缝、卖故衣、卖食品、卖饰物的，而且还有算命先生、应急郎中，也许还有“正规”的开业医生、剃头匠、爆玉米花的和专门替人洗头的。总而言之，这些浮家泛宅的居民，就像陆上的居民一样，各行各业，干什么的都有。我们应该称赞那些男女船民高超的技巧和优良的品质；他们划着桨、扯着帆、摇着槽，要把船驶向什么方向就是什么方向。他们的生活是清苦的，吃的终年都是米饭加点蔬菜、茶，偶尔才能吃上像鱼或猪肉这样质量稍好的东西。[①]

① 〔美〕亨特著，冯树铁、沈正邦译：《广州番鬼录·旧中国杂记》，广东人民出版社，2009年，第211页。

接着他介绍了珠江上熙熙攘攘的各式货船和来往珠江两岸的搭客船只：

珠江上面，无论是靠广州这边还是靠河南那边，总是不断有挤满乘客的大船启航或靠岸。有时是官员的船艇，有两排桨，每边各二三十枝，插着漂亮的各色旗子，旗上写着船艇所属地方的名字，还写着船艇里所载官员的官衔。这官衔还写在灯笼的四边以及船尾的栏杆上。有时是往来于行商货栈之间的驳船或货船。这些船由于它们奇特的形状而被叫作“西瓜艇”。江上可以看到走运河和内河的船艇神气地驶过。船舷和舱面都用清漆油过，舱面高出水面好几英尺，船的整个后部是掌船人一家的住所，相当宽敞。前面有供大班和他的会计，以及乘客住的舱房。这些船上有一件很显眼的东西，就是靠近船中间的两边舷墙内竖立着一对高大的剪子，用来悬挂巨大的方形席帆，这帆只有在顺风时才使用。产茶的地方先将茶叶运进广东

图 2-5 《海珠炮台、镇海楼与总巡税馆江岸》

省内的转运点，然后就由这些船经过几天的航程运来广州。这是江上能够看到的外观最干净、最好的一种船艇。[②]

他还把珠江上数量众多又井然有序的花艇比喻为“一个浮动的世界”：

> 靠近岸边，一只挨着一只排成长长横列的，是那些装饰华丽的花艇。它们简直并列成一条条街道，只是比城里或城郊的许多街道还要宽些。花艇的上盖全都是玲珑剔透的木雕，雕刻着花鸟，装着玻璃窗，窗棂油漆描金。艇内不时传出弹奏琴或琵琶的音乐，还有纵酒狂欢、行令猜拳的声音。剃头匠的轻舟灵巧地在船堆中穿来穿去，把一把镊子弹得峨嘶响，宣告它的到来。此外，还有不太多见的有许多桨的官家快递艇——总而言之，这是一个浮动的世界。[③]

鸦片走私的船只正乘着夜色潜入府城：“偶尔，在向晚时分，可以看到有那么一条‘扒龙’从‘外洋’驶进来。它乘着东风，免掉了三十对桨的溅水声，悄没声息地、果断而迅速地驶来。从吃水的深度来判断，它舱里载着的是一袋袋的鸦片，价值好几万元。”[④]

珠江水面的繁忙景象就这样从黎明延续到黑夜，方始平静下来：“随着夜幕的低垂，江上就变得没那么热闹了。船民们

② 〔美〕亨特著，冯树铁、沈正邦译：《广州番鬼录·旧中国杂记》，广东人民出版社，2009年，第212页。

③ 〔美〕亨特著，冯树铁、沈正邦译：《广州番鬼录·旧中国杂记》，广东人民出版社，2009年，第212页。

④ 〔美〕亨特著，冯树铁、沈正邦译：《广州番鬼录·旧中国杂记》，广东人民出版社，2009年，第212页。

图 2-6 《潘有度庭园》 1800—1805 年 水粉画 纵 41.9 厘米，横 54.6 厘米

把船艇靠近江岸两边，用一根长竹竿插进河底的泥里，停泊下来。河底离水面只有几英尺深。然后，可以看到每只艇的艇首都有人握着双手，跪着给河神和海神敬上几支点着的香。这时，无数的灯笼在江面上放出一片柔和悦目的光亮。”[①]

珠江北岸有数个炮台。最有名的就是海珠炮台，当时海珠岛还未与北岸相连，岛上有海珠寺，清初设炮台于此（图 2-5）。[②]但据外国人的观察，炮台武器陈旧，只供摆设之用。而谢兰生的《日记》也间接透露了清军的武备废弛，军方多次将炮船借给当地士绅出游。如“同驾炮船过河与楷屏赴南洲花船之请”[③]，又“入荔湾，李磐石、冯子良亦乘炮船至”[④]。

珠江的南岸便是河南地区。与广州城区隔江相对的河南地区，是一个大岛。海珠涌自东北至西南穿越河南腹地，大小濠涌的数目更是多于江北城区。清代逐渐在河南西北部发展成为市廛，十三行洋商潘氏、伍氏在漱珠涌东西两岸各自兴建了许多园林别业，人烟稠密，栉比相错（图 2-6）。[⑤]潘氏有著名的南墅，为潘有为所建：

> 南墅，潘氏园也，在河南漱珠桥。乾隆间，潘舍人有为以忤权贵归，居林下数十年，足迹罕入城市。所居

① 〔美〕亨特著，冯树铁、沈正邦译：《广州番鬼录·旧中国杂记》，广东人民出版社，2009 年，第 212 页。

② 曾昭璇：《广州历史地理》，第一章“广州附近地形形成史”，广东人民出版社，1991 年，第 41 页。

③ 《日记》嘉庆廿五年（1820）六月初三日条。

④ 《日记》道光八年（1828）五月十三日条。

⑤ 曾昭璇：《广州历史地理》，第三章“明清时期广州城历史地理”，广东人民出版社，1991 年，第 411 页。

图 2-7 《广州港和广州府城画》之“使馆区”

近万松山麓，相传为汉议郎杨孚故宅，故颜其斋曰“南雪巢”，又曰“橘绿橙黄山馆”。门外陂塘数项，遍种藕花，风景清美，收藏书画鼎彝。月午花晨，时有雅集。侄正亨后建万松山房、海天闲话阁，有书画船，署曰“风月琴尊舫”。[⑥]

又有潘正炜（字季彤）修建的听帆楼：

听帆楼，潘季彤观察筑，在河南家园秋江池馆上，楼下藕塘花架、月榭风廊、曲折重叠迷目。楼上俯鹅潭，往来帆影，近移树杪。观察读画摹帖于斯，一乐也。[⑦]

除了潘伍两家外，其余的园林尚有不少，如谢兰生《过溪峡陈氏废园》诗：“高高下下见亭台，尺寸都从手剪裁。一斧削山成峭壁，万人穿水得浮杯。风花匝地行云黯，野雀巢松暮雨哀。闻道废兴频易主，也曾流涕孟尝来。”[⑧]

东城之外则是相对荒凉的郊外农村、坟地以及零散寺庙，这一地区要等到民国时期方始得到整体开发。府城西郭之处，其地统名西园，俗称“西关”，这是一处冲积而成的平原。珠江中有不少沙洲，这些沙洲逐渐形成小块平原，最后淤合成一大片平地，这种泛滥平原的另一特点是池塘众多与河汊弯曲深

⑥ 黄佛颐编纂：《广州城坊志》，广东人民出版社，1994 年，第 701—702 页。

⑦ 黄佛颐编纂：《广州城坊志》，广东人民出版社，1994 年，第 703 页。

⑧ 黄佛颐编纂：《广州城坊志》，广东人民出版社，1994 年，第 708 页。

入[1]。相较于东面的荒凉，府城西关平原则随着海外贸易的兴盛与洋商的崛起而风生水起，逐渐成为重要的商业区和豪宅区。西郊的荔枝湾，更是类似于杭州西湖一样的公共园林区。西南角则是十三行商馆区，这一片区开发始于明末，乾隆年间后，洋商不断扩张，于此建馆、建码头、大力填平珠江北岸而成陆地（图 2-7）。[2] 鸦片战争爆发前，中国官员与文士在洋商陪同下也曾前去参观过：

> 在广州日，尝陪督粮观察暨幕中诸君同游洋行，主人潘中翰有为毅堂偕行，历游小黄旗、红毛、荷兰、英吉利、吕宋、佛郎机诸国馆舍。楼上各悬其国王、国母、王子像，貌颇美秀，穿金叶衫，以豹皮为裙。而荷兰大班居室，四壁悬其姬妾淫亵之状，以玻璃为屏，外以西洋白布作帘幕之。[3]

道光二年（1822）的一场大火，曾经使之付之一炬："道光壬午九月十八日，会城西关火，三昼夜始熄，毁民舍万七千六百余间，西至西宁堡，南至佛山渡口鬼驿尾，东至回澜桥，北至第八铺，男女民夷，焚死百余。总制阮公为之泣下，焚其衣冠以自责。吾粤自有火灾以来，莫此为甚。"[4] 但使馆区很快得到修复，道光八年（1828），来广州主持广东乡试的李钧就记道：

> 广州府请，饭后登鬼子楼，楼在海岸，以白石甃成，莹然玉洁，凭栏一眺，极目青苍，室中满贮经卷，字横列而右行，瞠目不识。饮鬼子酒数杯，五色味甘，楼上无一夷，盖有司先期驱遣也。路过十三行，洋商置货处，深目高鼻者，沿途皆是，见官皆躬身为礼。[5]

1844 年，法国人伊凡在广州旅行期间对商馆区留下很深的印象："商馆建在郊区的东南方离珠江岸最近的地方，形成了

① 曾昭璇：《广州历史地理》，第一章"广州附近地形形成史"，广东人民出版社，1991 年，第 8 页。

② 曾昭璇：《广州历史地理》，第三章"明清时期广州城历史地理"，广东人民出版社，1991 年，第 397 页。

③ 〔清〕马光启：《岭南随笔》，收入《岭南随笔（外五种）》，广东人民出版社，2015 年，第 131—132 页。

④ 黄佛颐编纂：《广州城坊志》，广东人民出版社，1994 年，第 570 页。

⑤ 〔清〕李钧：《使粤日记》道光八年（1828）九月二十日条，卷下，道光十四年（1834）刊本，开封府署藏板，中国国家图书馆藏。

几条备道，街道的走向正好同河流在同一角度上。每个商馆都包含一套统一建造的房屋，整个商馆像一座完全孤立的巨型建筑，几乎像傅立叶 (Fourier) 的空想社会主义学说中希望用来供养人们的大军营。以前这里有十三座同样的商馆，这也是把这条中国街道命名为十三行路的原因。”⑥

第二次鸦片战争期间，十三行使馆区被人为放火焚烧，再次夷为平地。战争结束后，使馆区移入十三行南面的沙面。而西关地区虽然历经兵灾，但因其地理条件优越，至同光年间，绅富相率购地建屋，数十年来，甲第云连，鱼鳞栉比，可谓盛矣。

府城的北面是白云山与越秀山之间的一大片谷地，此时白云山尚未成为重要的旅游景点，到白云山登高，并未成为广州市民的出行选择。而且，白云山也限制了广州府城向北发展，故有清一代，广州基本是向西向南发展的，具体表现为珠江两岸商业区的成立与西关平原的开发。所以《南海县志》说：

> 郡城之俗，大抵尚文，而其东近质，其西过华；其南多贸易之场，而北则荒凉。故谚云：东村西俏，南富北贫。⑦

不过，白云山在当时虽然荒凉，但却被认为是广州城的龙脉所在：

> 郡城北无外濠，以其地纯石，又以山从南岳而来，其首大庾，其足粤秀，为广州主山，地脉一断，则数千里神气不相贯。昔秦始皇凿马鞍山而血流数日，山在粤秀肘腋之间，灵异所结，乃吾粤人文所关系者，故广州城东、西、南三方皆有濠，而城北无濠者，此也。⑧

经过乾隆一朝的人口激增以及“一口通商”政策的实行，第一次鸦片战争爆发前夕，广州府城人口激增。成书于光绪五年（1879）的《广州府志》统计道光十年（1830）南海县男丁

⑥〔法〕伊凡著，张小贵、杨向艳译：《广州城内》，广东人民出版社，2008年，第24—25页。

⑦ 黄佛颐编纂：《广州城坊志》，广东人民出版社，1994年，第25页。

⑧《白云、粤秀二山合志》，转引自《广州城坊志》，第411页。

657,009人，妇女457,474人，疍户男丁2,595人，妇女2,266人；道光二十九年（1849）番禺县男丁577,820人，妇女455,653人。[①] 合计2,152,817人。剔除两附郭县的乡村人口，再加上户口不在广州而流寓于此的常住人口，则此时省城人口当在150万至200万之间。

广州城给外地人的最大感受是富庶繁盛。广州人做生意重诚信，为外地人推重："广城货物市与外江人，有弊恶者，五七日持来皆易与之，非若苏、杭间转身即不认矣。"[②] 如李钧在抵达广州的第一天，也人云亦云地记道："广东处五岭之外，昔号蛮方，今为乐土。盖恃山海之利，土产饶而番货集也。然山猺海舶，久为疆场之害，山猺今已向化，等于齐民。"[③] 在居停一月有余，又畅游省城内外后，他不禁反复咏叹唐代岑参描写岭南繁盛的《送杨瑗尉南海》一诗中的句子："一路市廛殷富，百宝陆离。'此乡多宝玉，慎勿厌清贫。'斯言亦三复之。"[④]

① 《（光绪）广州府志》，卷七十，经政略一，户口，光绪五年（1879）刻本，广东省立中山图书馆藏。

② 〔明〕叶权：《游岭南记》，中华书局，1997年，第46页。

③ 〔清〕李钧：《使粤日记》，卷下，道光八年（1828）八月一日条，道光十四年（1834）刊本，开封府署藏板，中国国家图书馆藏。

④ 〔清〕李钧：《使粤日记》，卷下，道光八年（1828）九月十二日条，道光十四年（1834）刊本，开封府署藏板，中国国家图书馆藏。

第二节　交通和景点

清代的广州虽然北面被白云山隔绝，往北交通不便，但城东、南、西三面环水，城内则河涌纵横，广通舟楫，故水上交通极为方便。广州城墙东面有东濠，城西有西濠，东西两濠水深濠阔，利于航行，而且都往南注入珠江。城内则有东西走向的玉带濠，它分别连接东濠与西濠，此外，还有南北走向的六脉渠（图2-8）。光绪十四年（1888）广州知府钱塘人陈坤编撰《六脉渠图说》一书，称："查广东省老城内有古渠六道，象人身之六脉，遂传为六脉渠。而支渠小沟错杂其间，萦回曲折，难于辨别。"[⑤]

⑤ 〔清〕陈坤：《六脉渠图说》，《广州大典》第225册，广州出版社，2014年，251页。

城内外的多条濠渠，再加上南面的珠江，广州城由是形成

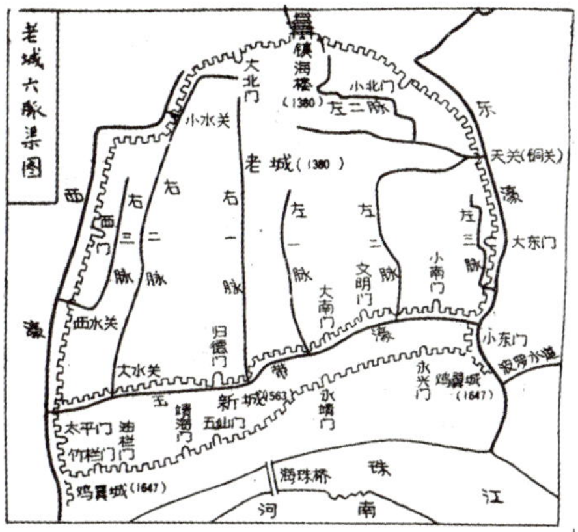

图 2-8 广州地区清代六脉渠 引自曾昭璇《广州历史地理》

一个马蹄铁形的水道系统，具有巨大的运输能力⑥。除了货运便利之外，水道还提供居民出行的便利。谢兰生常惺惺斋所在的素波巷，旁边就有南流沟通过："南流沟由木排头东栅起，历福寿坊、素波巷，过水母湾前畸图坊、伍仙洞出五仙门外，大河长三百二十四丈三尺。内素波巷八丈九尺，海关署四十七丈，广协署十三丈，五仙门官堆二丈六尺系官修，余均民修。"⑦其北边不远则是右第三脉正渠："右第三脉正渠自光孝寺前起，南流纸行街大利庵，汇老城西南隅旗街支渠，由小水关穿城出西濠，为城之坤方，即樊氏所谓出上古桥之渠也。"⑧

濠梁之上，即是商贸区和游宴之所，张维屏记载前辈文采风流：

> 杭堇浦太史在粤，与何西池、耿湘门上舍最称莫逆。上舍辟素舫斋于南濠上，时邀同游宴。太史尝有句云："传语南城休上钥，酒边正要说梅花。"其风致如此。⑨

黄佛颐也说："《岭南集》有《濠畔放舟，遍历城西诸兰若》诗，想见乾隆间西城水道交通尚极便也。"⑩其时官员极为重

⑥ 黄国声：《水城广州旧事》，《羊城晚报》2010 年 6 月 20 日。

⑦ 〔清〕陈坤：《六脉渠图说》，《广州大典》第 225 册，广州出版社，2014 年，259 页。

⑧ 〔清〕陈坤：《六脉渠图说》，《广州大典》第 225 册，广州出版社，2014 年，249 页。

⑨ 〔清〕张维屏：《听松庐诗话》，转引自《广州城坊志》，第 496 页。

⑩ 黄佛颐编纂：《广州城坊志》，广东人民出版社，1994 年，第 497 页。

视濠沟的疏浚情况：

> 康基田，号茂园，山西兴县人。乾隆丁丑进士，官广东布政使。省城有渠六，道宣泄潦水，以达于江，曰六脉渠。岁久淤塞，每积雨，城北山涨陡发，辄漫民居。基田周视渠之故道，亲督工疏浚之，既而淫雨不止，阎闾无潦患。[①]

士绅也积极参与濠沟浚通事宜，为此还专门成立公所：

> 文澜书院，在太平门外下九铺绣衣坊。嘉庆十五年，邑绅、进士何太青等呈请创建。太青呈请西关官濠，前奉准重浚，并将沿濠各桥概行升高，俾通舟楫。工竣，筹议善后，洋行众商自愿送出公产房屋，设立修濠公所，更择数椽创建文澜书院。除外有余，招租取息，为修濠会文经费，勒石以垂永久。[②]

正因为水上交通如此便捷，谢兰生在家门口就可以乘舟出行。例如罗含章离任，谢兰生为其饯行，就是在“大巷口下船会众绅，过花埭候送罗观察赴山东新任。中午观察至，叙饮颇畅，随下船拜送而别”[③]。

府城之外，便是河道纵横、水网密布的珠三角腹地。大多数城镇沿河而建，设有供船只停泊的码头，可从广州乘船直达。谢兰生就经常在离家不远的大巷口码头坐快艇回南海乡下拜山，当天可以来回：“黎明乘快艇趁潮长到孙屋边拜山。下午顺潮兼北风瞬息还城。”[④]

乘舟出行虽然方便，不过遇到大风浪，也就只能步行了：“下小舟，风起浪涌，即泊，上岸步行还斋宿。”[⑤]有时受限于水文条件，也不能随意出行，尤其是河南至花埭的白鹅潭水路，江面极广，舟楫不易：“欲往花埭，以水巡不合，遂止。入春以来，惟今日天气清朗暄妍，惜无佳游，不免辜负。”[⑥]“与衢尊到净香园，欲

① 黄佛颐编纂：《广州城坊志》，广东人民出版社，1994年，第725页。

② 黄佛颐编纂：《广州城坊志》，广东人民出版社，1994年，第574—575页。

③ 《日记》道光元年（1821）四月廿一日条。

④ 《日记》嘉庆廿五（1820）年九月十二日条。

⑤ 《日记》道光元年（1821）六月廿四日条。

⑥ 《日记》嘉庆廿五年（1820）正月二十日条。

与妙师过花埭，以水巡不合而止。”[⑦]

城外的花埭是谢兰生一年四季常去的一处景点。钟启韶《花埭二绝句》，既点明了花埭的地理位置，也写出了它的美丽，向为人们传唱：

一桨花船春浪微，隔江晴雨杂烟霏。朝朝摇出大通滘，饱看三城山色归。

对岸村村近水家，平田百亩闲桑麻。绿阴深处来朝馌，不似扬州但种花。[⑧]

花埭中设有花市，谢兰生偶尔会买些碎花，或让童仆过河买花。

过海幢早饭，与楷屏、澄公到花埭并入芳邨游，王姓别墅花木甚盛而无点染，俗手所为，负此地段，可惜可惜。再到花埭，折得玉梅、绯桃、芙蓉桃、玫瑰一朵归。[⑨]

当日花埭景色十分怡人，且多有园林之设，所以游人颇多：“与楷屏、澄公过花埭，以天气融和，忽发游兴。各园无甚好花，惟杜鹃花特盛。遥望远处烟林，桃花盛开，深绿之上，红霞如染，恨不能到一赏也。”[⑩]

海幢寺是珠江南岸一处著名丛林，而且毗邻潘宅，谢兰生只要有空即出城过河入寺参禅甚或小住数日（图2-9）。当然他偶尔也苦于诸僧索画：“饭后过河入海幢丛现堂，邀楷屏来谈，为诸僧写字画，颇多可厌。”[⑪]海幢寺规模极大，其建筑构件原先为尚藩修建王府因逾制而转赠：

寺内所有之绿色砖瓦，均舒福晋所布施。初，两藩营造府第，咨请部示，恳照王贝勒制式，得用琉璃砖瓦，以及台门鹿顶。嗣奉部驳：“民爵与宗藩制异，察平、靖两藩均由民身立爵，所请用绿色砖瓦之处，碍难准行。”时粤东启窑、砖瓦皆成，而未敢擅用，乃尽施诸佛寺，若粤秀山之

⑦ 《日记》道光九年（1829）八月二十日条。

⑧ 〔清〕《楚庭耆旧遗诗》集十四，道光二十三年（1843）版，广东省立中山图书馆藏。

⑨ 《日记》嘉庆廿四年（1819）十二月廿三日条。

⑩ 《日记》道光二年（1822）二月廿四日条。

⑪ 《日记》嘉庆廿五年（1820）九月初七日条。

图 2-9　《海幢寺建筑图》　约 18 世纪晚期　纵 41.9 厘米，横 54.6 厘米

观音寺、武帝庙及大佛寺，皆此种砖瓦也。今寺之香积厨、大斋灶，尚是蠔砖砌成者，近为骨董家易去殆尽矣。[①]

山门内尽植树，荫浓如盖。徐荣《过海幢寺与隐公行园》：

碧林烟重午光迟，红指甲花开一枝。故故鹍声啼不住，镜空堂北雨来时。

绿阴如海竹林闲，轮与蝉声尽日闲。肯借维摩方丈地，便来筑屋看青山。（自注海幢无见山地，惟园北竹林闲尽揽江北诸山，若筑亭据之，胜境也。）[②]

河南的是岸寺，也是谢兰生常游之地：

巳刻三弟来院，偕仝衢尊往是岸寺看花。初时水涸不能入滘，后得卖柑小三扳渡至寺门。桂花极佳，山茶未尽放，腊梅甚多，折数大枝而还。[③]

他经常因为“水巡不合”而无法到达是岸寺，道光八年（1828）四月这一次还算顺利：“妙师来，偕同衢尊到是岸寺看海棠，船

① 〔清〕樊封：《南海百咏续编》，卷一，广东人民出版社，2010 年，第 203 页。

② 〔清〕徐荣：《怀古田舍诗钞》，卷九学海集下，道光戊戌（1858）刻本，广东省立中山图书馆藏。

③ 《日记》道光六年（1826）十二月二十日条。

上午饭而回，来往皆顺水，还斋一行。”④

第三节 季节性出游

从《日记》中，可以见出广州城内的名流经常流连之处有海幢寺、荔湾、粤秀山、十三行洋商的私家园林、珠江上的花船等。谢兰生几乎每日出游，节目丰富，因府城城门入夜关闭，出入不便，故索性夜不归宿。特别是盛夏之际，城内闷热，“还斋一行，甚热，不能住也”⑤，而河南相对清凉，因此时常在行商家或海幢寺中借宿一宿。即使他担任羊城书院山长之后，工作量增多，要讲课出题，接见学生，仍然游兴不减。除了编修《广东通志》那一段时间较为忙碌外，大体而言，他还是相当悠闲的。而且他的出游，带有季节性的特征⑥。

每年春天，他会上城北一带的城墙看木棉：“出大北门循城墙看木棉，已盛开矣，惟药局两株及小北数株最灿烂。由小北城上再行里余，循山麓小僻路而下，肩舆还斋午饭。”⑦

有时则从他家附近的南门上城，一直观赏木棉至城北越秀山上的粤秀寺方止：“由小南门上城看木棉，花已烂然，亦有竟未开者，今年花颇参差，至粤秀寺少憩而回。”⑧谢兰生好以木棉入画：

> 闻府学木棉已花，到看果然，但是淡红者先开，花头甚小，其深红者始作蕾。直入至燕居亭，群木翳荟，多可入画者。⑨

> 往拜客，顺道上文澜阁入粤秀寺，一路看木棉，已灿然如天半彤霞，至净香园登海印阁一眺，凡大株木棉皆勃勃闪闪矣……晚画扇上木棉，即今日所见也。⑩

④《日记》道光八年（1828）四月十九日条。

⑤《日记》道光二年（1822）七月初二日条。

⑥麦哲维最早指出此点，详见其《谢兰生〈常惺惺斋日记〉与嘉道间广州城市生活一览》，《华南研究资料中心通讯》，第33期，2003年。

⑦《日记》道光二年（1822）三月廿六日条。

⑧《日记》道光八年（1828）二月十四日条。

⑨《日记》道光八年（1828）一月廿三日条。

⑩《日记》道光九年（1829）二月十六日条。

图2-10 《端阳龙舟竞渡图》
1858年 居廉 绢本设色
纵26.5厘米，横24.5厘米
广州艺术博物院藏

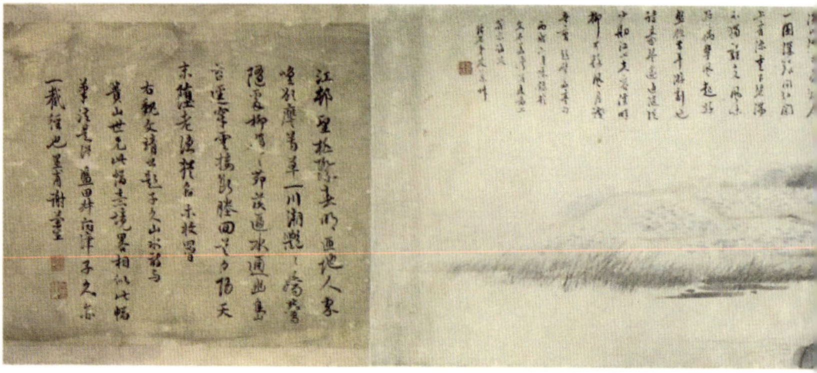

图 2-11 《荔湾消夏图》 1828 年 伍肇基 纸本设色 纵 36.5 厘米，横 141 厘米 广州艺术博物院藏

有些美术史家动辄就说“四王”以降的清代画家“摹古”成风，上述两则材料恰恰说明当时的画家并非对生活全无感受，其实他们的观察不可谓不深，只是要在前人已然烂熟的笔墨技巧上创新，实在是一道难以破解的时代性难题。

清明日，出小北门外拜山，并派儿侄回乡拜祭祖坟。直到《日记》的最后一年，道光九年（1829）清明日，他还亲自前去拜山：

早还斋，往拜山。初以艰于步履，欲到金液池而止，后以天色晴和，即多雇舆夫一名，上蚺蛇坑、五雷岭，亦不甚觉困惫也。

端午佳节则看龙舟竞渡，也是乐事（图 2-10）。“平湖招集诸君至赤冈塔下看龙船，并携妓乐。”[①]“与楷屏同候铭山，约同往黄竹岐看龙船，游舫甚盛。”[②]“平湖着人速往黄沙看龙船。至黄沙则游人甚寂，闻内港有龙船而未得见，惟竟日听姬人清唱而已。”[③]

盛夏至荔湾游玩，是谢兰生常年保留的娱乐节目，这也是广州城中名流、商贾首选的销夏方式（图 2-11）。《南海县志》记其时盛景：“广州城西数里许曰荔支湾，即南汉昌华苑故址也。居人以树荔为业者数千家。黑叶尤多，长至时十里红云，八桥

① 《日记》嘉庆廿五年（1820）五月初四日条。

② 《日记》嘉庆廿五年（1820）五月初五日条。

③ 《日记》嘉庆廿五年（1820）五月初六日条。

画舫，游人萃焉。”[4] 就连总督大人阮元也知道荔湾乃一乐地，但他公务繁忙，有一年身兼总督、巡抚、学政、粤海关等六职，自号“六印翁”，只能望图生叹，如《广州城西荔支湾，荔林夹岸，白莲满塘，即南汉昌华旧苑也，诸儿游此，折荔归来，题图一首》所写：

海珠台外珠江湾，夹岸万树荔子丹。偶然小艇拨荷去，绿杉野屋围栏干。红云低压白莲水，论园买夏邀人看。劙枝不用纵猿摘，归来劝我还饱餐。是时积雨净暑气，甘浆迸齿尤清寒。黄蕉白藕且相避，案前堆满玻璃盘。绿苞倒挂小香凤，冰珠探出鲛宫丸。连枝带叶插帘户，譬在林下垂团乐。新图一幅写幽净，我亦着眼生喜欢。何时我可棹船去，清游叹息何其难。[5]

只有在夫人生日那一天，为了避开盈门宾客，阮元以避客之名去游了一趟荔枝湾，这是他在广州六年，唯一一次到荔湾游玩，见其《五月廿七日内子生辰，复避客独游荔支湾憩擘荔亭，归示福佑、孔厚，即用前寒韵加删韵》一诗：

荔支湾中水几湾？荔支仙成十万丹。我独棹船出江

[4] 黄佛颐编纂：《广州城坊志》，广东人民出版社，1994 年，第 607—608 页。

[5] 〔清〕阮元：《揅经室集》，续集卷五，中华书局，2016 年，第 1083 页。

关，穿林拂叶来河干。羊城六度荔子殷，吕华故苑今才看。赤霞张绛雪何斓斑，就树颇有游人餐。柴门草阁见青山，雨余五月江深寒。野塘荷气清如兰，白菡萏摇翡翠盘。亭林静寂泉幽潺，况有黑叶垂晶丸。夏游得隐荔树间，春游竹里吟檀乐。归来写诗自解颜，为此枉驾真古欢。若非避客来偷闲，尔亦叹我清游难。[①]

相较阮元的忙里偷闲、匆匆一瞥，“无官一身轻”的谢兰生则幸运得多，他可以整个夏天尽情享受荔湾之游：

平湖订游荔湾，与楷屏、三弟暨诸子泛舟吹笛入柳波，泊松树下。两岸黑叶渐红，楚楚有致，诸姬清歌，观者如堵。有土人棹龙舟而来，适啖柚子，真是天中节气矣。以快船接墨池子，亦欣然而至，饮至更后，还观妙楼。[②]

此处所提及之柳波，即柳波涌。乾隆《南海县志》记：“柳波涌在城西十五里。又西南二十四里曰奇堪涌。又西南二十里曰大通港。舟楫往来，流入于海。转南二里曰英护塘，一名腰带水。”[③] 钟启韶的诗歌表明，当时柳波涌口与荔枝湾水合流。[④]

有些文人乐而忘返，干脆就在柳波涌口夜泊了。如叶兆萼《柳波夜泊》诗：“柳丝千缕系渔船，罢钓人归拥月眠。潮去潮来任飘泊，那知身在水云边。”[⑤] 谢兰生好友熊景星家就在柳波涌附近：

吉祥馆，熊伯晴孝廉筑，在城西吉祥溪上，后一望藕塘，遥接白云山，前绕柳波涌水。馆阶种小草，名曰“吉祥”，紫花香甚，光洁可爱。且梅影竹烟，幽趣有旨焉。[⑥]

当日去荔湾，多由水路，从省河西上，再北上入柳波，虽然舟行舒适，但要绕一个大圈。如果不畏颠簸，也可乘轿陆行至泮塘：“午后出西门由泮塘入买夏亭，路较近且稳便。荔子将近摘尽，游者渐稀矣。”[⑦] 但西关地卑，经常水浸街道，游

① 〔清〕阮元：《揅经室集》，续集卷五，中华书局，2016年，第1084页。

② 《日记》嘉庆廿五年（1820）四月三十日条。

③ 黄佛颐编纂：《广州城坊志》，广东人民出版社，1994年，第643页。

④ 钟启韶：《听钟楼诗钞》自注，转引自《广州城坊志》，第644页。

⑤ 叶兆萼：《小田园古今体诗》，转引自《广州城坊志》，第643页。

⑥ 陈春荣：《香梦春寒馆诗钞》自注，转引自《广州城坊志》，第643—644页。

人太多而找不到游舟，反而误事："同入荔湾，并携长孙震往。适水长，并挟西江水而来，街衢悉被浸灌。许久觅得小舟乃济。是日游人甚众，以天气晴朗也。"⑧

当时，荔湾之内有著名的唐荔园，阮元之子阮福作《唐荔园记》说明命名的缘由：

> 近年荔支湾中，有南海丘氏所构竹亭瓦屋，为游人擘荔之所，外护短墙，题曰"虬珠圃"，福惜唐迹之不彰也，因更名之曰"唐荔园"，盖以文人所游，乐有古迹，迹之最古者，当溯而著之也。⑨

此记附见于阮元《唐荔园》诗后，故后人多以为这是阮元亲自为其命名的。如张维屏《艺谈录》就说："唐荔园，在荔湾。丘熙建。编竹为篱，依树为幄，阮云台制府因唐曹松咏荔于此，名之曰'唐荔园'。"⑩

富豪会在园内搭建凉亭以供游人憩息赏荔，最著名者莫如擘荔亭。尤步星《擘荔亭》一诗是这样描写的：

> 亭开三角面池塘，人在湾南水一方。俗客岂知炎热界，绿荫天里有清凉。千树浓阴绿绕堤，荷花坞北藕塘西。风光付与凌云笔，尽撷精英入品题。十里荷香送碧穤，疏帘掩映柳波青。两朝歌舞繁华地，仍付诗人结社亭。⑪

其《己卯邱浩川荔湾锦亭新成雅集步韵》则记载了主人邱浩川的另一处亭子：

> 诗情画意两兼收，锦幔红云陆地舟。芳苑旧怜南汉蝶，凉亭新狎半塘鸥。酒倾竹叶浮水盏，荔擘晶丸泛玉瓯。良会高谈忘却夜，笑看明月正当头。⑫

应主人邱浩川的邀请，何祖年作于 19 世纪初期的《擘荔亭图》，描绘的正是池亭一带的风光，依稀可见当日柳波的景致（图 2-12）。

⑦《日记》道光四年（1824）六月初三日条。

⑧《日记》道光四年（1824）五月廿九日条。

⑨ 此记附见于阮元《唐荔园》诗后，〔清〕阮元：《揅经室集》，续集卷五，中华书局，2016 年，第 1098 页。

⑩〔清〕张维屏：《谈艺录》，卷下，《广州大典》第 93 册，广州出版社，2014 年，第 601 页。

⑪〔清〕尤步星：《五云诗钞》，《广州大典》第 450 册，广州出版社，2014 年，第 694 页。

⑫〔清〕尤步星：《五云诗钞》，《广州大典》第 450 册，广州出版社，2014 年，673 页。

图 2-12 《擘荔亭》 约 1821 年 何祖年 纸本设色 纵 29.3 厘米，横 52.5 厘米 广州艺术博物院藏

十三行洋商中的伍家还会带上家乐助兴：

> 张国兄备席招同诸君至花埭。平湖仍雇大船携妓乐同去。至翠林园食荔支，姬人坐小亭上，与荔子红绿相映，真是雅观。入静香堂唱曲，百花丛里，不意有此清歌也。下午回船饮至月出始散。[1]

红袖捧研，颇助游园诸人的画兴："浩川邀游荔湾，与芸圃往，拉墨池，亦欣然偕往。诸君携笔砚，芸圃携采兄同至擘荔亭，诗字画与清唱间作，是文字饮而兼醉红裙。自来游荔湾以此为最胜。"[2]

有时谢兰生也对这种男女、僧俗混杂的场面表示好笑，但他的态度总是开通的：

> 午后出城赴卢鸿山之约，仝其昆仲入荔湾，上亭子纳凉。墨君已先到，是日有缁衣，有红袖，会者颇众。为卢墨林写折扇，合墨池、玉宾、笛江而成。题句云："红云宴里招开士，绿水亭边拥绛襦。一事希奇今始见，散花

① 《日记》嘉庆廿五年（1820）五月初七日条。

② 《日记》嘉庆廿五年（1820）五月十二日条。

天女结跏趺。"皆道其实也。听曲后下船上席，饮至九点钟，与墨池步月还荷香馆住宿。[3]

谢兰生偶尔还会带上家眷同去："与荆人及次女、长媳乘舆至柳波涌，下船入荔湾上擘荔亭，主人邱君眷属款接甚殷，再到松阴暂泊，午饭后即还。"[4]雨中赏荔，更是别有风味：

蔡亲家请游荔湾，与袁李二君携善讴者同往，上亭子唱曲。寂无游人，以竟日雨色不止故也。而烟雨空蒙，云水净绿，绝少炎蒸之气，更似胜于晴日。傍晚亦有女伴乘花船至者，岂赏音之无人乎。[5]

到唐荔园作小画三幅，已定稿矣。雨中游人绝少，作画于水亭上极妙，俗人不知其趣也。画稿将成，忽有来败兴者，即卷画而行。[6]

富豪之游舫，陈设洁净，晚明文人喜于舟中作画的风尚在此得到延续：

入荔湾，赴蔡芸圃之请上基围啖荔，复上余氏竹林啖树上丹砂。平湖亦放花船，邀请过其船听数曲，又过卢鸿山昆仲船上少谈，即还芸圃舟中午饭而散。荻江与退谷皆勃勃有画兴，并订明日再到舟中作画，以此舟颇洁净故也。午后游人甚众，回船后仍见游船衔尾而来。[7]

次日大晴，于是入荔湾舟中作画：

雁山、妙师来，偕仝衢尊入荔湾。中途招荻江，退谷亦至，为芸圃分写画册十二幅成。予作山水二页，一题"水松丹荔"云："众仙绿须眉，中有朱衣客。金丹炼已成，计日同拔宅。尘踪暂羁留，水乡不嫌窄。清波灌醒醐，炎云养精魄。更阅三千年，韬光免沦谪。"一题"山水兼怀张墨池"："几回湾口醉红霞，长忆张凭水一涯。载酒不堪垂问字，旧人犹喜有侯芭谓熊笛江。"又题笛

③《日记》道光二年（1822）五月十七日条。

④《日记》道光二年（1822）五月十一日条。

⑤《日记》道光四年（1824）五月廿四日条。

⑥《日记》道光四年（1824）五月廿七日条。

⑦《日记》道光八年（1828）五月十七日条。

江山水一首："一石落青天，两树披绝壑。何人结屋庐，于此炼大药。"题退谷荔湾图一首："水天境界总清凉，爱泊松阴近藕塘。衔尾画船堤畔过，风吹人影带衣香。"是日游舫亦不少，而午后大雨，皆掩闭船窗。来者多暂停即去吾船，赖有素心人诗画并作，谈谐互畅，尚不岑寂。[①]

而亲朋好友则会送上各种上等荔枝，有招子庸送来的十八娘荔枝："月出后散席，还观妙楼，始尝十八娘荔子，略似新兴香荔而微长，色鲜红胜之，佳品也。"[②]这是一种来自福建的名种，在宋代就已闻名，蔡襄《荔枝谱》曾言："十八娘荔枝，色深红而细长，时人以少女比之。"招子庸所送当是明代移植入粤的品种。又有本地产的糯米糍、水晶毬、挂绿："崔鼎来送糯米餈荔子二盒至。黄友石来，刘并田送水晶毬荔子至。"[③]"吴石华送糯米餈荔子至。"[④]"刘元美送增邑荔子来，又挂绿二盒。"[⑤]"黎芬舟赠一品红荔子十余枚。"[⑥]"许拜亭送水晶丸荔子来，即俗称糯米瓷者是也。"[⑦]增城挂绿历来为贡品，自是驰名中外，吴应逵《荔枝谱》评价说："广州荔支以挂绿为第一品，实大味甘香，核细如豌豆，其壳上赤如丹砂，下绿如澄波，故名。"[⑧]但又认为挂绿名气太大，市面上所见多为赝品："桂味与挂绿同时，然挂绿以名著，多赝。不如桂味之真也。"[⑨]

至于水晶丸，也是粤产荔枝的名种："水晶丸俗名糯米糍，出于番禺鹿步司之北村，肉厚而韧，香液与挂绿绝似而实较大，核则小如赤豆耳。水晶丸实大核小，味甘。食之令人畅然意满，家石华拟之鲥鱼无骨。宫保阮云台先生曰：'此岭南第一品也。'自此人以一品荔支称之。"[⑩]

谢兰生会记下品荔的各种心情，"崔鼎来送荔子来，名苎麻子，略似增城挂绿，而不如水晶丸之佳"[⑪]。他最为欣赏的品种是一种名为"黑叶"的荔枝。他的好友吴应逵著有《荔枝谱》一书，

① 《日记》道光八年（1828）五月十八日条。

② 《日记》嘉庆廿五年（1820）五月初十条。

③ 《日记》嘉庆廿五年（1820）六月初一条。

④ 《日记》嘉庆廿五年（1820）五月廿二日条。

⑤ 《日记》嘉庆廿五年（1820）六月初六日条。

⑥ 《日记》嘉庆廿五年（1820）六月初八日条。

⑦ 《日记》道光元年（1821）六月初十日条。

⑧ 〔清〕吴应逵：《岭南荔支谱六卷》，卷四，《广州大典》第63册，广州出版社，2014年，223页。

⑨ 〔清〕吴应逵：《岭南荔支谱六卷》，卷四，《广州大典》第63册，广州出版社，2014年，224页。

⑩ 〔清〕吴应逵：《岭南荔支谱六卷》，卷四，《广州大典》第63册，广州出版社，2014年，224页。

介绍说："水枝以黑叶为上，黑叶又以番禺古坝所产为上，顺德之三贵次之。荔支叶青绿，此独黑，故曰黑叶。陈村荔支实大核小，其味甘香，名曰金钗子。昔人解金钗而得其种，即俗呼黑叶者也。兴化十八娘，增城黑叶，皆核小肉满，如水晶而香。成都所无也。黑叶蒂间有侧生子，以夏至熟，得时令之正，故多食不病，其余各种虽有佳品，多食喉间终有火气也。"⑫

谢兰生对"丹砂""大造"等品种也颇为赞赏："午斋后与天衢同泛舟入荔湾，上余氏小亭啖荔。黑叶有渣矣，惟大造至此时熟极，色鲜红如丹砂，剥之香发如玫瑰。味清甜，肉爽，略似增城挂绿，枣核者亦多，胜黑叶远甚。向来从不食大造，嫌其酸涩，实未成熟。故其佳处不露，可惜也。若夏至后数日采食，竟是第一奇品。"⑬"复入荔湾，上余氏亭啖树上丹砂。此荔诚妙品，惟味稍淡，不如黑叶之浓至，只此逊一筹耳。"⑭

他对于荔枝取名也颇为在意，如"铭山送荔子一小盒来，核细而味酸，未成熟也，名阿娘鞋，亦不雅"⑮。"叶云谷送荔子一盒，名蚺蛇皮，名甚不雅，皮厚而味带酸，未见佳处。"⑯

俗谚说"一颗荔枝三把火"，意谓荔枝不能多食，容易上火，但谢兰生似乎体健过人，经常大啖荔枝，"邀同笛江入李氏苏园，又过唐荔园会浩川、东方，拉到舟中小饮，点心而散。是日游船不少，荔子透熟，不觉饱啖至数十颗矣"⑰。

荔枝作为岭南佳果，因不易保鲜，所以无法行销至北方，加上唐代"一骑红尘妃子笑"的美丽传说，常常令外省人生无限遐想，如李钧秋天始抵广州，深以不能吃到荔枝为憾："八月初五日，季高令巡捕物色鲜龙眼十余枚见赠，食之甘芳，荔支更不知若何，惜已过时，无此口福。"⑱其实清代广州人的水果品种不多，荔枝、龙眼是夏天最常见的水果，市场上价格也并不昂贵。

谢兰生对荔湾是发自内心的爱，如"水师营斜对过有小口

⑪《日记》道光元年（1821）六月十一日条。

⑫〔清〕吴应逵：《岭南荔支谱六卷》，卷四，《广州大典》第63册，广州出版社，2014年，222页。

⑬《日记》道光四年（1824）六月初六日条。

⑭《日记》道光四年（1824）六月初八日条。

⑮《日记》道光四年（1824）五月廿七日条。

⑯《日记》道光五年（1825）六月初五日条。

⑰《日记》道光九年（1829）五月廿一日条。

⑱〔清〕李钧：《使粤日记》道光八年（1828）八月初五日条，卷下，道光十四年（1834）刊本，开封府署藏板，中国国家图书馆藏。

名沙涌，种荔子十余株，云谷尝夸其地佳胜，及到殊无好处，荔子亦复希疏，令人兴致索然，所见远不逮所闻，往往如此。还入柳波泊松阴，双眼顿开，非沙涌一行不见荔湾之妙也”[①]。可见其先入为主，以至“独沽一味”了。

有一次他参加珠江上的花船之会，突遇风浪，险象环生，过后感慨还是荔湾为销夏的最好去处：

> 同驾炮船过河与楷屏赴南洲花船之请，灯后风发浪起，诸花船喧閧避风，缘泊处已近海堧，幸而瞬息雨止风歇，否则亦属可虞。吾粤无清游之地，柳港内惟荔湾最雅，其余皆俗且有风波之险，奈何奈何。[②]

道光九年（1829），荔湾所在的泮塘被水，令谢兰生甚是担心：“今年泮塘被水，荔树、荷花无不受伤，不特人民屋宇遭劫。”结果去到一看：

> 雇小船入荔湾，会浩川乔梓。自泮塘被水，一切荷花都已淹没，惟荔枝丰盛，水不能害。大造红如丹砂，黑叶亦骎骎有四五分红矣。此地一遇果熟，便觉风日妍丽，虽无菱荷，亦自生色，不可解也。[③]

荔湾之游会一直持续至六月上旬。“为浩川写《擘荔图》，为芸圃作山水叶子一幅。饭后与雁山、楷屏过铭山船上会里水李芳洲。中午放船入荔湾，会者甚众。荔湾诸果已摘尽矣，尚有五六树未摘，缘铭山与芳洲为今日宴客，先十余日着园丁留下火实以待，可谓好事之至。”[④]

道光八年（1828），谢兰生“入邱李二家荔园亭子，尚未拆去，草亭上犹有怀枝可买而啖，询诸卖荔者云，连日尚有游舫或十余、或七八艘来者”[⑤]。谢兰生油然兴叹：“甚矣，粤人之好事也。”而道光九年（1829）季夏举办的饯荔雅集，更见粤人之“好事”：

① 《日记》道光九年（1829）五月廿七日条。

② 《日记》嘉庆廿五年（1820）六月初三条。

③ 《日记》道光九年（1829）五月十二日条。

④ 《日记》嘉庆廿五年五月十八日条。

⑤ 《日记》道光八年（1828）六月初四日条。

午间与衢尊到东方寓斋午面，即下船入荔园会浩川乔梓，云明日即将诸亭子拆去，今日酌诸友唱曲饯荔，亦韵事也。啖黑叶及九里香数枚，听数曲即还，并赋数诗。[6]

谢兰生于饯荔会上，即席写下《饯荔诗并序》：

己丑六月十四日，与东方、衢尊入荔园，得啖黑叶及九里香数枚。其在树上者，不可留矣。浩川主人集名辈、善丝竹者，与太翁欢燕迭歌，以毕今年荔事。予曰：以斯饯荔，韵甚唐风而兼魏风矣，诗三章、章四句以实之。

吹面波心杨柳风，摘珠还喜廿人同。明朝仙袂归山海，兼抚亭台上太空。桐深竹翠石玲珑，隔幔低回唱恼公。不许周郎通一顾，赚人花外想惊鸿。岂识庞眉河上翁，歌喉能啭大江东。年年约定溪南叟，来饯仙官一品红。[7]

赏荔活动告一段落后，秋天也悄然来至，于是上粤秀山（又名玉山）赏月成为新的出游主题。从元代开始，粤秀山就牢牢地在“羊城八景”中占据一席，元代有“越台秋月”，明代有“粤秀松涛”，清代有“镇海层楼”。可见夜幕下的粤秀山，确有一番独特气象：

晚与衢尊上玉山，登朝台观月，极佳，恍惚弱冠时游兴也。倏有少年数辈，杂沓而至，徐即下山。[8]

晚与衢尊、药洲登朝台赏月。入粤秀寺，又上绿瓦寺坐山响楼观月，尤佳。[9]

自道光四年（1824）十二月学海堂在粤秀山南麓正式落成后，谢兰生又多了一处赏月之所：

晚与衢尊肩舆到学海堂会石华、雁山、蓼圃、香铗坐月，二鼓过朝台一览而还。[10]

⑥《日记》道光九年（1829）六月十四日条。

⑦《日记》道光九年（1829）六月十四日条。

⑧《日记》道光四年（1824）七月十七日条。

⑨《日记》道光四年（1824）七月十八日条。

⑩《日记》道光四年（1824）六月十三日条。

> 晚与衢尊步月，上学海堂少坐，绕朝台一览而还，人静而清趣愈胜。[1]

> 晚肩舆上三元古观，会黄定湖学海堂，与石华谈。此地赏月最佳，过朝台看小北数处大火塔，遥望珠江之西，悬灯数百千点，亦奇观也。[2]

学海堂学长林伯桐也记下了中秋前后学海堂赏月的情景，可以想其仿佛：

> 中秋前后月色如昼，相约为坐月之游，不设灯檠，爝火未光也；不及俗事，只谈风月也。有坐论者，有行吟者，随意所如，倦则假寐，焚香瀹茗，动辄彻宵。当万籁俱寂，一轮最高，倏倏然，飘飘然，固知随月读书，前人兴复不浅。重阳寒食虚度，非宜堂中，此时游者坌至。同人秋集不必依期，有菊即重阳也。霜气在叶，草痕微芳，展宋玉之赋，诵泉明之诗，不出户庭而携壶翠微，惟此堂为然。[3]

中秋至学海堂赏月，从此成为广东士子一项朝圣式的活动，如谭宗浚《辛巳八月十五夜学海堂玩月诗序》所记："粤秀山学海堂者，仪征阮文达公课士之所也，常衮讲堂，文翁石室，絢述旧集，诵经勿衰。余自甲子以迄癸酉，每届中秋，恒偕同人玩月于此。海气嘘蜃，近侵眉端，山风叫鸥，时出脑后。圆镜开而绿烟灭，悬珠吐而清露晞。"[4] 学海堂学长陈璞曾作有一图，写中秋学海堂赏月情景（图 2-13）。

重阳过后，则在城内外各处赏菊："晤妙公，同往看天后宫菊花，已盛放矣。过花埭则菊花如林，今年花胜去年远甚。"[5]"今年菊花甚盛，胜去年远甚。今日看鱼山师所种，不但花好，叶比他处亦胜，黄者尤佳。"[6]"到毋自欺斋与洛川、妙师仝上五村漱珠冈一行，复过花埭赏菊。诸园花极烂漫，花头亦极精神，不可不一赏也。"[7]

① 《日记》道光五年（1825）八月十七日条。

② 《日记》道光六年（1826）八月十五日条。

③ 〔清〕林伯桐：《学海堂志》"雅集"条，道光十八年（1838）版。

④ 〔清〕谭宗浚：《希古堂文乙集》，卷四，《广州大典》第477册，广州出版社，2014年，第272页。

⑤ 《日记》道光六年（1826）十月初五日条。

⑥ 《日记》道光六年（1826）十月初十日条。

⑦ 《日记》道光六年（1826）十月十七日条。

图 2-13　《学海堂玩月图》　1872 年　陈璞　纸本设色　纵 31 厘米，横 65.5 厘米　广州艺术博物院藏

且分名次："过南雪巢早饭、赏菊，诸家菊花以此为第一。"⑧南雪巢是潘有为的斋号。时隔十年后，谢兰生又一次评定府城内菊花的优劣，这一次他认为是叶梦龙家的菊花独占鳌头：

> 到叶祠看菊，甚佳，诸处菊花以此为第一，游应谷家次之，苍厓家又次之，余无足道也。⑨

赏菊之余，尚有"餐菊"之馔。菊花有观赏菊与食用菊之分。屈原《离骚》中的名句"朝饮木兰之坠露兮，夕餐秋菊之落英"，是古人食菊的最早记录。清代广州士人流行餐菊，似有追慕古人之意，而非但求一饱，这在他们的诗歌中也有所表现，如徐荣《叶耘菊农部梦龙招同鲍东方大使镇东友石斋餐菊》二首：

> 见惯高斋竹柏寒，秋光陡拓半庭宽。花中笠屐盟今雨，径里羊裘忆古欢（耘菊言曩与魏春松宪副师尝为此会）。送到难逢千日酒（东方携凤翔酒来），采来真称百年餐。淡中滋味殷勤试，莫放篱东一片残。

> 主人高卧出门慵，万事年来不挂胸。于物同心惟石友，为君低首署花农。性情便作高人待，风味犹堪座客供。报答名园知有意，初筵留得到分冬（分冬见陆放翁诗，先是

⑧《日记》嘉庆廿四年（1819）九月廿四日条。

⑨《日记》道光九年（1829）十月十八日条。

主人开觞，余以事未赴，至是见招，花犹全盛故云）。[1]

张维屏在参加完叶梦龙家举办的一次餐菊会后，写下《餐菊二十韵》一诗，更为详尽地介绍了餐菊的食材、制法和功效：

老圃大有年，菊开如谷熟。名殊百种繁，色眩千朵簇。亭亭霜满枝，采雪盈掬。蒂宜快剪去，质爱清水沐。堆盘白纷纷，下箸香馥馥。入怀疑缕冰，到口讶霏玉。增鲜剥虾蟹，助爽脍莱菔。微寒清热肠，大嚼果枵腹。高人合吞花，瘦客厌食肉。冷同槐叶淘，洁胜桃花粥。奇功倘延年，小效亦明目。此药乃适口，此味可医俗。食单三间开，真意五柳足。浊醪泼新黄，湿面裹焦绿（面包菊叶煎食之）。含咀得共芳，饕餮未为辱。微甘留齿牙，余芬及童仆。读书宜楚辞，卜宅慕郦谷。壶觞展重九，唱和继皮陆。宾客喜餐英，主人善耘菊（云谷一号耘菊）。年年为此会，金丹不须服。[2]

根据张氏的描述，可知所餐之菊以白色为佳。新采的白菊去蒂后，以清水洗净，放于盘中，仍然带着淡淡幽香，令人有含冰食玉之感。为了增加口感，讲究些的人家，还会以应时的虾蟹佐餐，或者佐以莱菔（萝卜），更是清爽怡人。除了生食之外，还可以用面粉包裹菊叶煎熟来吃，这也是一道很好的下酒菜。张氏还吹嘘道，餐菊有清肝明目、延年益寿的功效，如果主人每年能举办这样的餐菊会，远胜于服食丹药。人们有时会乘着花期，连续数天举行餐菊之会。张维屏《送李芸甫水部入都》一诗有句："九十日秋秋气佳，菊花烂嚼填胸怀。"自注"连日餐菊"可证。[3]

冬天则各处探梅或举行类似餐菊的"梅酌"。濂泉、花埭都留下谢兰生等人的身影。

早与衢尊到濂泉探梅，老树疏花，与十余年前所见

① 〔清〕徐荣：《怀古田舍诗钞》，卷九学海集下，道光戊戌（1858）刻本。

② 〔清〕张维屏：《听松庐诗钞》，卷六，《广州大典》第93册，广州出版社，2014年，39页。

③ 〔清〕张维屏：《听松庐诗钞》，卷六，《广州大典》第93册，广州出版社，2014年，39页。

> 迥不相同。入云泉山馆晤杨道士、张馨泉，与少谈，即出山。至滴水岩，路旁遇叶云谷、南溟昆季。上白云寺，欲会净法大师，不相值。过仙岩，登倚山楼，随到月溪寺，寺旁梅花数株却开得烂漫。[4]

④《日记》道光四年（1824）十一月初一日条。

> 早到净香园，还斋路遇三弟，同上濂泉探梅，饮于云泉山馆。山色经雨洗后益鲜郎可爱，泉水亦得雨而瑽琤可听。[5]

⑤《日记》道光八年（1828）十一月十八日条。

> 过花埭，玉梅灿烂，数年来所仅见，其余杂花亦焕然如锦，以连日晴暖故也。[6]

⑥《日记》道光九年（1829）一月十四日条。

而花埭和荔湾则不时有人送至梅花：

> 邱浩川送来玉蝶梅两大束，花头甚繁，插诸瓶盎，香满一室，快事也。询诸来使，云是唐荔园所植，荔园以荔著名，不意梅花一盛至此。甚矣，邱君可人而予与荔园有缘也。[7]

⑦《日记》道光九年（1829）一月十三日条。

粤中名流多仰慕东坡，每年十二月十九日这一天要拜东坡生日："午后同人集三元古观，拜东坡先生诞辰，主席者张磬泉、仪墨农，予未上席即还。"有时就在文人斋中举行祭拜仪式并举办画会：

> 集风满楼礼东坡像毕，叙席后合作大幅山水，予为写树一株，又为梦溪题其所作《六君子图》诗一首云："苍石如云墨沈鲜，郁葱佳气积千年。谁知下有真君子，接叶交柯无到天。"[8]

⑧《日记》道光元年（1821）十二月十九日条。

潘正亨《腊月十九集叶云谷农部风满楼，设像拜坡公生日，分得水字》一诗写的正是这一盛事：

> 珠江江水清且泚，危楼倒接苍烟峙。峨眉山色古时青，直跨江流五千里。先生累谪来炎方，前居惠州后儋耳。深思五十九年非，广州买得柟檀始。濂泉参破祖师禅，六

图 2-14 《广州港和广州府城画》之“沙面楼船寮馆区”

榕榜楬华严纸。经旬笠屐洗秋光，鸿爪东飞一弹指。惠人祀公合江楼，万家春酒樽浮蚁。儋人祀公天庆观，建茶香泼灵泉髓。今朝江上红云起，孤鹤横空鹊声起。千树梅花一瓣香，要与先生论桑梓。（自注：公诗“海南万里真吾乡”）朱颜讯符老，寿耳斗吴子。凛凛须眉公不死。灵旗鬖鬖导赤鲤，七百年前此江水。[1]

① 〔清〕《楚庭耆旧遗诗》，前集十九，道光二十三年（1843）版，广东省立中山图书馆藏。

第四节　花船宴会与戏曲表演

从明代开始，广州的繁华已是盛况空前，明末清初广东学者屈大均在《广东新语》中生动地写道：“广州濠水，自东西水关而入，逶迤城南，迳归德门外。背城旧有平康十里，南临濠水，朱楼画榭，连属不断，皆优伶小唱所居，女旦美者，鳞次而家，其地名西角楼。隔岸有百货之肆，五都之市，天下商贾聚焉。”[2]

② 〔清〕屈大均：《广东新语》，卷十七“濠畔朱楼”，中华书局，2006 年，第 457 页。

西关南面珠江江岸的沙面，在清中叶之后，成为广州最繁华地区之一，沿岸成为烟花之地（图 2-14）。[③]《粤屑》曾记述当时的情景：

> 沙面妓船鳞集以千数，有第一行第二行第三行之目。其船用板排钉，连环成路如平地，对面排列，中成小港，层折穿通，其第一行珠娘之上品者居之。桥而梯上之，有寮焉，名寮尾，尤品者居之。架木成版屋，为廊为房，为厅为堂，高阁台榭毕具，又若亭若馆若苑不一名。金碧迷离，皆用洋锦氍毹铺垫，不知其在水涘也。孔翠篷窗，玻璃棂牖，各逞淫侈，无雷同者。又有花船横楼，摆列成行，灯彩辉煌，照耀波间。令人应接不暇。裙屐少年，冶游公子，日集于楼船寮馆之间，庖厨精美，珍错毕备，喧闹达旦。当夫明月初升，晚潮乍起，小艇如梭，游人若市，卖花声过，素馨茉莉之香，阵阵扑鼻，莫不往来穿插于曲港之间。十里繁灯，朗争星斗，而亭台箫鼓，画舫笙歌，锽聒杂沓之声不绝，真消金之窝，迷魂之阵也。孙补山制军出示晓谕，谓“点缀太平，鼓吹盛世，原例所不禁，惟严禁匪徒滋事”云。妓之总名曰老举，分二十岁以外者曰阿嫂，十八九曰横梳，十五六曰打辫子，最小曰琵琶子，此皆方语，不必求其甚解也。其尤品者，多豪客主之，春风之面，颇难省识。袁子才至粤，讥珠娘为吹火青唇，盖未曾见庐山真面目耳。[④]

当日最高级的花艇称作“横楼”（图 2-15），人称“席设舟中，船名横楼，甚华丽，携花载酒之所也”[⑤]。当日花艇上的歌姬分为潮帮、扬帮、湘帮三种，其中扬帮最为有名。籍贯扬州的阮元初来广州任两广总督时，就因此颇感尴尬：

> 阮文达公初抵广州，泊舟扬帮侧，舟中闻弦索声，问此何地？某对曰：“扬帮也。”问何以得此名？曰：“此

③ 曾昭璇：《广州历史地理》，第三章“明清时期广州城历史地理”，广东人民出版社，1991 年，第 402 页。

④ 〔清〕刘世馨编，许联陞订：《粤屑》，卷五，“沙面纪事”，收入《岭南随笔（外五种）》，广东人民出版社，2015 年，第 257 页。

⑤ 〔清〕李钧：《使粤日记》，卷下，道光八年（1828）九月二十五日条，道光十四年（1834）刊本，开封府署藏板，中国国家图书馆藏。

图 2-15 《横楼》 1800—1805 年 水粉画 纵 41.6 厘米，横 53.6 厘米

地妓所居，妓多扬州人，故名。”公哂之。盖忘公为扬州人也。此事可入笑林。[1]

与谢兰生同时代的李芾平（字绣子），在其《沙面》四首组诗中，写出沙面花船上上演的一幕幕悲欢离合的爱情故事：

月榭风亭俯碧流，通宵灯火拟扬州。绕床弄果抛人面，促坐摊钱赌佛头。樗树私怜倾国态，杨花闲管渡江愁。承平旧事无多子，最在珠帘上玉钩。

百琲珠光出媚川，天生脂泽助韶妍。居邻香树围为屋，活傍花枝种作田。小凤自闻歌不解，惊鸿终借赋能传。河南无限鸳鸯阙，知费谁家买断钱。

懒日雏年乐事多，那知平地有风波。惊闻战鼓冲筵席，催著戎衣换绮罗。信有才人依养卒，更无名士问仙哥。海天一碧蓬山近，合约杨妃女侍过。

春衣曾访曲东西，老伎相逢话旧啼。一笛龟兹风韵

① 〔清〕倪鸿：《桐阴清话》，收入《岭南随笔（外五种）》，广东人民出版社，2015 年，第 544 页。

杳，千门乌夜月痕低。红巾裹盒横波掷，紫缛传书泣血题。

总付回澜桥下水，粉愁香恨上长堤。[②]

《浮生六记》的作者苏州人沈复，乾隆五十八年（1793）曾游广州，他在登上沙面花船后，遥望珠江夜景，发出如斯感慨：

一轮明月，水阔天空。纵横如乱叶浮水者，酒船也；闪烁如繁星列天者，酒船之灯也；更有小艇梳织往来，笙歌弦索之声杂以长潮之沸，令人情为之移。余曰“少不入广”，当在斯矣！[③]

这是乾隆年间的珠江，而三十年后，作为一名生于斯、老于斯的广府人，谢兰生在一次花船听曲后，竟也发出相似的感慨：

午后西上过花船，笛江与曾君至，莘庵与湘南又至，为写画数幅，同笛江诸君寻丽生，欣然为度数曲，即与丽生同上邹君船听曲……诸花船贺节爆竹及弦管、锣鼓之声，远近相闻，是诚太平盛事，加以月色如昼，亦不可多得之佳游也。[④]

行商家中养有家班，常请谢兰生听曲江上，谢兰生叹为极雅之事：“上席后平湖家乐亦至，奏数曲。月榭风帘，灯光掩映，洵是珠江雅韵。”[⑤] 行商家中也设有戏台，伍氏研北是谢兰生观剧的主要场所，“晚到研北看戏，听新曲，绝清脆”[⑥]。研北的主人极奢华，有一年秋天竟让演员在菊花丛中演出：“与平湖过研北赏菊，晚于菊丛中演新戏，人影花光，颇为灿烂。”[⑦] 伍氏万松园也是观剧之好去处，《日记》中常有“过万松园观剧”[⑧] 的记录。

磊园也是谢兰生常去观剧之所[⑨]，该园乾隆年间原为洋商颜时瑛所有，颜氏后人曾深情地回忆其盛景：“景致幽雅，无一凡俗，中多磊英石为山，故名。”又说：“时城中各官宦皆悉此园美观，赏假以张宴，月必数举，冠盖辉煌，导从络绎，观者塞道。”宴间也有戏班助兴：“宴时，张棚堂前，演剧阶下，弄戏

② 〔清〕《楚庭耆旧遗诗》，集十五，道光二十三年（1843）版。

③ 〔清〕沈复：《浮生六记》，卷四“浪游记快”，上海古籍出版社，2009年，第97页。

④ 《日记》道光元年（1821）八月十五日条。

⑤ 《日记》嘉庆廿五年（1820）八月十七日条。

⑥ 《日记》嘉庆廿五年（1820）二月二十日条。

⑦ 《日记》嘉庆廿四年（1819）九月十八日条。

⑧ 《日记》嘉庆廿四年（1819）四月廿七日条。

⑨ 《日记》道光三年（1823）四月初七日条。

法，呈巧献技，曼衍鱼龙，离奇诡异。堂中琉璃璎珞，锦缎纱橱，徽徽溢目；檐前管龠之音，曲拍之声，洋洋盈耳。日晡，大吏旋车，而散秩闲曹又欲卜夜，请继以烛，主人素慷慨，亦欢欣优礼。”[①]此园“后凡再易主，踵事增华”，最终落入号称世界首富的伍秉鉴手中，奢华更是过之，而且演戏一直到深夜的传统也保留了下来：“傍晚赴平湖磊园席。晚演剧至二鼓后，还宿兴云卧榻。”[②]

除了在洋商家观剧外，谢兰生偶尔也到戏院观剧（图2-16）。不过在洋商家中看戏舒服惯了，他已无法适应戏院人声嘈杂的状况：“饭后往金利埠观戏，新凤部也。中途遇铭山，邀上船小谈即别去，戏台近人，多热气，闭塞不耐久坐，点心后搭文园船欲还，梦堂又邀过船，往柳波一行而后返。”[③]

所听之曲，仍以当时流行的昆曲为主：“剌船与南洲、楷屏赴冯润兄席，听苏曲，会者甚众。”[④]又“仝过研北赏菊，中席丝吹并作，仍是苏人也”[⑤]。又“申刻月川布筵，未及度曲而张君复来，予与楷屏即起驾小舟同往河南赴研北之宴，时已张灯，笛声嘹亮，诸姬已唱数阕矣”[⑥]。以笛子伴奏，当是昆腔无疑了。

较之当时流行的昆曲和弋阳腔而言，谢兰生更爱听家乡一种新兴的说唱艺术——“南音”：“泛月上炮台，到叔鱼处听南音小唱。”[⑦]南音与昆曲有时也同时演出：“再到怡和，与平湖、退谷过河晚饭。适石华、楷屏亦到，晚听曲暨南音，未二鼓即散，与楷屏还观妙楼宿。”[⑧]

南音的发展与当时珠江日盛的妓艇是分不开的：

> 乾隆盛世，广东工商业发展，经济繁荣。为满足达官贵人享受，珠江河上花艇遍布。入夜之后，灯影闲烁，弦歌阵阵，盛况不减秦淮。佛山大基尾田边街，泊有紫

① 〔清〕颜嵩年：《越台杂记》卷二，林子雄点校：《清代广东笔记五种》，广东人民出版社，2006年，第478页。

② 《日记》道光三年（1823）八月廿八日条。

③ 《日记》嘉庆廿五年（1820）七月初三日条。

④ 《日记》嘉庆廿五年（1820）二月十七日条。

⑤ 《日记》道光元年（1821）八月十五日条。

⑥ 《日记》嘉庆廿五年（1820）六月初二日条。

⑦ 《日记》嘉庆廿五年（1820）六月十六日条。

⑧ 《日记》嘉庆廿五年（1820）七月初六日条。

图 2-16 《戏船》 1800—1805 年 水粉画 纵 41.6 厘米，横 53.6 厘米

洞艇十余艘。分成广州、潮州、扬州（后改为南词班）三班互相竞争。潮、扬二帮“南词说唱古今书籍，编七字句，坐中开口弹弦子，打横者佐以扬琴”，这种有伴奏的说唱，比起广州帮唱木鱼，显得更为动人。为了招徕顾客，广州帮便在木鱼、龙舟的基础上，吸收南词和潮曲的和处，合一炉而共冶，几经变化，创造了粤调新声南音。[9]

南音形成之后，因其适合吟风弄月、消遣酬唱，所以颇受文人雅士欢迎。而在南音的基础上，谢兰生的好友招子庸（字铭山）创造出一种新的曲种——越讴（也作“粤讴”）。招氏是著名的越讴制词人，他于道光八年（1828）有《粤讴》一书出版，越讴因此得名[10]。但从《日记》看来，在此之前已有“越讴”之名。粤讴的演唱，最初以琵琶伴唱，后改扬琴。“唱前先奏引子，唱完一节奏过门。每四句算一节，每一节中间有过序。全歌结束后奏煞板。音乐组织上的完备在所有民间音乐曲艺中

⑨《中国曲艺志·广东卷》佛山分卷，中国戏曲志编委会编，中国 ISBN 中心，1993 年，第 313 页。

⑩ 参见招子庸：《粤讴》，“出版说明”，广东人民出版社，1986 年，第 3 页。

很少能与伦比。它唱起来，极尽抑扬顿挫之能事，百折千回，缠绵往复，令人荡气回肠。”[①]以下从招子庸《粤讴》中选出两首，一见究竟（括号内为加点字的现代汉语翻译）：

《船头浪》

船头浪，合吓（一下）又分开。相思如水，涌上心来。君呀你生在情天，奴长在欲海。碧天连水与天挨。我地（我们）红粉，点（怎）似得青山长，冇（无）变改。你睇吓（看一下）水面个的（那些）残花，事就可哀。似水流年，又唔（不）知流得几耐（多久）。须要自爱，许你死后做到成佛成仙，亦未必真正自在。罢咯（罢了），不若及时行乐，共你倚遍月榭风台。

《桃花扇》

桃花扇，写首断肠词。写到情深，扇都会惨悽。命有薄得过桃花，情冇（无）薄得过纸。纸上桃花，薄更可知。君呀，你既写花容，先要晓得花的意思。青春难得，莫误花时。我想绝世风流都无乜（什么）好恃。秋风团扇，怨在深闺。写出万叶千花，都为情一个字。唔（不）信你睇（看）侯公子、李香君，唔係（不是）情重，点得（那得）遇合佳期。

招氏亦能清唱越讴，谢兰生就记录他一次在酒席上的即兴唱曲：“铭山发兴唱越讴，亦不易几回闻也。”[②]这种用本土粤语写就的新曲，颇受时人的喜欢，谢兰生即是追捧者之一：“铭山度新制一曲，甚佳。”[③]他还赞许招氏有倚马可就的捷才：“傍晚与铭山上酒楼赴曾君之约。铭山席中为人制金橘越讴即成，亦雅事也。”[④]

得益于谢氏的记录，我们今天还能知道几名当日越讴歌者

① 余勇：《明清时期粤剧的起源、形成和发展》，第一章“早期广东民间文艺”，中国戏剧出版社，2010年，第45页。

② 《日记》道光八年（1828）八月十七日条。

③ 《日记》嘉庆廿五年（1820）六月廿四日条。

④ 《日记》嘉庆廿五年（1820）十一月初四日条。

的名号。有“细兄”，“随到仿米家船，与铭山同访细兄，发声嘹亮，果是能品。其余各家俱靡靡不中听”[⑤]。又有“艮兄”，“客散后与秋屏、文园过葵江与艮兄订明日之局。葵江地小而佳植蔚茂，亦奇。再入菲江晤好人而返”[⑥]。又有“采兄”，“后见罗朴兄与访铭山，入容安后室，到丽生子处听采兄高唱。点心后值凤石、朴兄至，少坐而散。是日与采兄、小润畅谈，各言巨眼知人，亦非诳语，只惜都是穷措大耳”[⑦]。

这些歌姬分属各家花船，多以“某江”为店号，如蓉江、葵江、蜚江，《日记》中常有“泛涉诸江”的记载。诸江者，实是众多花艇的总称。如“午后乘文园新制小舟泛涉诸江，晤东坪、秋屏、云圃”[⑧]。又如“与铭山及虞君同舟行入铺江少坐，即别虞君，与铭山泛涉诸江，遇许君剧谈，又入蜚江、容江晤丽生，听得数曲，被东坪留住久谈，叙饮至二点钟，乃还义松堂宿，已三点钟矣”[⑨]。谢兰生有时一整天都在诸江走动听曲：

> 与蓉村、铭山往看诸旧识，相晤殆遍，惟未到葵江，尚一憾事。闻艮斋刻日又离葵江去矣。在丽生处静坐，将起而秀圃至，邀往秀兄处晚饭。大雨如注甚久，稍晴即还过自在航，登岸雇轿不得，重下船至五仙门，亦将暮矣。[⑩]

而招子庸总是陪伴左右周旋于诸江，招氏虽有举人头衔，实为清客性质：“复入义松堂晤铭山，与遍涉诸江，此行端为苏兄之约也。”[⑪]有一次，谢兰生回乡下扫墓，归家半道也被招子庸截住，邀往花船之会。“侵晨下快艇到孙屋边拜山，船户阿四。下午还至竹排尾，接小艇送到铭山字，为崔心斋昆仲邀至蜃楼雅叙。”[⑫]

谢兰生日日周旋于此，并非纯为声色之娱，有时也是抹不开面子，“傍晚欲乘肩舆入城，诸公挽留，不得已暂住，且为若士弟馆地起见也。丽生情谊颇周，惜玫子不到耳。晚到怡和

⑤ 《日记》嘉庆廿五年（1820）七月廿三日条。

⑥ 《日记》嘉庆廿五年（1820）八月初六日条。

⑦ 《日记》嘉庆廿五年（1820）八月初七日条。

⑧ 《日记》道光二年（1822）正月廿八日条。

⑨ 《日记》道光元年（1821）八月十二日条。

⑩ 《日记》道光元年（1821）三月廿一日条。

⑪ 《日记》道光元年（1821）八月廿一日条。

⑫ 《日记》道光三年（1823）九月初十日条。

宿兴云榻”[①]。若士是谢兰生的四弟，欲去洋商家做家塾教师，有待乃兄关说也。

歌姬于捧觞佐酒之余，经常向谢兰生讨画：“苏兄喜予《巫山十二峰图》，浼步蒙求一朵云。步蒙许以梅花，予为画山水瑶林满幅，题诗云：‘佳游是处有巫山，帘卷春风玉水环。千树梅花百壶酒，不知天上定人间。’”[②]谢氏有时也不胜其烦：“墨池携笔研下船以诗画作消遣，二小姬来陪席，苦索画不休，为分写团扇贻之，二鼓方还观妙楼。”[③]“过葵江，艮兄出仙槎书函见示，意似有所系属而不能如志。柳兄自隔邻闻予在座亦至，皆不期而合，只是索书画不休，可厌也。”[④]

当然，谢兰生遇到欣赏的艺人，还是会主动赠予诗画以代缠头之赏的。他曾为一名歌伎赋诗一首：“一女居然博士称，谈言玉屑比轻清。枇杷花里关门坐，胜似焚香拥百城。越讴不是巴人曲，啭出珠喉雪样清。更看临风斜举袂，芙药一朵照人明。”[⑤]他还为一名叫“艮兄”的艺人赋《游仙词》二首：“洪炉一例铸阴阳，中有天然却老方。下士不知元牝义，纷纷云雨梦高唐。”“玉洞看花阅几春，瑶台踏月认前身。从今煮石能充腹，肯向江河更问津。”又“为艮兄写纨扇送去”。又与张如芝合作一扇赠人：“兼赴冯君鉴江行二之请，未上席即还。默迟为菊人写纨扇，嘱予题句云：‘经年不听越讴声，一拨琵琶耳暂明。况是故人亲制曲，新莺啼出更关情。’”[⑥]

艮兄之外，又有一玫子，颇得谢兰生激赏：“客未至，又与芬舟入容江见小雪子，不期而会许君、玫子，为度数曲，真是冠绝一时。入席后招得桂子至，发声嘹亮，而终让玫子多矣。”[⑦]又“下午到酒楼会石华、小山、湘庭、荻江、凤石等十余人，同石华诸子上细江见心斋。为诸子写折扇及联毕，听玫子数曲，即乘舟欲还，忽见文园在花船上，登舟方知曹澹如请客，即留饮。

① 《日记》道光元年（1821）九月十九日条。

② 《日记》嘉庆廿五年（1820）三月廿六日条。

③ 《日记》嘉庆廿五年（1820）四月廿三日条。

④ 《日记》嘉庆廿五年（1820）九月初二日条。

⑤ 《日记》嘉庆廿五年（1820）七月二十日条。

⑥ 《日记》道光二年（1822）闰三月初七日条。

⑦ 《日记》道光元年（1821）八月廿一日条。

中席玫子复来，叙至九点钟后乃散，与澹如同还怡和”[8]。“凡三席，陪席凡七八人，皆善越讴者，丽生亦至，二鼓后终席乃散。时论工越讴者，皆推玫子为首云。”[9] 不过他也承认色艺俱佳者难得一见：“晤铭山，与泛涉诸江听曲。有可入耳者，而佳丽则罕矣。”[10]

道光时广东梅县人杨懋建《梦华琐簿》曾说广州本地戏班“又其向例，生旦皆不任侑酒。其中不少可儿，然望之俨如纪渻木鸡，令人意兴索然，有自崖而返之想。间有强致之使来前者，其师辄以不习礼节为辞，靳勿遣，故人也不强召之，召之亦不易致也”[11]。可知当日越讴艺人虽然身份低微，但也不可随意玩弄。《日记》中就记下这样一则洋商伍秉鉴（号平湖）为越讴艺人所拒的故事：

> 铭山已先在座，采兄气犹未平，为初七日平湖为德不本也。折柬招凤石、荻江，俱允而水涸不能即来，暂留听南音。采藕二兄居然挽凤，颇自矜宠。有来请者，拂然拒却，亦有志也。[12]

谢兰生固非沉湎酒色之人，然则也一度迷恋上一名擅长越讴的女道士温雪子。历史上有不少女冠擅长吟诗作赋，深得士大夫的青睐。温雪子大抵就是这样一位色艺俱佳的女冠。

嘉庆廿四年（1819）六月初三日，在伍秉鉴的酒席上，谢兰生始晤温雪子[13]。十日后他主动回访雪子[14]，这一次大抵相谈甚欢，所以两天后又去一次，而且长饮至“二鼓方回”[15]。此后大概三四天便去“往候”雪子一回，主要内容则是“谈禅”[16]。七月廿三日，在赴完伍秉鉴酒席，他又“与温雪子谈禅，夜分方还，凡廿日不晤，此行为芬舟所促也”。七月廿六日，“到温雪子处坐谈，晚饭后，畅谈至十点钟始还”[17]。三天后，次媳添长孙，但添孙之喜，亦不能减其“往候温雪子”

⑧《日记》道光元年（1821）九月廿九日条。

⑨《日记》道光元年（1821）八月廿四日条。

⑩《日记》道光四年（1824）七月廿九日条。

⑪〔清〕杨懋建：《梦华琐簿》，见张次溪编：《清代燕都梨园史料》，中国戏剧出版社，1988年，350页。

⑫《日记》嘉庆廿五年（1820）八月初十日条。

⑬《日记》嘉庆廿四年（1819）六月初三日条。

⑭《日记》嘉庆廿四年（1819）六月十三日条。

⑮《日记》嘉庆廿四年（1819）六月十五日条。

⑯详见《日记》嘉庆廿四年（1819）六月廿日条、三十日条，七月一日条。

⑰《日记》嘉庆廿四年（1819）七月廿六日条。

的热情[①]。进入八月后，几乎每天都去往候温雪子了。八月初八日，又为雪子迁出潘氏丽泽轩出谋，“寻雪子，订月林之游。到诒光堂观剧，饭后乘月泛船至月林堂”[②]。自从雪子迁居月林堂后，谢兰生仍是关怀备至：十一日“往怡和、同孚，随与雪子坐谈而还”[③]。十三日“仝仰山候雪子，迟黄君不来，与仰山饮至更后，留宿月林堂”[④]。廿七日“下午与东坪诸公至花船饮，邀步蒙子、温雪子同席”[⑤]。他对温雪子可谓用情颇深，哪一天温雪子在宴会出现，他也会在当天日记中写一个小字“温”，以补记温雪子也在场。[⑥]可见他和温雪子交往的这段时间里，经常拿出日记翻阅，并把这份深情隐晦地记录了下来。

九月初四日，谢兰生或竟萌生金屋藏娇的想法了，在当天《日记》中他写道：

> 乘潮过月林堂，适凤石、缃庭、伯士至，遂携雪子仝上春雨楼，请瑶山为雪子画竹，予补以石，凤石题字。重入月林堂，诸子未散，予先返河阳，时九点钟。“夜半双篷载美人，手持团扇乞浮筠。墨花忽变楼头雨，倦畏烟梢带粉新。牵萝无屋贮娉婷，说到乖离涕又零。无可奈何思咒笱，往生长作佛头青。”春雨楼题竹诗。[⑦]

然而，这只是谢兰生的一厢情愿，也不知为何雪子突然性情大变，四日后，当他和雪子再见面时，竟然会是如此：“午泛船会雪子，更比夜叉凶壮了也，曷以不了了之乎。”[⑧]又过两天再去，“舍舆而舟往见雪子，适芬舟、凤石亦至，此回不复有泥絮霑矣”[⑨]。真真一语双关[⑩]。次日又见雪子：“下午赴蔡云甫花船席，雪

① 《日记》嘉庆廿四年(1819)七月廿九日条。

② 《日记》嘉庆廿四年(1819)七月廿六日条。

③ 《日记》嘉庆廿四年(1819)七月廿六日条。

④ 《日记》嘉庆廿四年(1819)七月廿六日条。

⑤ 《日记》嘉庆廿四年(1819)七月廿六日条。

⑥ 如《日记》嘉庆廿四年（1819）六月初七日、初十日、十八日、廿三日条。

⑦ 《日记》嘉庆廿四年（1819）七月廿六日条。春雨楼主人李鸣盛字佐庭，号瑶山。候选詹事府主簿。工诗能画，尤工画竹，著有《春雨楼稿》。其中《后怀人绝句》一诗说明谢兰生曾为其画《春雨楼图》：“玉署飞仙缥缈间，频年诗赋动江关。淋漓更倩春风笔，为写楼头一桁山。”自注云：“尝为予作春雨楼图，谢澧甫庶常兰生。”详见李鸣盛：《春雨楼稿》，《广州大典》第450册，广州出版社，2014年，第115页。

⑧ 《日记》嘉庆廿四年(1819)七月廿六日条。

⑨ 《日记》嘉庆廿四年(1819)七月廿六日条。

⑩ “泥絮沾”的出处为宋代参寥和尚《答杭妓》：“禅心已作沾泥絮，不逐春风上下狂。”意为沾上泥土的柳絮不再飞扬。谢兰生用此典比喻自己心情孤寂，不因外界影响而动心。当然也可解作温雪子找到新的靠山，不再任人摆布了。

子亦至。晚歇月林堂，益觉淡漠，犹不能无介之也。将近二鼓，凤石偕一客至，未晤。”[11]两日后再访，“渐觉过而不留”。次日“与雪子少坐，仝泛船水，次上花船点心，久候未有客到。四点钟后李伍叶三君至，上席后，凤石至，畅叙至七点钟，予先避席，还丽泽轩”。他还删去了“了矣了矣”四字[12]。

与谢兰生同时竞争雪子者，为其同年举人钟启韶（字凤石）。九月十六日“与东坪、芬舟泛槎溯洄沙渚至月林堂，遇凤石仝苏、卫二君来，少谈即返”[13]。十九日“凤石欲邀候雪子，却之。此事自关心法，不可强也”[14]。廿三日“晚赴冯润兄花船席，有客中席而去，意郁郁不乐，予却坦然”[15]。钟凤石科举失意后，弃儒从商[16]，在财力上自然较穷翰林谢兰生更有优势。从谢兰生平和的记述中，我们还是可以依稀感受到他面对有力者的横刀夺爱所流露出来的愤懑与无奈。

雪子性情难测，对人时冷时热。谢兰生九月廿六日“复刺船一候雪子，珠还合浦事可毕矣”[17]。十月初四日“下午至友多闻斋趺坐，起与西山、澹如、文园赴花船宴。雪子后至，饮兴殊畅，意却有言未伸，席散送还月林堂少坐，犹不吐其所欲言”[18]。十月十五日“过月林堂春屋一行，月林将退，不复开堂说法矣。见墨池黑风洞一劫已过了。连宵月色绝好，惜未有佳游耳”[19]。然而十一月十四日“月林堂局面一变矣，移居不远，禅话犹昔。连夜月色佳甚”[20]。十一月廿一日“偕子云、龙静澜到月林堂，静澜少坐即行，予与子云留早饭，为雪子写照成。是日谈宴颇畅，忽催租人来败兴，天下事往往如此”[21]。十一月廿八日“中午泛小舟会雪子烟水

⑪《日记》嘉庆廿四年（1819）七月廿六日条。

⑫《日记》嘉庆廿四年（1819）七月廿六日条。

⑬《日记》嘉庆廿四年（1819）七月廿六日条。

⑭《日记》嘉庆廿四年（1819）七月廿六日条。

⑮《日记》嘉庆廿四年（1819）七月廿六日条。

⑯ 胡玉兰：《清代十三行儒商钟启韶及其诗歌简论》，《重庆科技学院学报（社会科学版）》，2017年第5期。

⑰《日记》嘉庆廿四年（1819）七月廿六日条。

⑱《日记》嘉庆廿四年（1819）七月廿六日条。

⑲《日记》嘉庆廿四年（1819）七月廿六日条。

⑳《日记》嘉庆廿四年（1819）七月廿六日条。

㉑《日记》嘉庆廿四年（1819）十一月十四日条。

之上，颇费追寻”[①]。

嘉庆廿五年（1820）元月廿九日“午后与楷屏访雪子。上花船趺座，又到旧馆觅东坪，适凤石亦在座。遍访知名之士，所见远不逮所闻，真可发笑也。傍晚雪子至，具言重累已释，又云不日还山，从此远别，此局全了，得上彼岸，有何大不了事耶”[②]。初八日还以为可以挽回：“泛舟趁潮一候雪子，欲见江夏君而不可得，逮初八日始知江夏君未还东省，前言皆子虚也。”[③]可惜至初九日“复出城寻月林故迹，已改观矣。雪子初八日直从山中木客游矣”。其悻悻之情溢于言表，以至当天酒席上“东坪称小雪子可教”，他却觉得“其实钝滞无灵气”，真是“除却巫山不是云”了[④]。

然而，谢兰生终究难以忘怀，雪子离开半年后，在一次歌宴之后，他又想起雪子：

> 下午到高第吴宅一行，又回候南山，即到友多闻斋与文园、芸甫、曾君赴潘交甫宴。交甫之兄红圃乃粤秀掌院，时通家也。酉山、凤石、铭山俱到。今年宴会以此席诸客为最雅，诸小姬善奏曲，皆一时妙选，果然各擅长技。有余艮兄者，风雅士也，发言不多，善解人意，数月未赴席，未有酹一觥者，不觉引满浮大白。散席水已涸，欲还被凤石苦邀往葵江故人处。诸公不得已从之。葵江之人又雪子同时竞爽人也。雪子入山后，惟葵江及艮兄可继美耳。谈至二鼓后还观妙楼。[⑤]

就连旧地重游，也让他联想起旧事：

> 往寻铭山，中途遇雨，多方觅得米家船，云已在江皋，即到彼处仝（同）看艮兄，邀往磐石船上，欣然仝（同）行。久不作此冷局，恐又是魔军到了。指引之人乃雪子旧用之人，天地间有如此凑巧者耶？[⑥]

① 《日记》嘉庆廿四年（1819）十一月廿八日条。

② 《日记》嘉庆廿五年（1820）一月廿九日条。

③ 《日记》嘉庆廿五年（1820）二月初六日条。

④ 《日记》嘉庆廿五年（1820）二月初九日条。

⑤ 《日记》嘉庆廿五年（1820）七月廿八日条。

⑥ 《日记》嘉庆廿五年（1820）八月初二日条。

在雪子离开三年后的某一天日记中，谢兰生突然记道："雪子之事，今日乃得了结，真恶缘也。"[⑦]谢氏暮年的这一段黄昏恋，令其饱受情感煎熬之余，也于其声誉颇有损伤。他过几天后又写道："益觉过眼风花一切索然无味，加以人事变幻，口舌簸扬可怕。"[⑧]下笔突兀，大抵与雪子有关。温雪子究为何人，已无法考证。《日记》中凡涉及雪子，必多隐语，其中或有隐情耶？谢兰生的好友熊景星有一诗《听秋霞唱曲因怀歌者雪真并序》，诗中之雪真，不知是否即为此人，姑录于此：

> 予尝谓雪真无目而有目之情，有声而无声之迹。周君弦隐叹为妙评。今雪真流落浔州，佗城中色艺俱佳者当推秋嬢为冠耳。
>
> 花意婵娟玉意柔，夜凉如水四弦秋。无人省识伤心处，天远浔梧月满头。

温雪子之后，最为谢兰生激赏者是一名叫作"丽生"的歌姬。丽生最早出现在嘉庆廿五年（1820）的《日记》中。此后，多次出现在《日记》之中，谢兰生认为丽生唱越讴极佳，亦一时之选：

> 午后到新楼，诸子已集，来者八人，多善讴者。更后散席，与荻江往看苏兄。丽生兴发，唱曲不辍，胜席上所唱远甚，所以称为名士。再到蜚江少坐，水已涸矣，亟还义松堂。[⑨]
>
> 午后晤文园、云谷，同到新楼赴席，玫子、丽生俱在座，余六人亦复佳选。二鼓暂上蓉江一行，即乘月还喜闻过斋宿。[⑩]

她与其他姬人一样，多次向谢兰生索画：

> 许拜亭请赏荔，早到荷香馆，邀墨池，适铭山至，同到余少君花船早饭，周君所设席也。十兄先到，索画

⑦《日记》道光二年（1822）三月廿四日条。

⑧《日记》道光二年（1822）闰三月初九日条。

⑨《日记》道光元年（1821）九月初三日条。

⑩《日记》道光元年（1821）九月十二日条。

扇不止。饭后过拜亭船，诸客已集。少顷，丽生暨诸子俱到。放船入荔湾，上擘荔亭，弦管竞作。余君船亦至，所携来之客众甚。午后散去，卢君船又至，游客又复一队。其余来往之客如织，多相识者。丽生索余及墨池写纨扇未就，而仆夫以夕阳在山促返者再，未上席即还。黄淑庵、陈地山来，未晤。[①]

次日即应美人之请，马上兑现承诺：

为丽生写纨扇，题云："酒边又见擘轻红，歌韵依然度晚风。细数鹦俦兼燕侣，就中少却两鹭鸿。""参破香光画里禅，不图夏雨写秋烟。散花女侍应嗔我，孤负红罗白玉仙。"[②]

谢兰生多次为丽生作画，且每画必题，足见十分珍惜与丽生的情谊：

往觅名山不遇，过玉玲珑馆，遇叶十二兄，听丽生度曲，为写横幅山水，题云："清歌重听玉玲珑，斜卷珠帘度晚风。一点秋心无处着，付将淡墨浅描中。"[③]

有一次他和丽生一道送招子庸入京谋职，诸人合作为丽生写画：

早到铭山舟中，写《香国占春图》于折扇上，送之入京，并请笛江题句。丽生至，为写梅花折扇，笛江补菊，铭山补竹，予题句云："梦随驴背寻春色，未睹园林竹外花。雪点霜痕浑入墨，美人头上一枝斜。"[④]

有一年中秋，听丽生度曲赏月，叹为难得之事：

又招同荻江到容安书屋，心斋邀同丽生各相好，命瑞香馆治馔赏月。丽生去而复还，亦是难得之事。饮毕坐荷香馆看瓦塔大火，聚至二鼓后乃寝。今次赏月，不减去岁。[⑤]

谢兰生对丽生的厚爱，为时人所周知，洋商有时宴请谢兰生，

① 《日记》道光元年（1821）五月十七日条。

② 《日记》道光元年（1821）五月十八日条。

③ 《日记》道光四年（1824）闰七月十九日条。

④ 《日记》道光元年（1821）十二月初四日条。

⑤ 《日记》道光二年（1822）八月十五日条。

特意投其所好，先请丽生陪席："傍晚到怡和，偕诸公赴凌波榭应王五兄名成佩之请。主人极周到，先邀丽生陪席，将近二鼓还宿兴云榻。"[⑥]

吴兰修亦有相好的姬人乔吉子，曾令谢兰生眼前一亮："又到余氏小亭食鲜桃及树上丹砂，适吴石华、叶蓉槎、何惕庵亦至，少顷入松阴下小港暂泊。石华复携其乔吉子过船，果然光彩照人，亦一异物也。"[⑦] 又"未初，主人与客刺船同入松阴叙席。乔吉生亦在座，谈谐颇畅。风日清凉，独不能多啖荔子为憾耳，傍晚还院"[⑧]。

然而，乔吉子只是翩若惊鸿般地出现了两次，就再未见面了，"饮总宜楼，未终席即回院，尚有客未到者，时申末酉初耳。丽生暨乔吉子俱未一见"[⑨]。这也是丽生最后一次出现在《日记》中，此后再未见有提及，可能她已从良嫁人了。而丽生之后，谢兰生虽仍时有花船之游，但不再记录姬人姓名，似意兴阑珊，毕竟老病侵寻，探花之心，终将休矣。

⑥《日记》道光三年（1823）十月廿九日条。

⑦《日记》道光六年（1826）六月初二日条。

⑧《日记》道光六年（1826）六月初五日条。

⑨《日记》道光六年（1826）六月初八日条。

第五节　红尘中的僧侣

中国佛教入宋以后，便因日渐世俗化而不再成为中国人思想创新的源泉。中国人也不再如六朝、隋唐时人那样具有充沛狂热的宗教热情。僧侣更像是一种职业而与信仰无关。到了晚明，丛林更是弊端丛生，曾有人指出："为了适应艰辛的丛林环境，出家人被迫游离正常的僧团生活方式，转而投向原要摆脱的红尘世界。于是，种种奇形怪状的行为表现，也随着层出不穷了。在彼等忽视戒律、违反戒律的背后，实存在着现实生活的沉重压力！"[⑩] 清代寺庙的弊端丛生，更是有过之而无不及。《随

⑩ 江灿腾：《晚明佛教改革史》，第一章"导论：明代佛教社会长期发展的历史环境"，广西师范大学出版社，2006年，第32页。

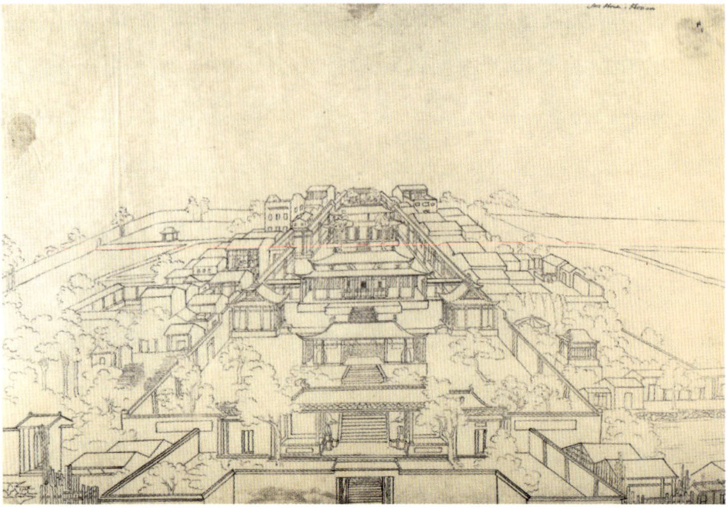

图 2-17 《海幢寺外门（海山门）和码头》 约 18 世纪晚期 水粉画 纵 41.9 厘米，横 54.6 厘米

园诗话》中有一则笑话，嘲笑僧人每日应酬之忙：

> 有僧见阮亭先生，自称应酬之忙，颇以为苦。先生戏云："和尚如此烦扰，何不出家？"闻者大笑。余按：杨诚斋有句云："袈裟未着嫌多事，着了袈裟事更多。①

清代广州城内有五大丛林，但多在商业区包围之中，清修几乎不太可能，如海珠寺竟变成冶游胜地：

> 海珠寺在珠江中，四面游船鳞集，繁弦急管，达旦不休，为广州冶游胜境。张南山师有《满江红》一阕云："一水盈盈，似涌出、蓬壶宫阙。遥望处，红墙掩映，碧天空阔。光接虎头春浪远，影翻骊梦秋云热。看人间天上两团圆，江心月。南北岸，帆樯列。花月夜，笙歌彻。原珠儿珠女，总无离别。铁戟苔斑兵气静，石幢灯暗经声歇。试重寻忠简读书堂，英风烈。"咸丰丙辰，其寺毁于兵火，畴昔欢娱之地，今为瓦砾之场。所谓忠简读书堂者，亦在烟水渺茫中矣。②

① 〔清〕袁枚：《随园诗话》，卷十一，《袁枚全集》第五册，浙江古籍出版社，2018 年，第 410 页。

② 〔清〕倪鸿：《桐阴清话》，收入《岭南随笔（外五种）》，广东人民出版社，2015 年，第 586 页。

③ 《日记》嘉庆廿五年（1820）正月十二日条。

④ 《日记》嘉庆廿五年（1820）四月初十日条。

⑤ 《日记》嘉庆廿五年（1820）五月十二日条。

⑥ 〔清〕谢兰生：《隐禅诗集序》，《常惺惺斋文集》，南州书楼藏书。

⑦ 《日记》嘉庆廿五年（1820）正月廿六日条。

海幢寺亦复如是："入海幢坐禅，起与僧手谈。有客携□姝四五辈来游，哗然一粲。"③ 海幢寺是谢兰生最爱去的寺院，只要有空，他便出城过河入寺小住数日（图 2-17）。海幢寺的僧人也喜与俗客交往，海幢寺方丈澄波上人就经常出入于城内文人家中，"下午周秀圃邀饮，楷屏、南邨、子云、静澜、澄波同席，二鼓月出散席，听南邨弹琴"④。又"即到叶文园处索取贯休稿本。适楷屏、青厓、西山、梦溪、澄波俱在座"⑤。

不过，澄波上人是受人尊重的诗僧。谢兰生《隐禅诗集序》称许道：

> 海幢多诗僧，吾所及见者，若澄波上人、真源长老，皆卓然能以诗鸣。廿年前，予招澄公东园啖荔。公曰："山门有后起之隽曰隐禅，能赋诗，盍与偕行？"予曰：联善。遂与泛船策溪，共联长句一首而还。嗣后，过海幢辄览高咏，而隐公耽句性癖，自登广座以迄退院，不废吟哦，至今裒然成集，转叹澄公、真公风流云散、遗响不传为可惜也。⑥

嘉庆二十四年（1819）十二月，谢兰生与黎楷平游海幢寺，应澄波之请，谢兰生作山水画，黎谢皆有题诗。道光三年（1823）正月十九日，阮元为了避寿，入海幢寺一游，与澄波共进斋饭后，发兴观画并次韵题诗（图 2-18）。

花埭的大通寺，原为羊城八景的"大通烟雨"所在地，春天游人如织，"入大通寺，颇多游客，一见春色，颇不寂寞"⑦。

德坤和尚本在罗浮山出家，以能画出名，近年也来省城讨生活，"德坤师来，为人送写画笔润"⑧。"为德坤师作签题延祥、宝积两寺小引。"⑨ 幕疏本为僧人游于士绅的目的，但游久则渐忘初心。不少僧人虽入空门仍六根不净，时常登门拜访而意在求画，"僧不齐来，为人请写单条山水"⑩。不少和尚执着于

图 2-18 《深山幽居图》 1820 年 谢兰生 纸本设色 纵 81.5 厘米，横 39.5 厘米 广东省博物馆藏

⑧ 《日记》道光三年（1823）五月初四日条。

⑨ 《日记》道光三年（1823）七月初五日条。

⑩ 《日记》道光二年（1822）七月廿二日条。

外物，多藏有奇珍异宝，名画法书，如“秀公来，以真本王孟端画见赏”[①]。甚有以物易物、几类商贩者，“从海幢觅得小栀子一根，已着花矣……以旧玉与澄公换得玉镯一、玉铲一”[②]。

妙师是谢兰生的座上宾，粤海关达三自上调北京后，将别业净香园捐出，成为妙师的驻锡之地，“往拜客，还斋一行，到净香园见妙师”[③]。但妙师似非清修之人，他时于园内大宴宾客，又听曲作乐：“入净香园听曲，不甚佳，粤讴略有可取，未刻与芸圃、文缘、南山、雁山、衢尊、家三弟、笛江、妙师叙席，至申刻末还斋一行。”[④]谢兰生也以净香园为据点，常常与侣朋相聚在此，如他与谢观生、李秉绶等到净香园赴妙师席并合作画册，文人们汇聚一堂，讨论商定画法[⑤]，几日后，又“补写《园中赏荷图》于纨扇上”[⑥]，以纪念这次雅集；“早与衢尊到净香园……又为妙公、雁山写字画数种，午饮甚畅”[⑦]。

妙师真是妙人，经常与谢兰生至荔湾游玩，“妙师来，与乘船趁潮长入荔湾，荔渐红熟，大有可观，亦有游船前后继至矣”[⑧]。又“妙师来过午，同肩舆至金利埠雇船入荔湾，荔子大熟，可餐，食之竟不计数。会浩川、东方、余玉阶，又遇南洲、鱼叔诸公及吾家三弟”[⑨]。又“妙师来，同到荔湾，同舟蔡云圃、叶春塘、熊笛江、招季情。入荔湾会浩川，至买夏亭，荔枝累累，四围如锦，此最盛时也，过此一两日则摘去，不能如此浓至矣。予与妙师携馔而来，主人芸圃亦治馔相款，于松阴下畅饮，风自松罅南来，了无暑气，日斜而散”[⑩]。妙师亦忙于应酬，有一次与谢兰生欲去荔湾游玩，半路折回应酬贵客，“妙师来，欲拉往荔湾，同行出城，至一贵署有要于路者，伊只得归而应酬。予亦还院，

① 《日记》道光三年（1823）十二月廿八日条。

② 《日记》道光二年（1822）闰三月初八日条。

③ 《日记》道光九年（1829）九月初九日条。

④ 《日记》道光九年（1829）二月廿二日条。

⑤ 《日记》道光八年（1828）五月廿七日条。

⑥ 《日记》道光八年（1828）五月三十日条。

⑦ 《日记》道光八年（1828）八月初六日条。

⑧ 《日记》道光九年（1829）五月十五日条。

⑨ 《日记》道光九年（1829）五月十九日条。

⑩ 《日记》道光九年（1829）五月廿三日条。

事之难料如此”[11]。

妙师很讲究口腹之欲，“妙师请斋席兼倩僧体严仿制云林鹅，余与衢尊先到，蔡云圃、吴雁山、家退谷、徐铁孙、鲍东方、叶春塘以次到”[12]。明明是斋席，却又安排了“云林鹅”这道荤菜，而且还由和尚下厨炮制，可见“僧不似僧”已是极普遍的事情，大家也见怪不怪了。所谓“云林鹅”，袁枚《随园食单》中有详细介绍：“《倪云林集》中载制鹅法。整鹅一只，洗净后用盐三钱擦其腹内，塞葱一帚填实其中，外将蜜拌酒通身满涂之，锅中一大碗酒、一大碗水蒸之，用竹箸架之，不使鹅身近水。灶内用山茅二束，缓缓烧尽为度。俟锅盖冷后揭开锅盖，将鹅翻身，仍将锅盖封好蒸之，再用茅柴一束烧尽为度；柴俟其自尽，不可挑拨。锅盖用绵纸糊封，逼燥裂缝，以水润之。起锅时，不但鹅烂如泥，汤亦鲜美。”[13]当妙师再次送云林鹅时，谢兰生觉得不好意思再吃和尚送的荤肉，便转送他人了，“妙师送来云林鹅一只，转送伍平湖”[14]。妙师有时还给谢兰生带来一些河鲜，“妙师来，未晤，又送来鲜蟹数只”[15]。不知谢兰生是否有“罪过罪过”之叹。逢年过节，妙师也会送礼到谢府，“妙师送狐皮马褂，答以白石盘一只，研石一方，龙井茶一罐”[16]。清净佛门本应有的庄重禅意和人间尘世的烟火气息产生如此强烈的对比，今天读来，实有一种滑稽荒谬之感。

在广州活色生香的城市生活中，主角永远属于上层精英，而人数众多的底层社会也“自有乐地”，特别是寺庙中的僧人，为广州繁盛的都市文化增添了许多别样风味。即使没有出现高僧大德，但寺庙就好比城市生活中的缓冲器，让世俗尘嚣中的人们享有片刻宁静，尽管寺中的和尚较之凡人，应酬可能更是繁忙。

⑪《日记》道光九年（1829）五月初十日条。

⑫《日记》道光九年（1829）六月廿六日条。

⑬〔清〕袁枚：《随园食单》，《袁枚全集》第八册，浙江古籍出版社，2018年，第48页。

⑭《日记》道光九年（1829）八月初二日条。

⑮《日记》道光九年（1829）七月廿二日条。

⑯《日记》道光九年（1829）十一月廿六日条。

第三章 士绅与地方事务

宋明以来社会结构最显著的变化，是通过科举考试获取功名的文人集团取代了以往的门阀士族。士绅的崛起和兴盛主要凭借科举获取政治权力，而不再视其血缘门第高贵与否。[1]新兴的士绅阶层在地方事务中发挥着越来越重要的作用，成为地方政府与民众沟通的有效媒介。在处理公共事务方面，缺少士绅的支持，地方官员将寸步难行。因此，与地方士绅建立良好关系，是官员必不可少的一门功课。而士绅出于热爱桑梓、造福乡民的目的，也愿意居间协调官民之间的关系，当然，也能从中获取一定利益。本章以《日记》为主要材料，首先分析地方士绅与官员的人情酬酢及承担的公共事务。其次以阮元在广东倡导朴学为例，论述地方官员与士绅崇文兴教、和衷一致，是地方文化事业兴盛的基础，以学海堂为标志的广东学术史上的黄金时代正是奠基于此。

① 相关研究可参张仲礼：《中国绅士——关于其在19世纪中国社会中作用的研究》，上海社会科学院出版社，1991年；贺跃夫：《晚清士绅与近代社会变迁》，广东人民出版社，1994年；王先明：《近代绅士——一个封建阶层的历史命运》，天津人民出版社，1997年；杨念群：《论十九世纪岭南乡约的军事化——中英冲突的一个区域性结果》，《清史研究》，1993年第3期。

第一节　人情酬酢与公共事务

尽管谢兰生只是一名候补翰林官员，与座师、同年的交往并不密切，但由科名而联结的人脉，已足以在广州城内建立起相当的人望。这种人望，使在粤官员不得不屈尊纡贵，时时做出礼贤下士的姿态。

两广总督阮元是广州城中笼络谢兰生的最高级官员。阮元比谢兰生还年轻三岁，但他早在乾隆五十四年（1789）就成进士，所以《日记》中有时也会按照科举的辈分习惯，尊称阮元为“大前辈”。出任两广总督，是阮元仕途的顶峰。自弱冠一举成名，他在六十多年的仕宦生涯中，历任要职，于事功著述之外，又致力于作育英才，倡导学术新风，最难得的是高寿。清人即称许道：“以经术文章主持风会，而其人又必聪明早达，剔历中外，兼享大年，其名位著述足以弁冕群材，其力尤足提唱后学，若仪征相国，真其人哉！”[①] 连他的乡试座师朱珪都不无羡慕地说：“若阮芸台之福慧双齐，何修而得此耶？”[②]

阮元时常将御赐之物分赠诸绅，咸与荣焉，如“阮制军颁至御赐紫金绽”[③]。又如“制府阮颁到御赐鹿肉”[④]。他还宴请在籍翰林，“午后同何、刘二公赴阮制府晚席，是日请在籍新旧翰林凡八人”[⑤]。又“午后上学海堂陪阮制军、学使白、海关达晚席，为何相文亲家请也”[⑥]。

两广总督之下，广州府城中省一级官员还有巡抚、布政使、按察使、盐运道及督粮道，另外还有相对独立的官员——广州将军、学政与粤海关监督。《日记》表明，谢兰生和各位省级官员关系很是密切。这一时期官员调动十分频繁，除了阮元连任三任两广总督外，广东巡抚一职多不久任。阮元督粤八年间，就先后与七名广东巡抚（陈若霖、李鸿宾、康绍镛、崇孚、程含章、

① 〔清〕李元度：《阮文达公事略》，转引自张鉴等撰《阮元年谱》，中华书局，2006年，第247页。

② 〔清〕梁章钜：《归田琐记》，卷四，“张孟词贡士”条，中华书局，2012年，第72页。

③ 《日记》道光四年（1824）六月初九日条。

④ 《日记》道光六年（1826）一月十五日条。

⑤ 《日记》道光四年（1824）一月廿八日条。

⑥ 《日记》道光五年（1825）九月廿三日条。

陈中孚、成格）共事过，其他官员更是五日京兆，坐不暖席便又他调，因此，谢兰生迎来送往，几无虚日，以至他也感慨“仆仆应酬，甚矣其烦”⑦。

官员升迁，需持帖并亲自上门道喜：“藩宪魏夫子升任江苏巡抚，着人持帖道喜。”⑧又“下午往本府处道喜升山东兖沂曹道，闻其已往穗城书院，即到院与谈”⑨。

官员离任，又须至珠江饯别，“往粤秀与何、刘二公道喜陈抚军升漕督，又同候海关七”⑩。离别的礼节很是烦琐，有时会花上一天的时间，直饮至深夜，宾主双方才依依惜别，试以道光八年（1828）送别主考广东乡试的李钧为例：

> 辰刻行，制军、将军、都统、学政、海关、藩台、臬司各道及府厅州县，均送于天字码头，入官厅少叙，即登舟，老龙船也。各官复至舟作别……时已过午，行李尚未至，以十房在前途公饯，恐其久候，适乡人候补盐知事纪芷塘树馥来送，遂乘其舟先发，过海幢寺，遇诸房考，席设舟中，船名横楼，甚华丽，携花载酒之所也。入宴后，荡桨徐行，传杯叙别，余兴豪甚，连举二十余觥不醉，二更后，泊花埭，席散，余坐船亦至，遂别。闱中一月聚，临歧执手，彼此依依也。⑪

礼节如此烦琐，谢兰生只得感叹人在江湖，身不由己了：“巳刻下船，与何、刘二公同饯漕督陈于珠江，至申刻乃了。仆仆应酬，甚矣其烦。”⑫

外地官员来粤履新，也得至拜官亭迎接，并上府道喜。“到本府处道寿喜，还斋，随下船到珠江迎接新藩台魏世叔，后还斋午饭。”⑬此魏世叔乃谢兰生会试房师魏元煜之弟魏元煌。“午刻过粤秀，与何、刘二公同往道喜新任海关达诚斋上任。”⑭

出于笼络地方士绅的需要，新任总督抵粤，下车伊始，就

⑦《日记》道光五年（1825）八月廿八日条。

⑧《日记》嘉庆廿五年（1820）十二月初十日条。

⑨《日记》道光元年（1821）一月初十日条。

⑩《日记》道光五年（1825）八月廿二日条。

⑪〔清〕李钧：《使粤日记》，卷下，道光八年（1828）九月二十五日条，道光十四年（1834）刊本，开封府署藏板，中国国家图书馆藏。

⑫《日记》道光五年（1825）八月廿八日条。

⑬《日记》道光五年（1825）十二月十七日条。

⑭《日记》道光五年（1825）八月二十日条。

会来拜码头，如接替阮元的李鸿宾到任三日即来拜会，“巳刻与何、刘二公同到花地，会新任制军李鹿苹前辈”①。“新制军李来拜会。”②他次日即回拜李鸿宾，“午后过粤秀与何、刘二公往会李制军”③。

新来的巡抚也是如此，如“出城拜客，复到学海堂与何、刘二公往新抚军成道喜”④。“抚军成来拜，未晤。”⑤“过午同何、刘二公往会新抚军成。”⑥

省城官员有时入京述职或者外出视察，也须到江边送别，如“阮制军入京，与众绅到海珠船上拜送”⑦。

如有官员在任上逝世，则须前往祭吊。有一次，他刚刚祭吊完猝亡的粤海关延吉，立即又前往总督府庆贺李鸿宾兼领海关印：“海关延昨日酉刻仙游，今早往吊，还斋一行。妙师来。午后道喜制军李接海关印。”⑧一切行礼如仪，看不出任何真情实感，但又不得不为之。于此可见出谢兰生虽退隐林下，对时政仍极关心，迎来送往，处处小心得体。

省级以下官员，则有道台五名以及各地的知府和知县。广州府知府与南海县令是与谢兰生有直接关系的官员。从《日记》中可知省城中各级官员与谢兰生都建立了良好的私人关系，逢年过节，该有的礼节，双方都严格遵守，当然，我们也可以视为逢场作戏、行礼如仪而已。

谢兰生因为中馆选后数月即请假返乡，此后再未入京散馆，故而与座师及进士同年来往不多。他的乡试座师是初彭龄，会试座主为著名的大学者纪晓岚，副主考则是熊枚、玉麟、戴均元、刘权之，房师是魏元煜。后来，魏元煜来粤任布政使，《日记》中有时称“藩宪魏”，但多按照科场辈分尊称为“魏夫子”⑨。谢兰生曾精心作画送赠老师：“为魏夫子写山水四幅毕。因忙速，犹有一幅未称意。”⑩“送山水四幅、菩提数珠一串与魏夫

① 《日记》道光六年（1826）八月廿一日条。

② 《日记》道光六年（1826）八月廿四日条。

③ 《日记》道光六年（1826）八月廿五日条。

④ 《日记》道光五年（1825）九月廿四日条。

⑤ 《日记》道光五年（1825）九月廿五日条。

⑥ 《日记》道光五年（1825）九月廿六日条。

⑦ 《日记》道光二年（1822）闰三月初二日条。

⑧ 《日记》道光九年（1829）七月初八日条。

⑨ 魏元煜（?—1825），字升之，号爱轩，直隶省永平府昌黎县（今河北省昌黎县）人。乾隆五十八年（1793）进士，历官浙江按察使、广东布政使、江苏巡抚、两江总督、漕运总督、兵部侍郎。

⑩ 《日记》嘉庆廿四年（1819）十一月初六日条。

子。”[11]嘉庆二十五年（1820），魏元煜升江苏巡抚、漕运总督。道光四年（1824），谢兰生接到他的来信，“接漕督魏夫子寄来书函”[12]。但隔了两个月才回信，“着次儿写寄魏夫子漕督书，又寄两淮运司张云巢、镇洋县林观庭同年书”[13]。可知二人的通信只是一种礼节，而无太多实际内容。道光六年（1826），魏元煜之弟魏元煌复来广东任布政使，《日记》中尊称为“魏师叔”[14]。

嘉庆七年（1802）进士同年中，仕宦最显者为曾任两江总督的陶澍、江苏巡抚的梁章钜，不过，谢兰生入选庶吉士后即离京回乡，未曾参加陶澍等人随后组织的宣南诗社，错过了同年之间进一步增进情谊的契机。他此后也再未入仕，因此与同年交往不多。唯有夏修恕是例外，但这也是因其来粤中任督粮道的缘故。这位夏同年，在广东士人的笔下，是一个可笑的人物：

> 新建夏观察修恕尝充粤闱某科提调，规条苛细，士子苦之。或赠以联云：前世修今世不修，阳间恕阴间不恕。[15]

明清时代的士人，很重视同年情谊，谢兰生的长子参加乡试须交报考费，夏修恕就借此名义送了一笔钱：“夏粮台送来大儿卷金。”[16]又“伍平湖、粮台夏俱送来大儿卷金”[17]。

谢兰生举人同年中，以宋湘最为知名。嘉庆八年（1803），宋湘回粤任惠州丰湖书院山长，他们于广州重聚，谢兰生作诗《宋芷湾、刘璞石前辈，林讱斯同年，张友松处士过饮求是轩》，按照科举规矩，尊称其为“前辈”，又回忆在北京会试时相处的日子：“颇忆春明门，高会朋盍簪。摩空出笼鹘，襄驾腾云骖。如何纵壑鱼，变作上箔蚕。仙城三五里，扃户各一龛。聚如僧旦过，大众来云庵。”[18]此后二人分隔万里，似无更多交集，唯宋湘之子曾在广州拜访谢兰生，维持着这一微弱的世谊，“宋芷湾大世兄来，送普洱茶十饼，未会”[19]。“出门回拜宋年世兄。”[20]

由学缘结成的网络总是有千丝万缕的关系，即使座师、同

⑪《日记》嘉庆廿四年（1819）十二月初四条。

⑫《日记》道光四年（1824）五月廿二日条。

⑬《日记》道光元年（1821）七月廿四日条。

⑭魏元煌（“煌”又作“烺”，1779—1854），字丽泉，直隶昌黎人，嘉庆十三年（1808）进士，选庶吉士。道光六年（1826）任广东布政使，道光十一年（1831）任福建巡抚，署闽浙总督。道光十九年（1839）回京任大理寺卿，历任兵部、刑部侍郎，礼部尚书，兵部尚书。

⑮〔清〕谭宗浚：《荔村随笔》，《丛书集成》，《丛书集成续编》第26册，上海书店，1994年，第505页。

⑯《日记》道光五年（1825）八月初四日条。

⑰《日记》道光八年（1828）八月初二日条。

⑱〔清〕谢兰生：《常惺惺斋诗钞》，卷二，收入谢兰生《常惺惺斋日记（外四种）》（李若晴等整理），广东人民出版社，2014年，第443页。

⑲《日记》道光元年（1821）六月十七日条。

⑳《日记》道光元年（1821）六月十八日条。

年之间来往不多，其后辈仍会维持这一缘分。如谢兰生的座师纪晓岚，其孙子纪树馥，字芷塘，南来广东候补盐知事，便多次来谢兰生处拜访，有时还送点食盐来，[①]又“亲送纪老夫子诗文集”[②]。他从道光四年（1824）候补盐知事，直至道光九年（1829）方得实授阳江双恩场盐场大使。[③]谢兰生与粮台夏修恕都是纪晓岚的门生，或有关照之处。

古代中国强调家国同构，各种礼仪是保证社会秩序稳定的基石。谢兰生等广州士绅严格遵守各种朝廷礼仪，积极参与万寿节祝嘏、嘉庆驾崩国恤哭临等公共事务，如“饭后入粤秀见石华，为祝釐余款未了，订出份金每位十元”[④]“越华书院演戏祝嘏，文武大宪俱到”[⑤]“五鼓肃衣冠集越华书院叩祝万寿”[⑥]“入府学公议哭临事宜”[⑦]“卯刻到府学明伦堂与众绅士哭临”[⑧]。

每年县学、府学春祭，他也必须到场主持。如“南海学春祭，巳刻到主爵行礼”[⑨]“辰刻入郡学主祭文帝”[⑩]。

书院、学宫修整，也须出面，如：“巳刻到郡学与众绅会罗太尊，议修郡学及书院事。”[⑪]“再到越华晤朴石，交恺庵书一封与看，为府学重修事也。”[⑫]“入府学议修学宫事。”[⑬]“随到府学议重修事。”[⑭]“又到拜程中丞，因本日散馆与两书院山长俱到奉辞，且羊城书院久未修，须面达一切也。”[⑮]

为了府城内守节寡妇老有所依，官商捐资设立了慈善基金，每月发放。士绅多次游说各处衙门，以获得官府批复：“到府学及越华，与楷屏同行，为恤嫠美举也。”[⑯]“会广府罗太尊，为恤嫠之举也。”[⑰]“朴石先生将罗太尊书来，约十五日递呈，为士嫠之举也。”[⑱]“入越华

① 《日记》道光四年（1824）五月初十日条。
② 《日记》道光八年（1828）六月廿三日条。
③ 《日记》道光九年（1829）元月十八日条。
④ 《日记》嘉庆廿五年（1820）四月廿一日条。
⑤ 《日记》嘉庆廿四年（1819）十月初三日条。
⑥ 《日记》嘉庆廿四年（1819）十月初六日条。
⑦ 《日记》嘉庆廿五年（1820）八月二十日条。
⑧ 《日记》嘉庆廿五年（1820）八月廿四日条。
⑨ 《日记》嘉庆廿五年（1820）二月初三日条。
⑩ 《日记》嘉庆廿五年（1820）二月十三日条。
⑪ 《日记》嘉庆廿五年（1820）二月十七日条。
⑫ 《日记》嘉庆廿五年（1820）六月三十日条。
⑬ 《日记》道光元年（1821）九月初四日条。
⑭ 《日记》道光元年（1821）九月初六日条。
⑮ 《日记》道光二年（1822）十二月初二日条。
⑯ 《日记》嘉庆廿五年（1820）五月初八日条。
⑰ 《日记》嘉庆廿五年（1820）六月初九日条。
⑱ 《日记》嘉庆廿五年（1820）六月十四日条。

书院早饭，与朴石、龙渊、颖圃、楷屏同往当道递恤嫠红，呈凡九处，苦甚。”[19]此笔钱银一直由越华书院山长刘彬华主管，道光九年（1829）三月十一日，刘彬华仙逝，[20]遂改为谢兰生负责，于是每月多了一笔发放钱银的记录：“邓理堂来取名帖到粮台领恤嫠夏季银。”[21]“邓理堂以恤嫠数簿及所存商息移到，暂为管收，以待支放。”[22]“午后拜客，到府学东厅为今日散夏季恤嫠银也，还斋一行。”[23]“邓理堂来，今日当商缴到恤嫠息银，当堂兑收。”[24]“昨日散给嫠妇银，今日刘外孙来，与五儿、邓理堂补散未领银，仍未了也。”[25]

重修贡院是阮元任内重要的文化举措之一，本地士绅积极支持，多次聚会于府学，讨论贡院重修事宜，“午后到府学议修号舍事”[26]。“李漱六亦至，偕过河见东坪，为贡院号舍事也。议未成，即返河北。”[27]“午后与朴石前辈到贡院礼大魁，本日修号舍，拆卸也。苏蕴石、冯默斋、赵平垣来，为学宫租馆事并商贡院号舍事，嘱致书朴石诸公。”[28]“重到府学，为投标事。”[29]

谢兰生是重修贡院的重要工程负责人，连买砖的琐事也归他管，如“午到贡院议授买砖事”[30]“静庵与平垣、黄君同来，为贡院砖事也”[31]。

阮元对于教育事业极为关心，多次到现场视察贡院施工情况，每次来，谢兰生都得陪着：“傍晚阮制军来院踏看地段，少谈而散”[32]，“到贡院，为制府来看工程也”。[33]

重修贡院的资金主要来自官绅、洋商的捐献，谢兰生作为士绅的代表亲自出面找洋商和盐商赞助，“过河见东坪，为贡院号舍事也”[34]“刘朴石、吴石华来，仝

⑲《日记》嘉庆廿五年(1820)六月十五日条。

⑳《日记》道光九年（1829）三月十一日条。

㉑《日记》道光九年（1829）三月十五日条。

㉒《日记》道光九年（1829）三月廿八日条。

㉓《日记》道光九年（1829）四月初六日条。

㉔《日记》道光九年（1829）五月初一日条。

㉕《日记》道光九年（1829）七月初七日条。

㉖《日记》道光元年（1821）十一月初四日条。

㉗《日记》道光元年（1821）十一月初六日条。

㉘《日记》道光元年（1821）十二月初一日条。

㉙《日记》道光元年（1821）十二月初八日条。

㉚《日记》道光二年（1822）二月初十日条。

㉛《日记》道光二年（1822）三月初五日条。

㉜《日记》道光元年一月初十日条。

㉝《日记》道光二年（1822）二月廿八日条。

㉞《日记》道光元年十一月初六日条。

出城到天和栈候李漱六，饭后到广利、同孚、同泰、天宝各行一行”[①]“午后与诸绅士出城签题”[②]。他还亲自出面，组织人员下乡募捐，如“劳静庵与萧兰圃同来，兰圃明日与陈茂才燕文同到南海各乡签题”[③]“写寄城外书信并付去签簿九本”[④]“寄青厓、穗田书，付去签簿一本”[⑤]“寄本邑催银书信，随到花船会西关诸绅士议签题事”[⑥]。而派下去的募捐人员回穗也第一时间向他通报情况，“赵平垣自乡间还，说各乡签题甚悉”[⑦]“劳静庵自乡间劝签回省来谈”[⑧]“梓园同年往佛山等处劝签贡院银还”[⑨]。

他经常为工程款项拜见阮元，“朴石来，同往拜会制军，随入贡院议领银事”[⑩]。修理贡院所剩余款则交由越华书院全权处理，“将修理号舍数簿及余银移送越华书院管理”[⑪]。

此后又为贡院扩建出力，“接朴石前辈书，即携其贡院碑图往示，局内诸公因留粘于局壁”[⑫]。“到府学会议贡院善后事宜”[⑬]“过粤秀与相文亲家到府学议贡院外地段事”[⑭]“到府学与诸公交贡院数与赵平垣”[⑮]“到府学官会朴石前辈暨各绅士，看贡院新辟地段”[⑯]。

重修贡院之后，又有更大的学海堂工程，“午后与何相文往候章司马，又同到玉山看学海堂工程”[⑰]。学海堂建成后，他作《新建粤秀山学海堂记》。[⑱]又到粤秀山看学海堂。[⑲]又议于学海堂内建文澜阁，“早往拜客，即上学海堂与众绅叙席，为议建文澜阁事”[⑳]。“午间到学海堂会众绅，议文澜阁事。”[㉑]建成后，又主持其落成典礼，“到文澜阁与众绅行祭礼，本日升座故也”[㉒]。文澜阁的

① 《日记》道光元年（1821）十一月十二日条。
② 《日记》道光元年（1821）十二月廿一日条。
③ 《日记》道光二年（1822）三月初一日条。
④ 《日记》道光二年（1822）三月廿五日条。
⑤ 《日记》道光二年（1822）三月廿六日条。
⑥ 《日记》道光二年（1822）闰三月十八日条。
⑦ 《日记》道光二年（1822）闰三月十八日条。
⑧ 《日记》道光二年（1822）四月初一日条。
⑨ 《日记》道光二年（1822）五月廿七日条。
⑩ 《日记》道光二年（1822）三月廿六日条。
⑪ 《日记》道光二年（1822）闰三月初六日条。
⑫ 《日记》道光二年（1822）十一月廿六日条。
⑬ 《日记》道光二年（1822）十二月十四日条。
⑭ 《日记》道光四年（1824）四月十四日条。
⑮ 《日记》道光四年（1824）四月廿二日条。
⑯ 《日记》道光四年（1824）十月廿五日条。
⑰ 《日记》道光四年（1824）十一月初二日条。
⑱ 《日记》道光四年（1824）十二月初三日条。
⑲ 《日记》道光四年（1824）十二月初五日条。
⑳ 《日记》道光五年（1825）九月十七日条。

未完事宜也要费心劳神："陈任斋与益隆木店伙伴来结文澜阁余数。"[23]"再到粤山文澜阁看后墙工程，被昨晚大雨不无倾卸，尚要大费人力。"[24]

谢兰生最后的一项社会事务是重修《南海县志》，"下午与劳、张、廖、郭四公往会本邑徐明府，为修县志故也"[25]。又"午后到本邑学宫议修邑志事，廖鹿侪、曾勉士甚踊跃而诸公到者尚寥寥，还斋一行"[26]。

修建贡院、学海堂等地方公共事务，谢兰生不计酬劳，积极投入。阮元对此深表感激，特别作记表彰。[27]可见，以谢兰生等士绅为主体的地方精英阶层在维持地方秩序和促进社会发展中发挥出重要作用。当然，随着公共事务渐多，本地士绅也颇感困扰而大吐苦水，谢兰生在《日记》中就说为了报批手续，奔波各处衙门，一天下来，疲惫不堪："入越华书院早饭，与朴石、龙渊、颖圃、楷屏同往当道递恤嫠红，呈凡九处，苦甚。"[28]他的学生陈澧在给朋友的信中，也言及士绅过度陷入地方事务的苦处：

> 仆近日为大宪请出办团练筹防，不得闭门著书，俟开办后乃或有暇耳。此事仆不能固辞，若固辞，则他人之辞者外间将谓仆为之倡矣。制府谓老者不以筋力为礼，断不以辛苦事相烦，此为幸甚。但事体关系重大，而筹款最难，盖李学士可以办此，且其办石角、大路两堤，实心实力。今年大水而堤安稳，今办筹防，仆拱手相让，当督、抚、司、道毕集之际，皆以为然，此则所谓不以筋力为礼，然不能不费心也。总之虚名为累，身处省会，不能匿迹消声，未知将来能免于怨谤

㉑《日记》道光五年（1825）十一月初七日条。

㉒《日记》道光五年（1825）十二月廿一日条。

㉓《日记》道光八年（1828）十二月廿八日条。

㉔《日记》道光九年（1829）七月廿九日条。

㉕《日记》道光五年（1825）一月廿七日条。

㉖《日记》道光九年（1829）十一月廿二日条。

㉗〔清〕阮元：《改建广东贡院号舍碑记》，《揅经室集》，三集卷二，中华书局，2016年，第623页。

㉘《日记》嘉庆廿五年（1820）六月十五日条。

否也。[1]

由此可见士绅内心的纠结与无奈。作为宗族中享有最高功名者，谢兰生还不得不担负起调解乡间宗族内外矛盾的义务。道光六年（1826）九月，他在重阳节那一天回乡拜山，顺便也处理了一桩乡中宗族事务："巳刻入本乡东向祠堂，李姓族老亦来求和，劝谕本族至午未乃还船上。"[2] 而在此前的十多天，他已"往会本县徐公，为乡中李姓匪徒事"[3]。他的出面，使乡间讼事很快得到解决："乡间南邦兄、瑶鹏侄及各位来，官讼事已了，快甚。"[4]

第二节　学术史上的黄金时代

谢兰生晚年所处的时代，无疑是广东学术史上一个难得的黄金时代。文化官员的大力提倡，地方士绅的积极配合，使广东学术人才大量涌现，几呈井喷之势。自从乾隆二十九年（1764）翁方纲任广东学政开始，广东学术便展现出新的活力，而把广东学术推向高峰并在全国范围内形成影响的则是两广总督阮元。

阮元督粤，对广东文化贡献颇多，修撰《广东通志》即为一例。他通过修志培养了大批学术人才，为其推动汉学运动积聚了学术力量，当然这也是他团结拉拢本土士绅的有效手段之一。在修书过程中，文人相轻，在所难免。志局中江藩和方东树两人的学术争论就是有名的事例[5]。谢兰生则对崔弼（字鼎来）评价甚低："订志书'气候'一门，大为鼎来所累，连日忙不了。"[6] 又"阅鼎来所撰'户口'一门，又要改订"[7]。又"志局送鼎来所编'物产'七卷并旧底稿一捆至，此书又要大费更张"[8]。 直至一月后方改定"物产"一门[9]。实则崔弼在粤中文名颇盛，不知谢兰生何故如

① 〔清〕陈澧：《与廖泽群书》，黄国声主编：《陈澧集》第一册，上海古籍出版社，2008年，第477页。

② 《日记》道光六年（1826）九月初十日条。

③ 《日记》道光六年（1826）八月廿二日条。

④ 《日记》道光六年（1826）十二月初十日条。

⑤ 江、方二人的学术争论，详见颜广文："阮元与《广东通志》的编纂"，《古代广东史地考论》，中山大学出版社，2007年，第173—174页。

⑥ 《日记》嘉庆廿四年（1819）十二月初八日条。

⑦ 《日记》嘉庆廿五年（1820）四月十三日条。

⑧ 《日记》嘉庆廿五年（1820）六月廿八日条。

⑨ 《日记》嘉庆廿五年（1820）七月廿九日条。

此不满：

> 嘉庆辛酉科有“三怪”之名，刘三山华东以文怪，丘君应魁以貌怪，崔鼎来弼以行怪，三君皆番禺人，同榜乡举。而鼎来应童子试时，郡守延仁和许小范先生学苑阅卷，阅至鼎来卷。诧曰：“此人当以文学显。”力言于郡守，遂冠一军。当时已见赏于大匠如此。[⑩]

阮元催促修志各人尽快完稿，也是一条有趣的史料：“阮制府为催志书，备席局中，订诸公早饭。辰刻，制府至，叙谈许久先出，诸公留饮，予以本日斋素，不入席亦出。”[⑪]

阮元督粤，对广东文化产生重大影响，他提倡实学，力图扭转广东学术风气，又奖掖提拔了一批人才，使之成为日后广东朴学运动的中坚力量。阮元的学术主张与举措，受到了士绅的广泛支持。兴办学海堂、编修《皇清经解》等重大工程得以成功，与士绅的通力合作密不可分。当然，过程也并非一帆风顺，《日记》中就记载了一件广东士绅反对阮元破格提拔粤中汉学新锐曾钊（字勉士）的事情[⑫]。可能为了减少阻力，争取谢兰生的支持，阮元特地派吴兰修（字石华）预先向谢氏通报此事：“石华来，言制府欲以勉士充孝廉方正之选。”[⑬]将近三个月后，谢兰生“接学宫合邑公书论举孝廉方正事，众意不欲曾勉士充选也”[⑭]，不久又“接不知何人匿名书，仍为勉士发也”[⑮]。广东士绅为何如此反感阮元提拔曾钊呢？

清代广东学术文化，以阮元督粤为界，前期守白沙、甘泉之旧，多尚理学，后期因阮元提倡，多崇实学、朴学[⑯]。在阮元督粤之前，由于来粤学者的提倡和不少广东士人游学、会试、仕宦的原因，对外间的朴学运动有所了解，更有少数人先知先觉，参加到考证名物制度的时代潮流之中，曾钊即属于此类先知先觉者。此时广东治汉学者人单势薄，而且在广大恪守白沙家法

⑩ 〔清〕黄芝：《粤小记》卷一，林子雄点校：《清代广东笔记五种》，广东人民出版社，2006 年，第 392 页。

⑪ 《日记》嘉庆廿五年（1820）五月十七日条。

⑫ 曾钊，字敏修，又字勉士，南海人。道光五年（1825）拔贡生，官合浦县教谕，调钦州学正。钊笃学好古，读一书必校勘伪字脱文。遇秘本或雇人影写，或怀饼就钞，积七八年，得数万卷。自是研求经义，文字则考之说文、玉篇，训诂则稽之方言、尔雅，虽奥晦难通，而因文得义，因义得音，类能以经解经，确有依据。入都时，见武进刘逢禄，逢禄曰：“笃学若冕士，吾道东矣！”

⑬ 《日记》道光元年（1821）二月廿五日条。

⑭ 《日记》道光元年（1821）五月初十日条。

⑮ 《日记》道光元年（1821）五月十九日条。

⑯ 阮元与广东朴学发展的关系详见李绪柏：《清代广东朴学研究》，第二章“清代广东朴学的兴起”，广东地图出版社，2001 年。

的士人看来，不免有“非我族类”之感，群起而攻之也就不足为怪了。迫于压力，曾钊最终未能充选，直到道光五年（1825）方为拔贡生。由此也可见阮元在广东推动汉学，起步阶段阻力甚大，绝非“万事俱备，只欠东风”那般容易。

曾钊可谓命中注定与功名无缘，道光八年（1828），他再次参加乡试，仍只能中徒具安慰意义的副榜，拆卷录名当天，连两广总督李鸿宾亲自求情也没有用，事后主考李钧倍感遗憾：

> 续又拆出拔贡曾钊一卷，制军执卷踌躕，连曰：“曾钊，曾钊。”余曰：“曾钊何如？”制军曰：“此粤东宿学也，知名久矣。”余曰：“是卷文章古雅，因有佻句（孟艺起讲有美人迟暮之悲等语），故抑置副车。弃之实属可惜，其奈先有成议何。”卒易之。后阅《学海堂文集》（阮芸台先生课士之作），所作经术湛深，精于考据，悔不登魁选也。嗟夫。[①]

道光十二年（1832），阮元的再传弟子程恩泽典试广东，“期取实学之士，久闻曾钊名，必欲得之。钊久丁忧，公不知也，书榜大失望”[②]。刘禺生的记载略与此不同：“勉士老于秋闱，历试二十一次不售，迨陈侍郎春海典粤试，阮元小门生也，当道必欲中勉士。勉士入闱日，吐泻大作，不能步履，场中遍索勉士卷不获。试毕陈闻之，戏谓勉士曰：前辈其不能为小门生之门生乎？”[③]命也如此，曾钊总是一次又一次地与功名擦肩而过。

对于阮元破格提拔曾钊一事，谢兰生的态度十分暧昧，不置可否。不过，他对曾钊的学术水平还是认可的：“仪墨农、曾勉士谓翁覃溪《粤东金石略》错谬甚多。”[④]他甚至认为由曾钊与仪克中负责的“金石”一门为《广东通志》中写得最好的部分：“墨农具言采访金石，得唐宋石刻甚多，皆前人所未收者，加以勉士考订之确，此次志书，当以‘金石’

① 〔清〕李钧：《使粤日记》，卷下，道光八年（1828）九月初七日条，道光十四年（1834）刊本，开封府署藏板，中国国家图书馆藏。

② 〔清〕阮元：《春海程公墓志铭》，见《程侍郎遗集》卷首，商务印书馆，1935年。

③ 刘禺生：《世载堂杂忆》，“岭南学派述略”，中华书局，2006年，第278页。

④ 《日记》嘉庆廿五年（1820）四月廿九日条。

图 3-1 《学海堂图》 黄培芳

一门为冠。”[⑤] 他总体上对于学海堂诸人是友好的，对于阮元的文章事业也甚是钦佩。而且他的清正，也得到了阮元的首肯，成为多项工程的实际负责人。如修贡院号舍、建学海堂文澜阁等工程，众绅多次在府学宫、越华书院商议，最后都由谢兰生负责工程投标散标事[⑥]，而谢兰生也确实不负阮元的信任：

> 陈任斋、黄香石、吴石华来，为商议文澜阁刊碑事，并将数薄及银尾交任斋管收，只存留益隆木店数薄一本及小尺一柄。[⑦]

阮元设立学海堂，实是扭转广东士人学风的最重要举措。阮元为选取一处合适地址而颇费周章：

> 仪徵公于嘉庆丁丑持节督粤，迨辛巳，政通人和久矣，始设经古之课。不专一题，俾得所近；不速其期，俾尽所长。既以粤士为可教，遂辟学海堂。初拟于前明南园旧址。略觉湫隘，又拟于城西文澜书院，以地少风景，最

⑤ 《日记》道光二年（1822）七月廿九日条。

⑥ 《日记》道光元年（1821）十二月初八日条。

⑦ 《日记》道光八年（1828）四月廿二日条。

后拟于河南海幢寺旁，亦嫌近市。相视久之，遂定于粤秀山。枕城面海，因树开门，荆榛则薙之，古木则培之。公于政暇躬亲指画，经始甲申之秋，阅一时而蒇事。行礼讲业，具得所依。高下自然，曲折有意。自是以来，结童入塾，下邑横经，或闻风而聿来，或游观而不舍，蒸蒸然多所兴起矣。[①]

① 〔清〕林伯桐：《学海堂志》，建置，《广州大典》第230册，广州出版社，2014年，第645页。

黄培芳为《学海堂志》所作插图（图3-1）很好地表现了学海堂“枕城面海，因树开门”的地理环境。林伯桐《学海堂志》也细致描写了学海堂秀美的环境，确是治学的第一胜处：

学海堂，在广州城北粤秀山中，山脉自白云山蜿蜒入城，至此耸拔三十余丈，为省会之镇。辟堂于此，缭以周垣，广若千丈，袤若千丈。堂中远眺，海门可见。堂阶南出，循西下行，折而东有石磴，迤南至于外垣。其中百竿一碧，三伏时不知暑也。自堂皇南望，则见竹杪。堂后为启秀山房，居山之前，故名。堂东石磴坡陀，梅花夹道，西达于山房，其东最高处，有亭曰“至山”，山颠与亭相接矣。粤秀山，一名玉山（盖“王山”之讹），本如屏然。而堂在半山，群峰环绕，堂后垣外稍东，即越王台故址，唐韩文公所云“乐奏武王台”者。又东北镇海楼在焉，五层雄峙，与玉山亭遥望。堂之西，亦有磴道，可抵山房，树阴草色间，以石为几席，游者得憩此。山多南汉遗迹，东则歌舞岗，半山则呼鸾道。嘉时令节，都人来游。案《番禺志》，东有大树园。今废。而堂东隔壁即龙王庙，亭台花木，皆可旁眺。堂南有室三间，东一室藏书，西二室司阍所处。堂之外门西向，与文澜阁外门相对，中间石径即可登山。由石径南行，东出即藏书室，牖前竹林之中，自有石砌，南下以达于通衢。[②]

② 〔清〕林伯桐：《学海堂志》，建置，《广州大典》第230册，广州出版社，2014年，第641页。

阮元本人极爱学海堂，他于生日当天，实在不愿接见如潮水般涌来祝寿的宾客，便躲入学海堂茶隐，其《正月二十日学海堂茶隐》写道：

又向山堂自煮茶，木棉花下见桃花。地偏心远聊为隐，海阔天空不受遮。儒士有林真古茂，文人同苑最清华。六班千片新芽绿，可是春前白传家。[3]

当其调任云贵总督，离别广州时极为依依不舍，《刘朴石彬华、何湘文南钰、谢里甫兰生、胡香海森、张棠村业南、李绣子黼平诸书院院长暨学海堂学博生徒皆有图咏送别，题答一律》写出这份惜别之情：

几年岭表虑先深，得暇才游儒士林。讲学是非须实事，读书愚智在虚心。汲投渊海古修绠，气盛衣冠朋合簪。此后怀人各何所，半看图咏半登临。[4]

当然，阮元关注广东文教事业并不仅仅在设立学海堂一事上，他对科举成绩也极重视。当他知晓道光三年（1823）状元为广东吴川人林召棠所得后，作《道光癸未状元为广东吴川林召棠，报至粤，越华粤秀两书院院长同称喜，复用三元诗韵一首》为贺：

文运三元西粤开，几年连向粤东来。七千里外频闻喜，八十年中间出才。岭海番禺承旧第，吴川水月起高台。诸君说我多桃李，五管春风见六回。[5]

广东士人在科举上的成功，令阮元深感欣慰，如《道光辛巳恩科兼摄广东巡抚监临事，和德文庄公乾隆庚寅监临试院中旧扁诗韵，题甲子浙闱试院煎茶诗卷》中所记：

珠江试院药洲旁，又看茶煎第一纲。三榜连元期两省，五传登第喜同堂。清风满座隔帘影，明月照人闻茗香。一十八年成老辈，放闱还到少年场。（自注：右诗为辛巳秋作，刻集时删去。诗中三榜连元本指陈三元也，

③ 〔清〕阮元：《揅经室集》，续集卷五，中华书局，2016年，第1102页。

④ 〔清〕阮元：《揅经室集》，续集卷五，中华书局，2016年，第1118页。

⑤ 〔清〕阮元：《揅经室集》，续集卷五，中华书局，2016年，第1083页。

图 3-2 《阮芸台先生像》 拓片 吴兰修篆额 1828 年

乃广东辛巳得解元周燧，壬午得会元吕龙光，癸未得状元林召棠，说者以三榜连元竟真两省如期，先为之兆，而此三元亦皆出门生门下两省科名，洵为盛事。福爰请补录于此。）[①]

阮元对于广东士子之奖掖可谓不遗余力，如他对谭莹的赏识即是一例：

南海谭玉生学博莹少工骈体文，尝为越秀山寺僧撰精舍小记。僧粘之壁上。时阮文达公督粤，正月二十日为公生日，厌僚属祝嘏之烦，避之寺中。见壁上文，击赏数四，询僧知其姓名。时谭方应邑试，明日公语邑令某曰："邑有谭生者，工文，君知之乎？"令谢不知。遂请问生之名。公笑曰："我非请托者，君暗中摸索可矣。"令还，阅诸童文，得学博卷，喜曰："阮公所言者，必此人也。"遂拔之冠军。谭谒令，询何由受知阮公。谭茫然莫测所由，

① 〔清〕阮元：《揅经室集》，续集卷五，中华书局，2016 年，第 1085 页。

漫应曰"唯唯"而已。后见山僧，乃知其故。谭之能文，公之爱士，诚艺林之佳话矣。[②]

阮元在提倡文教事业一事上有时过于执着，以至对神童也颇感兴趣：

顺德何梦书幼聪颖，生时其父梦人送书数十函，故以为名。尤善属对，阮文达公督两广闻而异之，召入署后园游玩。出一对云："小子登楼。"即应声曰："大人入阁。"文达大喜，又出一对云"伊尹"。即对曰"陈东"。旋又云："陈东，宋义士，以对伊尹，究属不伦。三代以后勋名事业得与伊尹媲美者，非公而谁。"文达尤惊异，赠以百金而遣之归山。是名动里闾。其父贯人子，不知勗以学业，但日携往邻里令之属对，博饮食醉饱而已。以此卒无成就。后年十余进邑庠，迨近三十岁。复梦人取回书数十函，未几遽婴微疾卒。斯真昙花一现也。[③]

阮元在云贵总督任上，仍然一如既往地关心学海堂，曾特地远寄一块大理石屏至广州。学海堂诸山长共同署名的《苍山洱海图石画题记》写道：

苍山雨脚，洱海云头。群峰直立，沧波不流。仙人东海，远不可求。此即蓬莱，此即瀛洲。相国仪征公自滇寄此石屏，山光海色，咫尺万里，洵奇观也。厥诸壁间，与堂并寿。道光十五年四月，受经弟子林伯桐、张杓、吴兰修、曾钊、熊景星、黄子高、谢念功、仪克中谨记。[④]

阮元去粤后，长期为广东士人所怀念，他的肖像被镌刻入石，供奉于学海堂之内的阮太傅祠（图3-2）。学海堂作为广州府城新的学术中心的地位也并未减弱，而谢兰生也认可这一事实：

署粮台许青士先生请早席，仝席刘朴石前辈、刘三山、张南山、罗萝邨、吴菊湖、黄香石、蔡槐卿、萧扆坦、

② 〔清〕倪鸿：《桐阴清话》，收入《岭南随笔（外五种）》，广东人民出版社，2015年，第530页。

③ 〔清〕谭宗浚：《荔村随笔》，《丛书集成续编》第26册，上海书店，1994年，第507页。

④ 陈鸿钧、伍庆禄编著：《广东碑刻铭文集》，广东高等教育出版社，2016年，第519页。

冯子良、孔炽庭、张清湖、刘愚谷、曾勉士、赵毅卿、许宾衢、张树培厚甫，席设学海堂，宾主共十八人，凡三席。是日天气晴和，木棉已放，是一胜会也。[1]

这次雅集后，谢兰生还绘制了《学海堂雅集图》并作图序，送给主人粮运使许乃济，而且还用东坡“次苏伯固游蜀冈”诗韵题诗一首，因为雅集当天同赏此卷真迹[2]。

阮元在广东提倡汉学，扭转一时之学风，后世虽然一片颂扬之声，但也有不同的声音，甚至有人认为鸦片战争的爆发，与阮元“但知课士刻书，而一切政事诸多废弛，任令洋商鱼肉夷人”不无关系。谭宗浚在《复友人书》中专门为阮元辟谣申辩：

昨日闻尊论，谓夷务之误，皆由阮文达公在粤东，但知课士刻书，而一切政事诸多废弛，任令洋商鱼肉夷人，以故激而思逞。斯谈汉学之咎也，仆故粤人，宜知粤事，骤闻斯语，不禁悚惊。夫谓汉学专尚考据，不合于程朱可也，谓夷乱由于汉学，无乃因金元猾夏而归罪紫阳，因闯献流贼而归罪新建耶。仆闻故老云，嘉庆以后督抚不受洋商陋规者，只五人，谓蒋总督攸銛、朱庄恪公桂桢、卢敏肃公坤、祁恭恪公𡎴暨阮公也。夫既不受其陋规，而任令其舞弊，此必无之理。又阮公治洋商颇严，其修《广东通志》即用洋商罚款，又尝擒获私贩洋烟之叶恒树，置之重法。此粤人所共知者。惟道光二年（1822）英夷有护货兵船闯入内洋，众人汹汹，谓当用武，阮公但饬闭关绝市，俟其兵船出口，始严谕，夷人递甘结悔罪而已。时多议其宽纵者，故先教授公送行序亦微讽及之。其实阮公以前若策制府楞、若吴制府熊光、若吉制府庆、若蒋制府攸銛及后来卢敏肃公，皆尝有是事，亦皆如此办法，非阮公独宽纵也。窃疑足下之论，无乃误以后任之事为

[1] 《日记》道光八年（1828）二月初九条。

[2] 《日记》道光八年（1828）二月十二日条。

阮公事乎。考阮公以道光六年去粤，嗣任者为大庾相国李鸿宾，性愎而贪，中实恇怯。[3]

谭宗浚最后分析阮元为时人非议的原因：

阮公则以治汉学称，又闻其再入都时，见后进翰林稍贵倨，诸翰林多嫉之，或造言谤蔑。足下所闻，谅必由此，然此说一开，将使大贤负不白之冤，又使天下士皆口呿舌举，习为固陋，而不敢治经，此尤学术人心之患，不可不辨也。此非仆阿好之言，请足下博访粤人，当有知其颠末者，愿平心论断，毋徒为诋汉学者扬波煽焰，则幸矣。[4]

阮元在鸦片战争爆发后，回忆往事，也为自己当日的施政辩解道：

余在粤，每事多裁抑英夷，教戒粤商，预防其乱，防在数十年后，不虞其如此之速也。尝行布政司街，见酒馆立板画西洋馆式，余曰："此被发祭野也。"谕府县立拆毁之。[5]

阮元治粤，善政其实不少，后世多有称颂之：

广州辐辏繁庶，向来米食全赖江西商贩接济，一遇水旱，价辄腾贵。道光四年，经阮文达公奏准洋米进口，免输船钞，仍令载货出口，照例收税。由是商船番舶源源而来，三十年民食不匮，此诚万世永赖善政。近来关吏暗为需索，来者渐稀。乙卯，粤西不靖，道路梗塞。丁巳，英夷滋扰，封港遏籴，价日骤增，竟至番银一圆易米十二觔，每柴百觔需银三钱六分。珠桂之伤，元气大惫，频年荒燹，人不聊生，加以迁徙流离，士民失业，当道复行派捐抽厘等政，奸商从中垄断，万物因而滋昂。比户编氓，愈颂文达遗政不置也。[6]

除了阮元外，重视教育的还有广州知府程含章。[7] 他任惠

③〔清〕谭宗浚：《希古堂文甲集》，卷二，《广州大典》第477册，广州出版社，2014年，第191页。

④〔清〕谭宗浚：《希古堂文甲集》，卷二，《广州大典》第477册，广州出版社，2014年，第191页。

⑤ 黄佛颐编纂：《广州城坊志》，广东人民出版社，1994年，第229页。

⑥〔清〕吴绮等撰，林子雄点校：《清代广东笔记五种》，广东人民出版社，2006年，第483页。

⑦ 程含章（1763—1832），原名罗含章，字月川，云南普洱人。嘉庆二十五年（1820）任广州知府，道光二年（1822）至三年（1822—1823）任广东巡抚。

州知府时曾带头捐出养廉金作为奖学金，鼓励学生积极上进："乃捐廉银四百两为倡，上下响应，共捐银一万五千两，发归博两县当商生息，增置膏火一百三十分。"[①] 他又语重心长地告诫学生要练好书法和作诗："诗学宜急讲也。国朝取士，八股之外，最重律诗。迨登第后，月课、散馆、大考，则置八股不用，唯试诗赋。一字未调，一韵未叶，即罢斥不用，何等干系。诸生童可毋急学之哉……字迹宜勤学也，文之佳否，尚待细看，字先开卷了然，不可掩也。果能作字端楷，衡文者便心先欢喜，文虽不甚出色，亦蒙取录。况朝考、殿试、散馆、考差、大考，皆能以字分高下。字迹不佳，纵有子美之诗、相如之赋，亦不能取列前茅。诸生童可不急学之哉。"[②]

升任广州知府后，他于扶持教育事业更是不遗余力，又带头捐银五千两（捐钱最多的洋行总商伍家也只是三千两而已）。[③] 他在《兴修广州羊城书院设立膏火银两碑记》一文中论述教育对于世道人心、地方管治的重要性：

> 广州城内，粤秀越华两大书院，通省贤才之薮也。其专属之郡者，复有小书院三、义学二。岁由郡守延塾师五人，人支修金五十，无生徒膏火。数十年来，虽岁必延师，而从学者阒如。嘉庆庚辰，余莅郡倡修两大书院事竣，复于郡属各学，择其稍完善者，得羊石、穗城二所，乃并其三而入之。彻底重修，增益斋舍，仍合二为一，易名羊城。请于院司，得充公田七顷，变价连官绅捐题等款共得银三万两。发南番两县当商生息，岁得息银三千两，设立生童内外课膏火一百七十分。立定条规，延请名师，实心教读。余公暇即到院中教诸生以修身立品，实济时用之学。升降有等，劝惩有序，庶几收实效焉。今夫近世吏治之弊，大都在重刑法而轻教化，催科缉捕之意盛而人心风俗之

① 〔清〕程含章：《增广惠州丰湖书院捐置膏火生息银两碑记》，《岭南集》，卷七，《广州大典》第440册，广州出版社，2014年，第572页。

② 〔清〕程含章：《教士示》，《岭南集》，卷七，《广州大典》第440册，广州出版社，2014年，第562页。

③ 〔清〕程含章：《兴修广州羊城书院设立膏火银两碑记》，《岭南集》，卷七，《广州大典》第440册，广州出版社，2014年，第587页。

虑衰。况首郡案牍填委，任斯职者，日奔走于应酬之途，劳劳于牒诉喧嚣之际，方且日不暇给，更何心与诸生论文讲道，为此处分不及之务哉。且余非不知王道无近功，人才难骤获也。又非不知兴学立教之疲吾力，劳吾心而费吾财也。而每到之地，若南雄、若惠州，必急急焉，以是为先者。诚见夫人才之本、教化之源，皆出于此，若饥者之不可一日无食，渴者之不可一日无饮也。广州文风科第颇不为弱，然风俗侈靡，人情浇薄，诈伪习而讼狱繁多，皆长吏教化不明使至于此也。今吾聚所属人士，教之以有体有用之学，俾其达而在上，则为名臣，为循吏，于世不为无补，即穷而在下，而以熟闻吾孝弟忠信之理，归而教授于乡，则比闾族党之间，必渐少暴戾冥顽之习。异日风俗淳美，贤才众多，余固借是以稍塞吾责。而前人设学之义，亦因以不虚。诸生勉乎哉。④

为了强调尊师重教，程含章亲自送修仪及关聘到谢兰生府上，“本府罗太尊送穗城、羊石两书院关聘至”⑤。“府送修金并节礼至。”⑥这一不成文的礼节，也为其继任者延续，“钟太尊送明年关聘至”⑦。

因缘际会，原本落后于时学的广东，在阮元督粤之后，竟然成为朴学的新中心，并产生殿军式的人物陈澧。这并非偶然，实由多方面的因素所促成，而地方官员的开明重文与士绅的通力合作是其中的重要因素。谢兰生作为这一学术转型时期的重要见证，其日记于此多有记述，他并没有以旧学老辈心态自居，而是以开放的姿态来审视新学的到来——山长谢兰生仍然受到官绅与士子的拥戴与尊崇。

④〔清〕程含章：《兴修广州羊城书院设立膏火银两碑记》，《岭南集》，卷七，《广州大典》第440册，广州出版社，2014年，第586页。

⑤《日记》嘉庆廿五年（1820）十月二十日条。

⑥《日记》道光元年（1821）八月初四日条。

⑦《日记》道光元年（1821）十二月初二日条。

第四章 士商之间

嘉庆二十年（1815），洋商卢文锦在一番运作后，将其父卢观恒的牌位放入家乡新会县乡贤祠，又悬挂一联于门云："货殖岂非儒，端木胡为光俎豆；文章能佐国，扬雄何故出宫墙。"[①]上联用子贡的典故，说他虽是一介商贾却发扬了孔子的学说，这虽自吹自擂，但还无大碍；关键是下联，用了扬雄的典故，嘲笑士人的迂腐和无用。这可捅了马蜂窝，触犯了广东士人因士商经济状况悬殊而日益敏感的自尊，于是演变成一场轰动一时的士商之间的诉讼风波。具体情况下文将作细论。十三行洋商研究，自民国时期梁嘉彬先生开其端，前贤时俊的相关论著，已不胜枚举，以下仅就前人涉及不多的三个问题，略陈一二。首先，分析以谢兰生为代表的精英士人在官商之间如何起到缓冲器与润滑剂的作用；其次分析洋盐商如何获取科名以改变家族身份，又如何通过文化赞助来积累文化资本，营建家族的文化形象；最后通过卢观恒入乡贤祠案来探讨广东士商的真实关系。

① 〔清〕佚名：《刘华东乡贤案稿》，《广州大典》第177册，广州出版社，2014年，第668页。

第一节　官商之间的润滑剂

抑商制度的长期实行，使商人阶层一直处于四民之末。但在19世纪的广东地区，由于国家政策的倾斜，十三行的垄断贸易培育出一批世界级的富豪，潘氏、伍氏、卢氏、叶氏等行商迅速崛起，在广州地方事务中扮演着越来越重要的角色，广州社会的总体结构也随之发生变化。洋商作为一个充满活力的群体四处出击，他们与上层精英很快达成利益勾结，大大改变了士大夫的本性。广州繁荣的商业，令不少外商与北方人感到惊愕艳羡，但除了产生一批富可敌国的商人外，它并未对推动中国的现代化进程起到重大影响。清王朝作为一个中央集权政府，决不允许任何可能威胁清廷至上权威的变化。粤商十三行垄断对外贸易，本是清廷赐予的特权。这一特权，予夺尽在清廷手中。而要取得这种特权，势必要付出遭受皇帝和王公大臣贪婪盘剥的代价。《日记》中描写潘氏、伍氏等洋商夜夜笙歌的同时，已有好几家洋商因无法忍受这种盘剥之苦或生意失败而宣布破产。嘉庆二十五年（1820）行商尚存12家，但大多负债累累。道光九年（1829）则只剩下7家行商。[①]

作为省城中屈指可数的几名在籍翰林，谢兰生是省城各级官员和十三行洋商都极力拉拢的对象。那么，他在这两股势力之间扮演何种角色呢？

粤海关监督是洋商的顶头上司和米饭帮主，在前人的记述中大多颟顸贪腐，压榨洋商无所不用其极。这固然是事物的一面，但洋商也不会守株待兔，他们会主动与粤海关搞好关系，减少滋扰与压榨。此时与粤海关有良好私交的谢兰生便在客观上起到缓冲器与润滑剂的作用。谢兰生任羊城书院山长期间，与多

① 胡巧利主编：《广东方志与十三行——十三行资料辑要》，广东人民出版社，2014年，第29页。

位粤海关监督私交甚笃，其交往情况详见下表（据《常惺惺斋日记》与《粤海关志》制作）。

	达三	七十	达三	文连	延隆	中祥
任职时间	道光元年元月	道光四年三月	道光五年八月	道光六年十二月	道光八年二月	道光九年十一月
来会	3	1	19	1	5	2
往候	3	2	15	1	3	1
陪席	1		6		1	
送礼	4	4	17	2	4	1
还礼	1	2	2		5	
辞岁			1			
致祭					3	
留任道喜	1	1			2	
上任道喜			1			
道寿喜		1	1		1	1
借道书	1		1			
同游海幢叩祝大士			2			
送行		1	2		1	
别后通信		1	2	1	1	
道喜少君升迁			2			
代制诗文			3			

从上表可以见出，在粤海关多任监督乃至同时期驻粤官员中，谢兰生与海关总署达三交情最厚，交往方式也最多样。二人的交集，以道光五年（1825）达三第二次出任粤海关时期最为频繁。二人都有道教信仰，谢兰生向达诚斋借过两次道教书籍，“海关处借到《古法养生》十三则、《阐微》一卷附管窥编，钞成校过，其说亦有可采”[②]。又“与相文亲家过候海关达诚斋，留饮至暮而散。携归《唱道真言》十套，《药方》廿套，此救急单方乃周桂山所刻也”[③]。

谢兰生深受道家思想影响，其交游圈中不乏道教中人。道

② 《日记》道光三年（1823）四月初九日条。

③ 《日记》道光六年（1826）十月十九日条。

光八年（1828），羊城书院启馆第一天，他送给学生的见面礼就是颇具道教色彩的《阴骘文》，“诸生来启馆者约四十人，备早饭七桌并每位送新刻《阴骘文》一本”[1]。在他的日常生活中，道教元素随处可见。其挚友黎楷屏就弃官入罗浮山修道，二人常有求长生之活动，“饭后到楷屏处会昌滘梁四姑娘，年五十七岁矣，能绝粒不食”[2]。黎楷屏还携同达三的儿子游历罗浮山，“楷屏未刻与诚少君开船入罗浮”[3]。

粤海关监督达三字诚斋，虽是满人，但“喜谈文字，颇通易学，有别业在署旁，名‘净芳园’。自为集句一联：‘闲坐小窗读周易，每依南斗望京华。’”[4] 可知达三有道教信仰，且精通周易。颇疑其家族亦信奉道教，这在满人中很是常见。达三经常在净芳园内宴请谢兰生及其他士绅：

随到斗姥宫赴达诚斋榷使席。此地新辟亭池名净香园，上有海印阁，可以望远。饮阁上，凡三席，月出乃散。[5]

净香园落成不久，谢兰生就绘制《净香园图》送给达三[6]。在达三寿辰当日，“送海关礼四色花卉四幅，书、字四幅，扇二，收”[7]。二人也多有诗词酬谢之作：

> 朴石前辈来，仝到巡馆马头下船，与达诚斋榷使过海幢叩谒大士。早斋后，和榷使诗云：“飘然到岸不须舟，会向灵峰顶上游。尘劫未醒终有累，恒沙夙愿信难酬。崇朝花雨弥天布，十大莲幢过海求。问渡喜登星使筏，普陀慈照仰前头。”“身入珠宫不染尘，弟兄无着与在亲。睡航禅味空诸有，诗杂仙心结净因。水底云移半天霁。镜中花发四时春。熟游旧地添新侣，原是龙华会上人。”[8]

《送达诚斋榷使还朝即用其留别原韵》四首组诗更写出二人友谊的深厚：

> 百銮颂德岛夷亲，鳞萃航琛信有因。忽谢此乡抛宝

① 《日记》道光八年（1828）二月初一日条。

② 《日记》嘉庆廿四年（1819）元月十五日条。

③ 《日记》道光元年（1821）九月十二日条。

④ 黄佛颐编纂：《广州城坊志》，广东人民出版社，1994年，第489页。

⑤ 《日记》道光三年（1823）七月初八日条。

⑥ 《日记》道光三年（1823）八月初八日条。

⑦ 《日记》道光五年（1825）六月廿五日条。

⑧ 《日记》道光三年（1823）六月十九日条。

玉，曾占夜气识金银。天涯知己情自重，海外文章日又新。最喜维摩方丈宝，出墙花木系芳邻。（敞斋枕近关署，公尝题“维摩丈宝”四字。）

北海金尊对榻开，锦茵不御为衔哀时有太夫人服未阕。性躭野兴频餐菊，心数归期一咏梅。海印（阁名）精虔宜奉佛，玉山高朗广储材（谓评阅玉山楼春望诗卷）。琳宫到处纱笼壁，风雅千春振越台。

天山驰骑猎平芜，闻未曾闻见所无。物外搜罗包二酉，座中谈辨折群儒。丹炉深究参同契，心镜长悬太极图。似欲敛华归朴讷，不将雄丽斗三都。

访道何劳东海东，欲求仙者认方瞳。雪花霏处金芽茁，潭水青时日晕红。妙选星郎回粉署，分抬瑶句到山翁。含情不尽依依柳，都入张凭画卷中（谓张墨池所绘送行图）。⑨

⑨《日记》道光四年（1824）二月廿四日条。

达三回京后，二人仍有书信来往，谢兰生还为达三监印了《诚斋诗钞》六十套寄去京城⑩。

⑩《日记》道光八年（1828）四月初八日条。

谢兰生与洋商中的潘家、伍家本有交谊，他还一直是潘家的家庭教师，自从道光元年（1821）任羊城书院山长后，不仅没有影响他与潘伍两家的交往，而且更是频繁。谢兰生与洋商的交往形式与次数详见下表（据《常惺惺斋日记》绘制）。

行号 形式	怡和	同孚	西成	广利	东裕	同泰	天宝	东生
少坐	20	3	4	1		1	1	
拜会主人	20	1						
赴席	4		3	1			3	1
送席					3	1		
听曲	2							
看戏	2			1			1	

形式＼行号	怡和	同孚	西成	广利	东裕	同泰	天宝	东生
送礼	3			5	8		1	12
道寿喜	2			1				
访友	12		6					
阅诗卷	2							
夜宿	12		7	1				
子弟就馆	1					1		
看画	1	1						
同游（荔湾）	6							

《日记》中与同孚行潘家交往记录偏少，初看难以理解，但却与史实相符。这一时期正是怡和伍家全面取代潘家，成为洋行总商的阶段。嘉庆十九年（1814），一度歇业的原总商潘有度被粤海关强迫恢复行业后，尽力收缩营业范围，且因为伍怡和及卢广利两行同与竞争，已不若以前之兴盛，其贸易年额在怡和、广利两行之下[1]。嘉庆二十五年（1820），潘有度逝后，行务由潘正炜接手。《日记》中涉及潘正炜共38次，但多是鉴定书画等活动，似潘正炜与谢兰生仅为文字之交，而与行务无关，故不记入上表。以下为洋商送礼给谢兰生情况表。

① 梁嘉彬：《广东十三行》，第三章“广东十三行行名、人名及行商事迹考”，广东人民出版社，1999年，第265页。

时间＼行号	怡和	同孚	西成	广利	东裕	同泰	天宝	东生
嘉庆二十五年								
道光元年							1	1
道光二年	1							1
道光三年								2
道光四年	1			1				
道光五年				1				2
道光六年	1			1	1	1		12
道光八年				2	5			
道光九年				1	5			

图 4-1 《伍秉鉴肖像》 〔英〕钱纳利(George Chinnery)(传) 纵 63.5 厘米，横 46.3 厘米 美国大都会艺术博物馆藏

从上表可见，在嘉庆二十五年（1820）谢兰生尚未出任羊城书院山长时，并无洋商向其送礼，而自道光元年（1821）任职后，便陆续有洋商送礼，而且逐年增加。这似乎见出羊城书院山长一职对于谢兰生的意义，绝不仅仅在区区四百两白银修仪，还有许多意想不到的附加值。任何人都不可能生活在真空状态之中，谢兰生也不例外，他有一大班家眷需要养活，也有子弟需要找工作、谋出路。他的次子在怡和伍家任西塾，[2] 三子则在同泰行任教，[3] 很显然，这都是看他脸面的结果。为了帮四弟谢若士找一份洋商西席的工作，他也不得不与诸商加意周旋："傍晚欲乘肩舆入城，诸公挽留，不得已暂住，且为若士弟馆地起见也。"[4]

怡和伍家送礼的记录偏少，但《日记》中提及怡和行商伍秉鉴达 221 次之多（图 4-1），其中送节礼 5 次、送谢兰生长子乡试卷金 1 次。这说明二人情谊甚厚，只是谢兰生有意将怡和行与伍秉鉴区分对待，因此《日记》中以伍秉鉴个人名义赠送

② 《日记》道光二年（1822）四月初五日条。

③ 《日记》道光六年（1826）四月初十日条。

④ 《日记》道光元年（1821）九月十九日条。

者，不计入表中。同样情况也出现在卢文锦与潘正炜身上，谢兰生有意识区别卢文锦与广利行、潘正炜与同孚行，似乎他更看重与二人的私谊，故卢文锦、潘正炜二人的送礼也不计入表中。谢兰生与潘正炜的交往以鉴定、借观书画为主，潘正炜多次赠送武夷山茶、砚台给谢兰生，而谢兰生则回赠书画。西成行是谢兰生经常借宿的洋行，也没有送礼的记录，可能是在交往过程中，西成行已送出礼物，而没有专门送至谢家的缘故。与谢兰生交往不多的东生、东裕两家洋商恰恰是送礼的主力军，尤其是东生行，自道光元年（1821）起，每年都送一到两次节礼到谢兰生府上。在这里，礼物体现了维系感情的重要作用。

洋商之所以乐于与谢兰生等精英文人交往，主要出于以下考量。首先是政治资本的考量。在《日记》中没有发现地方官员公然接受洋商宴请的记录，即使是以贪婪颟顸著称的粤海关监督，也不敢明目张胆地与洋商杯酧相欢。但洋商深知谢兰生与省城中各位大员尤其是粤海关监督的交情，许多话不方便说，可以由他代为转达，许多剑拔弩张的时刻，也可以请他缓颊一二，而且许多官商会面的场面，会因文人的在场，而使之不会变成赤裸裸的利益输送，更像是一种文人雅集。

其次是文化资本的考量。这是传统观念作祟，以致洋商虽富可敌国，仍然希望多沾点文化的光，以掩盖内心的文化自卑。乾隆时代的扬州盐商附庸风雅，经常宴请名流，而不少名士也甘为清客以得到重酬，如常为人引用的一则关于袁枚的笔记：

> “柳絮飞来一片红”，盐商程某即席杜撰语也，合座哗然。先生故为之回护曰：“此元人诗，诸君不知上句为‘夕阳返照桃花岸’乎？”众遂无言。程某大喜，私以千金为先生寿。同时又有某盐商亦在席间，令至之时竟无以应，先生以箸击酒盏三，某忽悟曰：“三月桃

花朵朵红。”语极俚俗。先生曰：“君岂亦知刘、阮事耶？此天台山摩崖语也。”座客以先生言信为真，某实先生亦故为回护之言也。某寿先生金如程。而主人一席酒，先生已得二千金矣。[1]

扬州盐商附庸风雅的做派，在广州一样存在。但谢兰生似乎没有诸如此类为洋商行酒令回护之事，他的声望与人脉使他不必如此屈尊。当然，其他没有太高功名的士人可能会如此。

对于洋商的赠礼，谢兰生则会视心情而“全领”或“璧还”。他有时几乎一整天都周旋于诸商之间，“下午过怡和后楼听曲，晚赴花船之宴，夜宿西成小楼”[2]。“怡和”是伍家商号，“西成”为刘家商号。尽管他经常表示不习惯官场和商场上的种种酬酢之事：“应酬不惯，甚矣其乏”[3]“连日应酬，不免鹿鹿”[4]，但总体言之，他对所处的“太平盛世”相当满意，而他在洋商与粤海关之间所起的甘草之效，也是不容忽视的。

第二节　亦商亦儒的洋行商人

即使是传统的文化世家，如果家族成员不能持续获取功名，也难以在社会上保持崇高的声望和地位。因此，作为四民之末的商人阶层，更须努力。广州十三行商人中，一些文化水平高的商人亦商亦儒，并通过科举改变家族成分，潘氏即为其中最具代表性的家族。其入粤始祖潘启（又名振承），为同文商行创办人、洋商首领，他苦心安排后人进入仕途，并以商养文，投资兴学。其子潘有为登进士第，参与修订《四库全书》。[5]

在担任羊城书院山长之前，谢兰生一度居住在河南潘氏家中，成为潘家的私塾教师，即使修撰《广东通志》时，他也未

① 〔清〕蒋敦复：《随园轶事》“酒令”，《袁枚全集》第十册，浙江古籍出版社，2018年，第97页。

② 《日记》嘉庆廿五年（1820）三月廿六日条。

③ 《日记》道光三年（1823）七月廿八日条。

④ 《日记》道光三年（1823）八月廿八日条。

⑤ 潘刚儿、黄启臣、陈国栋编著：《广州十三行之一：潘同文（孚）行》，第一编“同文行洋高潘启”，华南理工大学出版社，2006年，第31页。

图 4-2 《潘有度肖像》 香港艺术馆藏

曾放下东席的教鞭，因此，《日记》中常有“过河料理志书”的记录[①]。直到出任羊城书院山长一年后，他才辞去这一教职。但他仍然坚持主持潘家少年的开蒙仪式：“卯刻过潘宅为正裕开蒙”[②]，又“早过河南为潘正夔、正浩开蒙”[③]。

谢兰生与潘家第二代的潘有为（号毅堂）、潘有度（号容谷）兄弟交情颇厚。为感谢谢兰生设帐潘家，潘有为特酬以一诗：“仅存丛菊旧时栽，瞬息秋光落砚台。洛社世难侪大尽，虞林谁更括清才。太乙青藜幸延照，便许扶风绛帐开。三载绿阴围讲幄，执经人早渡江来。”[④]谢兰生还与时任洋行总商的潘有度（图 4-2）结为姻亲，谢的长女嫁与潘的次子正纲，在《日记》中称潘有度为“容谷亲家”。按照“嫁女当胜我家”的传统婚嫁观念，可见潘家因为潘有为在科举上的成功，已成功跻身士林之列。潘有度于嘉庆二十五年（1820）逝世，其家业由四子潘正炜继承。潘正炜与谢兰生的书画交往，详见莫润棣的研究。[⑤]

潘有度的长子潘正亨（字伯临），是出身商人家庭而又最

① 如《日记》嘉庆廿四年（1819）三月初四日条、嘉庆廿四年（1819）三月廿二日条。

② 《日记》道光二年（1822）十二月初四日条。

③ 《日记》道光五年（1825）十一月初一日条。

④ 〔清〕潘仪增编、潘飞声校：《番禺潘氏诗略》，光绪二十年（1894）刻本。

⑤ 莫润棣：《谢兰生与广东书画收藏家》，莫家良编：《学道扬尘：香港中文大学中国艺术史论文集》，香港中文大学艺术系，2003 年。

具文人浪漫气质的一人，可惜命运多舛，屡试不中。《越台杂记》说他“少以制艺知名，甲子科，友人袭其旧作获隽，而君屡应南北试皆荐而不售。年五十七尚踏省闱，故有‘一第登天难，万事浮云轻’之句，见者惜之。性豪侠，有北海风，尤笃三党，凡有赀助，无不应命”。又说他几名堂兄弟接连中举，而他“素推白眉，反老困场屋，嗣是益郁郁不得志。晚年构风月琴樽艇，怡情丝竹，诗酒自娱”。而他的死，也极富传奇色彩：

丙申，家宴酒阑，醉卧胡床，诸姬环侍，旋与造化者游，桌上杯盘尚狼藉也。越日，传梦戚友，自言在文昌案前受职，为复古庙朱衣神。[⑥]

谢兰生经常向他借画，且一借长达数年之久：

入潘宅会荻江，送还冬心梅册、萧尺木横卷，又交还蓝田叔画与伯临，此画写董文敏像，借之凡数年矣。[⑦]

潘正亨作为洋商子弟，得以接触西方文化，也得以知晓西欧的最新时事，如拿破仑远征俄罗斯之事：

表兄潘伯临比部正亨为余言：佛郎机国王摩伦拔善用兵，自即位以来，强富甲欧罗巴，谋臣勇士乐为之用，附近诸国，罔不臣服，尽取各国之宝器而归，供于僧寺，由是有吞并俄罗斯意。于是尽简其国之精锐，兵号五十万，往攻俄罗斯。俄罗斯国南北万余里，由海岸抵南都，由南都抵北都，皆计程两月始达。摩伦拔济河焚舟，以示必胜。俄罗斯聚谋，谓抗之必败，于是尽焚南都辎重，宫室城郭尽为煨烬，趋北都避之。摩伦拔抵南都，始知堕计，盖欲进攻北都，不能因粮于敌。欲回本国，粮亦不敷。于是轻骑减从逃回，而所简之精锐尽为饿殍矣。附近诸国闻之，奉俄罗斯为盟主，倾国而来，破其国，幽其王，各收回其国之宝器而归。强极必败，理固然与！[⑧]

⑥〔清〕颜嵩年：《越台杂记》卷一，林子雄点校《清代广东笔记五种》，广东人民出版社，2006年，第473页。

⑦《日记》道光八年（1828）六月廿五日条。

⑧〔清〕陈昙：《邝斋杂记》卷五，收入《岭南随笔（外五种）》，广东人民出版社，2015年，第376页。

洋商多原籍福建，梁嘉彬就曾明言：“在洋行十三人中，有十二人原籍福建……十三行行商原籍多为福建，诚属事实。”[①]当时中外贸易以茶叶为主项，而洋人尤喜福建武夷山一带出产的夷茶，福建商人机缘巧合，独占了茶叶资源，挣下第一桶金，继续发展业务，包括丝绸、瓷器，进而成为洋商，居中取利，垄断中外贸易，事业更是如日中天。潘家自福建迁入，但对于原籍并非全然忘记。如入粤始祖潘启把居住地命名为“龙溪”——他原先在福建的乡村名。当时泰和行颜亮洲、同文行潘振承、怡和行伍秉鉴、义成行叶上林四家洋商都自福建迁来，他们通过联姻的方式来增强经济实力和社会地位。从清乾隆到光绪年间，这四家洋商保持着历代联姻的传统，贯穿了整个十三行时期，长达一百多年，形成了历代通婚的传统，四家联姻在嘉庆、道光年间达到高潮。[②]

叶家也从福建迁来广东，所以开基者叶廷勋与在粤的闽籍官员伊秉绶、李威[③]感情甚是融洽。在伊秉绶被上司诬陷蒙冤入狱后，更是伸以援手，使其得以东山再起。叶廷勋在晚年退出江湖，放弃商业经营，以一名老诗人自居，还有个人诗集出版。张维屏曾深情回忆他与叶家的两代情谊：“花溪迹托尘嚣，性耽泉石。冯鱼山、黎二樵皆折节与交。花溪尝手校王文简公古诗选，重为镌板。令嗣文园比部、云谷农部，延余课子，馆于叶家塾三年。”[④]叶廷勋还为两个儿子叶梦麟、叶梦龙捐纳功名，成为官宦人家，彻底改变家庭阶层。嘉庆十六年（1811），伊秉绶重游广州，时叶廷勋已逝，伊秉绶在谢兰生的陪同下，亲至墓前祭拜，并作诗纪念此事：“善病花溪叟，何年卧白云。苍山秋涧外，凉月晚纷纷。九日得新句，先生应已闻。旷然怀古者，适遇谢将军。”[⑤]此诗首联将叶廷勋比作南朝多病善文的沈约，“善病”是常见的典故，如东坡《浣溪沙》词句“沈郎多病不

① 梁嘉彬：《广东十三行考》，广东人民出版社，1999年，第4页。

② 颜志端、颜祖侠：《十三行闽籍行商家族联姻初探》，《岭南文史》，2019年第3期，第48页。

③ 李威（1756—1836），字畏吾，述堂，号凤冈，福建龙溪人。乾隆四十三年（1788）进士，时任广州知府。

④ 〔清〕张维屏：《谈艺录》，卷下，《广州大典》第93册，广州出版社，2014年，第586页。

⑤ 〔清〕伊秉绶：《同谢理甫太史兰生寻叶花溪诗老墓》，《留春草堂诗钞》，卷五，嘉庆十九年（1814）广州秋水园刻本，广东省立中山图书馆藏。

胜衣”，但用来形容曾经的洋商叶廷勋，确实意味深长。尾联又化用李白《夜泊牛渚怀古》的次联“登舟望秋月，空忆谢将军”，既用典切谢姓，又写出一种伤逝故人的深沉惆怅。

总之，在获得巨额财富后，洋盐商人会努力积累文化资本，以提升家族形象，而获取科名与文化赞助（如举办雅集、收藏书画、建造园林、摹刻字帖）是最为有效的两种途径。时人便称：“二百年来，粤东巨室，称潘、卢、伍、叶。伍家喜刻书，叶氏喜刻帖，潘氏独以著作传。”⑥洋商各有喜好，也各见其性情。

还有一位商人值得一提，就是唐荔园的主人邱熙⑦。邱氏又通医术，《粤小记》说他“种痘者益盛，然最精斯术者，莫如南海邱君熺，丘著有《引痘略》行世，其嘉惠后学深矣。今粤中小儿因痘而毙者甚少，而痘医与湖广种痘之法几置无庸矣”⑧。此事亦见诸《南海县志》云：

> 牛痘之方，英吉利蕃商哆啉文于嘉庆十年携至粤东。其法：刺牛膊上小痘，刲取浆水，点小儿两膊之白夹穴，痘即如期从穴出。嗣后以小儿痘浆如法递传，如期奏功，永不复出。时洋行商人郑崇谦译刊《种痘奇书》一卷，募人习之。同时习者数人：梁辉、邱熹、张尧、谭国。而粤人未大信，其种遂失传。迨十五年蕃商剌佛复由小吕宋载十小儿传其种至洋行。商人伍敦元、潘有度、卢观恒合捐数千金于洋行会馆，属邱、谭二人传种之，活婴无数。阮《通志》谓其方出自邱氏，殆未究其原也。观此可知种痘法入粤之始。⑨

《日记》中有邱熙为谢兰生长孙种痘的记录：“邱浩川来，为阿震种痘。”⑩又“邱浩川送夷茶、种痘书”⑪。可知洋商是将西方科技、医学知识带入中国的重要中介，他们沟通中西物质文化交流的作用不应被忽视。

⑥《柳常师友诗录》，转引自黄任恒编：《番禺河南小志》，广州市海珠区人民政府编印，1990年，第249页。

⑦ 邱熙（“熙”又作“熹”“熺”，1773—1851），字浩川，广东南海人，原居广州，科场失意后前往澳门，被东印度公司聘为买办，西人称其为 A.Heque。

⑧〔清〕黄芝：《粤小记》卷三，林子雄点校：《清代广东笔记五种》，广东人民出版社，2006年，第428页。另参董少新：《论邱熺与牛痘在华之传播》，《广东社会科学》，2007年第1期，第134—140页。

⑨ 黄佛颐编纂：《广州城坊志》，广东人民出版社，1994年，第584页。

⑩《日记》嘉庆廿四年（1819）十二月初九日条。

⑪《日记》道光三年（1823）十二月廿五日条。

第三节 成功转型的盐商

虽然在洋商耀目光彩的映衬之下，盐商显得有些落寞，但盐商仍然不失为广州城内重要的商人阶层。仅仅从越华书院最初的建立，就是为了方便盐商子弟在广州入学而开设，便可知道这一群体在广州政商两界曾有的影响力[①]。即使财力无法与江南地区的盐商相提并论，也无法和广州城内的洋商一争高低，但是盐商也有个别杰出代表，在文化赞助方面展现出独特的个人魅力。这当中，充任广东乐桂埠的孔文光家族和充任广西临西埠的李念德堪称代表。李家承办盐埠达数十年之久，李念德死后，其子李秉睿、李秉绶仍以其父名继续充盐，可算盐商世家，实为广商首领。[②]

李秉绶早年在北京捐纳入仕，后来浪游江南，自嘉庆末年起接掌家族的盐业生意。[③]清代贩卖私盐是获取暴利的途径，李秉绶曾因贩卖私盐受到指控，但却有惊无险，化险为夷，足见李家背后势力之强大。道光四年（1824），朝中有御史参奏李秉绶贩卖私盐：“粤西商人李秉礼、李秉绶兄弟开设盐埠，纳课贩运，在全州柳浦地方开厂，于额引外夹带私盐……该商李秉礼系原任左副都御史李宗瀚之父，李秉绶系其胞叔，地方官关碍情面，不肯究办。”[④]道光遂下令两广总督、广东巡抚彻查此案，但半年之后，阮元的调查结果却是：“查明粤西商人实无夹带私盐及贿嘱消弭情弊。”[⑤]

此案能大事化小，小事化无，除了李秉绶强大的社会关系外，也和广东官员的地方保护主义有关。正如黄国信指出的：“清代沿用分区行盐制度，在今天的湖南、广东与江西的交界地区，存在着两广与两淮盐区的边界，并且这一条边界并不与省级行

① 越华书院创建于乾隆二十年（1757），盐运司范时纪及盐商为培育寄籍广东之盐商子弟，集资购布政司后街一所旧宅而建。

② 王小荷：《清代两广盐商及其特点》，《盐业史研究》，1986年第1期，第65—80页。

③ 李秉绶（1783—1842），字佩之，号芸甫。曾捐纳任工部都水司郎中。后辞官归家，又接手家族的盐业生意，频繁往返于两广，周旋于官场、商圈与文士之间。此外，李秉绶多次出游江南，故其一生轨迹可分为四个圈子：北京、江南、广东、广西。详见孔令彬：《李秉绶生平事迹略考》，《美术学报》，2016年第2期，第19—27页。

④ 《清实录》，道光四年（1824）四月十五日条，台北“中研院”数据库。http://hanchi.ihp.sinica.edu.tw/mql/login.html

⑤ 《清实录》，道光四年（1824）十月十八日条。

图 4-3　《松菊牡丹水仙图册》之四　李秉绶　纸本水墨　纵 31.5 厘米，横 30 厘米　东莞市博物馆藏

政区的行政边界吻合，两广盐区包括了行政上属于湖南和江西南部的几个府州。结果，由于行政边界与盐区边界的不吻合，作为产盐的省份，广东设法向湖南、江西倾销其食盐产品，直接导致这几省的封疆大吏之间、地方州县之间、盐商之间，甚至普通民众之间，以及他们互相之间，出于各自的利益诉求，不断爆发争端与纠纷。”⑥

⑥ 黄国信：《国家与市场》，第一章“导言：明清食盐贸易研究的市场史与区域史视角”，中华书局，2019 年，第 14 页。

地方大员的忙肯定不会白帮，官商之间有一种心照不宣的互惠互利关系。官员若想在地方建设事业上取得成绩，实在离不开商绅的鼎力相助与财力支持。道光五年（1825），即李秉绶夹带私盐案的次年，阮元主持编撰《皇清经解》，此书乃一千四百卷的皇皇巨著，为阮元治粤的标志性政绩工程，而李秉绶、李秉文兄弟正是此项工程的主要出资人，其间不无投桃报李的成分，由此也可见出李秉绶在广州有很深厚的人脉。

李秉绶与广州文人圈子有密切联系，甚至可以说，他本人就是这一圈子里面主持风雅的重要人物。李秉绶亦长于绘事，

图 4-4　《水仙图》　谢兰生　纸本设色　广东省博物馆藏

尤其擅长花卉，从传世作品可见其深得陈淳真髓（图 4-3），谢兰生在《水仙图》题跋道：“芸甫十兄花卉得陈伯阳之神骨，真可雄视一切，今日作此请教，是谓班门弄斧，而我用我法，亦岂肯受人牢笼乎？”（图 4-4）谢兰生甚少创作花鸟画，由此可见他对李秉绶花鸟画的推崇。

嘉庆十九年（1814）夏天，李秉绶来到广州，此行奠定了他在广州书画世界的地位。其间他多次与粤中诸人合作大画，如张维屏《五月十六日海珠寺得月台消夏同李凤冈太守，汤雨生都尉、谢里甫太史、叶云谷农部、李芸甫水部四君作画，余赋诗》写道：

> 世间画境多尘土，作画须来水精府。楼窗卅扇玲珑开，得月台高不容暑。台前彩鹢如云连，登台缥缈疑飞仙。仙人自古多好事，天水光中寻画禅。蒲帆百幅空中举，丘壑在胸客无语。台中一片砚池云，吹作羊城万家雨。铁戟不动苔花粗，时平到处堪嬉娱。兹游消夏颇不恶，补入老人花甲图。钟鱼声定龛灯黑，忠简书堂久岑寂。

一杯我欲酹英魂，五百年来几闲客。[①]

张维屏《孟丽堂上舍觐乙、汤雨生守戎贻汾、李芸甫水部秉绶合作画障，施海幢寺作供养，为赞以诗》又说诸人曾合作一屏风画，长达丈余。[②]其《送李芸甫水部入都》则感慰两家结成百年之好："仲蔚蓬蒿甘闭门，君来访我意弥敦。百年旧业惟书史，片语交情到子孙。"[③]

李秉绶与洋商子弟潘有为、潘正亨、潘正炜也颇有交情。潘正亨打趣李秉绶此次广州之行"红裙""莲社"两不误，爱情友谊双丰收："李君豪情属霄汉，醉罢红裙结莲社，凭将巨笔答江山，独挽狂澜恣挥洒。"[④]孔令彬根据李氏族谱考证，李秉绶第四个小妾香山郭氏，应该就是此行所收"红裙"之一。[⑤]此行还与许多旧雨新知会面，与老友汤贻汾相见尤为可喜。汤李二人自嘉庆十五年（1810）京城一别，至此方得重逢："十年重晤五羊城，城中烟景过神足。山公喜作习池客，一日不见书频赓。"[⑥]

当然，李秉绶也收获了不少广州本地画家的赠予之作，如参与此次盛会的张如芝（字墨池）有一件赠送李秉绶的《桃花》（图4-5），便记录了李秉绶嘉庆十九年（1814）夏天的精彩之旅。

李秉绶从江南地区延聘而来的孟觐乙、宋光宝两位画师，为广州书画世界带来新的元素，直接启发了后来的岭南画派，这是一个意料之外却又情理之中的结局。

与李家只是夹带私盐在本盐区出售不同，另一大盐商孔家则是明目张胆与湖南地方官员勾结，将粤地官盐越界走私贩卖到湖南。此事的经办者是一名叫潘进的南海人，他在孔文光的商名下经营乐桂埠的盐务。不要小看潘进这位一直在行内默默打拼的盐商，十多年后，怡和洋行的分家协议，即是由他起草，可见其人望之高。[⑦]乐桂埠地处粤北乐昌，只能靠大量走私食盐，

① 〔清〕张维屏：《听松庐诗钞》，卷五，《广州大典》第93册，广州出版社，2014年，第38页。

② 〔清〕张维屏：《听松庐诗钞》，卷五，《广州大典》第93册，广州出版社，2014年，第36页。

③ 〔清〕张维屏：《听松庐诗钞》，卷五，《广州大典》第93册，广州出版社，2014年，第39页。

④ 〔清〕潘正亨：《万松山房诗秒》，卷二，道光十二年（1832）刻本，广东省立中山图书馆藏。

⑤ 孔令彬：《李秉绶生平事迹略考》，《美术学报》，2016年第2期，第24页。

⑥ 〔清〕汤贻汾：《琴隐园集》，卷十，《续修四库全书》，第1083册，上海古籍出版社，1995年，第341页。

⑦ 〔清〕潘进：《代怡和洋商伍敦元作分家产议约》，《潘资政公遗稿》，《广州大典》第450册，广州出版社，2014年，第334—335页。

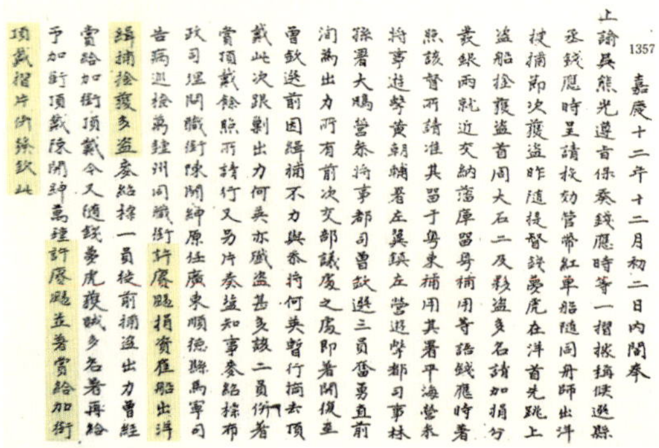

1357
嘉慶十二年十二月初二日內閣奉
上諭吳熊光遵旨保奏錢應時等一摺拔擒伙匪
丞錢應時呈請投効管帶紅單船隨同舟師出洋
拔捕節次獲盜昨隨提督錢夢虎在洋首先跳上
盜船拴獲盜首周大石二及殺盜多名請加捐分
發銀兩就近交納藩庫留粵補用等語錢應時著
照該督所請准其留于粵東補用其署平海營參
將事遊擊黃朝輔著在署左翼鎮左營遊擊都司事林
孫署大鵬營參將事都司曾欽遴三員奮勇直前
均為出力所有前次交部議處之處即著開復並
曾欽遴前因緝捕不力與參將何英暫行摘去頂
戴此次跟剿出力何英亦殲盜甚多該二員俱著
賞頂戴餘照所請行又另片奏鹽知事麥紹棕布
政司理問職銜陳開紳原任廣東順德縣馬寧司
告病巡檢萬鍾州同職銜許曆廷捐資雇船出洋
緝捕捦獲多盜麥紹棕一員從前捕盜出力曾經
賞給加銜頂戴今又隨錢夢虎獲賊多名著再給
予加銜頂戴陳開紳萬鍾許曆廷並著賞給加銜
頂戴摺片併發欽此

图 4-6　许拜廷捐资雇船出海缉剿海盗，获朝廷奖赏的记录　中国第一历史档案馆藏

图 4-5　《桃花》　1814 年　张如芝　绢本设色　纵 104 厘米，横 39.5 厘米
广州艺术博物院藏

销售到湖南衡州等两淮盐区，才有效益。而两淮与湖南方面则极力限制边界私盐。为此，潘进曾托朝中友人李可蕃[①]疏通湖南官员，请求关照广东盐商，减少湖南“卡员”“入粤境滋扰”。[②]

潘进在盐业上的成功，也标志着南海潘氏从此崛起，其后人在科举上获得非凡成功。潘进孙子潘斯濂高中道光丁未科（1847）进士，与李鸿章为同年。[③]而潘进的主家孔家，也同样成功转型为文化世家。孔家是从山东迁入广东的孔子后裔，自道光十三年（1833）孔继勋中进士后，这一家族便崛起成为粤中文化望族。孔继勋之子孔广陶筑“岳雪楼”，广贮金石书画图籍，成为继潘正炜之后粤中最重要的收藏家。

依靠孔文光商号，另一个以盐商起家的广州高第街许氏家族也在悄然崛起。这个家族的始祖许拜庭，是潮州府澄海县迁来广州的第二代移民。他从最底层的盐店学徒做起，日后成为一名巨商[④]。他和潘进合作承包了沙湾埠，成为一名盐商。他与孔继勋应有合作关系，当孔继勋北上公车时，他还亲往送行。[⑤]他也是常惺惺斋的座上宾，曾送荔枝给谢兰生，“许拜亭（庭）送水晶丸荔子来，即俗称糯米瓷者是也”[⑥]。也曾请谢兰生至荔

① 李可蕃，字衍修，号椒堂，广东南海人，嘉庆七年（1802）进士，为谢兰生的同乡兼进士同年，曾以书画请谢兰生鉴赏。

② 黄国信曾以潘进与李可蕃的勾连为切入点，对粤盐如何制造、培育并维系一个“合法走私”的食盐销售地域有深入研究，详见黄国信：《国家与市场》，第四章“作为市场表达的食盐走私”，中华书局，2019 年，第 180—186 页。

图 4-7 《靖海全图》之“火攻盗船” 绢本设色 纵 58 厘米，横 1820 厘米
香港海事博物馆藏

湾游玩，“许拜亭（庭）请赏荔”[7]。为了募捐，谢兰生也拜访过这位富贾：“下午到天和栈会文园暨许君拜廷（庭）。”[8]

嘉庆十年（1805），华南地区原先小打小闹的海盗，忽然发展成为一个人数达 5 万至 7 万之多的海盗联盟，并控制了广东沿海贸易和渔业，他们还进入内河抢劫，兵锋一度逼近广州郊区。在威胁广东的同时，海盗变成一个全国性乃至国际性的威胁。[9]清廷不得不进行海上清剿，许拜庭捐资雇佣船只出海清剿海盗，于嘉庆十二年（1807）获朝廷奖赏（图 4-6）。在嘉庆十五年（1810）两广总督百龄平定华南海盗一役中，许拜庭除继续捐输报效外，又每月散千金，招募近万名同乡潮勇，另将盐船改为红单船，亲率潮勇出洋参与剿捕战役（图 4-7）。龚自珍《书番禺许君》对其功业大加赞赏：

> 番禺许君，家受盐，董全粤盐，能靖民之悍然与士争利者；既起家，顾不屑自封殖。曰：粤天下雄也，纾朝廷南顾，而下为里析忧，其海氛乎！吾当身任之。治海

③ 《潘世德堂族谱》，西樵村头村潘氏家藏，民国二十一年（1932）刻本，转引自黄国信：《国家与市场》，第 181 页。

④ 许拜庭（1772—1846），本名赓飏，字美瑞，号拜庭，为广州著名盐商，广州高第街许氏家族的始祖。13 岁在盐店当学徒，凭借聪慧勤奋，经多年努力，成为富商。嘉庆十五年（1810）更因出资组织剿灭海盗而获清廷奖赏。广州许氏日后成为著名的文化世家与官宦望族。

⑤ 〔清〕黄培芳：《北行日记》嘉庆二十三年（1818）十一月十六日条，稿本，广东省立中山图书馆藏。

⑥ 《日记》道光元年（1821）六月初十日条。

⑦ 《日记》道光元年（1821）五月十七日条。

⑧ 《日记》嘉庆廿五年（1820）十一月初三日条。

⑨ 〔美〕穆黛安著，刘平译：《华南海盗（1790—1810）》，“引言”，商务印书馆，2019 年，第 2 页。

之道有二：曰得卒，曰得船。乡勇之老于海者，视官兵其生熟相万也；私船之法式，视战船之造于官者，其狙钝相万也。尚书百文敏公，方锐茹群言，君进指画缓急状。文敏曰：具如君言。则退而自具舟，神机鬼式，百十其舸，疾于飓风，曰红单船；龙首鱼身燕尾，首尾自卫，曰燕尾船。又立募潮少年万人为乡军，军于珠光里，而自将之，日散千金，自为守。其年，败贼于大洋；明年，盗魁自缚献百数。文敏爵轻车都尉，粤遂平，实嘉庆十五年某月也。[①]

① 〔清〕龚自珍：《龚自珍全集》第二辑，上海人民出版社，1975年，第178页。

与洋商子弟奋力争夺科名一样，盐商子弟也努力科考以获取家族成功转型。官至湖广总督的吴荣光便是其中一个杰出代表。其祖父吴恒孚以盐商起家，在商业重镇佛山创立“大树堂”，其父吴济运曾任总盐商。经过个人不懈奋斗，他成为嘉道年间粤籍官员中官阶最高的一人。在收藏鉴赏方面，他也是同时期全国屈指可数的大家之一。

第四节　弃儒从商的底层文人

在19世纪的广州城中，我们可以看到一个很奇怪的现象：一方面是洋商鼓励后代努力读书，获取功名，以改变其家族身份；另一方面则有不少士人迫于生计，不得不弃儒从商，或者亦商亦儒。钟启韶本是谢兰生同年举人，却甘心放弃举业，与洋商合作，成为一名商人，当然他也未曾放下心爱的艺术事业，晚年编辑诗集。以钟启韶为代表的士商身份的含混不清，正好说明广州这座繁华的南国都会，在商业大潮冲击下，部分文人不再强求行走“十年寒窗苦，一朝天下闻”的人生独木桥。在科举失意文人入幕、教书的传统职业之外，他们希望能找到一条新的出路。广州的商业氛围和便利的营商条件，给他们提供了这种可能性。

前文述及的盐商潘进就是一个典型的由儒而幕、由幕而商的例子。道光《南海县志》有其传，其中提道：

> 读书不屑屑章句，屡困童试，澹如也。后以家贫，弃举业，习法家言……其精于读律如此，粤中州县多延为幕宾而进。谓佐治者，如箭在弦上，指发由人，恐不能自行其意，遂改事盐策。[2]

活动于道光年间的底层文人劳伯言，也是一个弃儒从商的例子。他于晚年的诗集中自称："余少不学，年十九，先君见弃，家中落，苦饥寒，所业未卒，壮游京师，厄于举场者十余年，迄无知遇，乃捐弃故业，南北奔驰，间为诗歌以自娱。"[3]而为其作序者则不仅不避讳他曾经放弃举业改从商务的经历，而且还作为重点来描述：

> 谔士先生始于儒，中于贾，终于贾而儒。少尝应京兆试不第，及壮贸迁江浙楚豫燕晋蒙古中，行踪往复，不知其几万里，退而聚书家园，吟咏徜徉，以适志，盖一奇士也。太史公曰："无岩处奇士之行，而常贫贱，好语仁义，亦足羞也。"先生慕端木废著，卒连车骑，虽不岩处而仁义之声弗坠，其间上书当道，卓然可见诸施行，岂駔僧市商所能混其泾渭哉。生平郁结激楚，一发之于诗文。其时政治世变，皆可借以考见，视流连光景、无补时艰者迥别，读之殊增感愤，非奇士其能若是乎……无尺寸之柄，商人价值又未如今日之隆重，弦高、宏羊尚不敢望有敛计然之策。啸咏江湖已耳，孰知其抱负不凡，瞻言百里，为当日之正始元音也耶。诗文俱无雕饰，殊可宝贵。其文孙翰藩亦弃儒业贾，而能守先生家学，数万卷书，必

[2]《（道光）南海县志》，卷十四，列传，《广东历代方志集成》，岭南美术出版社，2009年，第147页。

[3]〔清〕劳伯言：《求实用斋诗存》，卷四，《广州大典》第477册，广州出版社，2014年，第512页。

> 求善地而度藏之，虽居肆，日习文史，尤惓惓于先生遗集，博求海内名流，序跋而刊行之。[①]

又有人写道：

> 谔士太姻伯性情倜傥，有奇志，少困童军，屡试京兆，复连不得志于有司，遂弃儒而贾。足迹半天下，其胸中蕴蓄，一寄之于诗，尤耽古籍，有赢余辄蓄书，故其言皆有物。[②]

相信当年走上弃儒从商道路的士人定然不少，广州的重商传统与社会氛围给予他们许多宽容，这或许是广州有别于当时其他城市的一大特点。

① 凌鹤跋，见〔清〕劳伯言：《求实用斋诗存》，卷四，《广州大典》第477册，广州出版社，2014年，第541页。

② 黄锡麟跋，见〔清〕劳伯言：《求实用斋诗存》，卷四，《广州大典》第477册，广州出版社，2014年，第540页。

第五节　卢观恒入乡贤祠案

广州士人与洋商总体而言关系良好，但亦有例外，如嘉庆二十年（1815）刘华东控告卢观恒入乡贤案即是一例。此事时人多有记述，而以谭宗浚所记最详，关于事情的起因，他写道：

> 嘉庆中，吾粤有乡贤一案。询诸故老，语焉不详。今以所知，备录于此。先是新会洋商卢文锦以赀雄于乡，而性好宾客，凡士大夫游粤者，多订车笠交。时楚中某部郎曾行走枢廷，丁忧后以措赀至粤，即主于卢氏之家。部郎之父为戴文端公业师，邑人请入乡贤，奉旨俞准，大吏多向部郎致贺者。文锦故市人，不知乡贤为何物。部郎为缕述始末，文锦闻而羡之。文锦父名观恒，少粗鄙，尝与兄斗，殴拔去兄辫发，遂至构讼。兄为通禀会城，各衙门人多知其事者。然暴富后，颇喜行善事。凡捐赈济贫，舍药施棺，无不踊跃。尝修某处石路数百丈，行旅皆颂

其恩。又捐置新会邑中紫水、景贤两书院，产业数万金。故邑人亦深感之，遂由邑绅进士谭大经、李实、何朝杰等呈请崇祀。时制府蒋砺堂攸铦适巡边，抚军上元董教增遂据以入奏。或传自教官至抚军均得重贿，事属暧昧，不能确审其详也。部郎又为函致礼部堂官韩桂舲、秦小岘两侍郎暨诸仪曹，属勿驳诘。迨奉部准后，文锦遂于明伦堂张乐设宴，一时踵贺者多市儿。于是金银酒肉之气，薰蒸庠序，有识者皆目笑存之矣。[③]

卢家本可“闷声发大财”，到此为止，但卢家此举本为了显亲扬名，既花了大血本，又岂肯悄无声息，于是大张旗鼓，终于闹成讼事。而事件的导火索，则是卢家公然挑衅广州儒林所致：

观恒既入乡贤，文锦治筵宴客，为悬联榜诸门云：“货殖岂非儒，端木胡为光俎豆；文章能佐国，扬雄何故出宫墙。”儒者见之甚愤，以其语讥诮士林也。[④]

于是本案的主角刘华东拍案而起，作《草茅坐论》攻讦卢家，而卢家则反诉刘华东“挟借贷不遂之嫌纠众攻讦”[⑤]，官府左袒卢家，先将刘华东下狱：

番禺刘三山孝廉性跅弛好奇，撰《吊陈白沙文》，以白沙亦新会人，当有“牛骥不同皁，枭鸾不并栖”之感。又上书制府蒋公，请其参劾。蒋公终以事由抚军主稿，不肯引绳批根。刘遂将《上蒋制府书》改为《草茅坐论》遍布人人。于是预名攻讦者数百人，及遣人到各衙门检拔见辫发被控之案。则卢氏已先贿行吏将案卷毁灭矣。幸副都统衙门之案未及毁灭。刘遂据以上控，然阖城官吏皆袒卢而恶刘，反将刘与陈仲卿明经拘押，二人盖呈内首名也。[⑥]

③〔清〕谭宗浚：《荔村随笔》，《丛书集成续编》第 26 册，上海书店，1994 年，第 509 页。

④〔清〕佚名：《刘华东乡贤案稿》，《广州大典》第 177 册，广州出版社，2014 年，第 668 页。

⑤〔清〕佚名：《刘华东乡贤案稿》，《广州大典》第 177 册，广州出版社，2014 年，第 661 页。

⑥〔清〕谭宗浚：《荔村随笔》，《丛书集成续编》第 26 册，上海书店，1994 年，第 509 页。

刘华东入狱后，其友人多方营救，事情闹到连嘉庆帝都知道了，派了钦差大臣来调查：

> 刘遂属陈螺山秀才仲良入京控都察院。陈畏卢氏势焰，不敢言入都，但云至苏州买药。时黄香石明经培芳喜谈诗，每胥吏催到案，则云往罗江探梅。或联缀为语云："三山入狱，仲卿过堂，螺山买药，香石探梅。"闻者绝倒。刘被羁押后，仪墨农孝廉克中时年仅十七，屡入狱省视，又为职纳橐饘，羊城诸公咸推其义侠。未几，事既上闻。上命尚书章煦、侍郎熙昌来粤讯鞫。而粤吏多为卢氏缓颊者，星使亦稍迁就，惟迫于公论，则以请祀乡贤者皆新会人，而攻乡贤者无一新会人。谓卢观恒乡望素孚，别邑不如同邑见闻之确。惟时新会不愿列名请崇祀者，惟张椒园大令衍基一人。张素谦谨畏事，不肯涉讼公庭。故攻讦呈中亦无名字。张在会垣讲学，授徒几二百人。南海龚绍衣孝廉素权奇多智，每日使人至张馆诳其学徒曰："汝师得卢氏厚贿，不肯预名攻讦，非端人也。"学徒惑其言，稍有散去者。张恶其聒，亦肯列名。诸大吏语塞，然终有左袒卢氏之意。刘原呈云"市侩不宜滥祀宫墙"，星使覆奏则云"子贡货殖亦列十哲之中，查例并无商贾不准祀乡贤之说"。刘《草茅坐论》有云"廷臣之中必有暗为照拂者，疆吏之中必有受其贿属者"，此等语甚多。星使覆奏则云"查举人刘华东所撰《草茅坐论》尚无所指斥"。[1]

钦差出于官官相护的处世原则，保护了相关官员与卢家，但嘉庆帝出于平衡，有意挫挫洋商的傲气，也为了整肃吏治，对原被告各打五十大棒：

> 迨奉至批摺回奏中前一段硃批旁注云"士商本属两

① 〔清〕谭宗浚：《荔村随笔》，《丛书集成续编》第26册，上海书店，1994年，第509页。

途”，后一段硃批旁注云“显然有所指斥”。于是岭海士民额手称庆，咸晓然于圣天子激浊扬清，明见万里。而此案遂定矣。其后部议将卢观恒牌位撤出乡贤祠，伊子卢文锦在明伦堂演戏宴客，亦有不合，议革职。呈请崇祀之绅士谭大经、李实、何朝杰等亦革职。巡抚董教增降三级留任。举人刘华东逞刁多事，亦革职。董既镌级后，则深恶粤人，而于广州人尤甚。是年适监临丙子乡闱，首题“天下有道，则庶人不议”。即暗指乡贤事。董令人先誊录各府卷而广州卷俟八月二十四日后始誊录。时副主试为钱金粟学士林，少时曾在陈荔峰学使幕中襄校。叹曰：“仆两至粤东，相去仅十一二年，何文风顿逊前日。”继询得其故，命催取最后所誊卷。详细披阅，佳作林立。揭晓则广州人中式特多。解元倪秋槎即列名攻讦乡贤者。董见之不怿，然亦无可如何也。刘既被革后，以酒色自娱。人皆目为狂士，尝自署门曰钦革举人。[②]

钦差章煦采取息事宁人、大事化小的策略，使情态没有扩大化，仅仅处罚了涉事的直接相关人等，客观上也保护了其他士子。此事若发生于雍乾二朝，以二帝的雄猜之性，重罚涉事者甚乃扩大至停考一科广东会试，都不无可能。这样的处理已经算是薄惩了，嘉庆帝谥号“仁宗”，却是有些道理。我们没有找到谢兰生关于此事表态的材料，但有一则材料颇值关注，道光四年（1824），谢兰生与粤秀、越华书院的山长联名给致仕在家的章煦祝寿，“三书院合送寿礼与章中堂桐门，收扇联”[③]。数月后章煦病逝，谢兰生又“早到越华与刘朴石同祭桐门章中堂”[④]。谢刘二人与章煦实无缘源，若非嘉庆二十年（1815）章煦以工部尚书来粤审查乡贤案，对于广东士人有所恩泽，自无祝寿与遥祭的必要。

② 〔清〕谭宗浚：《荔村随笔》，《丛书集成续编》第26册，上海书店，1994年，第509页。

③ 《日记》道光四年（1824）闰七月十六日条。

④ 《日记》道光四年（1824）十一月廿五日条。

谭宗浚的记载，完全站在士绅的立场，于刘华东多有左袒之意。其父谭莹曾深受洋商眷顾，在伍崇曜家中编撰《粤雅堂丛书》，但谭宗浚对于洋商却多有鄙夷之语，如所记“洋商叶氏衰替”一条：

> 自道光中分五口通商，而粤中洋商遂衰弱。所称潘氏、卢氏、伍氏、叶氏，均不如前，而叶尤凌替，祠堂既拆卖之后，所奉神主系真沈香制者，亦刮其字而售于市中。又将祖坟尽发掘，窃其含殓之珠贝，以瓦坛易之。见者皆为惨目。相传叶氏某翁暴富后见薙发匠之妻美，欲占娶之，而匠不肯。因属其戚石某诱薙发匠至白云山，推跌堕崖，破颅而殒，人无知者。遂夺其妻为侧室。凡窃产开棺之不肖子，皆薙发匠妻之所产也。天道好还，有如此者。石某晚年丧明，无子困饿以终。[1]

张维屏是刘华东的好友，他为刘华东作记亦特别表而出之：

> 三山闻洋商卢观恒入乡贤，忿然不平致书制府蒋公，谓公廉明不应有此事。蒋公语其友曰：“乡贤是巡抚主政，总督不过会衔耳。”三山曰：“既非蒋公主意，则此案可翻。”遂商诸陈仲乡。仲乡与三山将致蒋书删成论体，题曰“草茅坐论”，刻之散百本于城乡。于是攻乡贤者不期而集矣。然空言攻之，无以折服卢氏之心，适有谈者谓观恒有拔兄辫发一案，往新会县房询之，案卷尚存。钦使到粤即以拔辫一事将卢观恒牌位撤去。以《草茅坐论》革三山举人，当时巡抚某公恨三山入骨，革三山举人者，所以平巡抚之气也。其后众人醵金为三山捐复，盖无复有士宦之意矣。[2]

刘华东因其特立独行而广泛受到士人尊重：

> 刘没之日，王笠舫大令挽以楹帖云：“草茅坐论成

① 〔清〕谭宗浚：《荔村随笔》，《丛书集成续编》第26册，上海书店，1994年，第510页。

② 〔清〕张维屏：《艺谈录》，卷下，《广州大典》第94册，广州出版社，2014年，第593页。

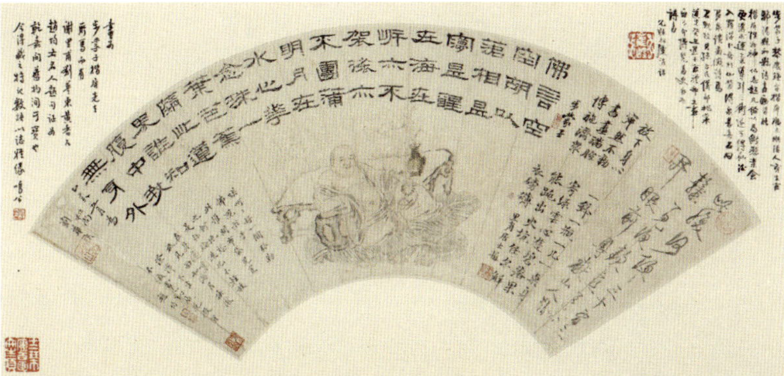

图 4-8 《弥勒佛图》 1815 年 黎楷屏 纸本设色 香港中文大学文物馆藏

千古，文采风流少一人。”不作一激扬语，恰肖刘之为人。[③]

此案亦说明广东士人面貌的丰富多样，既有温良恭谨让的类型，也有狂狷怪异的一类：

> 嘉庆辛酉科，广东乡榜有三怪之目。刘三山华东，文怪；崔鼎来弼，行怪；邱应魁貌怪。而文貌二怪尤怪。刘文章纵横奇辟，素以怪称，其后《草茅坐论》一篇，致于钦差临勘，则怪达天庭矣。三山、鼎来行皆踽踽凉凉，与余友，故余赠三山诗有“三怪幸交二，独行宁有双”之句。[④]

张仲礼认为刘华东家世代经营盐业，这一案例也反映了广州盐商与洋商之间的权力斗争。[⑤]不过，显然士商的界限才是文人士大夫最介意的。谢兰生与刘华东始终关系不错，二人时有往来，“晤刘三山并回拜各客。三山云凡中暑至不省人事者，用酸三敛捣汁灌之，至醒立效云”[⑥]。又“三山来，未晤。留下新作一帙，皆有关人心风俗之大者，阅一过，即着人送复”[⑦]。又“回候刘三山，还斋遇相文前辈来谈”[⑧]。嘉庆二十年（1815）五月黎楷屏所绘一帧《弥勒佛》扇面（图 4-8），其上有谢兰生、

③〔清〕倪鸿：《桐阴清话》，收入《岭南随笔（外五种）》，广东人民出版社，2015 年，第 528 页。

④〔清〕刘世馨编，许联陞订：《粤屑》，卷五，“三怪”，收入《岭南随笔（外五种）》，广东人民出版社，2015 年，第 266 页。

⑤〔美〕张仲礼著，费成康、王寅通译：《中国绅士的收入》，附录六“从商务活动获得收入的绅士”，上海社会科学院出版社，2001 年，第 279 页。

⑥《日记》嘉庆廿五年（1820）六月三十日条。

⑦《日记》道光二年（1822）十一月廿五日条。

⑧《日记》道光二年（1822）十二月初二日条。

图 4-9 《碧苔秋山图》 1827 年 谢兰生
绢本设色 纵 138 厘米，横 63.5 厘米
广州艺术博物院藏

刘华东、黄培芳等人的题跋，足见刘氏于讼案期间活跃于广州文人圈子之中。

但谢兰生也不辞劳苦，出城去乡下为卢家点主。除了高昂的出场费外，卢家的势力以及提供的其他便利，也是他不得不倚重的。作为上层精英的一员，在传统四民界限日趋淡化与模糊的社会中，他所扮演的角色是耐人寻味的。他很明智地没有选边站队，避免陷入士绅利益冲突的漩涡。卢文锦多次宴请、送礼给谢兰生，《日记》中卢文锦出现了 62 次，略多于他的死敌刘华东（43 次）。谢兰生还为卢文锦的父亲（即牌位被移出乡贤祠的卢观恒）撰写碑文，“为东川作其府君晓亭墓碣一篇成”[①]。谀墓所得想必十分丰厚：“卢东川送碑文笔润，又满汉席一筵。”[②] 他也多次送画给卢文锦：“写大幅绢画松泉，为卢东川作。”[③] 作于道光七年（1827）的《碧苔秋山图》（图 4-9），即为赠送卢文锦的作品。

① 《日记》道光二年（1822）六月廿二日条。

② 《日记》道光四年（1824）十二月廿七日条。

③ 《日记》道光九年（1829）八月十日条。

卢文锦还请吴荣光为《富山怡乐图》作记，以表彰其兄弟和睦。[④]吴氏此文誉之过情，估计乃是卢家花了重金方求得者，也可见卢家的势力并未因乡贤案而削弱。据黎丽明考证，《富山怡乐图》卷后共有34名题跋者，皆一时权贵，可查证的广东官员，有广州将军、宗室果齐斯欢，粤海关监督达三，曾任广东巡抚、时任两广总督卢坤，肇罗道道台许乃济，惠潮道道台杨振麟，惠潮道道台夏修恕等人。[⑤]谢兰生也应邀为此图作跋，他早在道光五年（1825）十一月便已完成初稿，“晚作《卢氏富山怡乐图记》一篇”[⑥]。但卢文锦请题之人太多，一直到道光八年（1828）十二月才轮到他正式誊抄图记于卷后：“还斋午饭，写旧作《怡乐图》于卷本上。”[⑦]谢兰生还为粤海关总监达三捉刀：“为达榷使代作《题富山怡乐图诗》一首：吾闻古冈州，风俗最淳厚。中有大富山，群岫皆培塿。依山结林园，临水开窗牖。荆花挺四枝，宝书藏二酉。伯仲吹埙篪，岁时会文酒。一盏亦分尝，一韵互弹扣。似兹大被风，不落姜肱后。水必溯澄源，家毋弃敝帚。伊昔初构堂，岿然一老叟。善贾拥高赀，累寸如积薮。瓯窭爱满沟，立苗不容莠。慎持饘粥鼎，长绾青紫绶。”[⑧]很显然，在乡贤案之后，卢文锦不惜重金邀请省城中各位大员和精英文人为其背书，“补锅”之意甚浓，如此大费周章，很难令人不作此想。

除了积极投入文化事业外，卢家还通过捐资兴修公共设施来重塑家族形象。在道光元年（1821）兴修羊城书院的行商捐款名录中，卢家捐银二千两，仅次于总商伍家的三千两，比第三名的潘家（捐银四百九十六两八钱五分）足足多了一千五百余两，[⑨]足见其依然财大气粗，当然，也有借此洗刷前耻之意在焉。

官府在处理士商矛盾时，往往偏袒商人，士人对此多有不满，如阮元对于商人邱氏的关照，就为人讥讽：

④〔清〕吴荣光：《卢东川文锦郎中富山怡乐图》，《石云山人文集》，卷三，《广州大典》第452册，广州出版社，2014年，第313页。

⑤ 黎丽明：《清代富商人物画的形象建构——〈富山怡乐图〉背后的一段心史》，《文艺研究》，2017年第10期，第123页。

⑥《日记》道光五年（1825）十一月廿九日条。

⑦《日记》道光八年（1828）十二月初六日条。

⑧《日记》道光六年（1826）七月初七日条。

⑨〔清〕程含章：《兴修广州羊城书院设立膏火银两碑记》，《岭南集》，卷七，《广州大典》第440册，广州出版社，2014年，第587页。

> 三水刘羽樵茂才步蟾工制艺，诗才亦警敏，然性滑稽，人多畏其口。南海邱性筑唐荔园。阮仪征制府为署额。中有擘荔亭诸胜，制府尝驻节往游。邱氏于亭边刻石云“阮制府尝游此”。又遍征同人诗文，延制府评阅。浙中童梦君太史时在幕府，代为定甲乙。邱故俗物，仿春秋闱揭晓，例于三更后，奏乐然炮，张巨榜于所居三界庙前。刘即作俳诗刺之，中有句云：“至今擘荔亭边石，犹说芸台小便香。”寅夜即黏榜上，迨晨早看榜者并见此诗，无不掩口。邱大恚，欲纠人殴辱之。或力阻，乃止。然命途乖舛，岁科试三次冠军，竟不能食饩，后穷饿而终。先教授公尝举以为轻薄者戒。[①]

① 〔清〕谭宗浚：《荔村随笔》，《丛书集成续编》第26册，上海书店，1994年，第512页。

总之，19世纪上半叶的广州，是一个充满变数的社会，既有一心弃商从儒的洋商，也有为稻粱谋、不得不弃儒从商的士人，但出于“万般皆下品，唯有读书高”的传统心理，又使上述两类人殊途同归，最后成为亦商亦儒、身份难以“四民”界定的人。士绅与商人的关系，既有合作，也有竞争。乡贤案的发生，说明二者的矛盾，在积累到一定程度后终于爆发，但最后双方各撤藩篱，握手言和，又说明二者的矛盾并非不可调和。而此后再未发生相类似事件，可见经此一役，士绅与洋商两败俱伤，终于明白合则双赢、斗则两败的道理，进而沆瀣一气，联手对付官家了。

鸦片战争的爆发，结束了广州垄断外贸业的局面，战火彻底摧毁了洋商制度，也成为压垮盐商的最后一根稻草。而生活在这一大变局前夕的人们，其实是茫然无知的。但是这一股变动的大风，此后又刮去了上海——广东商人在全新的天地里又开始了一番打拼。

第五章 捕属人家与流寓画家

广东经济的大飞跃，始于明代中叶。江南人叶权嘉靖年间来广东游历时惊奇地发现，原本令外省人闻风丧胆、谈之色变的南岭瘴区，竟然已经变成了平安畅通的商贸孔道：

> 岭南昔号瘴乡，非流人逐客不至。今观其岭，不及吴越间低小者，其下青松表道，豁然宽敞。南安至南雄，名为百二十里，早起半日可达，仕宦乐官其地，商贾愿出其途。余里中人岁一二至，未尝有触瘴气死者，即他官长可知。何昔之难而今之易也？意者古昔昇平，大抵不满百年，即南北阻隔。自南雄达省城，群蛮出没，无他陆路，舟行艰难，往来者少，故山岚之气盛，如大室久虚，即阴沉不可住，况山川有灵气者耶？客子在途，心摇摇多畏恐，触之而病，宜矣。我朝自平广东以来，迨今承平二百年，海内一家，岭间车马相接，河上舟船相望，人气盛而山毒消，理也。[1]

① 〔明〕叶权：《游岭南记》，中华书局，1997 年，第 42 页。

乾隆二十二年（1757），清廷决定关闭其他贸易港口，仅保留广州作为唯一的对外通商港口，十三行成为唯一合法的对外贸易商。这一政策的施行，使中国与西方各国之间的全部贸易，都以广州为中心。中国其他省份各行各业的商人也趋之若鹜地到广州来经营进出口贸易。19 世纪初叶，广州已成为全球海上贸易的枢纽之一，呈现出一片繁荣景象。①

一口通商政策带给广州社会的最大变化，或许是人口激增。成书于乾隆二十四年（1759）的《广州府志》编订之时，整个广州府仅有 54 万 8 千人，② 当然，这应是一个有不少遗漏的数字。陈春声根据广州全年的食米量，推算雍正二年（1724）广州人口为 50 万至 100 万之间③。成书于光绪五年（1879）的《广州府志》统计道光十年（1830）南海县男丁 657,009 人，妇女 457,474 人，疍户男丁 2,595 人，妇女 2,266 人；道光二十九年（1849）番禺县男丁 577,820 人，妇女 455,653 人。④ 两县合计 2,152,817 人，剔除两附郭县的乡村人口，再加上户口不在广州而流寓于此的常住人口，则此时省城人口当在 150 万至 200 万之间，较之雍正年间，几乎翻了一倍。

在这激增的将近一百万人口之中，除了省内尤其是珠三角的农民涌入省城务工外，更多的是外省移民。在交通不便的古代中国，省际之间长距离的旅行和迁徙并不常见，奔波于路途之上的，往往是五种人：一是官员及其家人，二是业幕的士人，三是进京应试的举人，四是从事商贸往来的商贾，五是背井离乡的无业流民。与前代因战乱消极入粤不同的北方移民不同，这一波移民潮所带来的新广州人，主要是喜欢广州的营商环境而主动迁徙入粤。他们是洋商（主要来自福建）与盐商（来自江浙、江西），各级衙门幕友（来自江南，尤以浙绍人居多），流寓的文人、画家（大多来自江南）。我们在前面一章已经分

① 李国荣、林伟森主编：《清代广州十三行纪略》，第四章"一口通商"，广东人民出版社，1994 年，第 49 页。

② 《（乾隆）广州府志》，卷十二，贡赋，乾隆二十四年（1759）刻本，广东省立中山图书馆藏。

③ 陈春声：《市场机制与社会变迁——18 世纪广东米价分析》，第二章"米粮地区差价与米粮市场的运作"，中国人民大学出版社，2010 年，第 68 页。

④ 《（光绪）广州府志》，卷七十，经政略一，户口，光绪五年（1879）刻本，广东省立中山图书馆藏。

析了谢兰生与洋商及盐商的关系，本章将讨论以谢兰生为代表的本地士绅与这些外来的精英关系如何。外来精英人群的涌入，又是如何重塑广州的城市气质，又会引起何种社会变迁？这是本章将作探讨的主要内容。

第一节 捕属人家：流寓广州的幕府群体及其后代

嘉庆二十年（1815）暮春，广东布政使曾燠[5]及其幕僚与广州本地士绅在长寿寺举办修禊雅集，《曾宾谷长寿寺修禊图》描绘了这一雅集场景（图 5-1），参与雅集共十一人，除曾燠本人及画师外，有幕僚五人，本地士绅二人，道释各一人。

《曾宾谷长寿寺修禊图》除了曾燠和本地士绅刘彬华、陈昙的题跋外，此后诸跋为曾燠幕僚所作，分别是周三燮（浙江钱塘人）、郭琦（江苏镇江人）、胡森（江西南城人）、黄道开（江西南城人）、王崇熙（江西南城人），后三人应是曾的同乡兼幕僚。这些题跋显示了岭南与江南之间的文化互动，在这一文化互动中，幕府群是值得研究的群体，它作为沟通岭南与江南两地文化交流的重要载体，是促进两地文化交流的重要力量。

谢兰生虽未参与此次雅集，但他和曾燠及其幕僚关系甚好。除阮元外，嘉道年间对广东文化产生重大影响的官员非曾燠莫属。曾燠在粤五年，对粤地士子颇有奖掖之功。曾燠的《长歌行简谢太史兰生崔孝廉弼》对谢兰生推崇备至："老夫于学虽不敏，天下才人相识尽。天南万里越王台，旧雨不来新雨来。燕寝清香一尊酒，眼中复得谢与崔。"[6]谢兰生曾为周三燮[7]

⑤ 曾燠（1760—1831），字宾谷，江西南城人。乾隆四十六年（1781）进士，选庶吉士。历官两淮盐运使、湖南按察使、广东布政使、贵州巡抚等。有《赏雨茅屋诗集》传世。

⑥ 〔清〕曾燠：《赏雨茅屋诗集》，卷九，《续修四库全书》第 1484 册，上海古籍出版社，1995 年，第 88 页。

⑦ 周三燮，字南卿，浙江钱塘人，诸生，为曾燠幕宾。

图 5-1 《曾宾谷长寿寺修禊图》（局部） 1815 年 徐承熙 纸本设色
纵 1200 厘米，横 36 厘米 清远市博物馆藏

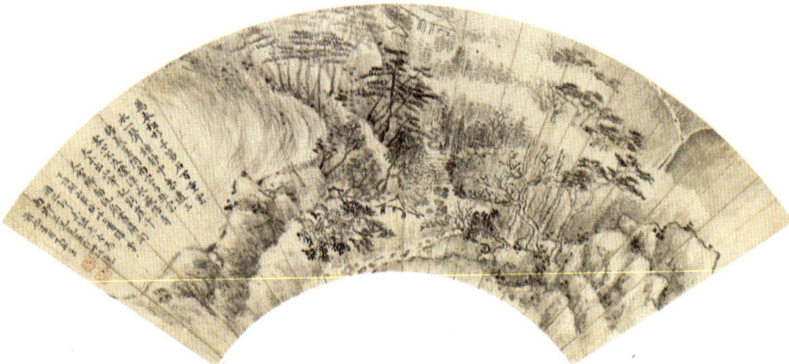

图 5-2 《鼎湖山图》 谢兰生 私人收藏

作一扇面，画的是鼎湖山题材（图 5-2）。陈昙《邝斋师友集》记："南城藩粤五年，署中宾客皆酒龙诗虎也。而南卿相依最久，甲戌入都犹从后车之载。乙亥擢抚贵州，南城荐南卿于襄平蒋励堂总督，丙子又从襄平入都，自后音信虽通，履綦不接矣。"[①] 可知周三燮在曾燠之后，并未马上离开广州，又入幕两广总督蒋攸铦，最后才跟随蒋氏入京。

传世的《小停云山馆图》一画，则更能说明两地精英的惺惺相惜。嘉庆十五年（1810）秋，洪颐煊离京入山东孙星衍幕，陈钧作《小停云山馆图》赠别（图 5-3）[②]。嘉庆十九年（1814），

① 〔清〕陈昙：《邝斋师友集》，卷六，《清代稿钞本八编》第 379 册，广东人民出版社，2017 年，第 194 页。

② 洪颐煊（1765—1837），字旌贤，号筠轩，晚号倦舫老人，浙江临海人。长于经学，著作有二十余种一百六十多卷，家中书画古籍收藏颇富。

③ 光绪《台州府志》，卷七十三，民国十五年（1926）本，转引自贾慧如《略论洪颐煊的学术生涯与治学特点》，《西北民族大学学报（哲学社会科学版）》，2009 年第 4 期，第 69 页。

④ 仪克中（1796—1837），字协一，号墨农，祖籍山西汾城，父官广东盐运使司知事，遂为番禺人。道光十二年（1832）举人，著《剑光楼集》。

久困场屋的洪颐煊入赀为直隶州州判，署广东新兴县事，遂南下广东任职，这件作品也被他携带入粤。此时正值阮元任两广总督，他深知洪颐煊"吏才短而文学优"，遂"延入幕，诹经诸史以为常"[3]。画作衬边有粤中名士的题跋，如刘彬华、仪克中[4]，此外则是寓居或游历广州的外省名士吴嵩梁[5]、姜安[6]、蒋因培[7]、王衍梅[8]、胡森[9]、宋翔凤[10]、弥本[11]等人。蒋因培感慨二人在广州重逢："雁荡羊城君待我，玉杯书带我怀君。"刘彬华则将洪氏比作六朝时期的谢鲲，又说自己见猎心喜，也想请人画一张书斋图："幼舆丘壑身，我亦秉微尚。明当倩画师，为写壶山嶂（自注敝庐号玉壶山房）。"仪克中称赞洪氏学术精湛，名动海内："君家容斋五羊传，后来岂必居其亚。知公事业在名山，海内名山半往还。"可见南岭内外学者的交谊。

道光六年（1826），阮元调任云贵总督，洪颐煊在广东继续逗留两年后，返回故乡浙江。这一次，他终于有余资营造新屋，又请陈务滋再绘一帧《小停云山馆图》，粤中名士张维屏曾有诗咏之。[12]

⑤ 吴嵩梁 (1766—1834)，字子山，号兰雪。江西东乡人。嘉庆五年（1800）举人，授国子监博士，旋改内阁中书。道光十年 (1830) 擢贵州黔西知州，有"诗佛"之誉。

⑥ 姜安，字怡亭，浙江人。时流寓广州。能诗，好收藏，酷爱古铁钱，著有《国朝画传编韵》等。

⑦ 蒋因培（1768—1839），字伯生，江苏常熟人。国子监生，历汶上、齐河知县，有《乌目山房诗录》。

⑧ 王衍梅 (1776—1830)，字律芳，号笠舫，浙江绍兴人。嘉庆十年 (1805) 中进士。后入两广总督阮元幕，得以遍游粤东。

⑨ 胡森，江西南城人，乾隆五十四年 (1789) 进士，入广东布政使曾燠幕，道光元年（1821）至道光十二年（1832）任广东端溪书院山长。

⑩ 宋翔凤，字于庭，江苏长洲人，为常州学派代表人物庄述祖外甥。嘉庆五年（1800）举人，官湖南新宁知县。通训诂名物，精研今文经学，他于道光四年（1824）至广州拜谒阮元，得与洪颐煊商榷《管子》。

⑪ 弥本，字澹庵，黄山僧人，长于山水画，后客寓粤中。

⑫ 徐雁：《诗吟陶令篇，地拟衡山墅——访临海洪颐煊"小停云山馆"有感》，《图书馆研究与工作》，2010年第1期，第2页。

图 5-3 《小停云山馆图》 1810 年 陈均 纸本设色 纵 111.3 厘米 横 32.5 厘米 临海市博物馆藏

图 5-4 《武林归棹图》 1813 年 徐秉墫 纸本设色 纵 51 厘米，横 125 厘米 私人收藏

而越来越多的幕宾则选择在广州安家，他们的后代也逐渐以广东人自居。因其大多占籍番禺，须至捕属厅报备，所以形成一个独特的“捕属人家”。凭借优良的基因和深厚的家风，他们在科举考试上如鱼得水，使原先的番禺士人黯然失色：

番禺一县，籍贯上有捕属司属之分。捕属均外省落籍番禺之人，或游宦来粤，或佐僚幕，寄居穗城日久，遂列籍番禺捕属，盖便于子弟之应科试入学也。科举未废前，科试入学者捕属常占十之八九，司属仅十之二三，乡人得入学者甚难，故奖勉入学者甚至。得青一衿，族中父老皆肃衣冠出村迎接，簪花饮宴，鼓乐前导。备极欢迎。此后则领双胙，食学田，称乡绅。主乡事，俨然南面称王矣。以是多以此自满，而中举者少，入仕更少。因而番禺一邑文风，皆让捕属。近世之胡家汪家，即捕属之翘楚也。[①]

原先的番禺士人在权益深受侵犯时不得不起而反抗，但广州官员全为外省人（明清官员回避本省籍），似多左袒占籍者：

番禺许叔文榜眼其光，本钱塘人，封翁幕游来粤，诞生羊城。幼从杨黼香先生荣绪游，目为大器，以妹妻之。因占籍应试，邑人力攻，得黼香排解，始获毕考。[②]

① 祝秀侠：《粤海旧闻录》上册，“番禺捕属之科名”条，（台北）圣文书局，1987 年，第 354 页。

② 〔清〕谭宗浚：《荔村随笔》，《丛书集成续编》第 26 册，上海书店，1994 年，第 503 页。

这些占籍的新广州人，一方面抢占了本土广州人的资源，另一方面又为广州注入了新鲜血液和优质人才。捕属人家的子弟入籍之后，一般也以广东人自居，但对于江南又有一份割舍不了的乡愁，偶尔还会回到远在江南的故乡祭祀先祖。如陈澧，自称“余广州人也”[③]，又因其先祖为江苏江宁人，故名其词集为“忆江南馆词”以作纪念，“粤贼起矣，既而贼踞金陵，以先世为上元人，凡甲辰后所为词，虽无多篇，并前作题曰《忆江南馆词》，以寄思念故乡之意”[④]。

嘉庆十八年（1813）孟春，游幕粤中的杭州人徐秉墫绘制《武林归棹图》（图 5-4），纪念自己十五年前的一次江南重游。[⑤]画中描绘的是徐氏在西湖游玩的情景，而背景则是西湖南山路雷峰塔一带景色。自题：

> 墫四龄失怙，衣食奔走，致先人柩椓滞岭表者，垂三十年，负疚滋深。岁庚午之春，始得奉母归里，卜葬于湖上之三台山。窀穸甫安，又复饥驱度岭。墓田一区，松楸千里，浪游故我，振拔何时，爰绘图以识岁月，且冀异日之得永守先庐为快也。癸酉孟春之望，秉墫自识。

题识中提到嘉庆三年（1798）他携母回故乡杭州葬父一事，后来为了生计，不得不再次奉母来粤充幕。他虽然自幼长于广州，但无时无刻不想念着家乡，以能返乡守护故庐为人生目标。

韩崶时任广东巡抚，也同是来自江南[⑥]，他在诗跋中表示为徐秉墫的故土之情深深感动，又感慨自己父母远在家乡而不能回去侍奉的惆怅（图 5-5）：

> 羁鸟恋旧林，游子思故丘。故丘不可思，风木凄以愁。弱冠背乡井，负薪海南州。贤书登俊乂，名声动诸侯。恻恻警霜露，悠悠徂春秋。幡然得初志，命室同归舟。奉母扶父柩，卜葬湖西头。如何土未干，乃复事远游。

③〔清〕陈澧：《广州音说》，黄国声主编：《陈澧集》第一册，上海古籍出版社，2008 年，第 58 页。

④ 此段为陈澧之子陈宗颖所作按语，〔清〕陈澧：《忆江南馆词自序》，黄国声主编：《陈澧集》第一册，上海古籍出版社，2008 年，第 643 页。

⑤ 徐秉墫，字醇夫，杭州人，嘉庆三年（1801）举人，嘉庆年间入两广总督蒋攸铦幕。此图伊秉绶题引首并题跋，韩崶、谭延阊、徐绍棨、张学华、桂坫题跋，何荔甫、王闻善等旧藏。

⑥ 韩崶（1758—1834），字桂舲、旭亭，江苏元和（今江苏苏州）人。乾隆年间拔贡，历任广东高廉道、福建按察使、广东巡抚署总督、刑部尚书兼兵部尚书。

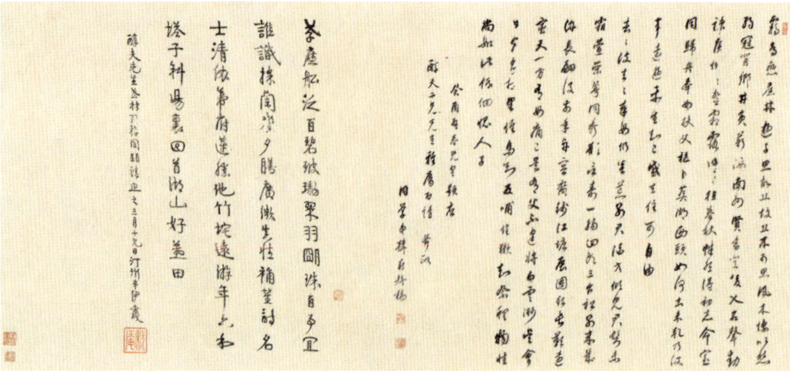

图 5-5　《武林归棹图》韩葑、伊秉绶题跋

平生知己感，去住可自由。去去复去去，奉母仍炎荒。
别君酒方倾，见君鬓未霜。萱荣萼同秀，愿言寿一觞。
回头三台松，别来几许长。翩波前年舟，容裔钱江塘。
展图起长叹，远宦天一方。有母痛已矣，有父不遑将。
白云渺吴会，日夕遥相望。惟乌知反哺，惟獭知祭鲤。
物性尚如此，低徊愧人子。

伊秉绶在题诗中则安慰徐氏年纪尚轻，不比朱彝尊晚岁方得入粤游玩，将来大有机会可以荣归故里：

孝廉船泛百碧玻瓈，翠羽明珠百事宜。谁识采兰馨夕膳，广微真性补笙诗。名士清依幕府莲，胜他竹垞远游年。六和塔子斜阳里，回首湖山好墓田。

徐秉墩最终决定为子孙占籍广州，虽然如此，但不难想见其心中对于江南故乡难以割舍的一份依恋之情。特殊的题材，使之成为一件凝聚家族回忆的纪念品而为后代所传承。它也是记录捕属人家悲欢离合的一个缩影。徐家入粤后，代有闻人，如徐绍桢[①]、徐绍棨[②]。入民国后，谭延闿作于 1926 年的题跋对于徐氏家世有一段考证（图 5-6）：

右《武林归棹图》，徐醇夫先生之所作也。先生少

① 徐绍桢(1861—1936)，字固卿。广东番禺人。曾任苏淞镇总兵和江北提督，武昌起义爆发后，率部响应武昌起义，光复南京。此后历任为南京卫戍总督、广州军政府总司令、广州卫戍总司令，后兼陆军部练兵处督办、总统府参军长。

② 徐绍棨（1879—1948），字信符，广东番禺人，祖籍浙江钱塘（今杭州）。民国著名藏书家，图书馆学家、版本学家。

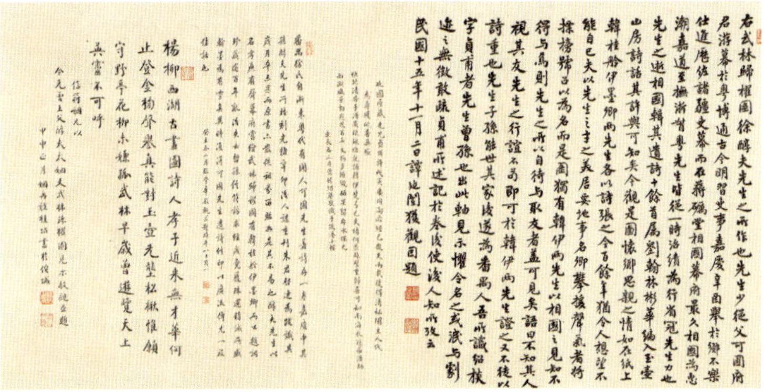

图 5-6 《武林归棹图》谭延闿、徐绍棨题跋

从父可圃府君游幕于粤，博通古今，明习吏事。嘉庆辛酉举于乡，不乐仕进，历佐诸疆吏幕，而在蒋砺堂相国幕府最久。相国为惠潮嘉道至抚浙督粤，先生皆从，一时治绩为行省冠，先生力也。先生之逝，相国辑其遗诗十余首，属刘翰林彬华编入《玉壶山房诗话》，其许与可知矣。今观是图，怀乡思亲之情如在纸上。韩桂舲、伊墨卿两先生各以诗张之。今百余年犹令人想望，不能自已……先生子孙能世其家，后遂为番禺人，吾所识绍棫字贞甫者，先生曾孙也，出此轴见示。惧令名之或泯与剧迹之无征，敢疏贞甫所述记于卷后，使后人知所考云。

徐绍棨作于1940年的题跋，表明虽然历经数代，徐氏后人早以广东人自居，但仍未曾淡忘故乡，而且对于家族来自传统文化中心而深感自豪：

此图原藏先兄贞甫许，戊寅广州沦陷，经已散失两载。后得清秘阁主人代为寻获，欣喜无极。快挹清芬手泽遗，琅琅雅记诵韩伊。楚弓已失情何尽，赵璧重归喜可知。南海衣冠罹浩劫，西湖风景动遐思。百年文物多摧毁，硕果留存永保之。

除了业幕之外，不少江南人入粤营商。中晚明之时，就有江南人来广州游历，他们敏锐地观察到广州特有的商业氛围：

广城人家大小俱有生意，人柔和，物价平，不但土产如铜锡俱去自外江，制为器，若吴中非倍利不鬻者，广城人得一二分息成市矣。以故商贾骤集，兼有夷市，货物堆积，行人肩相击，虽小巷亦喧填，固不减吴阊门、杭清河坊一带也。[1]

而广州人的富奢，也令他们感到吃惊：

穗城人富而俗侈，设席宴客，日费二三十金。常有荡子以千金买一顽童者，虽希有之事，其奢淫亦可概见矣。闾巷小民，新岁所放火爆，有大至合抱、长四五尺者。每一火爆，价值一金之外。噫！何其侈靡而无益也？[2]

入清之后，越来越多的江浙人来到广州营商，由于人数众多，各地都建有会馆，如：

广东省城有武林会馆，在归德门外宴公街，杭州商贾于此醵金创建，既落成，其乡人梁应来绍壬为撰楹帖云："一阕荔支香，听玉笛吹来，遍传南海；双声杨柳曲，问金尊把处，忆否西湖。"真雅音也。[3]

两广盐商本由广东本地人充当，但因风险太大，利润不高，所以粤人积极性不高，乾隆之时，充当两广盐商的"多有江浙寄寓之人"[4]，专为营盐之事。成书于嘉庆九年（1804）的言情小说《蜃楼志》，其中有许多浙绍人来粤任盐商的情节，如被粤海关欺压自尽的口岸书办董材，原姓施，"浙绍人氏，自幼在广州充当埠商，娶了家小之后，因有了亏空，被运台递解回籍，他因恋着粤中，做些手脚，改姓钻谋"。他重返粤中后，以三千花边洋银谋了惠州汕尾口书办一职，几年下来，就有一二万洋钱入账。[5] 这些南来的盐商，留恋广州的繁华，一般

① 〔明〕叶权：《游岭南记》，中华书局，1997 年，第 41 页。

② 〔明〕王临亨：《粤剑编》，卷二，中华书局，1997 年，第 78 页。

③ 〔清〕梁章钜：《归田琐记》，卷六，"楹联賸语"条，中华书局，2012 年，第 128 页。

④ 中国第一历史档案馆录副奏折财政类，乾隆三十九年（1774）八月二十五日，李侍奏。转引自王小荷：《清代两广盐商及其特点》，《盐业史研究》，1986 年第 1 期，第 67 页。

⑤ 〔清〕庾岭劳人：《蜃楼志》，第七回"希宠荣河厅献瓦，受屈辱关吏投缳"，华夏出版社，2013 年，第 60 页。

会安家长住下来，并为子弟占籍番禺，与业幕至此的浙江师爷一样，成为捕属人家的重要成分。

外来精英人群的涌入，重塑了广州的城市气质，使广州由纯粹的商业都市变得“文质彬彬”，清代中后期朴学在广东的兴盛，正是最好的例证。李绪柏在分析清代广东朴学兴盛原因之时，特别提到清代后期广东文化群体中间核心人物多原籍外省，尤其多江浙人士，“这种特殊的渊源背景关系，或许具有更深沉的文化蕴涵，值得进一步发掘”[⑥]。而晚清的民主革命风云中，广州捕属子弟成为革命党人的中坚力量，如朱执信、胡汉民、古应芬等人是其中的代表人物，这似乎说明江南士人于明清鼎革之际优雅赴死的士习也融入到广州人的血液之中。[⑦]有趣的是，这批捕属子弟继承了祖辈精通文墨、擅长运筹的基因，多在革命阵营中担任文书、谋士的角色。

除了来自外省的捕属人家，嘉应州籍的客家人，作为新移民，也在广州的书画世界里占据重要角色。该地自晚明之后文风颇盛，南迁至此的客家人重教兴学，当地士子读书科考之风盛行。清代乾嘉年间，嘉应州五县户籍在册仅 3 万余户，每年参加生员考试者却有 1 万多人，可见当地读书人所占人口比例之高。有清一代，嘉应州进士数量，仅次于广州府、潮州府两大传统强府，名列第三[⑧]。来自嘉应州的寓居文人，成为 19 世纪早期多元化广州文学和学术界的外来者中一个重要群体。[⑨]李黼平是深得阮元赏识的一人，[⑩]而吴兰修则成为学海堂首任八位学长之一。

第二节　流寓广州的江南画家

谢兰生的交游圈中，有不少流寓广州的外省籍画家及文士。

⑥ 李绪柏：《清代广东朴学研究》，第八章“清代广东朴学兴盛探源”，广东地图出版社，2001 年，第 206 页。

⑦ 杨念群就曾指出：“对江南文人优雅赴死的举动颇感不解，于怡情惬意中视死节如平常事的江南士习，可能恰是清初统治者所疑惧和忌讳的一种异类姿态。”详见杨念群：《何处是“江南”：清代正统观的确立与士林精神世界的变异》，第八章“文字何以成狱”，生活·读书·新知三联书店，2017 年，第 372 页。

⑧ 陈利敏：《清代广东进士地理分布及其特点分析》，《浙江档案》，2017 年第 10 期，第 48 页。

⑨〔美〕麦哲维著，沈正邦译：《学海堂与晚清岭南学术文化》，广东人民出版社，2018 年，第 47—50 页。

⑩ 方尤瑜：《殷殷良马情拳拳知遇心——李黼平和阮元的情谊》，《岭南文史》，2016 年第 4 期。

其中，他尤与客寓广州的徽籍画家汪玉滨最为相得，有倾盖如故之感，《日记》中多有体现。总之，谢兰生的书画创作得益于与外来文人、画家的切磋。他一方面提升了鉴赏眼力和绘画技术，另一方面其地域关系网络也得以延伸。

谢兰生经常参与文人雅集，这种雅集并不局限于本省士人，更因外省名士的加入而更具风采。嘉庆二十年（1815），名满天下的常州汤贻汾入粤游历，广州书画世界为之一振。谢兰生、张如芝等人请他到家中作画，其他士绅也陪同左右。张维屏《十一月十六日谢里甫太史招同人集常惺惺斋，齐观汤雨生骑尉贻汾作画，明日复集观家墨池孝廉如芝作画，赋诗纪之并简里甫、雨生、墨池》一诗写的正是此事：

谢公中年清净福，不喜围棋不丝竹。癖耽诗画老更豪，旧雨频来酒新漉。将军下马气如虹（雨生乘马至），能事不妨相迫促。拈来湘伫三寸管，写出铜瓶一枝玉。有梅无雪未快意，要使清寒醒尘目。檐际黄绵可负暄，座上玉楼翻起粟。诗篇争欲投木桃，酒数奚烦罚金谷。会拟衣裳不厌多，缘深翰墨何嫌复。吾家墨池老画师，烟云供养须眉绿。一笑相逢错道人（雨生自号错道人），丘壑罗胸各扪腹。看君作画运斤成，限我题诗叉手速。夜永宁愁醉尉诃，日短真疑夸父逐。风流昔画玉堂山，雅集今围石林屋（前日集叶云谷风满楼，会者十余人）。还须寄语李龙眠（谓芸甫），早晚安排鸡黍局。①

又如《五月十六日海珠寺得月台消夏同李凤冈太守，汤雨生都尉、谢里甫太史、叶云谷农部，李芸甫水部四君作画，余赋诗》：

世间画境多尘土，作画须来水精府。楼窗卅扇玲珑开，得月台高不容暑。台前彩鹢如云连，登台缥缈疑飞仙。仙人自古多好事，天水光中寻画禅。蒲帆百幅空中

① 〔清〕张维屏：《听松庐诗钞》，卷五，《广州大典》第93册，广州出版社，2014年，第36页。

举，丘壑在胸客无语。台中一片砚池云，吹作羊城万家雨。铁戟不动苔花麄，时平到处堪嬉娱。兹游消夏颇不恶，补入老人花甲图。钟鱼声定龛灯黑，忠简书堂久岑寂。一杯我欲酹英魂，五百年来几闲客。②

文人雅集固然惬意，但与一二知己晤对一室更是怡然自得。谢兰生经常与本地画家商榷绘画技法，“晚与吕子羽论画”③，又“中午与墨池商榷画法两点钟，久始回”④。而对他技法启发最大的则是流寓广州的江南画家。汪浦是谢兰生最为信服的一人⑤，他们曾多次交流画艺。有一次他们同被接到洋商卢家的新会乡下，谢兰生负责点主，汪浦负责画遗容，在舟中无聊的等待中，二人通宵谈艺：“还舟中，与汪玉滨（宾）谈画，将近三鼓乃寝。”⑥“竟日在舟中与玉滨（宾）论画，写折扇山水一柄，玉滨（宾）为余写《梅花美人图》未成。”⑦谢兰生因为不长于人物，所以特地向汪浦借人物画粉本：“汪玉宾来，携到人物画稿一册，甚佳。”⑧又“汪玉滨（宾）送《梅花美人》一幅来，并人物画稿十六页”⑨。

汪浦还教他制作豆腐宣（即半生熟宣纸）的方法，汪氏是安徽人，自然知晓这一诀窍：

> 汪玉滨（宾）云宣纸以豆腐水取排笔浇一过，晾干极妙，可作画，又宣纸以排笔浇山水一过，带湿卷至极实飏开，以熨斗烫一过，亦妙。⑩

在近代岭南画派的形成过程中，曾经起到重要作用的孟覲乙⑪、宋光宝⑫二人，也是谢兰生重要的画友。潘飞声《绿水园读画记》中曾记述二人在广东画史上的功绩：“道光间，临川李芸甫聘孟丽堂、宋藕堂来粤，教授作花卉。丽堂以意笔挥洒，上追白阳；藕堂设色写生，明丽妍秀。粤画遂开二派。杜洛川、邓荫泉，丽堂派也。张鼎铭、宋子熙，藕塘派也。巢廉兄弟出，初犹学藕塘，后乃自成一家，居氏花卉又开一生面矣。”⑬

② 〔清〕张维屏：《听松庐诗钞》，卷五，《广州大典》第93册，广州出版社，2014年，第38页。

③ 《日记》嘉庆廿五年（1820）四月十六日条。

④ 《日记》嘉庆廿五年（1820）正月十五日条。

⑤ 汪浦，生卒年不详，字玉宾，安徽歙县（新安）人（一说本江苏江都人），久寓广东番禺。工画，花鸟、人物、仕女皆精。

⑥ 《日记》道光元年（1821）十二月十二日条。

⑦ 《日记》道光元年（1821）十二月十三日条。

⑧ 《日记》道光二年（1822）三月十六日条。

⑨ 《日记》道光元年（1821）十二月廿一日条。

⑩ 《日记》道光三年（1823）六月十三日条。

⑪ 孟覲乙，字丽堂，号云溪生、云溪外史，江苏阳湖人，是乾嘉时期著名的“十六画人”之一。晚年流寓广西桂林。

⑫ 宋光宝，字藕塘，吴县（今江苏苏州）人，晚年流寓广西桂林。

⑬ 汪宗衍：《广东书画征献录》，著者自印本，1988年，第149页。

图 5-7 《倚山楼合作三清图》 1819 年 孟觐乙、张墨池、吕翔、谢兰生 纸本设色 纵 119 厘米，横 38 厘米 私人收藏

图 5-8 《菊石双鸟图》 宋光宝 绢本设色 纵 116 厘米，横 51.5 厘米 广州艺术博物院藏

嘉庆十九年（1814），孟觐乙随同李秉绶出现在广州城。张维屏的诗中，曾提及李秉绶、孟觐乙与汤贻汾三人为海幢寺合作一幅大画[1]。汤贻汾此时任职广东兴宁县尉，居停于广州。

嘉庆二十四年（1819），孟觐乙再到广州。传世《倚山楼合作三清图》（图 5-7），其上有谢兰生的题识："己卯七月

① 〔清〕张维屏：《孟丽堂上舍觐乙、汤雨生守戎贻汾、李芸甫水部秉绶合作画障，施海幢作供养，为赞以诗》，《听松庐诗钞》，卷五，《广州大典》第 93 册，广州出版社，2014 年，第 36 页。

十六日，云谷农部邀同丽堂孟君、墨池张孝廉、吕君子羽共宿倚山楼，酒酣偶作三清图，丽堂写松，子羽补石，默池写竹，画成嘱予记之。里甫谢兰生。”叶梦龙归粤后筑风满楼于白云山麓，常招文士雅集其中。这次雅集除孟觐乙外，还有谢兰生、叶梦龙、吕坚、张如芝等人参加。

在谈论岭南画派早期渊源之时，学术界一般认为孟觐乙的影响极大，以至不少人误以为“二居”曾向他当面请教。但据孔令彬考证，孟觐乙大约生于1764年，卒于1833年。他据此认为“二居没有机会也没有可能向孟觐乙请教过绘画技艺。他们都只能算是孟觐乙的私淑弟子而已”[②]。

流寓广州的苏州人宋光宝，也是谢兰生的画友。宋光宝虽也随李秉绶长期在桂林活动，但他的作品在广州文人圈中时有出现（图5-8），如“云谷送来藕塘所画团扇”[③]，又如“子璞携藕塘新写《百花卷》来”[④]。宋光宝曾在广州逗留过一段时间，如“宋藕塘携大痴画一幅过风满楼，甚佳，云售者取价二百两。细看不过能品，麓台、石谷亦可到此境界，未敢信为的真也”[⑤]。谢兰生还请他为恩平石作砚画小稿：“候宋藕塘，送以西洞圆砚并嘱写恩平石上花果。”[⑥]他们还一起出席画会：“随到金受生处赴席，同席张南山、陈理斋、叶云谷、春塘、宋藕塘、侯丹亭。散席见近代画无数，亦有许多佳者。”[⑦]

按孔令彬的考证，“二居”也没能见过宋光宝一面，但“二居”随张敬修寓居桂林期间，通过与李秉绶家族后人密切交往，很有可能看到数量不小的宋光宝和孟丽堂的花鸟作品，甚至环碧园中的部分藏品也有可能流入到居巢手中，带回东莞加以揣摩研习。长期生活在两广地区的宋光宝、孟觐乙，应有不少作品留在广州，“这些作品包括他们的风格也都或显或暗地影响着广东的花鸟画坛，包括正在艺术上逐渐走向成熟的居氏兄弟”[⑧]。

② 孔令彬：《孟觐乙生平事迹略考》，《美术学报》，2015年第3期，第50页。

③ 《日记》道光三年（1823）八月十一日条。

④ 《日记》道光五年（1825）九月初一日条。

⑤ 《日记》道光五年（1825）一月廿三日条。

⑥ 《日记》道光五年（1825）八月廿一日条。

⑦ 《日记》道光八年（1828）十一月廿六日条。

⑧ 孔令彬：《居廉、居巢为宋光宝弟子考》，《美术学报》，2015年第5期，第50页。

宋光宝与孟觐乙一道，作为“二居”的私淑老师，成为启发岭南画派崛起的重要人物。他们在广州城内如风满楼、常惺惺斋等重要书画网络中的活动，为一百年后的画学革命播下了种子，这或许是谢兰生、叶梦龙等人未曾预想到的。但历史往往如此有趣，一个偶然的小事件，最终竟然改变了广东乃至整个中国近代美术的历史走向。

第六章 书画：文雅的『礼物』

古代中国是一个高度讲究礼尚往来的人情社会。作为社会网络中的一分子，再清高孤傲的文人画家也不可能完全免俗，彻底挣脱尘网的束缚，在遇到亲朋好友寿诞、别离等特殊情景，也时常会以书画作为赠礼来维系一定的人际关系。谢兰生在《日记》中，不厌其烦地记录下礼物的赠予、转赠等信息。除了水果、食品、衣服、文具等一般性礼物，书画也常常作为文雅的“礼物”进入社交网络之中，具体可分为“仪式性场合”与“非仪式性情景”两种赠礼画。[①] 本章主要讨论谢兰生如何运用书画以构建其社交网络，其书画作为礼物如何进入流通渠道，而求画与送画的内在逻辑又是什么。

① 此处借用阎云翔《礼物的流动——一个中国村庄中的互惠原则与社会网络》一书的术语。运用此术语而作的美术史个案研究，已有罗中峰关于沈周的研究，本章的写作深受其启发。详见罗中峰《绘画与沈周的社会世界(一)》，《美术学报》2012 年第 2 期；《绘画与沈周的社会世界(二)》，《美术学报》2012 年第 4 期。

第一节 仪式性场合中的赠礼画

按照阎云翔的定义，仪式性送礼“是一种公开而庄重的行

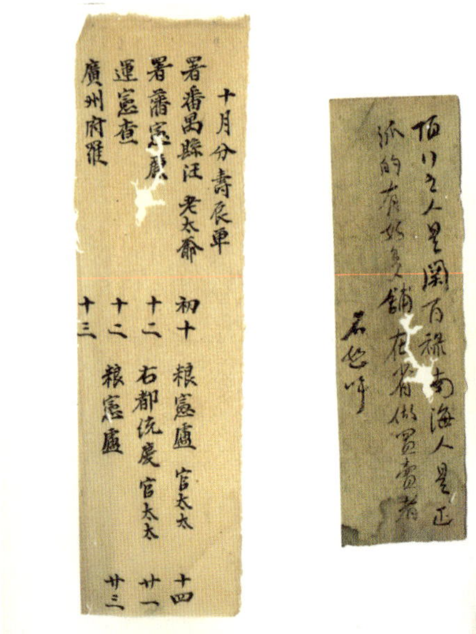

6-1 《常惺惺斋日记》夹页所见生日表单

为……是一个人能够动员的关系资本的可见证明”“在仪式性的礼物交换中反映出来的网络，真实而具体地表现了某家的社会关系的总体”。[①]具体到谢兰生的时代，仪式性场合中的赠礼画，祝寿与送别是主要的两种方式，此外则是逢年过节，书画以年货节礼的形式运用于友朋之间的礼物交换。

一、拜寿

大办寿礼，是清代中期十分普遍的社会现象。达官贵人往往借此收取寿礼，而人们则通过送上厚礼来巴结权贵。粤中对寿诞之礼的讲究程度与豪奢之风，较之京师、江南，实是有过之而无不及的。

谢兰生的儿子虽然说他“而素禀高洁，于当道酬酢常礼外，足迹不入官府，以故各大府弥加优重”[②]，但实际情况是谢兰生本人礼数甚周，从未错过重要人物的

① 阎云翔著，李放春、刘瑜译：《礼物的流动——一个中国村庄中的互惠原则与社会网络》，第三章“礼物世界：初步的分类”，上海人民出版社，1999 年，第 50 页。

② 〔清〕谢念功：《皇清敕授文林郎翰林院庶吉加一级显考澧浦谢公府君行述》，《广州大典》第 189 册，广州出版社，2014 年，第 841 页。

寿礼。为了不忘记官员的寿日，他还专门别纸抄录一份当时广州城内官宦包括内眷在内的生日表单（图6-1），夹在日记本中，随时翻阅，以便提醒自己备礼或前往拜帖祝寿。

单是常礼的拜寿礼仪，已足以令谢兰生身心俱疲。寿礼的频繁，在谢兰生的《日记》中可见一斑，仅嘉庆廿四年（1819）谢兰生就有十四次祝寿的记录，分别是"过河祝粮台太夫人寿"[3]"到藩署祝寿"[4]"为毅堂祝寿"[5]"往观察第，与伍东坪道寿喜"[6]"往黄容、方恒泰、陈绍熊处道寿喜"[7]"过河南潘宅道亲家寿"[8]"过河南谢寿兼到伍宅道喜"[9]"下午过怡和道寿喜"[10]"往粤秀书院为观楼先生预祝十五日寿喜"[11]"到藩宪预祝师母寿"[12]"到藩衙祝寿"[13]"到藩台预祝明天寿辰"[14]"到藩台处道寿喜"[15]"五衿母寿辰，到大新吴宅道喜"[16]。而道光九年（1829）祝寿的记载更是多达十九次。

若是为文人士大夫祝寿，则常以赋诗作画为寿礼，以示高雅。谢兰生不乏送画给人拜寿的例子，如嘉庆廿五年（1820）元月二十日，时值两广总督阮元大寿，谢兰生提前两天准备好绢画四幅，派人送至阮元府中[17]，随后亲自出门往制府处道寿喜[18]。不止官员过寿要送礼，官员的家人长辈也须送寿礼，谢兰生一般以书画为寿礼，如"送翟运司礼四色。福字、挂屏、扇二、印篆。收。运司号云庄，老太翁号致庵"[19]。送礼之外，还要亲自登门拜寿，"到翟运司处预祝老太翁寿喜"[20]。

对于寿星公而言，烦琐的礼节也同样令其苦不堪言，所以阮元每逢生辰，都出外以避客。他在浙江任巡抚时，即避祝寿之客如避债，如嘉庆八年（1803）所作《癸亥

③《日记》嘉庆廿四年（1819）三月二十六日条。

④《日记》嘉庆廿四年（1819）五月二十二日条。

⑤《日记》嘉庆廿四年（1819）六月十八日条。

⑥《日记》嘉庆廿四年（1819）八月二十七日条。

⑦《日记》嘉庆廿四年（1819）九月十二日条。

⑧《日记》嘉庆廿四年（1819）九月二十六日条。

⑨《日记》嘉庆廿四年（1819）十月二日条。

⑩《日记》嘉庆廿四年（1819）十月六日条。

⑪《日记》嘉庆廿四年（1819）十一月五日条。

⑫《日记》嘉庆廿四年（1819）十一月十一日条。

⑬《日记》嘉庆廿四年（1819）十一月十二日条。

⑭《日记》嘉庆廿四年（1819）十一月十七日条。

⑮《日记》嘉庆廿四年（1819）十一月十八日条。

⑯《日记》嘉庆廿四年（1819）十二月十六日条。

⑰《日记》嘉庆廿五年（1820）正月十八日条。

⑱《日记》嘉庆廿五年（1820）正月二十日条。

⑲《日记》道光三年（1823）六月廿二日条。

⑳《日记》道光三年（1823）六月廿八日条。

正月二十日四十生日，避客往海塘，用白香山四十岁白发诗韵》慨叹：“我复不能禅，尘俗日追随。”[①] 又如《桂林隐山铭》一文作于任两广总督期间，亦为生辰避客有感而发：

> 余生辰在正月廿日。近十余年，所驻之地，每于是日效顾宁人谢客，独往山寺。嘉庆廿四年，余岁五十有六，驻于桂林。是日策数骑，避客于城西唐李渤所辟之隐山。登降周回，串行六洞，煮茗读碑，竟日始返。窃以为此一日之隐也。爰作铭辞，刻于北洞。[②]

同一天还作诗记此事，见其《隐山三章章四句》：

> 余生辰在正月廿日。近十余年所驻之地，每于是日谢客，独往山寺。嘉庆廿四年，余岁五十有六，驻于桂林，是日，策数骑避客于城西唐李渤所辟之隐山，登降周回，串行六洞，煮泉读碑，竟日始返。窃以为此一日之隐也。隐山之峰，过轴可容，一日之隐，客不能从。隐山之北，覆岩幽泽，一日之隐，栖此泉石。隐山之中，云岫四通，一日之隐，我辰所同。[③]

道光三年（1823），值其六十大寿，更是来宾众多，他也一概不见，于府内竹林避客不出，见其《道光癸未正月廿日，余六十岁生辰，时督两广兼摄巡抚印。抚署东园竹树茂密，虚无人迹，避客竹中，煮茶竟日，即昔在广西作一日隐诗意也，画竹林茶隐图小照，自题一律》一诗。[④]

夫人生日，同样宾客盈门，只得去西郊荔枝湾避客，见其《五月廿七日内子生辰，复避客独游荔支湾，憩擘荔亭，归示福佑、孔厚，即用前寒韵加删韵》。[⑤]

谢兰生对于别人的寿礼极为上心，但自己过生日，则是谢绝宾客，“璧还”寿礼，可见诸人对礼节的无可奈何。他的生日是十一月十八日，此前数日，不断有人送礼到家，他一概竣辞：

① 〔清〕阮元：《揅经室集》，四集卷六，中华书局，2016年，第842页。

② 〔清〕阮元：《揅经室集》，四集卷二，中华书局，2016年，第747页。

③ 〔清〕阮元：《揅经室集》，四集诗卷十一，中华书局，2016年，第955页。

④ 〔清〕阮元：《揅经室集》，续集卷五，中华书局，2016年，第1079页。

⑤ 〔清〕阮元：《揅经室集》，续集卷五，中华书局，2016年，第1084页。

> 翟运司送至食盐二包，又送貂帽檐、普洱茶、徽墨、田黄图章另食品，辞。藩台容、粮台夏、本府两县、原琼州府吕、周素夫送礼至院，俱辞。七婿送来雪梨、萍果，晚刘菊泉来辞行。送绒毡一张与罗震堂世兄。家凤翔兄送席，未领，余送礼者皆璧。⑥

到了生日这一天，他也选择外出以避寿：

> 早出城至远香斋食面，到长寿寺会智度、力行二师……各官暨亲知道喜者另列门簿。将军果、运司翟、粮台夏、海关达送礼至再，不得已受其酒席。⑦

寿诞当天，寿星公外出的避寿行为，是传统民俗中延年益寿的做法，主要出于修短有期的观念，增寿一岁，便意味着离逝去之期又近一步，故以避寿来求心安。此风始于元代而盛行于清。俞樾《春在堂随笔》记："盖世俗作寿，必于逢九逢十之年。先生（袁枚）两年出游，皆为避寿计。其中载一诗云：'到处探奇逢地主，避人作寿走天涯。'是其证也。"也有不少廉洁官员，避寿是为了杜绝逢迎者乘机馈赠寿礼。⑧阮元、谢兰生等人的避寿，既是习俗使然，也有展示清廉的现实考量。

罗中峰曾分析明代吴门画派沈周的贺寿图有六种图式，分别是：松寿、椿萱、高山仰止、祝愿长寿、写菊祝寿、贺寿场景。⑨这是明代江南的贺寿图情况，那么清代广州的贺寿图呢？谢兰生的《日记》里没有明确是否会因应做寿之人而绘制不同类型的贺寿图，从其传世作品来看，也没有特别标明贺寿之用的。然而，在"仁者寿""仁者乐山"的传统观念影响下，他的山水画无须特别改动，用于祝寿就已相当合适了。

二、送别

《诗经·秦风》"渭阳"一诗，素有"送别之祖"之称，

⑥《日记》道光五年（1825）十一月十七日条。

⑦《日记》道光五年（1825）十一月十八日条。

⑧ 陈鲁民：《说避寿》，《大公报》，2013年1月12日。

⑨ 罗中峰：《绘画与沈周的社会世界（一）》，《美术学报》2012年第2期，第47—48页。

自此之后，送别诗大量出现。送别诗的兴起，带动了送别图的创作风尚。无论送别诗，还是送别图，都是文人惜别的情感记录，最见彼此的深厚情谊，因而也是最具意义的赠别之物。谢兰生经常将书画用于赠别，如“送卓同年海帆砚一方、画一幅、书一函、葛一匹”[1]，因三天后“早出与卓海帆送行”[2]。

自明代以来，送别图大多采用“江岸送别”的图式。谢兰生创作了不少此类表现江岸离别的送别画，而且多数用于送别官员离任的场合。如道光二年（1822），雷琼道台费丙章即将赴淮扬上任。[3]先是吴石华书来，请谢兰生绘制一张送别图，[4]于是谢兰生开始构思《春江载酒图》，并赋诗三首云：“有脚春随宰相来，来时缓缓去频催。深恩在物如何报，须得春江变绿醅。”“一肩恒运斋中甓，迎刃能分峡里藤。到粤丰穰五仙驻，过淮文酒八公膺。”“星槎去意不能遮，浛浛江云欲变霞。终古鹅潭千尺水，纵无歌韵有桃花。”[5]又过三天，“写送行图成”[6]。

值得注意的是，谢兰生常常以广州本地的珠江、荔湾、木棉等景物作为主题或者背景，来点明送别的地点与季节。道光元年（1821）暮春，广州知府程含章赴任山东，谢兰生不仅与众绅过花埭候送，又下船拜送而别[7]，而且还专门以木棉入画饯别，并作诗点题：“江上木棉三五枝，湿云烘月暮春时。使君莫忘呼鸾道，人在棠阴正树碑。”[8]木棉是岭南特产，二三月间，朱华满树，赤瓣熊熊。屈大均曾有诗咏木棉：“西江最是木棉多，夹岸珊瑚千万柯。又似烛龙衔十日，照人天半玉颜酡。”[9]谢兰生以红棉图赠别，凸显岭南

① 《日记》道光六年（1826）十二月初十日条。卓秉恬，字静远，号海帆，四川成都人。嘉庆七年（1802）进士，改庶吉士，授检讨，官至武英殿大学士，谥文端。

② 《日记》道光六年（1826）十二月十三日条。

③ 费丙章，字会宣，号辛桥，浙江仁和人。嘉庆十三年（1808）进士，嘉庆二十四年（1819）任雷琼道台。

④ 《日记》道光二年（1822）正月廿二日条。

⑤ 《日记》道光二年（1822）正月廿三日条。

⑥ 《日记》道光二年（1822）正月廿五日条。

⑦ 《日记》道光元年（1821）四月廿一日条。

⑧ 《日记》道光元年（1821）三月二十日条。

⑨ 〔清〕屈大均：《广东新语》，卷二十五，中华书局，2006年，第616页。

图 6-2　《平海还朝图》（局部之一）　1814 年　袁瑛　纸本设色
纵 31.5 厘米，横 233 厘米　私人收藏

山水的地域特色。又如道光二年（1822）盛夏，广东布政使程国仁将调任江苏布政使，[10]谢兰生为其创作《荔湾仙舫图》并赋诗二绝，以表达对父母官远赴他任的依依不舍：其一“水面初擎一品红，仙航指日过江东。海山万户炎云里，都荷南熏长养功”；其二“忆昔持衡驻粤台，累累万颗饱尝来。于今双堠排丹实，要问霓旌几日回”。[11]送别之日，“到大巷口马头落船，会粤秀、越华两山长，设席花船上公饯程藩台”[12]。又如道光六年（1826），翟锦观从广东盐运使升任福建按察使，[13]《日记》中记道，“撰《珠江秋饯图》小序一则，图为福建臬司翟作也”[14]，第二天又“点染《珠江秋饯图》并写序文”[15]。

清代官员离京任外职有所谓“别敬”的陋规，省中官员在离粤时，也会给本地士绅赠送别仪，似是这种风气的延伸。如“程藩台送别敬至，入贡院回拜程藩台并到局少谈”[16]，又“熊筠轩奉阮大前辈命，送来别敬礼单一纸”[17]。

治粤八年的阮元，离别广州时的仪式最为隆重，阮元亲自来书院辞行，而谢兰生则应诸绅之请写送行

⑩ 程国仁（1764—1824），字济棠，号鹤樵，河南商城人。嘉庆四年（1799）进士，选庶吉士。道光元年（1821）任广东布政使，道光二年（1822）调任江苏布政使。

⑪《日记》道光二年（1822）五月初十日条。

⑫《日记》道光二年（1822）五月十九日条。

⑬ 翟锦观（1779—1829），字絅之，号云庄，贵州毕节人。嘉庆十年（1805）进士，选庶吉士，历任广东盐运使、福建按察使、云南按察使等职。

⑭《日记》道光六年（1826）七月廿八日条。

⑮《日记》道光六年（1826）七月廿九日条。

⑯《日记》道光二年（1822）五月十八日条。

⑰《日记》道光六年（1826）六月廿一日条。

图 6-3 《广州府城图》（局部） 清代 漆绘屏风 广东省博物馆藏

图送别，“制军阮来辞行……写送行图并题字送去石华”[1]。最后是众绅在珠江与阮元依依惜别：“何相文亲家来，同到海珠寺与众绅公饯制军阮移节云贵，还斋一行。”[2]

《日记》中所记录的这些送别图今天皆未能见及。一卷题名《平海还朝图》的绘画作品将有助于我们理解清代广东官员离任送别程式，以及相关送别图的绘制情况。

嘉庆十六年（1811）春，两广总督百龄奉诏还朝[3]，退休宫廷画师袁瑛受广东布政使曾燠之请，绘制《平海还朝图》（图 6-2）赠别。[4]陈贤波根据图卷有签条“宫保百公平海还朝图，嘉庆辛未九秋伊秉绶谨题”，推断《平海还朝图》至迟在嘉庆十六年（1811）九月前绘制完成。[5]

《平海还朝图》在百龄升迁之后的大半年后才完成，是一件颇具特殊意味的送别图。该图有一定的写实性，图卷之左是广州府城近日亭一带，图卷之右分别是河南、花埭。如果和同

① 《日记》道光六年（1826）六月廿三日条。

② 《日记》道光六年（1826）六月廿四日条。

③ 百龄（？—1815），字子颐，号菊溪，汉军正黄旗人。乾隆三十七年（1772）进士，选庶吉士，授编修。嘉庆十四年（1809）任两广总督，任内筹饷训练水师，肃清华南海盗。嘉庆十六年（1811）回京，授刑部尚书，后历任两江总督、协办大学士、安徽巡抚。

④ 袁瑛，字近华，号二峰，苏州人，乾隆三十年（1765）入宫担任画师，供奉内廷二十余年，至乾隆五十年（1785）归隐乡里。后官广东开平县沙冈司巡检。

⑤ 此图的最新研究见陈贤波：《青天平海：嘉庆十六年（1811）袁瑛〈平海还朝图〉的绘制背景与知识来源》，《美术学报》，2020年第4期，第115—123页。该文根据相关人物史事，探析图像的绘制背景和知识来源，又进一步引申出战事告竣后百龄的幕僚亲信和地方官员士人如何从碑文撰写、诗文结集和绘制图像等方面展开揄扬平海功成的一系列纪念活动。

图 6-4 《平海还朝图》(局部之二) 袁瑛

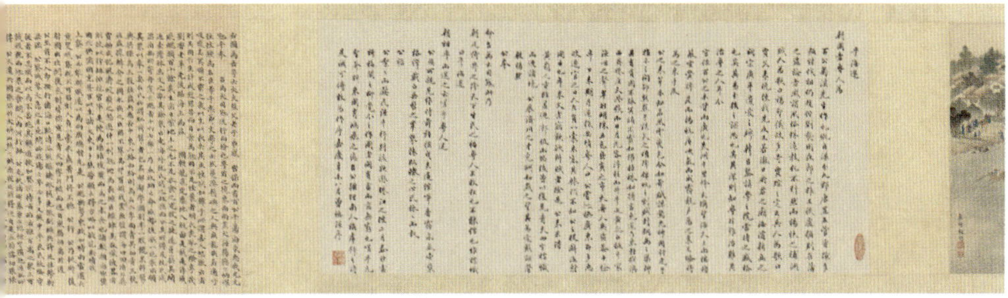

图 6-5 《平海还朝图》 曾燠序

时期的潮州漆屏风画比对，可以推想画卷的高潮部分应是今天“白鹅潭”附近的珠江（图 6-3）。江中有一官船，百龄端坐船头，似与众人道别。有一小舟载一官员回岸，似刚与百龄叙别而回，而不断有人乘小舟手持拜帖前来道别。岸上搭建牌坊三座，榜书“青天平海”“安粤平海”“平海回朝”。官员多列队跪拜，市民或欢欣鼓舞，或焚香祷告，一串串鞭炮迎风燃放，画面呈现一片祥和安乐的气氛。画面中部、左端还出现了几株红棉，烈烈红花，点明送别时节是春天（图 6-4）。绘制者袁瑛应是在广东创作此图，画史上记载他曾任广东开平县沙冈司巡检，如果他没来过广东，不太可能画得出红棉。红棉是岭南特有的树种，江南人很难看到，而红棉入画则迟至乾嘉时期的广东画家黎简才开始。此外，全图布局严谨，显然有一定统筹兼顾，如果袁瑛远在苏州，曾燠鞭长莫及，难以驾驭，似不可能。总之，从宫廷画家位置上退休二十多年的袁瑛愿意“重做冯妇”，

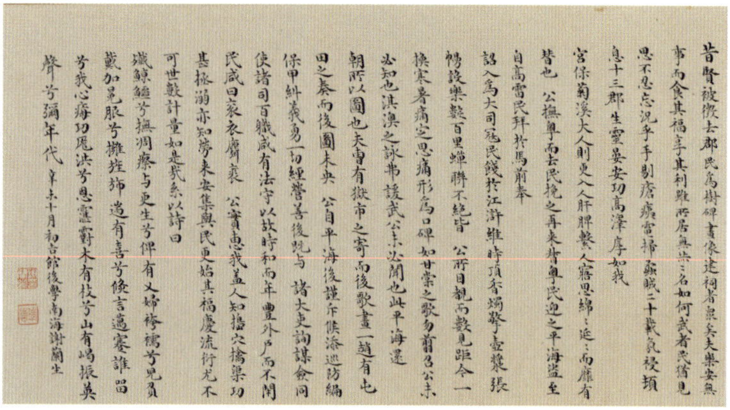

图6-6 《平海还朝图》 谢兰生序

创作如此巨制，应是看在布政使曾燠的面子上。

《平海还朝图》卷后由曾燠领衔作序，此后则是叶兰成、谢兰生、邱先德、刘彬华、陈昙等本地士绅的题跋。这些题跋者，也曾多次参与曾燠组织的各类雅集。在百龄声望日隆、圣眷正渥之际，曾燠命人绘制此图，不无献媚的嫌疑。他的修辞策略很是有趣，说送画纯属民众的自发行为："《平海还朝图》者，粤人为百公菊溪先生作也。"而自己只是送别盛况的目击者："粤人送公，燠所亲见。"大概是觉得"攀辕卧辙"的典故过于陈腐俗套，曾燠创造性地追述了一个"百青天"的故事，说的是两年前百龄离任广东巡抚，广东父老负米塞门，百龄只得由后门偷走。曾燠借此来歌颂百龄的崇高民望："夫粤人患盗盖十余年，公来期月，遂获安堵。粤人曰：公尝巡抚广东，即多惠政，迁官之日，人各负一囊米塞其辕门，不知公从廨后射圃出也。"但曾燠的序文在结尾又回到"攀辕卧辙"的陈腔滥调上："维时前旌摇曳，夹道喧哗，香雾氤氲，壶浆络绎，戴白垂髫之辈，攀辕卧辙之心。民依依而执公裾，公絜絜而慰民语。"（图6-5）刘彬华的诗跋也

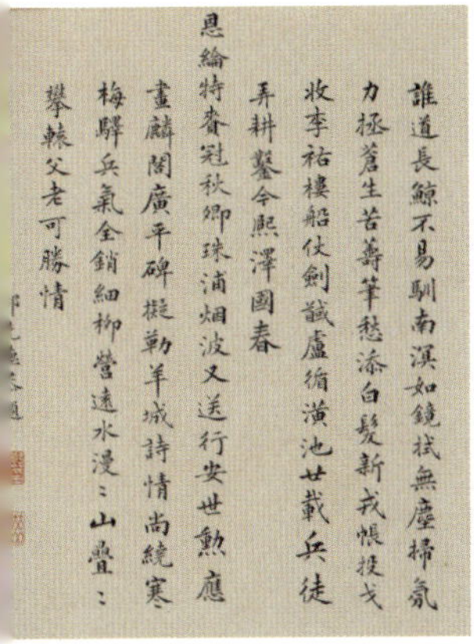

6-7 《平海还朝图》 邱先德跋

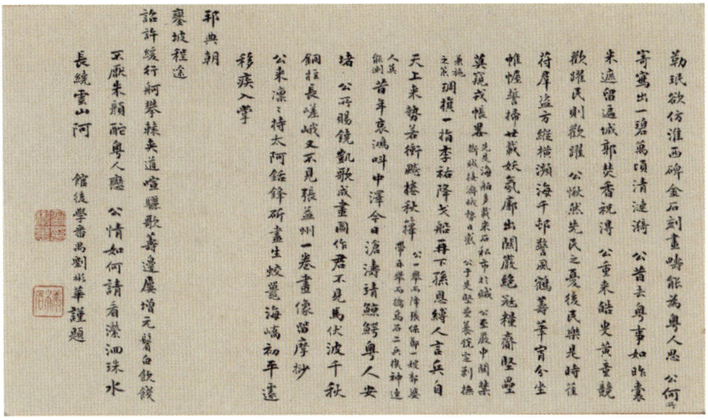

图6-8 《平海还朝图》 刘彬华跋

再次强调“负米塞门”的故事：“公昔去粤事如昨，囊米遮留遍载郭。”

谢兰生于图后有长序，描写了百龄以其平海功业深受粤中父老怀念的情况（图6-6）：

> 公抚粤而去，民挽之；再来督粤，民迎之。平海盗，至自高雷民拜于马前。奉诏入为大司寇，民饯于江浒。维时顶香烛、擎壶浆、张幔设乐数百里，蝉联弗绝，皆公所目睹而数见，距今易一寒暑。痛定思痛，形为口碑。如甘棠之歌勿剪，召公未必知也；淇竹之咏弗谖，武公未必闻也。此平海还朝所以图也。

众人的诗文常以珠江为比，来形容离别之情的绵长，可见这已是一种套路而近于程式化。曾燠写道：“千行别泪，欲涨珠江之波；二月春愁，尽折梅关之柳。觉今之作图者，图有尽而意无穷也。”邱先德写道：“恩纶特赉冠秋卿，珠浦烟波又送行。安世勋应画麟阁，广平碑拟勒羊城。诗情尚绕寒梅驿，兵气全销细柳营。远水漫漫山叠叠，攀辕父老可胜情。”（图6-7）刘彬华则如此作结："粤人恋公情如何，请看潆回珠水长绕云山阿。"（图6-8）陈词滥调，毫无新意，但宾主双方又很受这一套，若是没有这份"攀辕卧辙"的歌颂，离任的地方官员会觉得很不体面。哪怕是搜刮民脂、官声不佳者，在离任之际，也渴望收到一份士绅送上的送别图，图上写满谀辞泉涌的挽留诗句，以撑撑门面，好证明自己"为官一任，造福一方"。由此，也就可以理解为何每逢官员离任，谢兰生就被公推创作送别图，而其他士绅则在图后题写送别诗文，至于诗画内容总离不开珠江、荔枝、红棉。这种场合下的送别图就不再只是价值6元的商品（关于谢兰生画价，下文将有讨论），而是饱含地方耆老深情挽留、真挚祝福的纪念物，将会是衡量一名官员声誉的证据，价值实在难以金钱计算。

三、节礼

每逢端午、中秋、春节等送礼的高峰期，人们通过互赠礼物以增进情感，培养关系网络。按照阎云翔的研究，礼物的流动主要遵循以下原则，晚辈向长辈送礼，下级向上级送礼。向上送礼体现了位卑者对位尊者的尊重和忠诚，反映了后者在下属中的权力和威信。[1]清代广州的礼物流动，大体也是如此。

端午节为每年送礼的第一个高峰，谢兰生可谓收礼收到手软。以《日记》所载道光四年（1824）的端午节为例，初二日开始便不断有人送礼："署臬司翟送礼六色另仪，钟太府送礼八色，海关七送礼六色，另仪，俱全收。"[2]初三日"抚宪陈、南海明府章、家稼轩、长寿寺送礼来。黄监院送节礼来。诸生连日来者四人。接香山周明府书，曾勉士送来书二种，七婿送席来"[3]。初四日"署运司王、学宪白、番禺陈送礼至。连日家中送礼者：东生行刘、怡和行伍、广利行卢。刘亲家送席来，转送下九铺刘宅，妙

① 阎云翔著，李放春、刘瑜译：《礼物的流动——一个中国村庄中的互惠原则与社会网络》，第七章"礼物交换关系中的权力与威望"，上海人民出版社，1999年，第158页。

② 《日记》道光四年（1824）五月初二日条。

③ 《日记》道光四年（1824）五月初三日条。

严师送斋品来。连日诸生送节仪者廿二人”[④]。

中秋亦是送礼高峰期，仍以道光四年（1824）为例，可见当日送礼人潮之涌动。他们乘着小艇来往于珠江两岸，挑着礼担穿街过巷，礼物的流动在此得到最好的阐释。自初九日起，便有“妙严师送百合月饼，答以斋料二色”。初十日“伍平湖、刘东生礼，俱受四色。番禺陈送节礼，受四色。受大佛寺节礼二色，海幢寺二色”。十二日，“长寿寺送礼，璧。姚蔚林、陈次垣、黄监院信之送节礼。翟臬司送节仪另礼，受二色，本府高送礼全收”。十三日，“南海章送节仪。李盘石送米二包，抚宪陈、署运司王送节礼，俱全收”。十四日，“白学使送礼，受四色。家翱官送礼，受二色。海关七节仪另礼物，夏粮台节仪另礼物，俱全收”。

春节送礼持续的时间长达半个多月。以道光六年（1826）为例，自十二月十五日开始有人送年礼，“东明寺送礼，收香榄、柚子，答以芷菜一包”[⑤]。十二月二十日之后，送礼之人更加频繁：“广粮厅梁送年礼，受四色。”[⑥]“罗学兄送洋巾、甜橙、腌鸭、茶叶。卢东川年礼八色，受四色。海幢礼，受二色。”[⑦]“东生礼，受四色。”[⑧]“南海李仪一函，番禺宋礼六色，潘恭勋自新兴寄书一函并糖一篓、山鸡一只、腌鸭三只。”[⑨]“藩台魏仪一函、礼八色，周素夫送年糕、腌鸭。李盘石送爆竹、白粲。区霖圃送香菇、绍酒。妙师送香榄四盒，答以柚子。又答盘石水仙、甜橙。”[⑩]“抚宪成送礼四色，展祥师送香榄、柿饼。本府乌送满汉席、大坛绍酒，转送伍平湖。”[⑪]“周臬台礼八色，收。运台耿仪一函、礼八色，粮台夏仪一函、礼八色，东裕行礼八色，俱收。陈任斋、陈春山俱食品二色。海关文礼八色，收。招铭山京还即来院，雅意殊可感。妙严师来。黄信之送礼，受三色，答以大绍酒、年糕。”[⑫]除夕仍不断有人送礼到谢府，

④《日记》道光四年（1824）五月初四日条。

⑤《日记》道光六年（1826）十二月十五日条。

⑥《日记》道光六年（1826）十二月廿一日条。

⑦《日记》道光六年（1826）十二月廿二日条。

⑧《日记》道光六年（1826）十二月廿四日条。

⑨《日记》道光六年（1826）十二月廿五日条。

⑩《日记》道光六年（1826）十二月廿六日条。

⑪《日记》道光六年（1826）十二月廿七日条。

⑫《日记》道光六年（1826）十二月廿八日条。

而谢兰生也略作回礼："制军李送礼八色，领。送礼四色与卢东川，止收鲜蟹十只。海关文再送至仪一函，妙师送来腊梅，花埭送来玉蝶梅、万寿果。送腌鸭、糖桔与南坪。"[①]

从《日记》的记录看来，送礼给谢兰生者，大致可分为五类：一、官员，如督抚、将军；二、士绅，如曾钊；三、商人，如东生商行、怡和商行；四、学生及亲戚，如刘亲家；五、僧道，如妙严师。谢兰生会根据情况而选择主动送礼，在收礼时，则考虑私人关系而选择全收或部分收，并是否回礼。正如阎云翔所指出的："如果没有经年的表达性礼物馈赠（发展社会网络的关键）所建构起来的长期关系的初始支持，工具性的礼物馈赠也就无法实现。"[②]所谓表达性，就是赠者与送者之间既有的地位关系决定了礼物交换的情状（要送礼物的种类和价值），而馈赠支持了该地位关系。工具性，则是为达到某种功利目的之手段并一般意味着短期的关系。[③]因此，谢兰生在《日记》中不厌其烦地记录下诸如"蔡芸圃送菜四大碗、点心二盘，转送连州汪"[④]；"连州汪送帽纬、徽墨、京靴、冬菜"[⑤]；"东裕行送礼，受木瓜、雪梨、金腿、腌鸭"[⑥]；"诸生送节仪者共二十三人又三人"[⑦]；"连日诸生送节仪者十四人"[⑧]等细节，一方面起到了记礼账的作用，以便将来还礼；另一方面则是强调收送双方只是表达性馈赠关系，而不存在利益输送。

那么，在以上诸多礼物流动的繁缛细节中，谢兰生在何种情境下会送出字画作为礼物呢？这是了解谢兰生通过书画建构其社会网络的关键性问题。广州府城内的各级官员，是送礼给谢兰生的主要群体，也是谢兰生以书画作为节礼的最主要群体。官员的礼物，是一种"对收礼者的政治控制或赠礼者声望的增加"[⑨]。它既对谢兰生起到笼络作用，同时也宣示了官员礼贤下士、尊师重教的品德。在这种情况下，谢兰生必须迅速作出回

① 《日记》道光六年（1826）十二月廿九日条。

② 阎云翔著，李放春、刘瑜译：《礼物的流动——一个中国村庄中的互惠原则与社会网络》，第三章"礼物世界：初步的分类"，上海人民出版社，1999年，第69页。

③ 阎云翔著，李放春、刘瑜译：《礼物的流动——一个中国村庄中的互惠原则与社会网络》，第三章"礼物世界：初步的分类"，上海人民出版社，1999年，第44页。

④ 《日记》道光八年（1828）十二月廿三日条。

⑤ 《日记》道光八年（1828）十二月廿五日条。

⑥ 《日记》道光八年（1828）十二月廿六日条。

⑦ 《日记》道光九年（1829）五月初五日条。

⑧ 《日记》道光九年（1829）八月十四日条。

⑨ 阎云翔著，李放春、刘瑜译：《礼物的流动——一个中国村庄中的互惠原则与社会网络》，第七章"礼物交换关系中的权力与威望"，上海人民出版社，1999年，第155页。

应，互惠性地回报客人，否则便有失礼之嫌。道光九年（1829）的端午节，年事已高的谢兰生仍然为了完成送给各位官员的书画而忙得不可开交："送书扇或联或画及香囊与各官，或全收或收一二色不等，礼虽无多，月来已大费张罗矣。"[⑩]

在《日记》里我们不难看到，在"人情紧过债"的现实生活中，谢兰生的年关过得并不轻松。道光八年（1828），在岁杪的百忙之中，谢兰生仍为叶梦龙赋诗作画，"题叶云谷石林读易二首"[⑪]；"题《石林读易图》，着色画册"[⑫]，以答谢之前叶云谷赠予貂皮袍的厚意。此事之缘起乃在十月初，"叶云谷以貂皮袍见让，改作外套甚合"[⑫]。谢兰生觉得很过意不去，一定要给钱，不能白拿，于是"交还貂皮价与云谷，又送以�杖一枝"[⑬]。在年前互送礼物之时，叶梦龙又将貂皮钱退回："送食品四色与叶云谷。云谷送夷茶一箱并璧还皮价。"[⑭]欠下的人情，最终只好拿画来还，于是谢兰生不得不花数日之工，以报答知己的雅意拳拳。

⑩《日记》道光九年（1829）五月初三日条。

⑪《日记》道光八年（1828）十二月廿四日条。

⑫《日记》道光八年（1828）十二月廿五日条。

⑬《日记》道光八年（1828）十月十七日条。

⑭《日记》道光八年（1828）十月廿一日条。

⑮《日记》道光八年（1828）十二月廿八日条。

第二节　非仪式性情境中的赠礼画

阎云翔将非仪式性送礼定义为"并不涉及任何正式的典礼但已成为日常生活常规的礼物交换活动""对于社会关系的维持而言，决非无关紧要或意义不大"。[⑮]清代康乾以来经济文化的繁荣，使士人对于雅文化的追求日益增长，是否藏有书画，或者是否藏有某位特定画家的作品，已成为辨别士人雅俗的标准。在这样的背景下，谢兰生经常将书画作为赠礼，运用于各种非仪式性的情景之中，下面略作讨论。

一、回报馈赠

即使非年非节的寻常日子，谢兰生也经常收到友朋的物品馈赠。有一次他接连几日收到多份食品："平湖送甜橙二篓"[①]，"曹澹如送雪梨、苹果、葡萄至"[②]，于是第二天他即"分送梨子、苹果、甜橙等物"[③]。如果礼品是谢兰生的喜好之物，或者双方交情不薄，则谢兰生多以书画答谢，如"阮五少君送来恩平石廿六块，内有十六七块佳者，近时砚店皆鲜此石也"[④]，为表答谢，谢兰生特意"送画一幅、画册一本、分韵一函与阮五少君赐卿"[⑤]，"铭山送十八娘荔子来，招入书画小舫，为写纨扇二柄"[⑥]，"妙严师送佛手、香榄，答以画八套、水仙二头"[⑦]。

画贾何南坪时常送给谢兰生一些古玩，"南坪来，以英石笔山、福窑画碟见贻，俱佳而笔山尤奇，峰峦甚多，石色亦古"[⑧]，作为答谢，谢兰生则在七天后写成画册十二页回赠南坪[⑨]。又如何南坪送了许多旧宣纸来，"晚南坪来，为搜罗得旧纸颇多，是一快事"[⑩]。于是谢兰生再画一本册页送他，"点染册页，题识，付与南坪，此第三册也"[⑪]。很巧的是，他送给何南坪的这本册页流传了下来，在其中一页，谢兰生写道（图 6-9）：

> 近年为南坪兄作画颇多，此是第三册矣。南坪谓视前两册更胜，是赞予画有进境，如果已有进境，它日为南坪多作数册何妨。丙戌腊月廿一日里甫识。

事实上，谢兰生在何南坪处买过不少东西，二人之间存在买卖关系，完全可以在商言商，就价论价，只是赠送这种不甚值钱的小古玩，表达的却是一种尊敬。它是一种调剂与润滑，使二人因交易而建立的关系更有一份友谊色彩，这对于双方都很重要。谢兰生内心也是将何南坪视为知己的，他在一段画跋中就称何南坪为"老友"[⑫]。

① 《日记》嘉庆廿四年（1819）十一月初六日条。

② 《日记》嘉庆廿四年（1819）十一月初八日条。

③ 《日记》嘉庆廿四年（1819）十一月初九日条。

④ 《日记》道光六年（1826）六月十四日条。

⑤ 《日记》道光六年（1826）六月十八日条。

⑥ 《日记》嘉庆廿五年（1820）五月初十日条。

⑦ 《日记》道光五年（1825）十二月三十日条。

⑧ 《日记》道光三年（1823）十二月初七日条。

⑨ 《日记》道光三年（1823）十二月十五日条。

⑩ 《日记》道光六年（1826）十二月初五日条。

⑪ 《日记》道光六年（1826）十二月廿一日条。

⑫ 〔清〕谢兰生：《常惺惺斋书画题跋》，卷下，《题梅远公山水》，收入《常惺惺斋日记（外四种）》，第 411 页。

图 6-9 《山水册》 1826 年 谢兰生 纸本设色 纵 30.3 厘米，横 26 厘米 私人收藏

二、回报人情

以画答谢他人施予的帮助，而不是一味以金钱打发，是文人交往的高级形态。如谢兰生有砚画癖好，为使刊刻工序臻于完美，他通常让手艺最佳的底层文人何衢尊负责刊刻，“写上界三峰砚及铁松砚交衢尊刊刻”⑬，“写水仙操古序一篇于砚石，付衢尊镌字”⑭。为了回报何衢尊所付出的劳动，谢兰生精心“点染旧写册页一本至晚，题识用印，焕然一新。此今年春初所写，至此乃成，付与衢尊收藏”⑮。又为衢尊写联，祝其祖母九十二寿：“慈姥介眉宜大斗，文孙腾誉拟晨葩。”⑯

又如赏荔时节，谢兰生“入荔湾，赴蔡芸圃之请上基围啖荔……荻江与退谷皆勃勃有画兴，并订明日再到舟中作画”⑰，次日入荔湾，“为芸圃分写画册十二幅成。予作山水二页”，以答谢蔡芸圃提供泛舟清游的帮助。又如谢兰生“晚

⑬《日记》道光六年（1826）十一月廿二日条。

⑭《日记》道光六年（1826）十一月廿四日条。

⑮《日记》道光六年（1826）十一月廿五日条。

⑯《日记》道光六年（1826）一月初七日条。

⑰《日记》道光八年（1828）五月十七日条。

为苍厓写梅树，欲与博取菊花，赋诗云：‘岭头梅早菊花迟，梅欲冲寒菊满篱。拟把枯株博新艳，也如臭腐化神奇’”[①]，而四天后，“黄苍厓送菊四盘，佳”[②]。以画易菊，双方通过这种交往方式显示出文人特有的优雅从容。

明清以降，文人士大夫向往隐逸生活，常常入山水、丛林一行，以偷半日之闲。谢兰生经常借宿禅寺，此种人情，常以书画回报，如“为海幢性通和尚写山水一帧”“早过海幢，为诸僧写扇及长条画”[④]，又如谢兰生与招子庸等人过海幢寺，“铭山欲写兰，嘱予先写石”[⑤]。当然，诸僧索画不已，也令谢兰生深感厌烦，不但未能偷得半日清闲，反倒更是疲惫不堪：“饭后过河入海幢丛现堂，邀楷屏来谈，为诸僧写字画，颇多可厌。”[⑥]

需要指出的是，谢兰生以送画的方式回报他人礼物或者人情，更多是出自一种偿还心理，而不是人际交往中的功利计算，因而不会锱铢必较地考虑赠画与对方所赠之物或提供的帮助是否等价交换的问题。说得直白点，就是宁可自己吃点亏，以换来皆大欢喜。试举一例，为答谢邱浩川多次接待荔湾之游与赠送荔枝，谢兰生专门为其创作《荔园图》[⑦]，落墨一整天后，第二天“作《荔园图》将成，以纸不佳，殊不称意弃去，晚另写一幅成”[⑧]，第三天再“着色新写《荔园图》”[⑨]。因为别人的深情厚意，他不好意思敷衍了事，所以加意认真作画，这在他的创作生涯中是不多见的。

第三节　求画与送画的内在逻辑

谢兰生的作品并非全部无偿赠送，据其子说：“近岁求画

① 《日记》道光八年（1828）十月初五日条。

② 《日记》道光八年（1828）十月初九日条。

③ 《日记》嘉庆廿五年（1820）四月六日条。

④ 《日记》道光元年（1821）七月二十五日条。

⑤ 《日记》嘉庆廿五年（1820）十一月二十日条。

⑥ 《日记》嘉庆廿五年（1820）九月初七日条。

⑦ 《日记》道光六年（1826）二月廿三日条。

⑧ 《日记》道光六年（1826）二月廿四日条。

⑨ 《日记》道光六年（1826）二月廿五日条。

者益众，润笔所入，不亚馆谷。”⑩在他晚年，其书画润笔，一年的收入可以达到五百多银元，几乎多挣了一份书院山长的工资。谢兰生作品的画价是多少呢？他没有留下润格，但不妨一作探究。道光二年（1822）端午节，他以画作为礼物赠送广东布政使程国仁，“取到裱成挂屏山水四幅，略再点染，与印篆一函同送程藩台”⑪。而程则于次日还礼且特加礼24元，“陈藩台、卢运台、李粮台、钟本府、程藩台俱有节礼送到，惟程藩台加礼廿四圆”⑫。这里为何是24元，而不是整数的20元或30元？估计就是按市场价格酬谢其赠画。换言之，谢兰生的作品单价在6元左右。

关于古代中国画家的书画交易，高居翰有过深入探讨，在其《画家生涯：传统中国画家的生活与工作》一书中，总结顾主购买作品的途径有三种：一、当面或书信委托画家；二、借助中间人和代理人；三、在市场或画室购买。而买画付款的方式可分为：一、现金支付；二、礼物、服务和恩惠；三、盛情款待寓居画家。⑬以此来比照谢兰生，则以上的卖画途径和付款方式，《日记》中都有记录，而其中代理人起到了重要的沟通协调作用，如“姚石夫为人请写绢画，送笔润至”⑭“陈倬群来，为人请写山水以笔润至”⑮“黎炽远为人请写画以笔润至”⑯“李盘石来，为人请写祠扁以笔润至”⑰。这种代理人方式可以使买卖双方避免当场讨价还价的尴尬。谢兰生毕竟是有身份的候补翰林官员，朝廷的体面有时不得不注意一下。他的好友熊景星虽是举人出身，但以卖画为生，顾不上这许多束缚，反倒逍遥快活：

> 以财乞文，谓之润笔。南海熊荻江孝廉景星，字伯晴，善画，凡有求者，必需润笔。如不与，于着款处只署伯晴。伯晴，白情也。⑱

⑩〔清〕谢念功：《皇清敕授文林郎翰林院庶吉加一级显考澧浦谢公府君行述》，《广州大典》第189册，广州出版社，2014年，第841页。

⑪《日记》道光二年（1822）五月初三日条。

⑫《日记》道光二年（1822）五月初四日条。

⑬〔美〕高居翰著，杨贤宗等译：《画家生涯：传统中国画家的生活与工作》，生活·读书·新知三联书店，2012年，第35—76页。

⑭《日记》道光二年（1822）八月二十八日条。

⑮《日记》道光三年（1823）四月十六日条。

⑯《日记》道光三年（1823）四月十九日条。

⑰《日记》道光三年（1823）七月十五日条。

⑱〔清〕倪鸿：《桐阴清话》，卷三，收入《岭南随笔（外五种）》，广东人民出版社，2015年，第479页。

他并不在乎所谓文人气节，商品经济意识较谢兰生浓厚：

> 熊荻江孝廉以画著名，每年砚田所入颇丰，常朗吟唐六如句云："闲来写幅青山卖，不使人间造孽钱。"比年求者绝少，熊又朗吟六如句云："湖上水田人不要，谁来卖我画中山。"闻者皆笑。[①]

不过，谢兰生的书画流通更多时候是与其应酬有关，换言之是无偿赠送的。在由"礼数"与"脸面"构成的社交网络中，无偿求画的行为往往发生在熟人之间或通过熟人介绍的所谓仰慕者。当不存在交易关系，而只是纯粹被社会网络套牢，酬答求画便成为劳而无功的无偿劳动，最终形成一道无形而又沉重的精神压力，令画家苦不堪言。《日记》中不乏对苦于应酬的种种记录，如"灯下写折扇小山水四柄，此亦不可却之应酬"[②]，"连日所写绢画七八幅、扇八九柄，今日乃毕，随即散还各家画，亦非易事也"[③]，"竟日作画，各债已还至九分矣"[④]。可见其碍于情面、画债高筑的无奈。

求画者有时故意拿来尺幅很大的纸绢索画，惹得他老大不高兴："盛君以绢一大幅索画，亦可厌之事"[⑤]，"近来求画者，无论纸绢，均尚长大，实属讨厌，来意不敬，断无佳画"[⑥]。甚至在题跋上，谢兰生也抱怨道：

> 近人索画喜巨幅，必谓多费墨漆方可了局意，似与我为难。岂知里甫居士疏懒性成，仍是淡墨数笔便止，犹作擘窠大字，要能视大如小，何独画然。[⑦]

诸人向谢兰生求画，其意似不在收藏，更多是削价出售以折现，如招子庸就将一本册页转售他人，令谢兰生还要高价赎回："有旧写墨笔山水册子为招铭山攫去，流落俗手，今日用价续还。"[⑧]

求画的成功与否，主要取决于求画者与画家之间情谊关系

① 〔清〕倪鸿：《桐阴清话》，卷八，收入《岭南随笔（外五种）》，广东人民出版社，2015年，第606页。

② 《日记》道光三年（1823）九月十七日条。

③ 《日记》道光五年（1825）十月廿七日条。

④ 《日记》道光五年（1825）十二月初十日条。

⑤ 《日记》道光八年（1828）二月十七日条。

⑥ 《日记》道光九年（1829）十二月六日条。

⑦ 《以上自题山水》，谢兰生：《常惺惺斋书画题跋》，卷下，收入《常惺惺斋日记（外四种）》，第539—540页。

⑧ 《日记》道光二年（1822）四月十四日条。

的深浅程度，而非赤裸裸的利益交换。[9] 谢兰生参加花船酒会，就经常作画赠予歌姬，他的朋友也多如此。这些画作严格意义上并不算是缠头之物，更多的是对心赏之人的一种情感表达，当然，这也是标榜风雅的古老传统：

> 顺德温遂之通守汝遂，工画竹。南海招铭山大令子庸，工画蟹。俱跌宕不羁，好作珠江游，选色征歌，几无虚日。诸姬以得其手迹者为幸。南海李紫黼学博长荣《珠江杂诗》云："老辈风流总不羁，狂名都播翠裙知。温郎墨竹招郎蟹，争遣群花拜画师。"亦画苑之美谭，翠楼之韵事矣。[10]

在商品经济氛围尚未浓郁到足以操纵文人交往方式的古代中国，求画与送画，有其独特的内在逻辑，总体而言是情重于利。道光四年（1824），谢兰生与阔别多年的老友范衍堂在广州重逢，谢兰生感慨春明旧梦，不胜唏嘘，回首往事，大有故人何堪之叹："大埔范衍堂向在京中同寓两年，不见者二十八年矣，今日忽至，留饮于常惺惺斋一日，谈至三鼓乃寝。"[11] 这位老朋友请谢兰生为多年前相赠的一张古画重题："衍堂以文休承画嘱题。此画予住都时所得，被衍堂索去者。画是灵岩积雪并小诗一首。"[12] 又"为衍堂题文休丞画。此画予在京邸近榆书屋买得，衍堂索去，今复携来，卅年矣"[13]。又再作一画相赠，以纪念二人的重逢：

> 为范衍堂写《剪烛夜话图》，题句云："分袂京华廿八年，江皋频望孝廉船。好风一夕排云至，剪烛依然对榻眠。人事升沉蕉鹿梦，心期来往海鹏天。莫因百谷忧春雨，渠有犁锄会力田。"[14]

有时人情酬酢，也以画作为媒介传情达意："黄淑庵来，携到女儿香、蒲鞋及饼食，云明日即还吴川。无以致敬，因取前写龙树一幅赠之。"[15] 这幅画是谢兰生三天前所作的得意之作："海幢有十叶龙眼一大株，在静远堂深处，今日一过，讶其枝干奇古，

⑨ 罗中峰：《绘画与沈周的社会世界（二）》，《美术学报》，2012 年第 4 期，第 36 页。

⑩ 〔清〕倪鸿：《桐阴清话》，卷四，收入《岭南随笔（外五种）》，广东人民出版社，2015 年，第 501 页。

⑪ 《日记》道光四年（1824）二月廿一日条。

⑫ 《日记》道光四年（1824）二月廿二日条。

⑬ 《日记》道光四年（1824）三月初六日条。

⑭ 《日记》道光四年（1824）三月十二日条。

⑮ 《日记》道光八年（1828）十一月廿五日条。

晚间貌得一纸，似有合处，并赋一绝：‘叶叶相当十叶攒，百年龙树耐高寒，之而鳞甲无人绘，只许维摩冷眼看。’”[①]在特定的场合，出于对彼此真挚情感的珍重，就不能锱铢必较了。

书画作为一种特殊的商品，在某些场合，作为礼物在社交网络中流动。名家的字画一方面具有硬通货的价值，另一方面又掩盖了铜臭味，不像金银财宝那般扎眼烫手，是一种低调高端还很安全的“雅贿”。从这个角度出发，便不难理解谢兰生为何能够游刃有余地通过书画馈赠维系其人脉，虽然不免为名所累，“雅债”高筑。当然，谢兰生的画作，还够不上“雅贿”的层面。根据谢兰生的进士同年梁章钜的现身说法，南中各大省州县交代，全凭附郭知县审计核算，如有亏空，便不得不以重物交抵。他曾在江南某首县任郡丞的万承纪处见到英德石山一座，颇具皱瘦透之美，石上还刻有著名文人赵翼的题款。原来上一任丹徒县令离职时，因有亏空，将此石山抵押四百两白银以作缴补。梁章钜还在另一郡丞处见到北宋范宽所作的大幅山水画，也是官员离任为补亏空，而作价白银五百两以抵押的。所以附郭知县对于字画古董都须在行，“使非认识古董，设遇此等物，何从判断乎”[②]。《天咫偶闻》中有晚清北京地区画价的记录，可以参照：“近来厂肆之习，凡物之时愈近者，直愈昂。如‘四王吴恽’之画，每幅直皆三五百金，卷册有至千金者。古人惟‘元季四家’尚有此值，若明之文、沈、仇、唐，每帧数十金，卷册百余金。宋之马、夏视此，董、巨稍昂，亦仅视‘四王’而已。”[③]与这些动辄“四百金”“五百金”的古董名画相比，谢兰生虽是粤中最负盛名的画家，但其画价仍很低廉，赠画更多的只是一种人情酬酢，而不是“雅贿”的行为，至多也只是两者之间的灰色地带，想必送者坦然，受者也是欣然而无心理负担的。

① 《日记》道光八年（1828）十一月廿一日条。

② 〔清〕梁章钜：《归田琐记》，卷七，“首县”条，中华书局，2012年，第137页。

③ 〔清〕震钧：《天咫偶闻》，卷七，“外城西”，北京古籍出版社，1982年，第170页。

第七章 嘉道年间广州地区的鉴藏风尚

明代之前的广东，相对王朝核心地区，还是一个偏远的蛮荒之地，入明之后，经济文化方始兴盛。清代嘉道年间，随着名流吴荣光、叶梦龙，富贾潘正炜等大收藏家的崛起，广东成为中国又一书画集中之地，几可与江南相提并论。谢兰生作为嘉道年间广东著名文人，与叶氏、潘氏等著名大收藏家相从甚密，如果能于《日记》中披沙拣金，或可一窥清代中叶广东书画收藏的盛况。本章将讨论以下问题：一、粤中鉴藏家群体的组成形式及其核心人物；二、粤中书画鉴赏风尚呈现哪些特点；三、往来常惺惺斋的画贾与谢兰生关系如何；四、分析谢兰生的书画鉴定方法；五、作为粤中重要的鉴赏家，谢兰生的藏品体现了哪些特点。

第一节 粤中鉴藏家群体

叶梦龙是嘉道之际主持粤中风雅的核心人物。外省入粤的书画名家宋葆淳[1]、汤贻汾都是他的座上宾。

叶梦龙筑有风满楼，贮藏书画，著有《风满楼书画录》。他好亭园之设，有多处别业。《叶氏风满楼诸园图册》，计十二开，系嘉庆二十年（1815）叶梦龙请六名画家为其十二处园林别业所作的实景图，分别为谢观生绘《观鱼水榭图》《古风今雨之斋图》，汤贻汾绘《耘菊山房图》《适轩图》，宋葆淳绘《六棋书屋图》《风满楼图》（图 7-1），李秉绶绘《青琅玕馆图》《思过斋图》，吕翔绘《友石斋图》（图 7-2）、《有筠堂图》，张如芝《橙黄橘绿诗屋图》《友多闻斋图》。其中，自是以风满楼最为著名，此楼在新城竹栏门外，张维屏誉为“树色江光，天然画景”[2]。叶梦龙在白云山还筑有倚山楼，他在城西荔湾也筑有别业，经常邀请友人前去赏玩：

> 云谷新建小阁于柳波，下为雪浪斋，上名天开图画之阁。阁外尚有一亭，与花埭滘口正对，一望无际，实西城楼阁第一。今日招同张南山、鲍东方、庞鹿门饮阁上，主人尚有叶春塘。赋诗二首：“山烟雨气半蒙蒙，勾出楼台在镜中。浪软犀军闲战舫，潮面鲸吼入诗筒。接天老树檐本绿，到岸新花水脚红。最喜小亭风醒酒，吹来不必问雌雄。”“来年花信度芳塍，欲买春园苦未能。岂料鹈谭天一角，特摽鸳瓦阁双层。槛前艇系元真子，座上山围耐久朋。待到炎云骈火实，主任须贮酒如渑。”[3]

谢兰生多次到叶梦龙家中观赏书画，如“入友多闻斋，会文园、云谷，看云谷所藏画及法帖，颇多佳品”[4]。又“入友多闻斋看云谷所藏字画，晚饭后与文园泛舟入蓉江、蜚江一行。

① 宋葆淳（1748—？），字帅初，号芝山，晚号倦陬，山西安邑人。乾隆五十一年（1786）举人。性傲岸，游迹半天下，长于金石考据，善鉴别，工画山水，得北宋人法。

② 〔清〕张维屏：《谈艺录》，卷下，《广州大典》第 93 册，广州出版社，2014 年，第 601 页。

③ 《日记》道光八年（1828）二月初四日条。

④ 《日记》道光元年（1821）四月初五日条。

图 7-1 《叶氏风满楼诸园图册》之“风满楼图” 1815 年 宋葆淳
纸本设色 纵 25.5 厘米，横 44 厘米 广州艺术博物院藏

图 7-2 《叶氏风满楼诸园图册》之“友石斋图” 1815 年 吕翔
纸本设色 纵 25.5 厘米，横 44 厘米 广州艺术博物院藏

还觅楷屏，仍不值，宿友多闻斋”⑤。

叶梦龙的藏品，除购买与交换外，不少得之于友朋的转赠。藏家之间交往之频繁，实超今人想象，而且作品经常互赠。如《张樗寮书华严经残叶卷》有叶梦龙题记：“昔吴荷屋亲家得之陈曼生者，珍藏于筠清馆有年矣。后因予所赏，遂举以相赠，盖深情割爱也。”⑥而此卷在属于吴荣光之时，也多次取出与友人同赏，如宋葆淳所记：“四月十七日，与伍东梧、潘荷衢、

⑤《日记》道光元年（1821）四月廿五日条。

⑥〔清〕叶梦龙：《风满楼书画录》，卷一，《民国稿抄本》第 32 册，广东人民出版社，2016 年，第 281 页。

叶云谷同集吴荷屋梧寿山房，纵观所藏法书名画，后出此卷，欢喜赞叹，因题其尾以识墨缘。”①

二十多年后，吴荣光退隐归里，看到这一件作品，感慨万分：

> 张温夫书《华严经》残页，余以嘉庆辛酉岁得（于）陈曼生。越五载乙丑，诸君子集桐寿山房观题。又越六载，庚午以赠云谷农部。又越廿一载，为道光庚寅九月，云谷属补题此卷。吾与云谷互藏三十余年，题者几廿人，惟云谷、荔峰、楚翘、伯临俱无恙，而年皆耆艾，良可感也。是月十有九日甘竹滩舟中吴荣光记。②

曾任广州知府的李威，与叶家有世谊，经常将书画赠予叶梦龙。直到逝世前，还将手中藏品《赵子昂耕织图诗卷》寄赠叶梦龙：

> 南斋时见行书如指大，为石渠秘笈奇珍，手摹以出。而《曝书亭集》载入跋语者，止存织诗，已遗其半，皆已价重鸡林矣。道光三年，都城内出有楷书一卷，见者争购，韩桂舲尚书欲以百金易之，不可得。嗣余夤缘入手，真尤物也。恨跋语为贾人割去，以证赝迹。名书画往往遭此劫数，未知终有珠还之日否？余于五夏日，大病九死一生，念异日不甘以此殉葬，向来所藏名迹，尝举以赠姻友云谷。叶君为其知宝玩也。兹复从七千里外寄呈风满楼中，其与先是所贻，互相辉映也夫。是岁六月二十有五日凤冈老人李威识于葆光守道之轩。③

故而叶梦龙感激莫名：“（此卷）乃凤冈太守自都寄赠，其跋后再题一诗，乃言心中慨叹之言，非深交凤冈者，不能解悟也。”④

《元王元章墨梅》则是张锦芳临终前赠予叶梦龙的永诀之物，他睹物思人，又想起多位临终时将书画碑帖赠给他的故人，

① 〔清〕叶梦龙：《风满楼书画录》，卷一，《民国稿抄本》第 32 册，广东人民出版社，2016 年，第 282 页。

② 〔清〕叶梦龙：《风满楼书画录》，卷一，《民国稿抄本》第 32 册，广东人民出版社，2016 年，第 283 页。

③ 〔清〕叶梦龙：《风满楼书画录》，卷二，《民国稿抄本》第 32 册，广东人民出版社，2016 年，第 290 页。

④ 〔清〕叶梦龙：《风满楼书画录》，卷二，《民国稿抄本》第 32 册，广东人民出版社，2016 年，第 289 页。

不胜唏嘘之感：

> 此帧张药房秘藏久矣，顺德温遂之曾为勒石，药房失而得者三。曩年携以南归，湖船将覆，药房左持此帧，右握一池，大叫曰："一切行箧尽付宓妃，此二物当为我殉。"其爱惜若此，及晚年病革，招余永诀，持此及砚以相赠，友谊不可忘也。因忆覃溪临终授予苏帖，墨卿将没邮惠古碑，子羽死后遗寄宋元各轴，凤冈晚年远贻其所藏名迹，而余自顾才疏学拙，徒负虚名，至承诸君子相爱如此，不免益增惭愧耳。[⑤]

叶梦龙得以主持粤中风雅多年，除了丰赡的财富和极佳的人缘之外，其端方的品格也深得世人尊重，吴荣光《叶云谷农部诔》于其胸襟怀抱赞叹不已：

> 君承先人命，与余定交垂四十年。余在京，君两官户曹。余三度归省，嗣奉先通奉讳，君皆在籍，把晤殆无虚日。庚午余罢官，知交疏散，固余槃敦之未善，亦微悟翟公所云交态者。而君于余好倍笃，尝登君家风满楼遥望。水软山温，云飞烟灭，相与昕然而笑。又余省亲时，有友人招余狭邪游，余固不往，试言于君，君曰此非士大夫所为也。粤东西关多巨族，李憕之地，韦陟之厨，雕幰锦帏，自昔为烈。君家本赡，而闺门之内，动守礼法。岁时聚族于祠，则笾豆有嘉，每旦诏子妇于庭，则鞠跽维谨。凡人所最易便安者，君不少假借。余重君之内行，以女归君第六子应新。[⑥]

除叶梦龙外，第四章提及的李秉绶，应是广州书画世界的另一核心人物。张维屏《十一月十六日谢里甫太史招同人集常惺惺斋，齐观汤雨生骑尉贻汾作画，明日复集观家墨池孝廉如芝作画，赋诗纪之。并简里甫、雨生、墨池》一诗可见叶、李

⑤〔清〕叶梦龙：《风满楼书画录》，卷四，《民国稿抄本》第32册，广东人民出版社，2016年，第461—462页。

⑥〔清〕吴荣光：《石云山人文集》，卷四，《广州大典》第452册，广州出版社，2014年，345页。

二人的盟主地位，在赞叹诸人画技与叶梦龙的好客后，又说将到李芸甫家中雅集："风流昔画玉堂山，雅集今围石林屋（前日集叶云谷风满楼，会者十余人）。还须寄语李龙眠（谓芸甫），早晚安排鸡黍局。"[①]

潘正炜虽然也富甲一方，但刚刚接手同孚行，足迹交游不广，无法与叶、李二人相提并论，直到叶、李逝后，他才成为新一代主持粤中风雅的核心人物。而在这三人周围，则有谢兰生、张如芝、张维屏等士绅。文人士大夫之间往来频繁，无形中组成了一个书画鉴藏圈。圈内良好的互动，又推动宾主双方鉴赏眼界的再次提升。叶梦龙、李秉绶、谢兰生等人共同促进了广东地区鉴藏圈的形成，是广东书画鉴赏风气的领路人。

吴荣光虽是嘉道时期屈指可数的重量级鉴藏家，但因其长年在外任职，对粤中鉴藏界未能产生直接影响，当然，也不是完全没有关系。傅申和莫润棣都认为谢兰生和吴荣光（号荷屋）没有交往的文字记载[②]，实则《日记》中详细记录了二人来往的情况。道光六年（1826）吴荣光休假回粤，他回粤即借住在叶梦龙家中。先是吴荣光来访，恰好谢兰生不在家[③]，两天后，谢兰生回访了吴氏[④]。四月，吴氏返京，临行前特来辞行[⑤]，两天后，谢兰生"午后赴海印阁陪吴荷屋前辈，同席赵季由、何相文，达榷使请也。更后散席，大雨既晴乃还"[⑥]。翌日又"陪荷屋前辈看字画数种，内有李唐采薇图、虞伯生刘公碑、董临麻姑坛、萧照画卷、圣教序帖，俱佳。傍晚上席，未终席即还斋住宿"[⑦]。总之，二人的礼节甚是周到，最后一天送别的情形是：

> 吴荷屋前辈送席来，转送夏粮台……往会达榷使，又与荷屋送行。会叶云谷，借得陈老莲画四幅并荷屋所藏南田山水册。午后相文亲家来午饭，仝往拜客，并出城至叶祠会吴荷屋。[⑧]

① 〔清〕张维屏：《听松庐诗钞》，卷五，《广州大典》第93册，广州出版社，2014年，第36页。

② 详见傅申：《吴荣光与广东画家的关系》，《从白纸到白银》下册，（台北）东大图书股份有限公司，1997年，第451—453页；莫润棣：《谢兰生与广东书画收藏家》，莫家良编：《学道扬尘：香港中文大学中国艺术史论文集》，香港中文大学艺术系，2003年，第89—91页。

③ 《日记》道光六年（1826）正月十六日条。

④ 《日记》道光六年（1826）正月十八日条。

⑤ 《日记》道光六年（1826）四月廿四日条。

⑥ 《日记》道光六年（1826）四月廿六日条。

⑦ 《日记》道光六年（1826）四月廿七日条。

⑧ 《日记》道光六年（1826）四月三十日条。

道光九年（1829），吴荣光丁忧返粤，其家的点主仪式即由谢兰生担任知宾[⑨]。尽管吴荣光比谢兰生年轻十余岁，但按照科举规矩，谢兰生在日记中会尊称比自己早三年中进士的吴荣光为“前辈”。

当时粤中鉴藏群体人数众多，除了叶梦龙等著名藏家外，还有许多不知名的底层文人，他们是构成这一群体的主体。除了在文人书斋中观赏书画，不少酒席都顺带举行画会，与会诸人或赏画，或即席挥毫：“早过大宅，随出城到总宜楼赴马蕴堂画会之请，会者甚众，所见佳画不少。”[⑩]广州士绅常在总宜楼举行画会，如“绣谷来，代诸公请往总宜楼雅集赏画”[⑪]“到总宜楼赴卢英圃画会之请，所见佳画亦复不少”[⑫]“绣谷请到总宜楼阅画，顺道还斋再晤周秀圃。是日佳画甚多，与首一两会略相似，客到者亦多”[⑬]。谢兰生的身边，有一个由书画家、鉴藏家、画贾组成的强大交游圈。谢兰生的书画活动一方面得益于这个交游圈，练就了高超的眼力和精巧的绘画技术；另一方面，因为他的存在，又提升了这个圈子的品位，使其他藏家略受沾溉，其书画鉴赏的意义也由此得到延伸。

⑨《日记》道光九年（1829）六月十三日条。

⑩《日记》道光五年（1825）七月十五日条。

⑪《日记》道光五年（1825）六月十五日条。

⑫《日记》道光五年（1825）八月十八日条。

⑬《日记》道光五年（1825）十一月十五日条。

第二节　粤中鉴藏家的书画鉴赏风尚

一、书画

粤中藏家的书画鉴赏风尚究竟如何？从叶梦龙、潘正炜留下的两部鉴藏著录，可见其梗概。以文人画谱系为主脉的书画鉴藏，是当时京城、江南最普遍的品味，在这一风气影响下，粤中书画鉴赏风尚也是如此，吴荣光堪称代表。[⑭]谢兰生的《日记》则为我们提供了更为细致的材料以证明这一风尚。

⑭ 万新华：《吴荣光书画鉴藏活动研究》，收入林亚杰、朱万章主编：《广东绘画研究文集》，岭南美术出版社，2010年，第139页。

粤中藏家最为推崇的是宋元书画真迹。自康乾以来，皇家收藏霸占了主要的古代书画资源，市场上的宋元字画已成稀缺品。物以稀为贵，嘉道年间文人士大夫的书画交流圈里，众多藏家孜孜以求的是拥有一件宋元真迹，有无宋元书画，也成为评判一名藏家在业界位阶的重要标准。同时，明代中期的吴门画派和董其昌的作品也深受粤中藏家欢迎。就此而言，粤中书画鉴赏的风尚与清代中期文化精英的整体审美趣味并无二致。[①]这也说明，当时广州的鉴藏风气与全国发达地区（京城与江南）几乎是同步的，正如赵力所指出："当我们将视点扩大至整个江南地区的收藏界，即可发现嘉、道年间热衷于'吴派'作品的收藏者比比皆是，并非是一地一邑所独有的情形。"[②]

除了叶氏、潘氏两大顶尖藏家外，许多大藏家手中都有宋元巨迹，两广总督阮元就富于收藏，谢兰生在他府中"阅所藏宋元画，颇多佳品"[③]。著名盐商李秉绶也有不少宋元藏品，"又到李芸甫处看字画，有宋赵昌花卉卷，元人人物卷，极佳"[④]。顺德名族温家的温汝遂也有不少宋元藏品，"早到二楼书画舫看遂之九兄所藏北苑、刘松年、韩太冲横卷，俱佳。又王蒙长条，王元章梅亦佳"[⑤]。

此外，还有一些不知名的藏家手里也有宋元珍品，如卢英圃，"英圃着人送到宋武宗元《朝元图》来，甚佳。此图仅得半截，有赵文敏跋，是真笔异物也"[⑥]。他曾请谢兰生为《朝元图》题跋，"卢英圃以武宗元《朝元图》来嘱题"[⑦]。又有黄舟山，"黄舟山携到赵幹、米元章、郭河阳、梅道人山水真迹四小幅，俱佳。细看米、郭二轴，神品也"[⑧]。

本地画商也有不少宋元名迹，如陈绣谷"以范中立大幅山水属题，此是颜菊湖所藏，前四十年曾观，的是妙品"[⑨]。又"绣谷来，以王士元大幅山水、徐熙花鸟请题签，皆耳目所未经，

① 张艺仪：《嘉道时期广东地区书画鉴藏活动》，《粤海艺丛》，第二辑，2010年，第118页。

② 赵力：《江南风象——从地域创作的异动谈晚清画风的嬗变》，收入《区域与网络国际学术研讨会论文集》编辑委员会编：《区域与网络——近千年来中国美术史研究国际学术研讨会论文集》，台湾大学艺术史研究所，2001年，第484页。

③ 《日记》道光五年（1825）（1825）十月初七日条。

④ 《日记》道光四年（1824）四月十五日条。

⑤ 《日记》道光四年（1824）三月廿五日条。

⑥ 《日记》道光五年（1825）八月十二日条。

⑦ 《日记》道光八年（1828）九月初五日条。

⑧ 《日记》道光五年（1825）十一月初四日条。

⑨ 《日记》道光三年（1823）十一月廿九日条。

真妙品也”[⑩]。又如廖石坪“以梅道人册页十幅来看，极佳，不让英圃所藏廿页也”[⑪]。

扬州画商不时会带来宋元名迹，谢兰生两次在一王姓（广东人王黄不分）画贾手中饱览宋元名迹：“还斋过扬州王君，看字画，马和之《卫风》册子最佳，其余龙眠《八骏卷》《唐宋名贤合璧》册子，仇实父《清明上河图》，董北苑《雪霁》长幅俱绝妙。”[⑫]又“往扬州黄君处看画。吴道子一幅奇绝，一笔写去，墨气飞舞，笔笔锐入，不知是道子与否，亦难为继矣。赵松雪一幅，人物精绝，的是真笔。王石谷一幅，白描干笔亦精，恽南田为之题字，竟似恽画矣。又恽南田册子花卉亦好，其余米元章、高房山、吴仲圭长幅俱不佳”[⑬]。

宋元巨迹往往索价高昂，如一幅黄公望山水出价高达二百两白银，“宋藕塘携大痴画一幅过风满楼，甚佳，云售者取价二百两。细看不过能品，麓台、石谷亦可到此境界，未敢信为的真也”[⑭]。宋光宝并非狮子大开口，漫天要价，潘正炜曾记录他入手最贵的一件黄公望《楚江秋晓图卷》，高达五百两。[⑮]从《听帆楼书画记》《听帆楼续刻书画记》目录中所记的宋元古画价格来看，大多数宋元名家真迹，不低于一百两，如：李唐《采薇图卷》二百两、钱选《折枝梨花卷》一百二十两、倪瓒《古木竹石轴》一百两。[⑯]

这件黄公望山水后来归秀琨所得：“前在风满楼看大痴山水一幅，未十分称意，今为秀子璞所得，覆看实佳，的是真笔，非麓台、石谷所能仿佛也。”[⑰]秀琨家中还藏有黄公望的其他两件作品，“早晤子璞，得观其尊人所藏大痴画二轴，甚佳，似是真笔”[⑱]。

但宋元名迹终归难得一见，谢兰生经眼的书画总体以明清居多，尤其董其昌与“四王”的作品，其中不乏名作。谢兰生的《日

⑩《日记》道光四年（1824）七月十八日条。

⑪《日记》道光四年（1824）三月廿二日条。

⑫《日记》嘉庆廿五年（1820）五月十三日条。

⑬《日记》嘉庆廿五年（1820）五月廿七日条。

⑭《日记》道光五年（1825）一月廿三日条。

⑮〔清〕潘正炜：《听帆楼续刻书画记》，黄宾虹、邓实编：《中华美术丛书》四集，北京古籍出版社，1998年，第478页。

⑯〔清〕潘正炜：《听帆楼续刻书画记》，黄宾虹、邓实编：《中华美术丛书》四集，北京古籍出版社，1998年，479页。

⑰《日记》道光五年（1825）六月十六日条。

⑱《日记》道光五年（1825）一月廿八日条。

记》和书画题跋显示，他深受董其昌“南北宗论”影响，在鉴赏审美上延续晚明清初流行的趣味，究其原因，或如万青力所指出的：“谢兰生是少数几位曾受到正宗画派影响的广东画家之一，这与他作为一位较正统的文人身份有关。”[①] 这一倾向，显然也在一定程度上影响了叶梦龙、潘正炜等人的收藏喜好。当然，他们对石涛作品的推崇另当别论，我们在下一章再具体讨论。

清初唐岱在《绘事发微》中将山水画史的演变与传统儒家道统流传相比拟，梳理了自唐宋以来的画坛正统脉络。[②] 唐岱的“道统”观点，在清初画坛十分流行，其实质就是董其昌“南北宗论”的扩展版，他把“文人画”的谱系，梳理为从元四家经董其昌直至“四王”，一脉相承。谢兰生对此也是心存默许，他在鉴赏时关注整体气韵、笔墨功夫、题材内容、构图经营，尤其重视对传统技法的继承。在复制技术并不发达的古代，中国人学习绘画的途径，主要通过观摹古画。摹者借此掌握古人骨法用笔、经营位置等技巧，进而提高造诣。谢兰生多年来一直着力寻找书画粉本，遇见好的构图，经常会摹成稿本，即使是赝品也不放过：“借得云林横卷，虽非真迹，而画法尚好，此卷旧藏王见大处，不甚值钱，今乃坐索高价矣。衢尊摹出稿本，今日付还其人。”[③] 又“又借得陈老莲、唐六如伪本画，虽不佳而稿子极好”[④]。

他十分推崇谨严认真的学习与创作态度，也是这种道统观念的体现，如《题白阳花卉卷》所言：

> 陈白阳学画于文衡山，称入室弟子。故所作一花一叶，无不精细。及其暮年，乃驰骤而入石田之室，益苍厚矣。然作画如学书，必专事谨严，至于熟极而能放笔。赵吴兴言之再三，此乃千古不磨之论，吾愿学画者，亦先于谨严上求之也。[⑤]

① 万青力：《并非衰落的百年——19世纪中国绘画史》，广西师范大学出版社，2008年，第153页。

② 〔清〕唐岱：《绘事发微》，收入王伯敏、任道斌：《画学集成》（明清），河北美术出版社，2002年，第433页。

③ 《日记》道光九年（1829）九月初五日条。

④ 《日记》道光六年（1826）四月廿一日条。

⑤ 〔清〕谢兰生：《常惺惺斋书画题跋》，卷下，收入《常惺惺斋日记（外四种）》（以下凡引用此题跋，均见该书，不另注明），第412页。

总之，谢兰生的鉴赏趣味深受画学道统观念的影响，强调画家的文脉、人品与学养。在他的带动下，导致粤中古画鉴赏呈现两个特点：一是重视宋元古迹，二是重视董其昌所倡导的南宗正脉的画家作品。换言之，粤中鉴赏风气并未超出江南的藩篱。

而流通于广州鉴赏圈中的书法真迹，则以唐宋名家的行草书为主。如“晚南坪以怀素《自叙帖》来，甚旧”[⑥]。“南坪以怀素帖来售，此帖今年已见过，亦希（稀）有之物。”[⑦]“出城会蔡芸圃，过叶祠赴席，为云谷饯东方赴大洲场任也。东方携山谷《水头镬铭帖》与众共赏，并嘱题字，因赋一首兼与送行：‘熬波新铸庚申灶，纳贶遥输甲子门。此去鲍家书画舫，水头铁镬有澄源。’”[⑧]“梁子春送来赵写《四十二章经楷书卷》，甚佳。又“二王”帖，极好。”[⑨]

二、拓片

唐宋书法真迹毕竟世间少有，“下真迹一等”的拓片便成为最佳替代品。除了字画外，有“黑老虎”之称的碑帖拓片也是当日最重要的艺术收藏品种。清代中晚期，金石学兴盛，拓片价格水涨船高，一路暴涨。一本宋拓唐碑的价格，甚至高于一张宋画。康有为即将旧拓唐碑价格过昂列为不宜学唐碑的原因之一：“唐碑可以缓购，且唐碑名家之佳者……非原石不存，则磨翻坏尽。稍求元明之旧拓，不堪入目，已索百金。”[⑩]又说：“欧、虞、颜、柳诸家碑，磨翻已坏。名虽尊唐，实则尊翻变之枣木耳。若欲得旧拓，动需露台数倍之金，此是藏家之珍玩，岂学子人人可得而临摹哉！”[⑪]一直到民国，碑帖拓片珍本的价格通常高于拓印朝代的画作（如明拓唐碑价格高于明画，而当前古画的价格则远高于拓片）。

⑥《日记》道光六年（1826）四月初九日条。

⑦《日记》道光六年（1826）七月十六日条。

⑧《日记》道光九年（1829）四月二十日条。

⑨《日记》道光六年（1826）十月二十日条。

⑩〔清〕康有为：《广艺舟双楫》，卷一，“购碑第三”，浙江人民美术出版社，2019年，第14页。

⑪〔清〕康有为：《广艺舟双楫》，卷三，“卑唐第十二”，浙江人民美术出版社，2019年，第69页。

谢兰生日记中提到不少碑帖拓本，多以旧拓唐碑为主，尤其是初唐欧阳询、虞世南、褚遂良、李邕四家的代表作，如："顺道晤素夫，出李姓所藏《化度寺》及北海《李秀碑》二本，极佳。"[①]"监院石华早到点名，携来欧阳《虞恭公》《九成宫》两帖，甚佳。"[②]"晚南坪以《九成宫帖》来售，尚有可观。"[③]又"入粤秀书院，看翰山所藏诸帖，借《虞恭公碑》一本、《香积寺碑》一本"[④]。"铭山来，并携廖姓所贩字画来看，不甚佳，惟有大字颜帖极好，只得一幅，未审是何帖也。"[⑤]"同楷屏过研北会东坪、昆玉暨筠如、凤石谈，得看《宋搨九成宫帖》，极佳。"[⑥]"今日见褚仿兰亭一本，绝佳，后有金华宋谦跋书，字极精，跋云有赵文敏题签，签已失去矣。又十三行帖亦好，为跋数字。"[⑦]"与云谷借得谢中翰恭铭所刻《望云楼集帖》十八本，内有十余种极佳而未见者，大约以唐临《黄庭》及《灵飞经》为最。"[⑧]"叶云谷送《麻姑坛》帖。"[⑨]"出城拜客，惟会鲍东方，见李北海《灵岩寺碑》，甚妙。"[⑩]"季彤以集册画来属题，内多佳者，又《虞恭公》及《化度寺碑》佳甚。"[⑪]"看云谷所藏字画卷，中有《庙堂碑》极妙。"[⑫]

谢兰生对褚遂良的《孟法师碑》一直渴望一见，"石华送至褚河南《孟法师碑》，此帖久慕不得见，今始见之，纸墨尚好"[⑬]。"李秋屏送到抚本《孟法师碑》，妙极。又北海《李秀碑》一本，亦佳。"[⑭]而他最为激赏的一帖，是在潘正亨处"得观《孟法师碑》原刻，神气完足，与翻本迥别，是天下之奇宝"[⑮]。

他还组织人力翻刻《孟法师碑》，拓得《孟法师碑》

① 《日记》道光六年（1826）四月廿一日条。
② 《日记》道光二年（1822）闰三月十六日条。
③ 《日记》道光六年（1826）一月初八日条。
④ 《日记》道光元年（1821）二月十八日条。
⑤ 《日记》道光元年（1821）四月廿八日条。
⑥ 《日记》道光元年（1821）五月十一日条。
⑦ 《日记》道光二年（1822）十月十六日条。
⑧ 《日记》道光四年（1824）七月四日条。
⑨ 《日记》道光九年（1829）十二月廿八日条。
⑩ 《日记》道光九年（1829）七月十四日条。
⑪ 《日记》道光九年（1829）八月十八日条。
⑫ 《日记》道光元年（1821）十二月十九日条。
⑬ 《日记》道光二年（1822）闰三月十七日条。
⑭ 《日记》道光三年（1823）十月廿二日条。
⑮ 《日记》道光三年（1823）十一月十八日条。

廿八本。[16]在他的带动下，叶云谷也请何衢尊翻刻《孟法师碑》：“叶云谷送来宋纸十二页请作画册，又交到《孟法师碑》石刻工价，即寄信与衢尊。”[17]

在广州任职的官员，热衷收藏拓片的也不少，谢兰生的进士同年夏修恕就是一例，“往拜会粮台夏，看所藏法帖，不甚佳”[18]。后来，又在他家看到李北海的《云麾将军碑》，极为震撼：“同赴夏粮台晚席，见云麾碑及方于鲁墨，绝佳。”[19]谢兰生在曾任杭州仁和知县的何太青家中，又再次看到《云麾将军碑》，“往会何藜阁，阅所藏字画，有刘松年卷及李希古大轴山水、云麾碑、徐青藤字卷，俱佳”[20]。粮运使许乃济翻刻苏东坡字帖，送了三副给谢兰生，“署粮台许送苏帖石刻三副，以一副与衢尊”[21]。

缁流也有不少人收藏拓本，如“妙公亦赠以《多宝塔碑》一本，尚有笔意，胜时下所见诸搨”[22]。

嘉道年间，广东帖学书风十分流行，粤中好事而有力之家兴起一股刻帖之风。叶梦龙刻了《风满楼集帖》《贞隐园集帖》《友石斋集帖》，吴荣光则刻有《筠清馆法帖》。谢兰生的长兄就是当日有名的刻帖高手，美国安思远藏王羲之《十七帖》上有谢兰生嘉庆十一年（1806）冬至日的题跋（图7-3），说明其长兄谢云生曾翻刻此帖：

> 重刻本乃吾兄青岩从此本双钩填廓入石，笔力圆正浑厚，视此十得八九。吾兄究心六书，所摹秦汉印章数百颗，不爽毫发，于此帖亦点画不肯放过，凡两阅月始蒇事，佐之者康氏二酋云。

而吴荣光一年前的题跋（图7-4），则称他从谢兰

⑯《日记》道光九年（1829）二月廿八日条。

⑰《日记》道光九年（1829）三月廿五日条。

⑱《日记》道光九年（1829）四月廿九日条。

⑲《日记》道光四年（1824）十一月廿四日条。

⑳《日记》道光六年（1826）七月六日条。

㉑《日记》道光九年（1829）三月八日条。

㉒《日记》道光四年（1824）七月廿八日条。

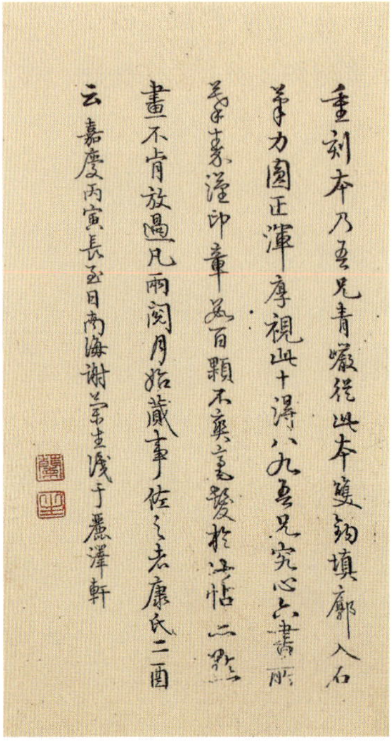

图 7-3 《宋拓十七帖》 谢兰生跋
美国安思远藏

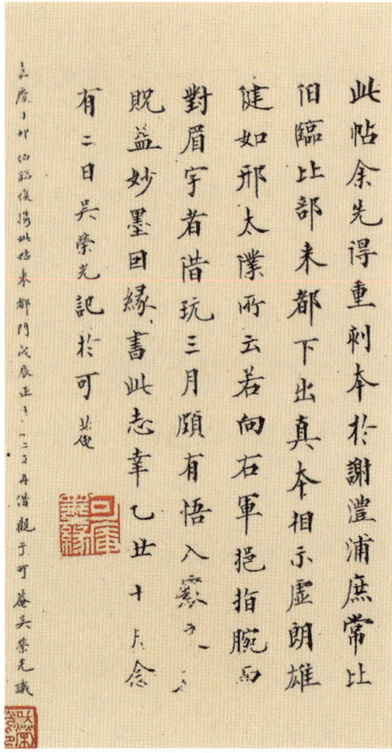

图 7-4 《宋拓十七帖》 吴荣光跋
美国安思远藏

生手中得过刻本，后来潘正亨带真本入京，他得以借观三月，对其提升书艺大有裨益：

> 此帖余先得重刻本于谢澧浦庶常，比伯临比部来都下出真本相示，虚朗雄健，如刑太仆所云：“若向右军挹指腕而对眉宇者。”借玩三月，颇有悟入处。□□觊益，妙墨因缘，书此志幸。

谢、吴等人并不反对日后碑派人士嗤之以鼻的“枣木气”，从侧面反映出当时北碑在广东并不流行，这是一个耐人寻味的现象。碑学自明清之际发端，在乾嘉之际蔚然成风。阮元《南北书派论》《北碑南帖论》两篇书论的问世，标志着碑学风潮的形成。然而书坛风气的转换并非朝夕之事，碑学固然在中原、江南大行其道，但在广东，即使阮元大力倡导，似乎反响也不大。书法传承与创作有其自身的惯性，与当时学风崇尚心学相似，广东书坛仍然处于帖学笼罩的阶段。在北方书家兴起取法碑版之际，广东书家却仍然坚守帖学，这从谢兰生所经眼的拓片可以看出。

阮元极为反对学习帖学经典《淳化阁帖》，谢兰生对此却不以为然，他有数次校看《阁帖》的经历，如“南坪……又以大痴画及淳化帖属题”[①]。又“校看《淳化阁帖》”[②]。谢兰生之后的数十年间，广东仍是帖学大行（至少是碑帖相行不悖）的时代，如道咸年间的罗天池[③]也是帖学的代表人物：

> 六湖云：余书初法香光，兼师海岳，后得南唐祖拓澄清堂帖，一意以右军为宗。其画亦由香光得径，力追董巨，兼瓣香米氏父子及元四家，至文沈王恽诸子，皆其所旁涉者也。余自愧万不能到，而中心向往实在于此。[④]

此外，还可以吴荣光为例。学界原先普遍认为吴荣光以“北碑入行草”，但这一论断实则缺乏足够证据，后人可能是因为康有为的误判而以讹传讹。[⑤]学界所谓“清代碑学笼罩天下”的说法也值得质疑。稍晚于罗天池的李文田、康有为，才是广东碑学真正的代表人物。[⑥]

粤中书家虽以帖学为主流，但对于岭外书法风气的变化也并非全然不知。早在乾隆四十四年（1779），张锦芳《西岳华山庙碑》有一段题跋，说明粤中已有一些先知先行者开始接触碑学：

> 《西岳华山庙碑》，翁覃溪夫子从笥河先生所得拓本钩出，冯君鱼山复借钩出溪夫子本，此本又从鱼山本钩出者。填廓既毕，因补录洪顾赵朱四家跋语装于后。[⑦]

张锦芳是从冯敏昌的双钩本再次双钩摹写，而冯敏昌本则

① 《日记》道光六年（1826）八月十七日条。

② 《日记》道光八年（1828）一月十二日条。

③ 罗天池(1805—1866)，字六湖，广东新会人。道光六年（1826）(1826) 进士。工书、画，精鉴赏，书法初师董其昌、米芾，后以王羲之为宗。画学董其昌，兼学米氏父子及元四家，为粤东四家之一。

④ 〔清〕张维屏：《谈艺录》，卷下，《广州大典》第 93 册，广州出版社，2014 年，第 590 页。

⑤ 周利锋：《吴荣光书法“北碑入行草”论献疑——兼论晚清碑学传播的复杂性》，《美术学报》，2015 年第 1 期，第 91 页。

⑥ 周利锋：《吴荣光与广东书法家交游考略兼论晚清岭南帖学》，《美术与设计》，2014 年第 6 期，第 55 页。

⑦ 〔清〕叶梦龙：《张药房摹西岳华山庙碑》，《风满楼书画录》，卷二，《民国稿抄本》第 32 册，广东人民出版社，2016 年，第 343 页。

以翁方纲双钩本为祖本，诸人一而再地双钩摹写，可见他们对于北碑的喜爱。冯、张二人皆曾在京为官，因此能较早接触到碑学的新风气。北碑拓片在广州鉴藏圈中应该也有不少，如谢兰生就看过《石门铭》，只是并不激动，态度很漠然："到冯默斋馆看魏人所书《石门铭》，似用汉《石门颂》隶法为之，甚古逸。"[①] 这和六十年后"尊碑抑帖""尊魏卑唐"的南海同乡康有为大为不同，康有为可是认为"虽终身不见一唐碑可也"[②]"论书不取唐碑"[③] 的。这为我们考察清代碑帖风气演变提供了另一个角度。

自冯敏昌、张锦芳以来，广东便有关注碑学者，而且有阮元这样位高权重者大力倡导，但未能形成气候，很快就淹没在帖学的汪洋大海之中。这说明，只要科举制度存在，馆阁体的实用功能便是碑学无法取代的。事实上，阮元本人的书法也是纯然帖学之风，看不出一丝碑学的痕迹。他只是在理论上阐明碑学的重要性，实则并未身体力行。[④]

黄宾虹在其晚年，曾提出"道咸画学中兴说"，又把谢兰生与吴荣光、冯敏昌三名粤籍画家归入道咸金石画家，显然是一个美丽的误会："清代学者，自阮文达试士，以金石书画甄才粤中，如吴荷屋、谢里甫之画遂能上窥宋元大家，为江浙所不逮。鄙见以为江浙通衢之地，急功近名，易沦俗学。有清一代，康雍自新罗花鸟、小师山水、两峰人物外，已无传人。其余如习画者，不过殿试策、朝考卷、卷格字耳。"[⑤] 当然，黄宾虹的误读，并不影响他的理论框架的成立，他这独树一帜的认识历史的框架，"是把金石书画作为孪生体放在历史的过程中考察，从最初的同源到北宗的正道再到道咸的复兴， 这足以揭示中国民族绘画的发展特征"[⑥]。黄宾虹还收藏了一本谢兰生册页，[⑦] 这多少可以说明粤中画家如谢兰生等人在全国范围内的分量。

① 《日记》道光三年（1823）四月初二日条。

② 〔清〕康有为：《广艺舟双楫》，卷三，"卑唐第十二"，浙江人民美术出版社，2019年，第67页。

③ 〔清〕康有为：《广艺舟双楫》，卷三，"卑唐第十二"，浙江人民美术出版社，2019年，第69页。

④ 金丹：《阮元与淳化阁帖》，《上海文博论丛》，2003年第3期，第106页。

⑤ 黄宾虹：《与陈柱书》，王中秀主编：《黄宾虹文集全编·书信编》，荣宝斋出版社，2019年，第154页。

⑥ 洪再新：《试论黄宾虹的"道咸画学中兴说"》，《美术》，1994年第2期，第26页。

⑦ 李明：《清代绘画与金石学关系研究》，上海社会科学院出版社，2018年，第100页。

第三节 往来常惺惺斋的画贾

经常有画贾造访常惺惺斋，他们的主营方向并不相同。秘珍画店以书画为主，翰华斋则是主营书画兼售古玩，而漱芳画店则专营砚石。秘珍和翰华斋两家画店有时同时来谢宅求售：

> 南坪来，以石田画见示，赝本，不佳。秘珍以徐青滕花卉册、龚半千山水册来，俱真本，有可采处。[8]

相较而言，秘珍的货品较真，而翰华斋的货品则时常得到谢兰生“不真”“不佳”甚至“可发一笑也”的评价，然而奇怪的是，翰华斋老板何南坪却与谢兰生成为好友。何南坪在《日记》中最早出现于道光三年（1823），第一次称呼用的是“翰华斋何君”[9]。至第三次见面，则记作“何南屏”，“屏”当作“坪”，可见仍不熟悉。一直到一个月后方明确其名，这已是他们第八次见面了。此后，何南坪便成为常惺惺斋上的常客之一，他或取画来求售，或取画索题，或代请作画，或夜来看作画。何南坪有时带点稀奇古怪的古玩出售或送给谢兰生，“晚南坪以古玩数种来阅，俱小品之佳者。内有蜡石水碟似旧玉，木瘿笔筒，木纹细致，手泽油润，因留此二物”[10]。又“晚南坪来，携赠古窑磁碗一只，极佳”[11]。而谢兰生则购入或者送他作品作为回馈，“南坪来，以英石笔山、福窑画碟见贻，俱佳而笔山尤奇，峰峦甚多，石色亦古”[12]，谢兰生则在七天后写成画册十二页回赠南坪[13]。谢兰生对于何南坪甚是信任，何南坪也曲意奉承，“南坪与马蕴堂同来，看新写画册二本，皆极赏之”[14]。可见谢兰生有时也不免虚荣心作祟。

道光八年（1828）四月下旬，《日记》记道南坪“病甚，着人来请看画”[15]，此后便由其子何显周带书画至常惺惺斋[16]，而南坪的名字此后也不再出现，估计于此不久辞世。

⑧《日记》道光三年（1823）四月廿九日条。

⑨《日记》道光三年（1823）二月十七日条。

⑩《日记》道光六年（1826）十一月十五日条。

⑪《日记》道光四年（1824）六月廿五日条。

⑫《日记》道光三年（1823）十二月初七日条。

⑬《日记》道光三年（1823）十二月十五日条。

⑭《日记》道光五年（1825）一月十一日条。

⑮《日记》道光八年（1828）四月廿一日条。

⑯《日记》道光八年（1828）四月廿四日条。

画贾之中，除了翰华斋老板何南坪与谢兰生相交最为频繁外，还有一位重要的画贾陈绣谷。道光二十七年（1847），罗天池在石涛《丹崖巨壑图》的题跋中提及陈绣谷曾将此画卖给吴荣光，他也是广东南海人，一直活动至道光晚年（详见第八章相关内容）。他来访次数不少，且有特别门路，能带给谢兰生一些书画精品。其初次登场就给人留下深刻印象，“绣谷来，带石坪书一封，请写大字，又王渊大幅山水，镜川所藏也，为题跋其上”[①]。由此可知，陈绣谷能从名家手中借出像王渊大幅山水这样重要的元代作品，可见其出手不凡且声誉甚佳。随后，“绣谷来，以文五峰长条山水见示，的是真笔。又宋元纨扇山水四幅，妙甚”[②]。又“陈绣谷以仇氏所藏董香光《夏山欲雨》一幅，陈眉公《粉笔梅花》一幅来阅，果佳”[③]。又“绣谷来，以王士元大幅山水、徐熙花鸟请题签，皆耳目所未经，真妙品也”[④]。陈绣谷是货源充足且藏品较佳的画贾，深得谢兰生赞许，谢氏也乐于与之交往。

此外，还有不少古董商常年与谢兰生来往，《日记》中多有此类来访记录，比较重要的是廖石坪、胡新田、何衢尊等人。他们也不全然是职业的古董掮客，有些是底层文人、刻工等，如廖石坪[⑤]，应属底层文人。他在《日记》中最早出现于道光元年（1821），由谢兰生的好友招子庸携其所贩书画代为介绍，并未面晤，“铭山来，并携廖姓所贩字画来看”[⑥]。等到第二年，廖石坪才登门拜访，“廖石坪来，并携大画三幅，俱不佳”[⑦]。此后廖石坪与谢兰生来往经常，如“廖石坪来，写账簷梅花及纨扇二柄”[⑧]。谢兰生与这些古董商关系十分融洽，如胡

① 《日记》道光三年（1823）八月十六日条。

② 《日记》道光三年（1823）十一月十三日条。

③ 《日记》道光四年（1824）五月廿二日条。

④ 《日记》道光四年（1824）七月十八日条。

⑤ 廖赤麟（1775—1823），字石坪，广东顺德人，诸生，以授徒终其身。

⑥ 《日记》道光元年（1821）四月廿八日条。

⑦ 《日记》道光二年（1822）七月廿九日条。

⑧ 《日记》道光二年（1822）八月二十日条。

新田，也是由招子庸介绍而来。道光元年（1821）四月某日，“铭山来，为胡新田送葵扇、杏仁、湖鸭、雪梨”。当天“夜月色甚佳，铭山偕新田至，邀听南音”[⑨]。几日后，“铭山来，为写纨扇一柄并携来新田所赠纨扇一柄”[⑩]，经过这两次铺垫，数日后，胡新田便可独自夜晚登门拜访谢兰生，“夜，新田以蓝田叔赝本卷子来阅”[⑪]。

古董商也并非尽是“卖李钻核”之辈，在方便谢兰生这类鉴藏家购买书画的同时，也为他们赏玩书画创造了便利条件，许多名画并不当场拿走，而是留在常惺惺斋中供谢兰生慢慢品赏，过一段时间再来取回，如“绣谷来取还各画”[⑫]“南坪与卢占元、马芑斋来，并取回各画”[⑬]。当然，谢兰生也会免费为之鉴定真伪，经他过眼且定为真迹的书画，当能卖个好价钱，谢兰生有时也乐于做个好人，与人方便。其子谢念功回忆说：

> 而尤精鉴赏，往往阅未终幅，真赝立辨。骨董家每有佳画，展转莫售，得府君题识数语，价值顿增。又有以不甚佳者求题，府君亦应之。人讶其然，曰：“是亦行方便之一道耳，何碍焉。”[⑭]

总之，与万木春所分析的晚明江南地区艺术品鉴藏圈一样，[⑮]嘉道年间的广州收藏圈子也是一个开放、流通的系统，借助画贾的穿梭衔接，艺术品可以便捷地送达各位鉴赏家手中。俗谚“同行如冤家”，但画商之间既有竞争，也互通有无。他们甚至聚在谢兰生家中一起看画，分享收藏经验，如“马蕴堂送到大画八幅，横卷八轴，适南坪、绣谷来同阅”[⑯]。巨大的市场需求，也导致赝品横行，有一次谢兰生接连看了几天赝品，懒得再记具体数目与画名，干脆记下“连日以字画来看者数家，多是伪本”[⑰]。

⑨《日记》道光元年（1821）四月十六日条。

⑩《日记》道光元年（1821）四月十九日条。

⑪《日记》道光元年（1821）四月廿三日条。

⑫《日记》道光四年（1824）十月十七日条。

⑬《日记》道光四年（1824）九月廿三日条。

⑭〔清〕谢念功：《皇清敕授文林郎翰林院庶吉加一级显考澧浦谢公府君行述》，《广州大典》第189册，广州出版社，2014年，第841页。

⑮ 万木春：《味水轩里的闲居者：万历末年嘉兴的书画世界》，第三章“书画的流通”，中国美术学院出版社，2016年，第110页。

⑯《日记》道光四年（1824）九月十九日条。

⑰《日记》道光九年（1829）四月初八日条。

这些画贾，还是为谢兰生代销书画的中间商，如："绣谷来为仇姓请写横额，以笔润至。"[①]"绣谷以笔润来，为温姓请写祠额，允月半付与。"[②]"晚衢尊以笔润来为人索画。"[③]"晚南坪为人以笔润来请写扁字。"[④]"晚南坪以笔润来为人请画。"[⑤]这大概也是谢兰生碍于情面，有时不得不为画贾行方便之道的缘故吧。

第四节　谢兰生的书画鉴定方法

凭借先后主持粤秀、越华、羊城书院讲席，又曾任《广东通志》总纂的资历，谢兰生结识了许多书画界、鉴藏界的大人物，得以饱览饫看各家收藏，经眼无数作品，练就了精深的鉴赏眼力，其书画鉴定主要有以下四个方法。

其一，风格鉴定。这种方法首重第一感觉，即所谓的"望气"，是千百年来历代鉴藏家一脉相传的"不二法门"。从《日记》中，可知谢兰生熟稔书画史，对各家风格也了然于胸。他常常根据书画的气韵来断定真伪，如他在《跋砖塔铭帖》中所记录的一次鉴定经历：

> 吾家旧藏砖塔铭，与毅堂潘舍人藏本无异，骤看姿致绝媚，而殊乏劲气，窃疑好手临写重铸。第未见原刻，不敢武断。吾兄青岩购得此本，逐字比较，神彩既胜而风骨遒上，宛然欧、褚家法，断为原刻无疑。[⑥]

谢兰生的风格鉴定，乃是熟悉各家笔墨的精妙之处，透过深邃的眼力，在感性基础上做出理性判断。如谢兰生对晚明蓝瑛的绘画风格十分熟悉，几可一望而定真赝。《日记》记到"铭山来，携到蓝田叔没骨画册并墨本画册来，其没骨丹青一册，

① 《日记》道光四年（1824）六月二十日条。

② 《日记》道光四年（1824）闰七月初一日条。

③ 《日记》道光四年（1824）十一月初二日条。

④ 《日记》道光五年（1825）九月十八日条。

⑤ 《日记》道光六年（1826）十二月十四日条。

⑥ 〔清〕谢兰生：《常惺惺斋书画题跋》，卷上，第389页。

前四十年看过一次，乃温誉期所藏，甚佳”[⑦]。此本册页，数月后归大藏家潘正炜所有，潘氏复请谢兰生题跋，谢兰生再次表述了他对蓝瑛绘画风格的熟悉，就如对故人一般：

> 田叔此册凡十六叶，旧藏龙山温氏，予四十年前曾见之，今归季彤贤友，重加装池。每一展阅，如遇故人也。彼时二樵山人好作没骨法，实师此册。而二樵笔弱，不能如此雄厚。此册虽使白石翁执笔，亦不能过，且局面阔大，无其平时破碎习气，断推田叔画中第一。[⑧]

即使年代久远而不易分辨真赝的董源作品，他也自有一番见解：“早到二楼书画舫看遂之九兄所藏北苑、刘松年、韩太冲横卷，俱佳。”[⑨] 在一卷董其昌仿董源山水中，他指出董其昌深得董源“神骨”：

> 此卷不仿北苑，骤看疑不相似，细观一树一石，俱带雄奇之气，此正北苑神骨。第出手圆浑无迹，与北苑面目稍殊，故阅者不觉耳。[⑩]

可知，谢兰生在此前观赏董源风格的山水作品中，摸索到了潜藏在“一树一石”之间的“神骨”，因此能做出与常人不同的判断。

其二，通过作品的题跋、印章来判断真伪，如《论伪南田花卉》一跋所记录的鉴定经过即是一例：

> 此帧花鸟生动，点缀清妍，自是南田家法，不知何物伧父代书“南田寿平”四字，又盖以恶劣印章，意将为此画增重，希获美利。不知此画竟以南田累矣。夫刻画无盐，唐突西子，诚为罪过，若点汙西子令变无盐，不亦令人恨恨。[⑪]

其三，通过作品的质地、装裱来判定真伪。谢兰生因有长年的临池实践，故而相当熟悉历代绢纸的特性，可根据书画用

⑦《日记》道光元年（1821）四月廿二日条。

⑧〔清〕谢兰生：《题蓝田叔画册》，《常惺惺斋书画题跋》卷上，第392页。

⑨《日记》道光四年（1824）三月廿五日条。

⑩〔清〕谢兰生：《题董文敏仿北苑横卷》，《常惺惺斋书画题跋》，卷下，第412页。

⑪〔清〕谢兰生：《常惺惺斋书画题跋》，卷上，第388页。

纸的材质来判断是否与作者的创作年代相符，如何南坪以李公麟写经罗汉请题，谢兰生以其丰富的经验，断为“纸张渊厚，画笔高古，当是真笔”[①]。

值得一提的是，历代鉴赏家都注重书画的材质，谢兰生自不例外，他常托人代为搜集旧纸，并引为乐事：“衢尊为买得旧宣纸，极莹净，不减陈登之所赠纸，是一快事，此事亦只可遇不可求也。”当晚试宣纸作小画，即以赠衢尊。[②]又“晚南坪来，为搜罗得旧纸颇多，是一快事”[③]。又“晚南坪以旧纸六幅来，为作小画一纸”[④]。都可见出他得到佳纸时的快乐。他得到新纸后会立即试笔，可见心情极佳：“晚试新买宣纸，果佳。”[⑤]经过一段时间收藏，他得到了不少旧纸：“衢尊代收得宣纸甚富。”[⑥]确实，用不好的纸绢作画，很影响心情：“晚作团扇山水，绢甚劣可厌。”[⑦]又“试笔纸本册页，尚不甚劣。甚矣，佳纸之难得”[⑧]。

其四，根据书画著录等文献进行考证推断。清代汉学复兴，考据之风盛行，谢兰生与阮元等人相从甚密，多少受到乾嘉学派的影响，在鉴定中十分注重文献著录与文字比对。如《题董文敏临黄鹤山樵》所云：

> 此帧题字，“黄”字作“黄”，阅者疑之，遂谓画非真笔。及考敬一堂所刻思翁论书数则，黄庭坚之“黄”字作“黄”，又诗话有“又岂杜甫、少游、黄鹂、野鸳之伦乎”句，其“黄”字正作“黄”，可知见闻不广而轻议古人，与惊怪河东之豕何异？至画法高妙，真入山樵之室，尤非俗眼所能窥及也。[⑨]

虽然已被时人公认为独具只眼，但谢兰生仍旧保持谨慎的态度，对于一时不能断定真假的画，他总是审慎地不轻易下结论，而是等待将来进一步的研究，如《题画罗汉像卷》：

① 《日记》道光六年（1826）八月十七日条。

② 《日记》道光八年（1828）七月十四日条。

③ 《日记》道光六年（1826）十二月初五日条。

④ 《日记》道光八年（1828）一月初九日条。

⑤ 《日记》道光八年（1828）七月十五日条。

⑥ 《日记》道光八年（1828）七月十六日条。

⑦ 《日记》道光八年（1828）七月廿八日条。

⑧ 《日记》道光八年（1828）十二月十六日条。

⑨ 〔清〕谢兰生：《常惺惺斋书画题跋》，卷上，第390页。此事亦见《日记》道光元年（1821）七月十九日条。

> 此卷笔法溯源于吴道子，而忝以贯休句“龙爽之所长瑰伟特出”。卷内不署姓名，相沿为陈老莲笔。予往见老莲一《罗汉》册子，与此略同，非此老无此胆识。或云既不署名，安知不出宋元名手？此说予不敢知。或又云是老莲临古之作，偶未署名耳。斯说诚韪，姑备书之，俟知者鉴焉。[10]

以上四种方法，其实是鉴定行内通用的，并无标新立异之处，诸如气韵生动、骨法用笔等评判标准，早已是书画鉴定的金科玉律。然而，要全面掌握这四种方法，则需要经年累月的眼力训练。在长期的鉴赏生涯中，谢兰生锻炼出一双善辨真伪的火眼金睛。由此，晚年的谢兰生作为鉴赏大家在粤中享有盛名，叶梦龙、潘正炜等人经常携书画来请谢兰生鉴定，而他的趣味也引领着岭南地区的鉴赏风尚。另一方面，谢兰生高超的鉴定经验，来自数十年过眼、上手的无数作品，这也从侧面说明嘉道年间广州古代书画藏品的丰富性与系统性，这是培养谢兰生成为一名大鉴藏家的基础。

⑩〔清〕谢兰生：《常惺惺斋书画题跋》，卷上，第389页。

第五节　谢兰生的藏品

在收藏次序上，书画与拓片无疑是顶级的收藏品，正因其价格昂贵，谢兰生空负具眼之名，却于此未有多少收藏。限于财力，他不得不退而求其次，转以收藏砚石和杂项为主。谢兰生的后人回忆说：

> 此外铜器、窑器、竹器，收藏不少。更有石癖，尝于院中庭阶累石，名曰借石草堂，蓄端州佳砚百数十计。又喜购恩平石，石虽不佳而五色具备，因其纹色布置，

绘为图画，倩工镌刻，以供清玩。除贻知交外，各分不孝等数方，曰“吾家无良田半亩，此砚田也，汝等宜宝之”。[①]

一、藏砚

广东肇庆是端砚的原产地，清代以水岩老坑为上品，其中又以大西洞第三层石为最佳：

> 品砚以端溪为第一，龙尾、红丝，不足方也。而端溪又以水岩老坑为最。凡朝天岩、麻子坑皆旱岩，名新坑水岩，有正洞、东洞、大西洞、小西洞之分。又以大西洞为最，而大西洞又以第三层为最，至此精美极矣。石之至佳者，有蕉叶、青花、鱼脑冻、冰云冻为上品。认老坑者，则以沙钉、银线为证据。然近日朝天岩、麻子坑亦有沙钉、银线、鸜鹆眼、蕉叶、青花各种，几于鱼目混珠，碔砆乱玉矣。惟识者从其气质辨之，其一种温润深厚之气，自迥然不同，不待研墨时始分辨也。[②]

水岩开自明代，屈大均《广东新语》说“西洞今亦凿穿，江水入焉，不可以复凿，即凿亦仅容二斧四人而已”[③]。入清之后，“凡开坑，必奉督抚札谕方准，动用数千金”[④]。如道光十四年（1834），西江水灾，端州民众请求开砚坑以工代赈，获批准后，从十一月二十七日汲水，至次年正月十日方得入洞采石，三月十日地下泉水再涌上停工，也不过得砚三百余方而已，两广总督卢坤因而感慨：“苏子瞻云千夫挽绠，百夫运斤，篝火下缒，以出斯珍，洵矣艰哉。”[⑤]

近水楼台，身在粤中的谢兰生收藏了不少端砚。其砚台藏品，来自购买、赠予、交换三个途径。他在购买砚台一事上可谓不吝钱财，最下血本的一次是：

① 〔清〕谢念功：《皇清敕授文林郎翰林院庶吉加一级显考澧浦谢公府君行述》，《广州大典》第189册，广州出版社，2014年，841页。

② 〔清〕刘世馨编、许联陞订：《粤屑》，卷五，“老坑”条，收入《岭南随笔（外五种）》，广东人民出版社，2015年，第215页。

③ 〔清〕屈大均：《广东新语》，卷五，“端石”条，中华书局，2006年，第189页。

④ 〔清〕刘世馨编、许联陞订：《粤屑》，卷五，“老坑”条，收入《岭南随笔（外五种）》，广东人民出版社，2015年，第215页。

⑤ 〔清〕卢坤：《端溪砚史序》，收入〔清〕吴兰修：《端溪砚史三卷》，《广州大典》第63册，广州出版社，2014年，301页。

⑥ 《日记》道光八年（1828）三月十八日条。

⑦ 〔清〕吴兰修：《端溪砚史三卷》，卷二，《广州大典》第63册，广州出版社，2014年，320页。

> 本日买得鱼冻西洞大砚一方极妙，价亦不甚高，从前所蓄大青花砚及大鱼冻砚俱是极品，竟不能守，致让与人。青花尚易觅，鱼冻大方者不易购，故复买此石，虽囊涩不计也。⑥

这段话中有太多端砚术语，且略作解释，谢兰生说“尚易觅”的“青花”，吴兰修在其《端溪砚史》中如此评价：“青花微细如尘，隐隐浮出，或如虮虱脚者为上，粗点成片者次之。盖石极细，乃有青花。青花者，石之精华也。”⑦而“鱼脑冻”更是“无上品”：

> 一种生气，团团圞圞，如澄潭月。漾者曰鱼脑冻，错落疏散者，曰碎冻。兰修按：冻者，水肪之所凝也。白如晴云，吹之欲散，松如团絮，触之欲起者，是无上品。唯大西洞有之。洁白疏散者，谓之碎冻，亦复佳。⑧

吴兰修还指出：“大西洞以鱼脑带青花者为极品，次则蕉白带青花，次则天青带青花，次则鱼脑、蕉白、天青无青花者，若冰纹带青花，乃千百中之一二，谓之绝品可也。”⑨可知谢兰生得到此佳砚时的狂喜，故不惜笔墨在《日记》中详写其事。

谢兰生不时购入砚石，城内的砚店则是货源不断：“潄芳以砚石廿九方来看，佳者不过十三四片。”⑩“买得青花小砚一方。”⑪“新得蕉白小砚，甚佳。”⑫“买得青花大砚。”⑬“买得西洞鱼冻砚一方极佳。”⑭“新得蕉白小砚，甚佳。”⑮“买得西洞蕉白青花小砚，甚佳。”⑯

北方的澄泥砚，谢兰生也有收藏：“买得澄泥砚一方，颇旧。”⑰“与衢尊过南坪处，取得蒲草石一块，甚佳。又买得澄泥旧砚一方。”⑱

当然，以谢兰生在广州士大夫阶层的位阶，亦不时有人赠予砚石，如“季彤以西洞砚石送至，并戊寅所写画册一本嘱补

⑧〔清〕吴兰修：《端溪砚史三卷》，卷二，《广州大典》第63册，广州出版社，2014年，321页。

⑨〔清〕吴兰修：《端溪砚史三卷》，卷二，《广州大典》第63册，广州出版社，2014年，321页。

⑩《日记》道光九年（1829）五月初八日条。

⑪《日记》道光二年（1822）正月十六日条。

⑫《日记》道光四年（1824）六月廿四日条。

⑬《日记》道光四年（1824）六月初十日条。

⑭《日记》道光六年（1826）四月十五日条。

⑮《日记》道光四年（1824）六月廿四日条。

⑯《日记》道光五年（1825）（1825）七月廿九日条。

⑰《日记》道光五年（1825）十二月廿七日条。

⑱《日记》道光五年（1825）十二月三十日条。

题字”[①]。潘正炜所赠之砚太佳，以致别人送的有些不上档次了：“卢英圃送砚来，亦是西洞上层石，而不及季彤所送之佳。”[②]“衢尊送十叶龙眼二篓，小砚一个，是西洞二层石。”[③]“云谷送来小四六砚一方，佳。”[④]小四六砚，即四比六形制的砚台。“伯临送到荷叶砚一方，甚佳。”[⑤]这是一种荷叶形的砚台。净香园的妙严和尚出手宽绰，“过净香园，分得砚石十三块，内有八九块佳者，即交三块与匠人裁制此石，云是新开西洞拾得余块，实是正洞石耳。内竟有大西洞石”[⑥]。

谢兰生一方面得到别人的赠砚，但也不可能只进不出，另一方面，他也常将砚石作为礼物，赠予广州城中的官员，如：“送大砚一方与将军果。”[⑦]“何相文亲家来谈，送与西洞砚一方。”[⑧]“赠研与达诚斋，铭其背云：‘受磨砚，能守黑。金华灿，玉雪积。忘不忘，识不识。蚤回光，乃用极。’”[⑨]“翟运司来，取去西洞砚一个，又送与刻枯木竹石恩平石一块。”[⑩]“夏粮台来，取一西洞砚去。”[⑪]“运台耿、粮台夏同来，因送端砚二方与耿年伯，来谢也。”[⑫]

谢兰生曾将心爱的一方蕉白砚送与张岳崧，“张翰山来，以云头蕉白青花研奉赠，以翰山极赏此砚也”[⑬]。可见，当时广州文人圈中，与谢兰生一样热衷收藏砚石者大有人在。张岳崧字翰山，时任越华书院山长。张岳崧得到此砚后，得陇望蜀，又要求以一方蕉砚与谢兰生的竹砚交换，被直接拒绝：“接翰山书，欲取予竹砚，又买定湖蕉研，以与竹砚相易，未允也。”[⑭]青花、鱼冻之外，蕉白也是名品。吴兰修就说：

> 蕉叶白，浑成一片，嫩净如柔肌，如凝脂，

① 《日记》道光四年（1824）六月初七日条。

② 《日记》道光四年（1824）六月初八日条。

③ 《日记》道光四年（1824）七月十七日条。

④ 《日记》道光四年（1824）十月十四日条。

⑤ 《日记》道光四年（1824）十月廿八日条。

⑥ 《日记》道光九年（1829）四月十一日条。

⑦ 《日记》道光五年（1825）五月初九日条。

⑧ 《日记》道光五年（1825）五月廿九日条。

⑨ 《日记》道光四年（1824）一月二十日条。

⑩ 《日记》道光五年（1825）五月十二日条。

⑪ 《日记》道光五年（1825）九月廿一日条。

⑫ 《日记》道光九年（1829）五月初一日条。

⑬ 《日记》道光元年（1821）四月二十日条。

⑭ 《日记》道光元年（1821）四月廿八日条。

温而泽，沈而密。注视之，深深然，隐隐然，如见其里，唯水岩为然。朝天岩虽有蕉叶白，然浅而露矣。火捺者，石之坚处，血之所凝，故其色红紫，或黑。蕉叶白者，石之嫩处，膏之所成，故其色白。其一片纯洁，微有青花，如秋云绵密，或如水波微尘。视之不见，浸于水中乃见，必须心如毫发，乃知其妙。此石乃在穷渊，水之所凝，云之所成，玉而非玉，冰而非冰，水为其气，云为其神，其石之质欲化，而冰之体已坚。此真端溪之精英，其价过于瑶琼者也。⑮

所以当谢兰生得知赠予张岳崧的那方蕉白砚误落江中时，很是痛心："铭山前月往送翰山，昨日自清远还，今日午间到，云前所送翰山之松皮冰线砚，被其下误投之清远峡中，不意此砚如此结果也。"⑯

交换也是一种途径。他曾不惜以沈周的一张大画，与人交换一方大砚："性公大砚一方，以石田大画一轴易之。"⑰

砚台非仅作鉴藏，主要还是为了实用于写字作画。米芾有言"器以用为功"，名品佳砚的品鉴历来以功用为首要标准，又以质美兼之。谢兰生与好友常作试砚雅集："过海幢午斋，试秀公鱼冻砚，写竹石小幅。"⑱

除了自家收藏外，《日记》中不乏他四处欣赏砚石的记录，如"下午之粤秀看端砚"⑲"适卢英圃至，同过一瓣山房看琇公所藏砚，有一方纯白，予题曰'昆冈片玉'，真是妙品"⑳"过海幢寺晤秀公，赏昆山一片砚石"㉑。

除了砚石材质外，良好的砚工可使之增色不少，谢兰生又迷上了砚画，如"新得西洞小砚石，皮有白色旧刻蕉叶，佳，改刻梅花数朵，顿觉生色"㉒。

⑮〔清〕吴兰修：《端溪砚史三卷》，卷二，《广州大典》第63册，广州出版社，2014年，第321页。

⑯《日记》道光元年（1821）八月初四日条。

⑰《日记》道光三年（1823）十二月廿八日条。

⑱《日记》道光四年（1824）四月初八日条。

⑲《日记》道光元年（1821）四月初一日条。

⑳《日记》道光二年（1822）十一月十二日条。

㉑《日记》道光四年（1824）七月初九日条。

㉒《日记》道光六年（1826）八月十七日条。

图 7-5 谢兰生曾用砚
广东省博物馆藏

砚画须有刻工，而何衢尊则是谢兰生最信赖的。他虽是砚工出身，但也能作画，“借得云林横卷，虽非真迹，而画法尚好，此卷旧藏王见大处，不甚值钱，今乃坐索高价矣。衢尊摹出稿本，今日付还其人”[①]。谢兰生曾经“作上界三峰砚画”[②]，并请何衢尊刻砚：“写上界三峰砚及铁松砚交衢尊刊刻。”[③]何衢尊估计是端州人，经常来往于广肇两地，“衢尊自乡间还，携到新镌砚二方甚佳”[④]。又“衢尊本日还乡去，云九月复来。是日为刻黄叶顿小砚，甚工”[⑤]。广东省博物馆藏有谢兰生自铭砚一方，刻松风高士图，或即出自何衢尊之手。（图 7-5）

谢兰生还请著名人物画家蒋莲作砚画，“香湖送画扇一柄，答以瓜砚一方。香湖为写砚上《谈元图》付刻”[⑥]。蒋莲的砚画令人很满意，“蒋香湖来，为写砚石人物，甚佳”[⑦]。

流寓广东的著名花鸟画家宋光宝也被邀请在砚上作花鸟画，“还斋出城，候宋藕塘，送以西洞圆砚并嘱写恩平石上花果”[⑧]。宋光宝的出手自是不凡，“宋藕塘来，携到所写石上花卉，甚

① 《日记》道光九年（1829）九月初五日条。

② 《日记》道光五年（1825）四月十一日条。

③ 《日记》道光六年（1826）十一月廿二日条。

④ 《日记》道光五年（1825）十月廿一日条。

⑤ 《日记》道光六年（1826）八月初八日条。

⑥ 《日记》道光五年（1825）七月初四日条。

⑦ 《日记》道光五年（1825）十月廿五日条。

⑧ 《日记》道光五年（1825）八月廿一日条。

佳”[9]。而谢兰生的谢礼则是一方瓜砚：“为叶云谷写天开图画阁于纨扇上已成，适云谷来携去并交香湖瓜砚代致。”[10]

端砚之外，阮元新发掘出恩平茶坑石作砚，在《恩平茶坑砚石记》中对此砚有详细介绍[11]，谢兰生最初是在夏修恕那里得到一块恩平石，初时并不觉其佳，“还斋，复往拜客，只会妙公及署粮台夏同年。遍观其所藏砚，赠予恩平石一块，颇细嫩，亦发墨，但干燥耳”[12]。他后来发现此石很适合作砚画，便买了不少茶坑石：“买得恩平砚石廿余方。”[13]“市得茶坑砚石十余块。”[14]“买得恩平砚石廿余方。”[15]阮元看到谢兰生的砚画后，很感兴趣，又再送了不少恩平石来：

> 阮制军来会，看所制画砚……薄暮到院，制军送恩平石十块，又以五少君所制《小琅环九研山并长歌》一首见示。[16]

离粤赴滇之前，阮元再次赠送恩平石，“制军再送恩平石四块”[17]。又“阮五少君送来恩平石廿六块，内有十六七块佳者，近时砚店皆鲜此石也”[18]。

因为阮元、谢兰生的推崇，原先寂寂无闻的茶坑石竟也变得贵重起来，吴兰修就说：

> 茶坑石不见记载，自阮仪真师极称之，始以名著。其直廉于新坑。积古斋购藏数百块，就其异纹略加刻画，尝示余二砚，一背有青绿纹，刻为山水，题苏诗云：“一水护田将绿绕，两山排闼送青来。”一砚心有螺纹旋至二三十重，其细如丝，浅碧色。其外纯紫色，俱异品也。又赠余一砚，背刻云林小景，石之赭叶之黄，水之碧，皆自然本色。时谢里甫太史善画，亦喜为之，随石点缀，各有生趣。由是石以画传，近且以充贡品矣。大抵茶坑石质燥，扣之作金声，发墨而损毫，若择其纹之佳者，镂作砚山，亦雅品也。[19]

⑨《日记》道光五年（1825）八月廿五日条。

⑩《日记》道光九年（1829）一月十二日条。

⑪〔清〕阮元：《揅经室集》，三集卷五，中华书局，2016年，第704页。

⑫《日记》道光四年（1824）七月廿八日条。

⑬《日记》道光五年（1825）二月初八日条。

⑭《日记》道光五年（1825）二月初五日条。

⑮《日记》道光五年（1825）二月初八日条。

⑯《日记》道光五年（1825）六月初四日条。

⑰《日记》道光五年（1825）六月初五日条。

⑱《日记》道光六年（1826）六月十四日条。

⑲〔清〕吴兰修：《端溪砚史三卷》，卷一，《广州大典》第63册，广州出版社，2014年，第319页。

二、赏石

赏石是一项历史悠久的文化活动，宋代苏轼、米芾堪称代表人物。根据赏石的地点，可将石头分为三类：名胜奇石、园林立峰、文房雅石。[①] 谢兰生颇有石癖，这三种赏石形式都有。第一种赏石多位于野外，当谢兰生至罗浮山游玩时，观赏山石便是其活动之一。在斋中赏石，形式以后两种为主，他常将形状奇巧的小石头作为案头清供，也时常在庭院中叠石。

谢兰生的藏石以英石为主。英石产于广东英德，与太湖石、灵璧石、昆石并列四大名石，又被列为宋代贡品，具有“皱、瘦、漏、透”等特点。英石正面多洼孔、石眼，玲珑婉转，精巧多姿，而背面则较滑。其佳者质坚而脆，叩之有共鸣声，主要用于假山与文房雅石。[②] 屈大均《广东新语》记载当地人将英石运至广州，“使工层垒为山，花木其际，宛若天成，真园林之玮观也”[③]。

不时有人送英石给谢兰生：“衢尊送英石，颇玲珑，有款。”[④]“南坪以英石水池见贻，甚佳。”[⑤]“随下船到小港是岸寺看大石山，不甚佳。僧奇公赠一小英石，上种小花草，尚有可观。”[⑥]“妙师再送英石二块。”[⑦]“再从妙师处移到英石四块。”[⑧]

他有一次在路上购得一块英石，喜不胜收，大有米颠拜石之态：

> 与衢尊、雁山、妙公到五村珠冈看新建道观……路上市得大英石一座，可作笔山。石黑质白脉，峰峦数层，白脉如虬，蟠结一石中，峰通一孔，极明亮，尤难得。[⑨]

腊石也是谢兰生喜欢收藏鉴赏的石种。屈大均《广

① 贾祥云：《中国赏石的分类与鉴赏》，《中国园林》，2010 年第 11 期，第 92—96 页。

② 刘音、高伟：《英石赏石文化历史源流及发展前景》，《广东园林》，2017 年第 4 期，第 21—25 页。

③ 〔清〕屈大均：《广东新语》，卷五，“小英石”条，中华书局，2006 年，第 177 页。

④ 《日记》道光四年（1824）闰七月初一日条。

⑤ 《日记》道光四年（1824）十一月十九日条。

⑥ 《日记》道光五年（1825）四月廿一日条。

⑦ 《日记》道光九年（1829）二月初六日条。

⑧ 《日记》道光九年（1829）一月十六日条。

⑨ 《日记》道光五年（1825）三月十八日条。

东新语》云："岭南产蜡石，从化、清远、永安、恩平诸溪涧多有之……色大黄嫩者如琥珀，其玲珑穿穴者，小菖蒲喜结根其中。"⑩谢兰生家中也藏了不少：

> 取到白色腊石一块，颇玲珑，四面皆可观。⑪
>
> 晚南坪来，以蜡石二枚至，为人求作画石，亦颇有可观。⑫
>
> 买得蜡石大墨床一块，颇佳。英圃云有大笔洗见惠，此物亦断不可少一佳品。⑬
>
> 早出城到长寿寺谈，从至道师索得腊石一方，可插花，极妙。⑭

有人以腊石笔床相赠："马蕴堂亲携到蜡石笔床，石似黄玉之带璞者，而红熟温润，非数十年手泽不至此，座亦佳甚。"⑮

有一次何南坪送他一块奇石，诓他是青州红丝石："晚南坪来，云前所惠奇石乃青州红丝石，可作砚，古云'天下第一石'，亦异物也。"⑯青州红丝石为唐代红丝砚用材，宋人视为第一名砚。但后来才发现空欢喜一场，实则不过是寻常的出产于广东廉州的灵山花石："回拜何梦华，见砚匠梁君，方知前所称红丝石乃灵山石。梦华亦云红丝纹幼，此石纹粗，故不同。"⑰

明代计成《园冶》曾言："片山有致，寸石生情。"谢兰生晚年喜垒石造园，以此寄托山水情思："过花埭买得薝卜、大丹数种，点缀石罅。"⑱又"位置庭下英石，傍点缀以杂花"⑲。"点缀石上花草，亦有幽致。"⑳"除去庭下大蕉数株，改种桐、棕等树更雅。"㉑"崔问琴来，又问琴送到英石笋三枝，佳。"㉒"蔡云圃送长英石一块，翠庭下山顶，又将小石一块加焉，中透一大孔，竟

⑩〔清〕屈大均：《广东新语》，卷五，"腊石"条，中华书局，2006年，第178页。

⑪《日记》道光元年（1821）七月廿六日条。

⑫《日记》道光四年（1824）三月廿七日条。

⑬《日记》道光二年（1822）三月初九日条。

⑭《日记》道光四年（1824）十一月十八日条。

⑮《日记》道光五年（1825）七月十六日条。

⑯《日记》道光六年（1826）二月十三日条。

⑰《日记》道光六年（1826）二月十七日条。

⑱《日记》嘉庆廿五年（1820）三月十四日条。

⑲《日记》道光九年（1829）一月十七日条。

⑳《日记》道光九年（1829）一月廿一日条。

㉑《日记》道光九年（1829）一月廿五日条。

㉒《日记》道光九年（1829）二月十八日条。

图 7-6 《友石山房图》 1815 年 宋葆淳 纸本设色 纵 158 厘米，横 64 厘米 私人收藏

似太湖石矣。”[①] 谢兰生于造园颇有心得：

与衢尊到天开图画阁上一览，果然得地是岭海第一阁，第晴时眼界虽好，似不若雨意空蒙更佳。再入唐荔园，又过李氏苏园，步头砌石平阔，胜前时远甚。园内新建一亭于塘边，两面临水，三面皆荔，甚为得地，惟亭既倒朝，势颇孤露，亭旁宜再作回廊衬贴为妙耳。[②]

文人将庭院假山作为山峰的微缩景观，借此神游物外，并视奇石为与天地同寿的灵物。英石玲珑通透的特点，恍若道家描述的“壶中天地”，正好满足了有道教信仰的谢兰生对洞天仙境的向往。在古代画家的作品中，有专门描绘文房雅石、园林立峰乃至名胜山石的题材，[③] 因此，谢兰生赏石也抱有汲取创作灵感的心态。

赏石之风普遍流行于广州文人圈中，叶梦龙也是好石成癖之人，他有一处书斋，就以“友石”命名。嘉庆二十年（1815），叶梦龙请吕翔绘一页《友石斋图》，又请宋葆淳绘《友石山房图》立幅（图 7-6）。宋葆淳自题云：

嘉庆庚申黎二樵所蓄一石奇秀可爱，因呼为石友。二樵没后，云谷二兄得之。余曾赋一律，颜其所居为“石友”。乙亥复作海南之游，属写一图并录旧作于上。君与二樵为石友，二樵石友复归君。籍之玉洗清泉濯，佐

① 《日记》道光九年（1829）六月初九日条。

② 《日记》道光八年（1828）三月廿五日条。

③ 单国强：《赏石与中国绘画》，《故宫博物院院刊》，1999 年第 2 期，第 39—47 页。

图 7-7 《柱石园图》 1841 年 梁元翀 纸本设色 纵 57 厘米，横 95 厘米 广州艺术博物院藏

以名香宝鸭熏。皴瘦天然难著笔，玲珑奇绝欲生云。终朝晤对他山助，墨妙行堪可继文（云谷善写墨竹）。

刘彬华的题跋，一方面赞美了宋葆淳高超的画技，另一方面则回忆了黎简临终以石相赠叶梦龙的往事，又以苏东坡、黄山谷关于九华石的美丽诗篇来感慨人生缥缈：

南奚北宋齐名早，今日芝山存一皓。遍游海内好山川，幅幅天然画图稿。岭南重到访旧雨，石鼎云亡余子老。萧然五百四峰堂，空留一朵芙蓉好。神工斫就绝奇秀，米老见之应拜倒。壶中当日贮九华，眼底何曾有此岛。即令云气两飘飘，合伴词人掞天藻。琼瑶赠君岂无意，石交如此良堪宝。（二樵殁时遗言，以此石赠云谷，云谷因以石友名其斋）廉隅砥砺期百年，古人今人同怀抱。披图笑问老画师，石罅何时茁芝草。嘉庆乙亥八月八日访云谷于友石斋，观芝山此画为题此诗。

梁元翀《柱石园图》（图 7-7）画的是广州某处私家园林中的石柱。伍家花园于园门内立太湖石，高丈余，洞穴玲珑，有

图 7-8 《药洲品石图》 1854 年 苏六朋 绢本设色 纵 40.5 厘米，横 193 厘米
广州市博物馆藏

宋代米芾款题。伍家花园今堙，园中旧物“猛虎回头石”移置海幢公园（即海幢寺旧址）得以保存。[1]

广州城内最有名的赏石之处，莫过于药洲九曜石，九曜石“移自太湖、灵壁浮海而至者。石凡九，高八九尺或丈余，嵌碞峰兀，翠润玲珑。望之若崩云”[2]。又传五代南汉刘龑聚方士于此炼丹，投丸药于水中，水色立变，绿净如染，故名“药洲”[3]。因其带有修仙的神话色彩而成为一处赏石胜地，历代多有题咏。[4]宋代之后，此地成为广东学政所在地。[5]苏六朋《药洲品石图》（图7-8）描绘了以药洲九曜石为主体的园林景象，图中九块奇石空灵剔透，文人吟咏其下，又点缀以芭蕉、修竹等岭南植物，是一件具有纪游性质的山水力作。

三、青铜器与文玩

清代金石学复兴，文人阶层兴起青铜器、石刻古砖的收藏时尚。这种风气在嘉道年间也吹到了岭南，如“道光中，广州北门外聚龙岗有古冢倾圮，墓砖出焉。许青皋茂才以重价购得数十方”[6]。

① 曾昭璇：《广州历史地理》，第三章“明清时期广州城历史地理”，广东人民出版社，1991 年，第 420 页。

② 〔清〕屈大均：《广东新语》，卷五，“九曜石”条，中华书局，2006 年，第 182 页。

③ 〔宋〕方信孺：《南海百咏》，广东人民出版社，2010 年，第 10 页。

④ 从宋代至民国，药洲石刻勒名者二百余人，有志可查者百人，石刻总数超过九十种。参见〔清〕翁方纲著，欧广勇、伍庆禄补注：《粤东金石略补注》，广东人民出版社，2015 年，第 372—407 页。

⑤ 黄佛颐编纂：《广州城坊志》，广东人民出版社，1994 年，第 267 页。

⑥ 〔清〕倪鸿：《桐阴清话》，收入《岭南随笔（外五种）》，广东人民出版社，2015 年，第 615 页。

道光六年（1826）为谢兰生手头最为宽裕的一年，当年谢兰生入手了不少藏品，而且两次购买青铜器，都是购自翰华斋何南坪处，“过翰华看古铜鼎，铜绿青翠可爱，名三环鼎。绿乃淡绿，与入土者不同，座亦精巧，难得之物也”[7]。“三环鼎”，是一种盖上分铸三环的有盖鼎，流行于春秋战国，但谢兰生定为汉代。两个月后，他把一件双鱼铜洗也收入囊中，颇有自得之意：“往翰华取到双鱼铜洗，亦汉时物也，木座精好，并留之，与所藏三环鼎皆铜器之罕有者。”[8]铜洗是汉代盥洗器皿，双鱼纹铜洗的形制在汉朝十分流行。嘉道年间汉代青铜器价格不高，如张廷济《清仪阁所藏古器物文》第二册所收录以汉代器物为主，其中“永平鱼鹭洗”值 18 元，“富贵昌宜洗”值 14 元。[9]可以推测，一件无铭汉代铜器只相当于两到三件谢兰生的山水画，这是他完全消费得起的。

此外，出于尚奇心理，他还收藏有一些文玩杂项。这些文玩，既有来自友朋馈赠或代购的，“南坪来，以英石笔山、福窑画碟见贻，俱佳，而笔山尤奇，峰峦甚多，石色亦古”[10]。又“衢尊为买蜡石花瓶一座，甚古朴，亦可作笔筒用”[11]。也有直接购

⑦《日记》道光六年（1826）八月廿三日条。

⑧《日记》道光六年（1826）十一月十六日条。

⑨李凯：《嘉道年间金石价格研究——以张廷济〈清仪阁所藏古器物文〉中的古董交易为中心》，《中国书画》，2020 年第 5 期，第 19 页。

⑩《日记》道光三年（1823）十二月初七日条。

⑪《日记》道光八年（1828）十二月初一日条。

自何南坪者："晚南坪以蜡石小瓶来，其价尚廉，即留之。"[①]

叶梦龙《风满楼书画录》、潘正炜《听帆楼书画录》这两部鉴藏著录，以及谢兰生《日记》中的相关记载，都说明嘉道年间粤中古画鉴藏有两个特点：一是重视宋元名迹，二是重视董其昌所倡导的南宗正脉的画家作品。由此可见广东书画鉴赏的风尚与同时代文化精英的整体审美趣味并无二致，广东的鉴藏风气与全国发达地区（京城与江南）大体同步。当然，也并非亦步亦趋，在具体某些方面也不尽相同。比如拓片，北方魏碑拓片收藏已方兴未艾，而广东仍然重视宋拓唐碑。又如对"四王"与石涛的看法，广东与北方并不一样，同时广东内部对此也存在差异。这些差别主要来自不同的文化传统，由此我们可以看到南岭内外文化交流与竞争的各种细节。

谢兰生的书画鉴赏经验及其藏品，说明鉴赏书画古董乃是广州精英阶层重要的生活内容。书画、碑帖、砚石、铜器等古物，被视为提升生活品味与寄托思古情怀的不可或缺之物，至于英石、腊石的收藏，更足以说明赏石之风在广州精英阶层的流行。南来北往的画贾为此提供了各种便利，但嘉道年间广州城内的艺术品市场，赝品横行，泥沙俱下。道光二年（1822）岁杪，谢兰生有些余钱，却又感慨"入城到各处古玩店一行，无一可买之物"[②]。

① 《日记》道光六年（1826）十一月十七日条。

② 《日记》道光二年（1822）十二月廿二日条。

第八章 为何是广东，为何是石涛：19世纪广东地区石涛作品鉴藏考略

民国时期广东顺德人邓实在石涛《山水图册》上写有一段题记，是研究石涛作品递藏脉络的重要材料（图 8-1）：

> 石涛上人画，在清初已名重一时。道光间，吾粤藏家争以得石涛名迹相炫耀，故罗天池云："每岁必倩人携重赀赴大江南北搜罗。"此亦如江南士大夫家以有无倪迂画分清浊，以是石师遗墨，粤中独多。近年海上画风群趋于二石、八大一流。藏家皆竞收方外作品，以为高尚。石师遗墨又由吾粤流归大江之南。余所见者，尽叶氏风满楼、伍氏南雪斋、孔氏岳雪楼之故物也。此册亦叶云谷旧藏，幸而为君璧先生秘笈所有……其于石师画素具赏音，宝持此册，携以归粤，不啻硕果之仅存矣。

石涛研究专家朱良志先生也指出，在石涛作品的收藏史上，广东收藏家占据了重要的一环："石涛作品自 18 世纪初叶以来，多归于吴荣光（1773—1843），叶梦龙（1775—1832），潘有为（1744—1821）、潘正炜（1791—1850）父子，吴平斋（1811—

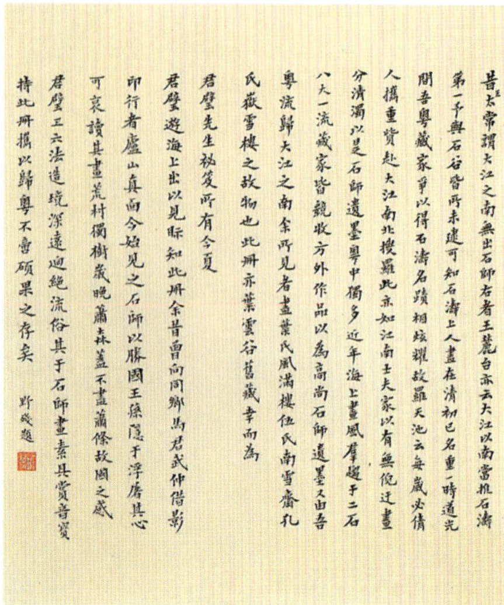

图 8-1　《山水图册》　邓实题记　故宫博物院藏

1883）、伍元蕙（1834—1865）、孔广陶（1832—1890）、庞元济（1864—1949）、李瑞清、曾熙、张大千等少数收藏家之手。18 世纪后期，广东收藏家中有‘石涛热’，除极个别收藏家（如梁廷枏，1796—1861）不喜石涛外，像吴荣光等粤籍收藏家大都热衷收藏石涛作品，今天流传的很多石涛作品多赖他们收藏而得以留存下来。他们对石涛作品有很高的鉴赏力，所入眼的石涛作品多半为精品。”[1]

广东是清代中后期石涛作品的一个重要集散地，传世石涛作品上的题跋、鉴藏印章以及大量的文献资料证明了这一点，我们可以据此回顾粤中石涛作品的收藏盛况。在“四王”一统江湖的 19 世纪，虽然广东内部也有一部分人（如梁廷枏）坚持“四王”正统，但广东收藏家不断接力递藏，使“石涛热”持续了将近一个世纪。为何广东会出现这一“石涛热”？乾隆二十二年（1757）以来广州垄断海外贸易所积累的巨大社会财富，广东文人日益增长的地方意识，是我们不可忽视的两大因素。收

① 朱良志：《传世石涛款作品真伪考》，第三十二章“《山水四段》及其相关作品讨论”，北京大学出版社，2017 年，第 682 页。

藏的经济史与鉴赏的趣味史，在此形成有趣的张力。本章拟在前人研究基础之上，深入探讨石涛作品在广东的传播与接受史，力图揭示收藏风气转换背后的各种原因。

第一节　最早的传播者：石涛的粤籍友人

石涛平生足迹未曾入粤中一步，但其交游圈不乏粤籍友人，最著名者莫过屈大均、梁佩兰二人。此二人名列“岭南三大家”，为清初广东著名诗人。另一著名诗人陈恭尹，则无法证实曾与石涛交往。屈、梁等人为石涛延誉粤中，应是最早把石涛其人其画引介入粤的传播者。

一、屈大均

屈大均（1630—1696），字翁山，广东番禺人，石涛引为平生知己。据朱良志先生考证，屈大均和石涛初识于康熙十八年至十九年间（1679—1680），其时石涛由宣城至金陵，而屈大均也在康熙十八年（1679）避乱举家北上，是年在南京住了一年有余。二人都住在雨花台木末亭附近，朝夕相见[②]。屈大均曾为石涛题写七言古诗《石公种松图》：

> 石公好写黄山松，松与石合如胶漆。松为石笋拂天来，石作松柯横水出。泾西新得一山寺，移松远自黄山至。髯猿一个似人长，荷锄种植如师意。师本全州清净禅，湘山湘水别多年。全州古松三百里，直接桂林不见天。湘水北流与潇合，重华此地曾流连。零陵之松更奇绝，师今可忆蛟龙颜。我如女萝无断绝，处处与松相缠绵。九嶷松子日盈手，欲种未有白云田。乞师为写潇湘川，我松置在二妃前。我居漓南忆湘北，重瞳孤坟竹婵娟。

② 朱良志：《石涛研究（第二版）》，北京大学出版社，2017年，第252—253页。

湘中之人喜师在，何不归扫苍梧烟。[1]

朱良志认为此诗跋当作于康熙十九年（1680），即二人于金陵相会之时[2]。而汪宗衍则认为诗与画皆作于康熙十三年至十四年（1674—1675）间，其时屈大均从吴三桂起兵，军于桂林，故诗云“我居漓南”[3]。若汪说成立，则屈大均与石涛之初识时间，似应提前。另，屈大均有《从石涛禅师乞花插瓶》十首[4]，则当作于二人金陵相会时期无疑。

神州国光社影印石涛画《屈翁山诗意册》（图 8-2）十二叶，前十一叶，每叶录屈大均五律二句，末叶自题诗跋：“翁山曲子诗如画，枝下陈人尽取之。奇句不将笔墨写，枯肠返令俗肠饥。江山粉本情虽旧，生面全非意所思。十二鱼罾痴且醉，后期朋辈若谁持。冬日坐青莲草阁，微雪初飞，索纸笔作画，无题，随拈《翁山诗外》，随笔拈弄数幅，别有兴趣，戏为记之。”朱良志根据此跋，认为屈大均去世之后，石涛不忘故人，仍然以其诗意入画[5]。汪宗衍则认为石涛住南京一枝阁，在康熙十九年至二十五年（1680—1686）间，屈大均《翁山诗外》恰好刻成于康熙二十五年，“殆得其初印本耶？然观其书画笔墨凡弱，款语亦不类不伦，乃伪作也”[6]。二说孰是，有待进一步考究，但很显然，共同的遗民身份与家国之恨，使二人深相契合。二人以诗画互赠，自是题中应有之义。

二、梁佩兰

梁佩兰（1630—1705），字芝五，号药亭，广东南海人，清初著名诗人，与屈大均、陈恭尹并称“岭南三大家”。梁佩兰虽热衷功名，六次公车北上，至 60 岁方考取进士，但其对遗民深表同情，对前朝也怀有一丝故国之思，因而得与石涛交谊甚深。

① 欧初、王贵忱主编：《屈大均全集》，人民文学出版社，1996 年，第 132 页。

② 朱良志：《石涛研究（第二版）》，北京大学出版社，2017 年，第 151 页。

③ 汪宗衍：《石涛与广东诗人》，《艺文丛谈》，中华书局香港分局，1978 年，第 81 页。

④ 欧初、王贵忱主编：《屈大均全集》，人民文学出版社，1996 年，第 1100 页。

⑤ 朱良志：《石涛研究（第二版）》，北京大学出版社，2017 年，第 151 页。

⑥ 汪宗衍：《石涛与广东诗人》，《艺文丛谈》，中华书局香港分局，1978 年，第 83 页。

图 8-2 《屈翁山诗意册》 石涛（款）

石涛《写兰册》十二叶，梁佩兰曾题二绝，其一题兰石：“笔墨两不知，作此一拳石。自有天地来，当长几千尺。”其二题水仙兰石：“谷山欲待谁，波心暂留影。美人殊未来，瓣香寄孤冷。”[⑦] 朱良志认为此诗作于康熙四十年（1701），该年梁氏曾至扬州看望石涛[⑧]。此说似可商榷，根据吕永光所编《梁佩兰年谱》，梁氏在康熙四十年（1701）时尚居于广州。康熙四十二年（1703），因康熙五十寿辰，特诏在外地的庶吉士回京赴翰林院供职，梁氏于是年以 75 岁高龄北上入京。9 月自京返粤，于扬州“交石涛”[⑨]。其《赠石涛道人》一诗当作于此次相遇：“闭门长许日相寻，不负神交十载心。乱后王孙成白首，对来风雪况寒林。苍梧八桂天何远，楚水三湘梦独深。得似神仙住人世，丹砂还学铸黄金。”[⑩]“神交十载”之说，足证二人此前并不相识，结识之时，二人皆已晚景颓然。

⑦ 汪宗衍：《石涛与广东诗人》，《艺文丛谈》，中华书局香港分局，1978 年，第 78 页。

⑧ 朱良志：《石涛研究（第二版）》，北京大学出版社，2017 年，第 649 页。

⑨ 吕永光：《梁佩兰年谱简篇》，见梁佩兰著，吕永光校注：《六莹堂集》，中山大学出版社，1992 年，第 481 页。

⑩ 〔清〕梁佩兰著，吕永光校注：《六莹堂集》，二集，卷七，中山大学出版社，1992 年，第 327 页。

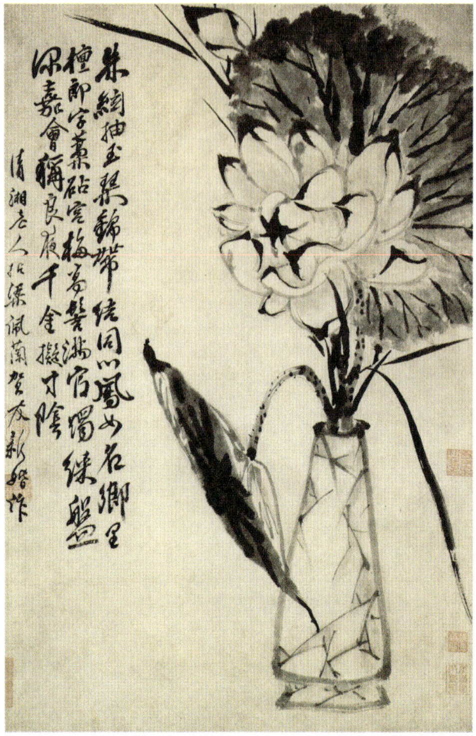

图 8-3 《锦带同心图》 石涛 纸本水墨 纵 70.7 厘米，横 46.5 厘米 上海博物馆藏

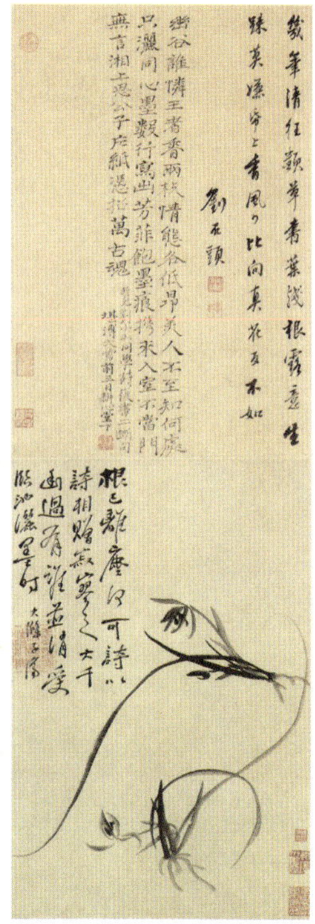

8-4 《芳兰图》 石涛 纸本水墨 画心纵 43 厘米，横 29.4 厘米 南京博物院藏

上海博物馆藏石涛《锦带同心图》（图 8-3），图绘瓶荷，题跋云："朱弦抽至琴，锦带结同心。凤女名乡里，檀郎字藁砧。宫梅高髻满，官烛彩盘深。嘉会称良夜，千金拟寸阴。清湘老人拈梁佩兰贺友新婚作。"此诗原题《赠李皋水新婚》，康熙三十年（1691），王隼之女王瑶湘与李仁新婚，梁佩兰于婚宴即席赋诗以贺。[1] 王隼为遗民王邦畿之子，其女王瑶湘亦善诗。石涛用梁佩兰的旧诗题画，应有别意在焉，同时也说明他对这位岭南友人的推崇。

① 〔清〕梁佩兰著，吕永光校注：《六莹堂集》，卷六，中山大学出版社，1992 年，第 75 页。另见其《年谱》，第 475 页。

三、其他粤籍友人

石涛、梁佩兰有一位共同的朋友尚栎山，据朱良志考证，此人生于广东番禺，与梁佩兰为同乡故知[②]。梁佩兰写有《赠尚栎山》长诗，言及尚栎山与之相交数十年，原本生于贵宦之家，后竟落魄成为一名“菜根道人”。[③] 相似的人生遭际，可能是尚栎山与石涛成为好友的原因。梁氏尚有《月夜寄尚栎山》诗，系其于北京怀念南方的尚栎山而作[④]。尚栎山是石涛由宣城至金陵后朝夕相伴的朋友，石涛有数件作品涉及尚栎山[⑤]。

另有一刘石头，据张长虹考证，此人应是刘小山，也是岭南人，家富收藏，是石涛晚年好友与赞助人之一，石涛为其作画甚多。[⑥] 现存石涛《芳兰图》，其上有刘石头诗题（图8-4），二人之交往，详见朱良志的相关研究。[⑦]

“岭南三大家”皆非大富大贵之人，显然无法对石涛提供直接的财力支持。不过，屈大均、梁佩兰都是有相当社会名望的人，通过他们的延誉，可以影响其他人对石涛的观感并产生强大的传播覆盖力。

第二节　乾隆年间收藏石涛作品的广东文人

进入乾隆年间，热衷收藏石涛作品的广东文人群体可谓方兴未艾，其中以张锦芳最为出名。张锦芳（1747—1792），字粲夫，号药亭，广东顺德人，乾隆三十年（1765）进士，工诗，善书画，尤长于写兰竹。他多次到扬州收购石涛作品，如《扬州购得大涤子画松》（自题云若翁以香皮广纸索画，知大涤子素喜此纸，人皆不知云云）一诗所记：“不闻歌吹见垂杨，杨叶沧隄又隐樯。看竹名园随处改，担花初日满城香。王孙墨剩沧桑后，词客笺

② 朱良志：《石涛研究（第二版）》，北京大学出版社，2017年，第305页。

③ 〔清〕梁佩兰著，吕永光校注：《六莹堂集》，二集，卷四，中山大学出版社，1992年，第205页。

④ 〔清〕梁佩兰著，吕永光校注：《六莹堂集》，二集，卷七，中山大学出版社，1992年，第331页。

⑤ 朱良志：《石涛研究（第二版）》，北京大学出版社，2017年，第306页。

⑥ 张长虹：《我用我法：石涛艺术与社会接受研究》，上海书画出版社，2019年，第27页。

⑦ 朱良志：《石涛款“赠刘石头山水图”诸问题考辨——存世石涛款作品真伪考系列之八》，《荣宝斋》，2015年第12期，第212—232页。

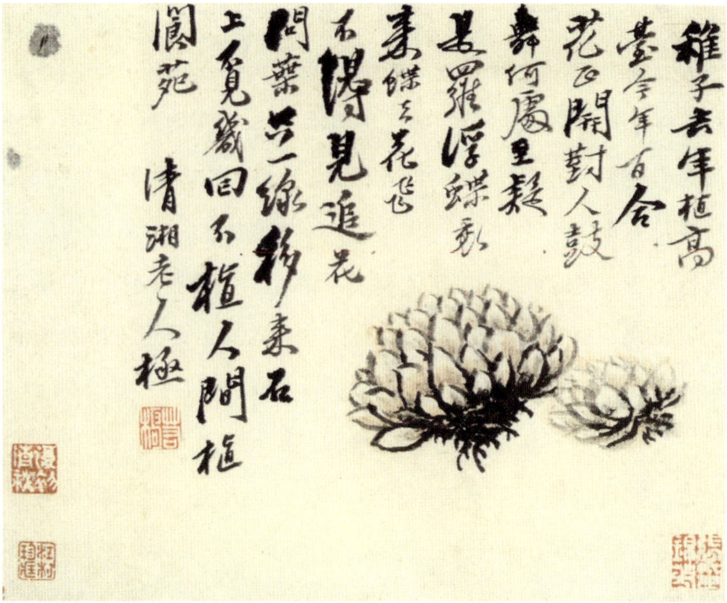

图 8-5 《蔬果图册》之“百合” 石涛 纵 24.5 厘米，横 30 厘米
上海博物馆藏

遗瘴海旁。广纸却恁广人识，松风谡谡送归程。”[①] 他在扬州购得一件石涛画作，该画作于广东出产的皮纸之上，因此颇以广人得之而自豪。又《大涤子淮扬洁秋之图》一诗中自称“归途泊维扬，端为石涛迹”[②]。为了购买石涛的作品，他专程绕道扬州甚至住上一段时间。

张锦芳《寄影诗为李正夫作》自序：“石涛山水大轴为李慎菴作者，今归李君正夫。图中人凭阑读书，李君乐之，以其肖己也，即以自寓其影，属作长句。”[③] 此诗记录了一则有趣的韵事，后世粤中文人屡屡提及，如谢兰生《常惺惺斋书画题跋》所记：

> 往者番禺李正夫得清湘大轴山水，实天下之名笔。正夫谓画中挟书者，形黑瘦类己，目曰“寄影图”。张药房先生为赋长歌，一时传作美谈。[④]

① 〔清〕张锦芳：《逃虚阁诗集》，卷六，《广州大典》第 447 册，广州出版社，2014 年，第 541 页。

② 〔清〕张锦芳：《逃虚阁诗集》，卷六，《广州大典》第 447 册，广州出版社，2014 年，第 549 页。

③ 〔清〕张锦芳：《逃虚阁诗集》，卷六，《广州大典》第 447 册，广州出版社，2014 年，第 543 页。

④ 〔清〕谢兰生：《常惺惺斋书画题跋》，卷上，第 391 页。

嘉道年间粤籍藏家手中的石涛作品，有不少即是张锦芳的旧藏之物，据谢兰生《日记》记载，他就看过两件：

借得伍春岚清湘册，是药房先生旧物，凡八页，每幅俱有论画语，是一奇作，然价亦太昂矣。[5]

从南溟借得清湘画册大小二本，皆药房先生所藏，大册尤胜。[6]

今上海博物馆所藏石涛《蔬果图册》，如“百合”一开（图8-5），左下角钤“江村珍藏”（朱文）、右下角钤“张锦芳印”（白文），可知曾经高士奇、张锦芳递藏。

当时学习石涛笔法的粤中画家也有不少，如黎简（字二樵）、郭适（字乐郊），据谢兰生《常惺惺斋书画题跋》所记：

老辈评画者，推郭山人乐郊为博洽。山人尤爱苦瓜和尚画，樵翁中年亦绝嗜之，肆力摹仿此幅，竟无一笔不似。均删道人亦好奇之士，使与樵翁并时，又不知获几许溪山也。[7]

正是前代这一文人群体对石涛作品的誉扬，为嘉道年间广东收藏界的“石涛热”奠定了基础。

⑤《日记》道光三年（1823）六月初十日条。

⑥《日记》道光三年（1823）七月廿二日条。

⑦〔清〕谢兰生：《常惺惺斋书画题跋》，卷下，第413页。

第三节　谢兰生：石涛作品收藏的宣扬者

嘉道年间广东收藏界之所以能形成“石涛热”，谢兰生是一个不得不提的重要人物。限于财力，谢兰生虽非石涛作品的收藏者，但却是大力宣扬者，因而在这股“石涛热”中扮演了重要角色。他与叶梦龙、潘正炜等大收藏家相从甚密，具有非凡的鉴赏眼力与权威，实乃左右广东鉴藏风气者。罗天池就说，石涛作品本与徐渭、陈洪绶同价，自从谢兰生大力宣扬后，身价骤涨，广东藏家纷纷至各地购买：

清湘画入逸品，变化无穷，或细极豪芒，或放之寻丈，概以墨气神韵取胜。粤中藏家每置诸陈老莲、徐文长之列。自谢里甫庶常拈出，好事者争相炫耀，每岁必倩人携重赀赴大江南北搜罗之矣。[①]

谢兰生盛赞石涛有天外逸才：

石涛子画以湿墨见长，间有用干笔而入妙至于不可思议者。此翁天分高，故无所不可。此幅学其用干笔，似更难工，未下笔不省也。[②]

此公一落墨，便有天外奇境飞上笔端。此幅亦不知是何洞府，而融演迤，味之不尽。坡诗云："不知人间何处有此境，径欲往买二顷田。"吾于此画亦云。——题清湘山水。[③]

落落数笔，天空海阔，不得以其简略少之，须于形骸之外索之。——题清湘画。[④]

他认为石涛胜于"四僧"中的石谿：

近人多以石谿画比石涛，谓之"二石"，其实迥别。石谿墨椀尚未洗得净，眼界尚未打得开，岂若石涛深究元微，驰骤今古，无畦径而有畦径，无矩而有矩乎？又石谿画固不可为法，即石涛亦不可学，但心领石涛妙处，伸纸直摅己见，便飞行绝迹矣。[⑤]

又认为石涛远胜于"四王"：

清湘老人精于《易》，其论画自开天一画说起，谓纵横皆一画，一分为万，万仍归一，能一画即能画。此论似奇而实确也。《觚剩》有云："石涛道行超畯，妙绘绝伦。"王麓台尝云："海内丹青家不能尽识，而大江以南，当推石涛为第一。予与石谷皆有所未逮。"观而言，

① 汪兆镛：《岭南画征略》，卷六，"谢兰生"条，香港商务印书馆，1961年，第11页。

② 〔清〕谢兰生：《常惺惺斋书画题跋》，卷下，第417页。

③ 〔清〕谢兰生：《常惺惺斋书画题跋》，卷上，第395页。

④ 〔清〕谢兰生：《常惺惺斋书画题跋》，卷下，第405页。

⑤ 〔清〕谢兰生：《常惺惺斋书画题跋》，卷下，第417页。

则麓台倾倒至矣。予谓此公，纵笔所为，不无荒野过甚处，及其诣极，则麓台、石谷诚难梦见矣。⑥

在《写仿清湘意竹木溪涧图》中自题：

予于近代人画所最服膺者，清湘、老莲、寿门三人而已。老莲人物绘画精绝，而山水时或冗滞，不能入大家之室。寿门人物亦精绝，而山水上，树石时或失之荒率，俱不无遗憾。惟清湘之妙不可思议，又非二公所能逮，不识者或目以为怪，可叹也！

据谢兰生《日记》所见，收藏石涛作品在当日士林十分普遍：

在邻船上会温九兄，颜状老矣。据云有清湘画册甚佳，在麦君观光处。⑦

流风所及，连缁林也不例外：

晤楷屏，饭后同至长寿寺访智度师，适卢仁兄在座，观新得清湘画册，并候即岸、端明两师。⑧

洋商也随风跟进，大量收藏石涛作品。无论是潘家还是伍家，好事而有力者大有人在：

过河入研北会东坪昆仲，观南洲所藏清湘画。早饭后与楷屏入海幢，性公请写扇，即以清湘笔法为之。⑨

伍春岚送重装清湘册子来，又送至麓台《仿赵大年江乡清夏》大幅山水，极秀润宜人，此幅作于辛未夏五，秀公所得一幅亦仿大年，作于甲午九秋，二幅皆是妙品。⑩

过研北晤春岚，纵观所藏画。借石谷小卷，唐子畏长条，王渊花卉册，清湘苏小妹图。⑪

东坪即伍秉镛，南洲即伍秉珍，春岚即伍元华，皆伍氏怡和行洋商，他们常请谢兰生为其藏品品题：

题清湘画册，春岚所藏，内有论画语，极佳。⑫

⑥〔清〕谢兰生：《常惺惺斋书画题跋》，卷上，第399页。

⑦《日记》嘉庆廿五年（1820）七月十七日条。

⑧《日记》嘉庆廿四年（1819）十月初四日条。

⑨《日记》嘉庆廿五年（1820）八月十七日条。

⑩《日记》道光三年（1823）七月十一日条。

⑪《日记》道光四年（1824）七月初九日条。

⑫《日记》道光三年（1823）八月初七日条。

伍春岚送来清湘横轴，是真笔而不甚佳。[1]

画商也纷纷以石涛作品前来求售或者出借：

卢英圃与秘珍同来，携到清湘册子一本，内有三四幅佳者，不及春岚所藏本也。[2]

英圃同至道师来谈画，英圃携到清湘《焦山图》及文衡山《寒山欲雪》大幅，俱妙。[3]

连青嵎送到字画扇面廿三页，内多佳者。清湘山水及陈秋涛、邝湛若字尤佳。大画二轴，文衡山一幅佳。[4]

吉祥刘君以清湘画册二本来阅，有一本八幅者佳。[5]

晚南坪来，携清湘画册见示，是真本而不为佳。[6]

往晤卢英圃，借得清湘画一轴，尚有可观。[7]

到金寿生斋看画无数，佳者颇少。借得清湘梅册、董香光山水二卷、南田山水一卷。[8]

谢兰生经常临摹或仿石涛笔意创作画作：

出镇江口遥望海门，浮天无际，中间深绿一点，焦山也。未易摹写，此从清湘老人稿本脱出。[9]

此幅水墨之法，有数处极得清湘子妙用者，是此中人自能领取，不足为外人道。又通幅不着一点，细看实不必点也。[10]

晚落墨绢本山水一幅，着色各画，一绢本《萧疏远岫》为湖南聂竹泉作，一香皮纸《仿大涤子》为勉亭作。[11]

“虚檐昨夜下轻霜，十月暄暄正小阳。欲问题诗何处好？故园红叶照山堂。”缩临清湘老人山水并录其自题句。此翁画笔奇极，其源实自大痴出，第小变其面目，故阅者不觉耳。[12]

近代写梅，惟陈老莲及清湘老人最得高韵，以两公胸次洒落与梅相近，故能于煮石山农之外，自辟畦径。而

① 《日记》道光三年（1823）十月初二日条。

② 《日记》道光三年（1823）七月廿一日条。

③ 《日记》道光三年（1823）八月十三日条。

④ 《日记》道光四年（1824）二月十七日条。

⑤ 《日记》道光五年（1825）十一月十二日条。

⑥ 《日记》道光六年（1826）一月十二日条。

⑦ 《日记》道光八年（1828）四月廿三日条。

⑧ 《日记》道光八年（1828）七月初一日条。

⑨ 〔清〕谢兰生：《常惺惺斋书画题跋》，卷下，第416页。

⑩ 〔清〕谢兰生：《常惺惺斋书画题跋》，卷下，第417页。

⑪ 《日记》道光八年（1828）三月廿二日条。

⑫ 〔清〕谢兰生：《常惺惺斋书画题跋》，卷上，第399页。

老莲长于花蕊，清湘妙写枝干，安得合两公画法以与暗香疎影传神，则妙绝天下矣。手生笔钝，言之益增惭怍。[13]

当时还有很多人学习石涛，如李秉绶（芸圃）：

云谷以李芸圃画兰属题，诗云："大涤洞中移一壑，千花万叶带云来。腕中有此淋漓笔，更抱何愁遣不开。"以此画似大涤子故也。[14]

⑬〔清〕谢兰生：《常惺惺斋书画题跋》，卷上，第400页。

⑭《日记》道光九年（1829）四月十七日条。

第四节　19世纪广东地区的石涛作品鉴藏

明代之前的广东相对中原地区，还是一个偏远之区，入明之后，文化方始兴盛。在书画收藏方面，广东真正可与江南并提，是在清代嘉道年间，随着富贾潘正炜，名流吴荣光、叶梦龙等收藏家的崛起，广东最终成为中国又一书画集中之地。而石涛作品在嘉道年间的广东鉴藏界也达到收藏高潮，并对当时粤籍画家的创作产生极大影响。

一、吴荣光

吴荣光（1773—1843），字殿垣，又字伯荣，号荷屋，南海人。嘉庆四年（1799）进士，为嘉道间粤籍重要官员、鉴藏家。其《辛丑销夏记》下限止于明代，而未曾记录本朝画家作品，其文集《石云山人文集》也无提及石涛藏品。但石涛《十六罗汉卷》（美国大都会艺术博物馆藏）中，有其道光十六年（1836）的题跋（图8-6）。他有一首词《清平乐·题清湘老人十景册》，提及曾看过石涛一本册页：

繁华无限，都付云烟眼，一老江头春晼晚，写到旧时台馆。

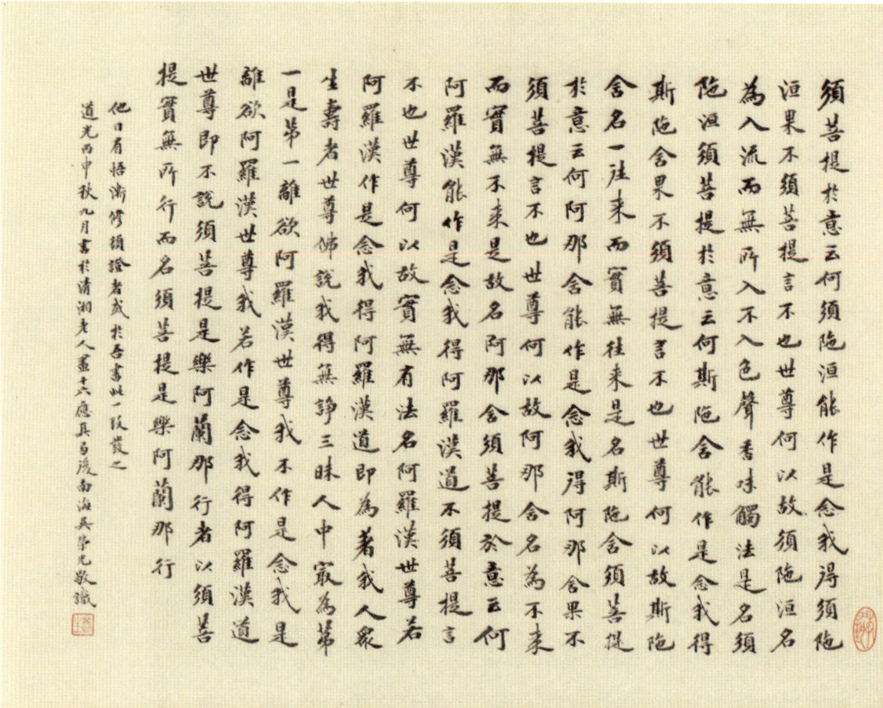

图 8-6 《十六罗汉卷》 吴荣光题跋 美国大都会艺术博物馆藏

> 可怜剩水残霞，瞢腾鸥梦渔家。名士美人何处，六朝芳草天涯。[①]

今存石涛款《金陵十景图册》，共十开，每开各写南京一景，并题《清平乐》词一首。朱良志认为这套册页或许即是吴荣光曾经过眼的《清湘老人十景册》，他以同样的词牌、同样的历史感伤来表达他读此册的感受[②]。另外，道光二十七年（1847），罗天池在石涛《丹崖巨壑图》的题跋（图 8-7）中，说此图“盖平生第一得意笔也”，曾为吴荣光收藏：

> 此轴曾为吴荷屋中丞秘藏之宝。道光乙未携入都门，悬之吉见斋中，余每过从，为之心醉。一时鉴家争先快睹，有欲以名迹易者，中丞掀髯笑曰：“此余得之里人陈君

① 〔清〕吴荣光：《石云山人集》，卷二十三，《广州大典》第 231 册，广州出版社，2014 年，第 452 页。

② 朱良志：《传世石涛款作品真伪考》，北京大学出版社，2017 年，第 253 页。

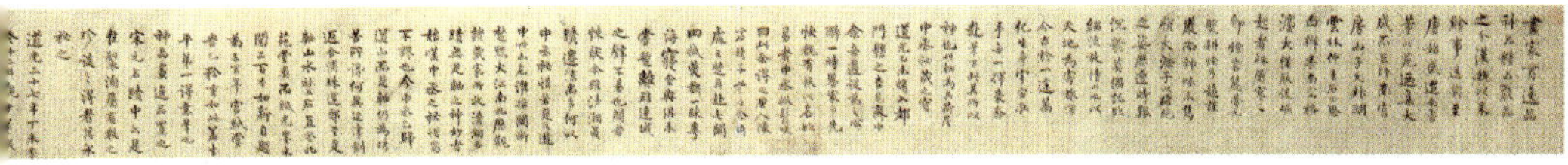

图 8-7 《丹崖巨壑图》 罗天池题跋 故宫博物院藏

琇谷者，与余同处三楚，再赴七闽，四抵燕都，一归粤海，寝食与俱，未尝暂离。虽连城之璧不易也。”闻者悚然。余维清湘真迹遗流尚多，何以中丞秘惜若是。及游中州、山左、淮扬、闽浙、楚黔，大江南北，历观诸藏家所收清湘各迹，无是轴之神妙者。始叹中丞之秘惜为不谬也。今中丞已归道山，而是轴仍为琇谷所得，何异延津剑返，合浦珠还邪？

可知吴荣光对石涛作品的钟爱，在其身后，筠清馆藏品逐渐流出，大多落入粤籍藏家手中。

二、叶梦龙、叶梦草

叶梦龙（1775—1832），字仲山，号云谷，先世籍福建，后迁广东南海，曾官户部郎中，居京师日，结交皆一时胜流，著有《风满楼书画录》。叶梦龙从弟叶梦草，字春塘，号庶田，也好书画鉴藏。叶梦龙逝后，风满楼藏品一度由其接掌。与吴荣光一样，叶梦龙也是矜持自负，好古过甚，《风满楼书画录》只记录明代之前的藏品，本朝作品一概未收，所以我们无从知道他到底收藏了多少件石涛作品，不过，从现存石涛作品的鉴藏印章来看，叶氏兄弟收藏了不少石涛作品。潘正炜于《江山揽胜图卷》的题跋（图 8-8）中，记录了叶氏兄弟对石涛作品的喜爱：

叶蔗田农部喜藏清湘道人山水，余曾以拙藏卷轴持

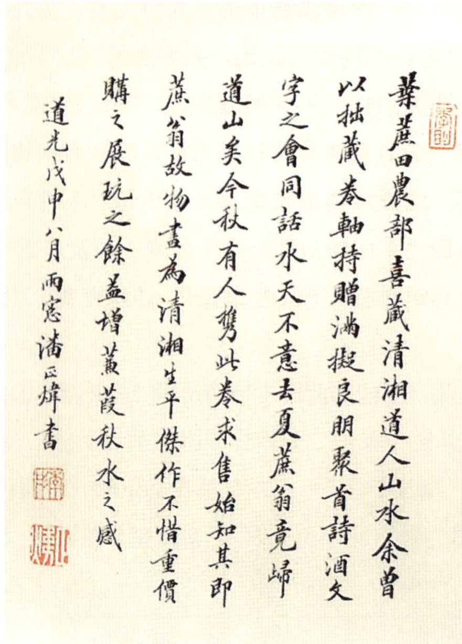

葉蕉田農部喜藏清湘道人山水余曾
以拙藏卷軸持贈滿擬良朋聚首詩酒文
字之會同話水天不意去夏蕉翁竟歸
道山矣今秋有人携此卷求售始知其即
蕉翁故物畫為清湘生平傑作不惜重價
購之展玩之餘益增蒹葭秋水之感
道光戊申八月雨窓潘正煒書

图 8-8 《江山揽胜图卷》 潘正炜二跋之一 王季迁旧藏

> 赠。满拟良朋聚首，诗酒文字之会，同话水天。不意去夏蕉翁竟归道山矣。今秋有人携此卷求售，始知其即蕉翁故物。画为清湘生平杰作，不惜重价购之。展玩之余，益增蒹葭秋水之感。道光戊申八月雨窗，潘正炜书。

此卷曾为叶梦龙所藏，叶梦龙身后，又归叶梦草收藏。1847 年，叶梦草去世，风满楼藏品逐渐流出，此卷遂为潘正炜所得。关于此图的收藏经历，详见朱良志的相关研究。[①] 谢兰生的《日记》中，就常常记录向叶氏借石涛作品观赏：

> 还斋过海幢，会议建杨子宅及学海堂事。借云谷所藏大涤子淡墨二册，复看佳者仅半耳。[②]
>
> 借得云谷清湘大册山水二本卅二幅，佳者绝少。[③]
>
> 送还清湘二册与云谷。[④]

① 朱良志：《传世石涛款作品真伪考》，第十三章“关于《江山揽胜》相关图卷的真伪问题”北京大学出版社，2017 年，第 273—296 页。

② 《日记》道光四年（1824）七月廿八日条。

③ 《日记》道光元年（1821）八月二十日。

④ 《日记》道光元年（1821）八月廿三日。

图 8-9 《奇峰图扇》 石涛 纸本设色 纵 17.5 厘米，横 49 厘米 故宫博物院藏

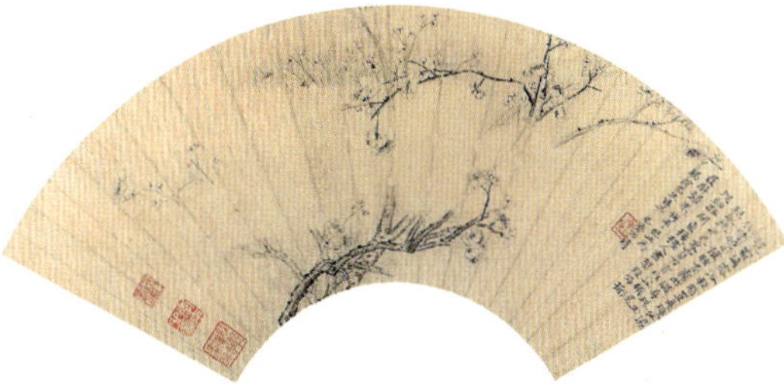

图 8-10 《梅花图扇》 石涛 纸本水墨 纵 18.3 厘米，横 53.8 厘米 故宫博物院藏

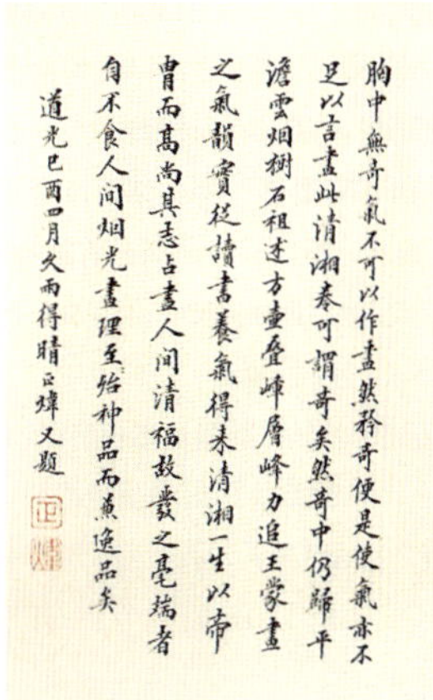

图 8-11 《江山揽胜图卷》 潘正炜二跋之二 王季迁旧藏

三、潘正炜

潘正炜（1791—1850），字榆庭，号季彤，为著名洋商，建听帆楼储书画，极宏富，著有《听帆楼书画记》。《听帆楼书画记》中记录他曾收藏《大涤子山水诗册》《大涤子山水花果册》《大涤子花卉诗册》，[5]《听帆楼续刻书画记》则记下他以七十两入手《搜尽奇峰打草稿》，其收藏价格略低于“四王”。[6]他的藏品自然不止这四件，如石涛《奇峰图扇》（图 8-9）左下角钤“听帆楼藏”（白文）鉴藏印，《梅花图扇》（图 8-10）左下角钤“季彤心赏”（白文）、“听帆楼书画印”（朱文）鉴藏印，可知此二件作品曾经潘氏鉴藏。道光二十八年（1848）与道光二十九年（1849）两年间，他更是一口气收得石涛两件

⑤〔清〕潘正炜：《听帆楼书画记》，北京古籍出版社，影印黄宾虹、邓实编：《中华美术丛书》四集，1998 年，第 12 页。

⑥〔清〕潘正炜：《听帆楼续刻书画记》，北京古籍出版社，影印黄宾虹、邓实编：《中华美术丛书》四集，1998 年，第 482 页。

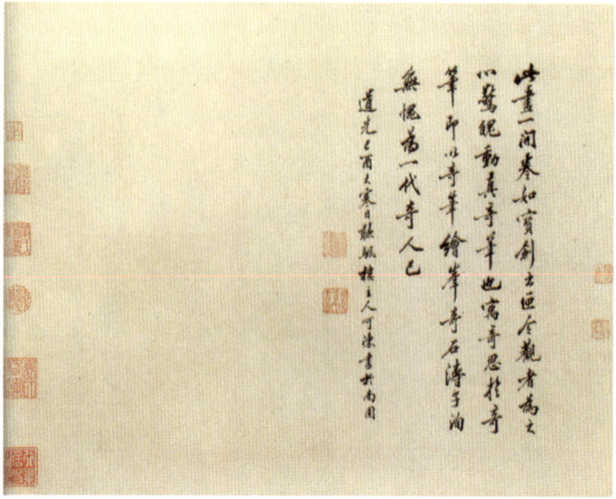

图8-12 《搜尽奇峰打草稿图卷》 潘正炜题跋 故宫博物院藏

巨作，一为被视为石涛平生第一杰作的《搜尽奇峰打草稿图卷》，另为上述曾经叶氏兄弟收藏的《江山揽胜图卷》。

潘正炜的鉴赏趣味深受谢兰生影响，因此对石涛的作品极重清奇之气颇为欣赏，如他在《江山揽胜图卷》中的题跋（图8-11）所言：

> 胸中无奇气，不可以作画，然矜奇便是使气，亦不足以言画。此清湘卷可谓奇矣，然奇中仍归平澹（淡）。云烟树石，祖述方壶；叠嶂层峰，力追王蒙。画之气韵，实从读书养气得来。清湘一生以帝胄而高尚其志，占尽人间清福，故发之毫端者，自不食人间烟火，画理至至，殆神品而兼逸品耳。道光己酉四月久雨得晴，正炜又题。[①]

潘正炜于《搜尽奇峰打草稿图卷》中的题跋（图8-12），也同样突出一个“奇”。此一“奇”字，正是其最为深切的体会，也是嘉道年间广东收藏家对于石涛作品的最直接感受：

> 此画开卷如宝剑出匣，令观者为之心惊魄动，真奇

① 朱良志：《传世石涛款作品真伪考》，北京大学出版社，2017年，第294页。

图8-13 《山水四段图卷》之一 石涛 纸本设色 纵23.2厘米，横637厘米
故宫博物院藏

笔也。寓奇思于奇笔，以奇笔绘峰奇。石涛子，洵不愧为一代奇人已。道光己酉大寒日听帆楼主人呵冻书于南园。

潘正炜写下以上两则题跋之时，正是道光二十九年（1849），即第一次鸦片战争爆发之后的第九年。这说明在鸦片战争结束之后，虽然中国的外贸中心开始向上海转移，广州洋商的经济实力大受影响，但其书画收藏并未马上跌入低谷，仍然有财力与精力来收藏石涛的精品力作，不过这毕竟是落日余晖了。

四、伍元蕙与孔广陶

吴、叶、潘诸人之后，伍元蕙与孔广陶则是广东最为重要的石涛作品收藏家。伍元蕙（1834—1865），广东南海人，一名葆恒，字良谋，号俪荃，以海外贸易成为巨富。广东收藏家有相赠或出让藏品的习惯，如《山水四段图》第一段（图8-13），鉴藏印有“听帆楼藏”（朱文）、“伍元蕙俪荃甫评书读画印”（朱文），说明此图曾经由潘正炜收藏，其后转入伍元蕙收藏。

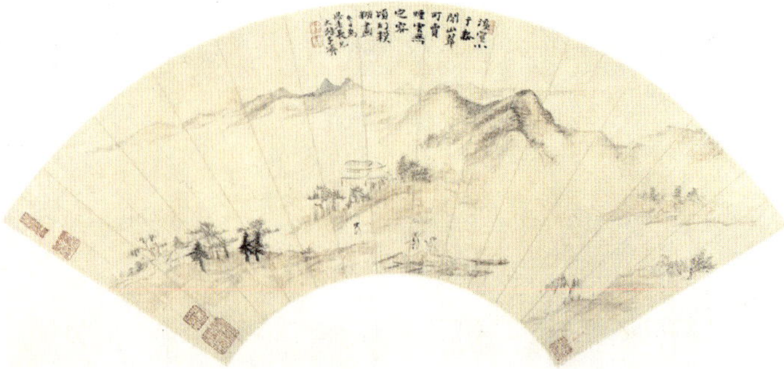

图 8-14　《烟云山色图》　石涛　上海博物馆藏

图 8-15　《诗画册》　张维屏跋　广州艺术博物院藏

孔广陶（1832—1890），广东南海人，字鸿昌，一字怀民，号少唐。其父孔继勋有“岳雪楼”，为粤中著名藏书家。孔广陶继承了家藏，又精于鉴赏书画。上海博物馆藏《烟云山色图》（图 8-14），钤有“听帆楼藏”“少唐心赏”“孔氏图书记”等鉴藏印，可知此图曾经潘正炜、孔广陶递藏。石涛《诗画册》（广州艺术博物院藏）共 14 开，对页有孔广陶及广东名士张维屏、熊景星、陈其焜等人题书（图 8-15），可知道咸年间曾为岳雪楼藏品。

图 8-16　（伪）《山居图》　石涛　纸本水墨　纵 365.5 厘米，横 145 厘米

五、赝品横行

“石涛热”固然使石涛作品大量集中到了粤中地区，但赝品也如影随形，纷至沓来。从道光三年（1823）开始，谢兰生发现石涛赝品开始出现：

昨日秀公送到王麓台画，极佳，是仿赵大年，此公难得之笔也。此幅亦是墨池旧藏之物，清湘纸本山水，似是赝笔。①

伍春岚以伪清湘画六幅来阅，甚劣。②

南坪以赝本清湘画来阅，未晤。③

而到了道光六年（1826），赝品开始流行，短短几年间出现泛滥成灾的局面，他接连看到好几张石涛的伪作：

晚南坪来看写画，并以伪清湘、南田大画来看。④

衢尊自乡间还，晚同阅大痴横卷，颇有可疑，又昨自英圃处携还清湘长幅，亦非真笔。⑤

刘载之以清湘画来阅，不真。⑥

卢英圃以大幅石田画来阅，不真且不佳，清湘松竹佳而未必真。⑦

刘东老以清湘卷来阅，不真。⑧

题南田画四幅方就，英圃适来，又携到董文敏山水、

① 《日记》道光三年（1823）六月廿九日条。

② 《日记》道光六年（1826）六月十三日条。

③ 《日记》道光六年（1826）十月初六日条。

④ 《日记》道光六年（1826）十一月初四日条。

⑤ 《日记》道光八年（1828）（1828）四月廿六日条。

⑥ 《日记》道光八年（1828）八月廿七日条。

⑦ 《日记》道光八年（1828）九月二十日条。

⑧ 《日记》道光八年（1828）十一月廿三日条。

陈老莲芝草萱花，请题二物，极妙。又清湘山水一幅，未必真。[①]

从现存作品来看，叶梦龙、潘正炜等人有不少“打眼”的时候。朱良志就认为前述《江山揽胜图卷》是伪托之作，其作伪时间当在1800年之前[②]。因需求量极大，除了北京、江南等传统石涛作伪产地外，广东本土也开始大量伪造石涛作品，广州艺术博物院所藏《山居图》（图8-16）即是此类伪作[③]，劳继雄认定此图为伪迹，并作按语“此为广东造石涛，大至丈二匹，风格与张大千所做不同”[④]。杨仁恺也认为此图乃“广东古伪”[⑤]。

① 《日记》道光九年（1829）五月廿一日条。

② 朱良志：《传世石涛款作品真伪考》，第十三章“关于《江山揽胜》相关图卷的真伪问题”，北京大学出版社，2017年，第273—296页。

③ 朱良志：《画史上流传石涛伪作分类考略》，《美术研究》，2005年第4期，第49页。

④ 劳继雄：《中国古代书画鉴定实录》第八卷，东方出版中心，2011年，第3744页。

⑤ 杨仁恺：《中国古代书画鉴定笔记》，辽宁人民出版社，2014年，第3216页。

第五节　不同的声音：梁廷枏的不屑

相较于前辈藏家对石涛的推崇备至，新一代的收藏家梁廷枏则对石涛很是鄙夷不屑，梁廷枏（1796—1861），字章冉，号藤花亭主人，广东顺德人。曾任澄海县教谕，学海堂学长，越华、粤秀书院监院。他宣称：“予生平绝不喜清湘画，顾其合作，则往往在酸咸之外。兰竹尤为惯家能事，尚存正轨，此尤其能中之能者。盖纸短而画密，故交搭处往往见心思。花之亭亭秀出，犹余事也。他卷则行草旁缀，画与字杂乱无章，令人对之作十日恶矣。”[⑥]

又对石涛《僧清湘自书诗册》批评道：

坡老题林处士诗卷，谓无孟郊寒气，自是孤山诗隐增价人间。苦瓜和上诗去岛瘦郊寒尚远，称画僧犹或可当之。此册尚属空门别派，借吟咏写其孤愤，而未能心契夫超妙幽旷之旨。行法之剑拔弩张，是其故态，乃忽杂以精细小楷，咄咄怪事，与所作工笔美人同一喷饭。[⑦]

⑥ 〔清〕梁廷枏：《藤花亭书画跋》，卷二，“僧清湘画兰卷”条，顺德龙氏中和园印，1934年，第36页。

⑦ 〔清〕梁廷枏：《藤花亭书画跋》，卷三，“僧清湘自画诗册”条，第36页。

就连石涛画一灵芝，也被他嘲笑为渴望成仙，白日做梦：

为图者，意盖恨其不及见也，是有羡慕得仙之意在乎笔先，即此已非学佛者境界，况满纸有蔬笋气，而绝无仙气耶，就画论画可矣。[⑧]

在表扬梅清的同时，仍不忘贬斥石涛一笔，对石涛之不屑的表达可谓不遗余力：

画境之以空旷取胜，淡险示奇者，其失之也疏。盖去古人茂密深醇之义远也。瞿山境界绝似清湘，而奇峭中具见和泽，则其胸有邱壑，不徒取办于纵横驰骋，专恃险怪，为英雄欺人具也。[⑨]

在他心目中，“四王”才是真正一流的画家，如他赞扬王翚：

耕烟散人深思有得，妙造自然，十丈长卷，层递如一笔画。盈仞巨帧，精深作十日想，不以粗豪为苍莽，不以疏率为雄奇，大观若决江河，细处殆同毫发，层层点缀，无实非空，节节精神，到头不懈，且嫣红姹紫，羽翠瓜青，如入金碧楼台，不减将军父子，可谓细意熨贴，雅韵抑扬矣。然就其往复回环之妙，以窥其谋篇运局之奇，难有叠嶂千岩，犹是名山一角。无他，以大藏小，以简御繁，势得建瓴，笔能挈领，以此为文章宗匠，尚可以诱掖群才，况其在艺事，名家安得不压倒庸史哉。[⑩]

即使是小品，也令其赞赏不已：

以石谷至巨至小之幅，两两相较，遂足以尽其生平能事。其巨者处处见绳墨规矩，无虑人物树石，自近及远，无一笔不中尺度，愈豪纵愈见精思。其小者能放笔所之，毫无缚束，收千里于尺寸中，愈细致愈得天趣。世但以资学与南田分其伯仲。似矣，然而画之为道，确有不能舍资论学者。观此益信。[⑪]

⑧〔清〕梁廷枏：《藤花亭书画跋》，卷四，“僧清湘芝横轴”条，第59页。

⑨〔清〕梁廷枏：《藤花亭书画跋》，卷三，“僧梅清山水册”条，第45页。

⑩〔清〕梁廷枏：《藤花亭书画跋》，卷四，“王石谷画青绿山水大轴”条，第60页。

⑪〔清〕梁廷枏：《藤花亭书画跋》，卷四，“王石谷小轴”条，第61页。

他对恽寿平也推崇备至：

以清和婉约之墨，写细筋入骨之姿。薄染轻描，穿插奇异，如对姑射仙子，令人心目中摆尽俗尘，非天予清才，冰壶濯笔，安能有此，洵为此翁观止之作。[①]

即使恽寿平的临摹作品，也备加赞赏：

云林原作，不可得见。此则自近至远，自浓至淡，自疏至密，自大至小，层叠整斜，借烟而隐，得风而声，结构之工，穿插之妙，是有天工焉。若夫条干之短长，枝叶之向背，则惟善于写生者，得体物之细，故天然意趣，流动幅外。云林不工花卉，意远近浓淡疏密大小间，得其意焉而已。是图与人偶相合而杰出矣。[②]

朱良志分析梁廷枏之所以对石涛作此劣评，乃是其多见赝品所得的结论[③]，似有回护之嫌。以梁的地位，不可能看不到真迹，而且其书画收藏“盖昉于舍人族祖”[④]，历经三代，多有珍品。只能说当时确实有一部分人对石涛啧有烦言，从江南到岭南都有。

① 〔清〕梁廷枏：《藤花亭书画跋》，卷四，“恽南田芍药中”条，第57页。

② 〔清〕梁廷枏：《藤花亭书画跋》，卷四，“抚倪高士本”条，第57页。

③ 朱良志：《传世石涛款作品真伪考》，第三十四章“石涛款写兰诸图综记”，北京大学出版社，2017年，第725页。

④ 〔清〕龙官崇：《重印藤花亭书画跋序》。

第六节　为何是广东，为何是石涛？

石涛作品由广东向江南地区回流，并非晚至民国时期才开始，从方浚颐的《梦园书画录》所透露的信息来看，随着洋商财力衰退，广州让位于上海，粤籍藏家包括石涛作品在内的藏品纷纷流出。方浚颐（1815—1888），字饮苕，号梦园，安徽定远人，曾任两广盐运使兼署广东布政使，后退出政界，到扬州开设书局。他自称：

自宦游岭南，五羊城中，珊瑚翡翠、琥珀玳瑁、火齐木难、珍珠玭西之类，充牣于市，光怪陆离，不可名状。予视之漠然也。诗癖而外，性独耆古，且禄入较丰，因一意搜罗延访，颇得筠清馆、风满楼、南雪斋中物数十种，譬之贫儿骤富，堪傲陆贾。归装重以品题，既久眼福日增而眼力亦足，俗吏能雅，用以自豪。及来扬州，所收更夥。而高要何氏昆仲复航海先后踵至，投予所好，不惜重资购之。金薤琳琅，满厨满屋，遂居然成赏鉴家矣。中间复有度岭之役，勾留数月，评书读画，又过冯崧湖宫詹，余镜波刺吏从臾之，倾囊倒箧，载宝而回。[⑤]

可知方濬颐接收了吴荣光、叶梦龙、伍元蕙等人的大量藏品后，回到扬州，而广东捐客何氏兄弟（何昆玉、何瑗玉）二人不断从岭外给他带去字画，他本人还曾回广州再次搜罗广东藏家手中的藏品。《梦园书画录》记有《石涛丹荔图中堂》一件，并注明“下钤阮元观陈□□之珍赏、世恩堂珍藏书画之私印、龙山老樵温汝适珍赏、云谷曾藏识者宝之等印”[⑥]。虽然他只带回一件石涛作品，远不如他对“四王”作品的喜爱，但似乎预示着石涛作品从岭南回流江南，是收藏界的新动向。

先从江南转入广东，再由广东回流江南，19世纪石涛作品的递藏轨迹大致如此。于是我们不禁要问，为何广东是19世纪石涛作品收藏最重要的区域？又为何是石涛作品深受粤籍收藏家热捧？当然，我们可以从经济学的角度来分析，比如洋商的崛起、广州社会经济的极度繁荣等。不过笔者更愿意从区域文化竞争的角度来理解这一现象。首先，广东鉴藏家绝不是从市场牟利的立场来考虑问题，鉴赏在当时更多的是彰显文化品味，区分雅俗，因而他们没有投机意识，不存在人弃我取、另起炉灶的经营之道。其次，他们也不是盲目地追随江南的风气，要知道，当时还是“四王”一统江湖的时代，石涛的作品恰恰是

⑤ 〔清〕方濬颐：《梦园书画录》，自序，《广州大典》第47册，广州出版社，2014年，第126页。

⑥ 〔清〕方濬颐：《梦园书画录》，自序，《广州大典》第47册，广州出版社，2014年，529页。

“四王”的对立面。私意以为，以谢兰生、吴荣光等人为代表的嘉道年间广东士大夫，之所以要标新立异，“拈出”石涛，乃是一种地方意识的觉醒。应该看到，自从晚明以来，广东经济文化取得了极大发展，尤其是乾隆年间的“一口通商”，更为广州积聚了大量的社会财富，使得原本被视为南蛮的广东士人不仅平视邻省甚至带有自得之语。黄培芳在公车北上途中，就认为江西的物产“无一不逊于粤”[①]。即使是广东士人心目中的文化圣地江南，他也以一种各有千秋的态度平视之：“岭北多京广并称，杭盛苏广并称。”[②]黄培芳的感受并非个别现象，应能代表第一次鸦片战争爆发之前广州全盛时期士大夫的普遍心态。正是在这种文化自信的鼓舞下，他们自觉不自觉地塑造了广东文人的新形象，这是一种源自唐代张九龄以来以“雄直”著称于世的文化形象，诗歌创作如此，在艺术鉴藏与创作方面也是如此。

与江南、中原地区的收藏品味不同，粤人似乎特别推崇一些雄奇新颖的作品，如民国时期赞助黄宾虹的也多是粤人。赞助文化本身很正常，但赞助何种文化则能说明一些心态问题。石涛和黄宾虹在各自的时代，都不算主流正统。无独有偶，相较于江南的核心地区，徽州和广州都是文化后进地区，明代中后期方才崛起，两地文人却都是石涛、黄宾虹一类非主流画家最主要的赞助人，这是否可以理解为后进地区赶超先进地区的一种文化策略？目前我们还无法完整解答这个问题，姑且提出于此，以俟将来更深入全面的研究。

① 〔清〕黄培芳：《北行日记》手稿，嘉庆二十三年（1818）十二月十三日条，广东省立中山图书馆藏。

② 〔清〕黄培芳：《北行日记》手稿，嘉庆二十三年（1818）十二月廿九日条。

第九章　浮山崛起：嘉道年间罗浮山的重新发现与实景山水画创作

第一节　重罗轻浮：宋代至清初的罗浮游记、山志与绘画

罗浮山，位于广东省博罗县境内，是中国道教名山之一。相传远古只有罗山，后来东海漂来一山，倚于罗山东北，由铁桥峰相连，故而合称为罗浮山。《史记》中已有罗浮之名。东晋年间，名士葛洪来到此地，炼药济世，并撰《抱朴子》一书，使之闻名遐迩。《云笈七签》将其列为道教十大洞天中的“第七洞天”、七十二福地的“第三十四福地”，历来是文人骚客、方士僧道游览修行的胜地。

旅行也催生了游记和相关诗文的写作。根据民国时期钟玉华的辑录，从南宋赵汝驭《罗浮山行记》开始，迄于明清，共有明代祝允明、经彦采、李时行、欧大任、刘克平、李孙宸、

欧必元，清代陈恭尹、潘耒、恽敬、谢兰生、颜薰、温训等人的罗浮游记面世[①]。至于诗文更是不胜枚举了。

本文根据存世的罗浮游记以及山志、绘画，探讨清代嘉道年间广东文人如何重新发现并开发罗浮山旅游资源（尤其是浮山）。在回答这一问题之前，我们先重点谈论宋代至清初的罗浮旅行情况。

苏轼可能是最早留下游记的罗浮旅客：

> 绍圣元年九月二十六日，东坡翁迁于惠州，舣舟泊头镇。明晨肩舆十五里，至罗浮山，入延祥、宝积寺，礼天竺瑞象，饮梁僧景泰禅师卓锡泉，品其味，出江水上远甚。东三里至长寿观。又东北三里，至冲虚观。观有葛稚川丹灶。次之，诸仙者朝斗坛。观坛上所获铜龙六、鱼一。坛北有洞，曰朱明，榛莽不可入。水出洞中，锵鸣如琴筑。水中皆菖蒲，生石上。道士邓守安字道玄，有道者也。访之，适出。坐遗屐轩，望麻姑峰。方饮酒，进士许毅来游，呼与饮。既醉，还宿宝积中阁。夜大风，山烧壮甚，有声。晨粥已，还舟，憩花光寺。从游者，幼子过、巡检史珏、宝积长老齐德、延祥长老绍冲、冲虚道士陈熙明。山中可游而未暇者，明福宫、石楼、黄龙洞，期明年三月复来。[②]

从这段游记中，可以获知苏轼游罗浮山的时间，仅为一天。而且这是他唯一一次游罗浮山，此后，他再未能踏入罗浮山[③]。虽然只有一天时间，苏轼却游览了罗山南麓的延祥寺、宝积寺、卓锡泉、长寿观与罗山东麓的冲虚观、丹灶、朝斗坛、朱明洞、遗屐轩等众多古迹。

南宋至清初历代文人的游踪详见下表（据钟玉文《罗浮山游记汇刊初编》制成）。

① 钟玉文：《罗浮山游记汇刊初编》，中国图书出版社，2015年。

② 〔宋〕苏轼：《题罗浮》，收入《苏轼文集》第五册，卷七十一，题跋，中华书局，1986年，第2268页。

③ 苏轼诗文中常以"罗浮山下"指代惠州，因此，后人误会或附会为他常入罗浮山游玩。详见梁大和：《也说苏东坡与罗浮山》，《惠州大学学报（社会科学版）》，2001年第3期，第83页。

人物	游山日期	天数	出发地点	游览景点
赵汝驭	淳祐四年（1243）	1	惠州	时任惠州太守，奉诏拜祭罗浮，因山路崎岖，遂捐官俸命导行道士“从所取道辟焉”，又“以目行心画者指授之曰：‘某地宜门，某地宜亭，又某地宜庵。’”由博罗县令总成其事。
祝允明	正德十三年（1518）	2	广州	入粤任兴宁知县，处粤五载，来回十余次路过罗浮，但无缘入山，只于“小更解符入会府，乃始克之”。游朱明洞诸景。
经彦采	嘉靖二十年（1541）嘉靖二十一年（1542）	2	博罗	时任博罗县令，二入罗浮，一宿冲虚观，明年再游黄龙洞。
李时行	嘉靖十八年（1539）	10	广州	曾登上飞云顶，且饱览罗山各大主要景色，仍以“其余神皋奥区，幽窅深谷，不能遍览”为憾。
欧大任	万历十六年（1588）	5	广州	与广东学宪、惠州知府叶化甫同游，曾奋力登上飞云顶。
刘克平	万历三十四年（1606）	3	广州	由金沙洞登飞云顶。
欧必元	万历三十八年（1610）	4	广州	先游朱明洞，再游黄龙观。
李孙宸	万历四十三年（1615）	4	香山	宿冲虚观，登飞云顶过一宿以观日出。
陈恭尹	不详	10	广州	先游黄龙观，再游朱明洞。
潘耒	康熙二十七年（1688）	7	广州	先游朱明洞，再游黄龙观，登飞云顶。

在绘画方面，虽然早在宋元时期，便出现了以葛洪移居罗浮为题的创作，但作者多是向壁虚造，其重点乃在刻画葛洪的高士风度，作为背景的罗浮山更多是泛泛描绘之景。目前存世的罗浮纪游图，最早的应是清初汪后来《罗浮山水》（二十开），广州艺术博物院藏，创作于乾隆年间，绘制麻姑峰、水廉洞、飞云顶、大小石楼、铁桥、列仙祠、上界三峰、朱明洞、阿耨池、药市、梅花村、白水岩、丹灶、瑶池、玉女峰、宝盖峰、凤凰谷、华首台等多处景点（图 9-1）。

图 9-1 《罗浮山水》之一 汪后来 纸本设色 纵 29.5 厘米，横 21 厘米 广州艺术博物院藏

图 9-2 《罗浮山记游书画册》之一 1768 年 黎简 纸本水墨及设色 纵 28 厘米，横 36 厘米 广东省博物馆藏

另有黎简《罗浮山记游书画册》，创作于乾隆三十三年（1768）春天，绘制冲虚观、朱明洞、华首台等三处景色（图 9-2）。

罗浮山实由罗山与浮山组成（图 9-3）。很显然，从宋代到清初的罗浮之行，大体以罗山为主，浮山几乎没有文人的足迹履及。如果从广州乘船而至，罗山游览相对方便，浮山则较为幽僻，所以游客多至罗山一带，游览朱明洞与黄龙洞两处景区，前者以冲虚观为据点，主要景点有冲虚观、丹灶、朝斗坛、朱明洞、遗履轩等，后者则以黄龙观或华首台寺为下榻之所，主要景点有延祥寺、宝积寺、卓锡泉、白鹤观。从南宋赵汝驭一直到清代康熙年间的潘耒，其游屐多止步于罗山南麓，而未能深入浮山。李时行虽然登上飞云顶后，到过属于罗山与浮山交界的蓬莱峰，但不敢深入。[①] 潘耒就感慨浮山不为世人所知：

然吾观罗浮二山，横亘数十里。秀岩深壑，以千百数。浮在罗之西北，尤长且大。今图经所载诸名胜皆属诸罗，

① 钟玉文：《罗浮山游记汇刊初编》，中国图书出版社，2015 年，第 17 页。

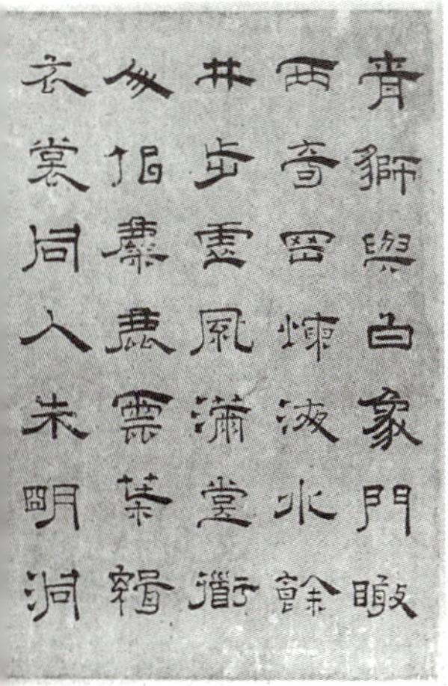

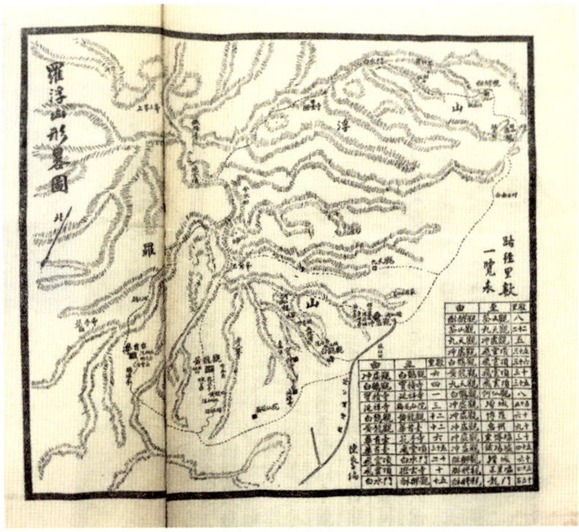

图 9-3 《罗浮山形略图》 引自陈伯陶《罗浮指南》

而浮则概未之及。即罗亦仅东南一隅，在冲虚左右者，如华首台后泉石至佳，且无记焉。况其他乎？[2]

从历代《罗浮山志》来看，重罗轻浮的现象也明显存在。在李嗣钰《罗浮山志》（成书于康熙四十四年）的总图中，罗山的诸峰悉数得以展示，而浮山只是在西北角露出一头，除了标出浮山最高峰上界三峰外，其余诸峰只是以一个山头示意并以浮山笼统称之（图 9-4）。此后的山志也是如此，如宋广业《罗浮山志会编》（成书于康熙五十五年）图版几乎照搬《罗浮山志会编》而更为细致工巧（图 9-5）。

文人旅游活动于晚明已经非常盛行，到了清代，这种风气并未因王朝鼎革而削减。不过，旅途依然艰苦不便，除非是饶于家产，否则即使离罗浮山不过百余公里，一般广州城中的士人仍是难以抵达山下，而入山后吃住更是一个大问题。潘耒就指出其主要原因是“罗浮非难游，苦无栖息地”[3]。晚清潘飞声

② 钟玉文：《罗浮山游记汇刊初编》，中国图书出版社，2015 年，第 46 页。

③ 钟玉文：《罗浮山游记汇刊初编》，中国图书出版社，2015 年，第 46 页。

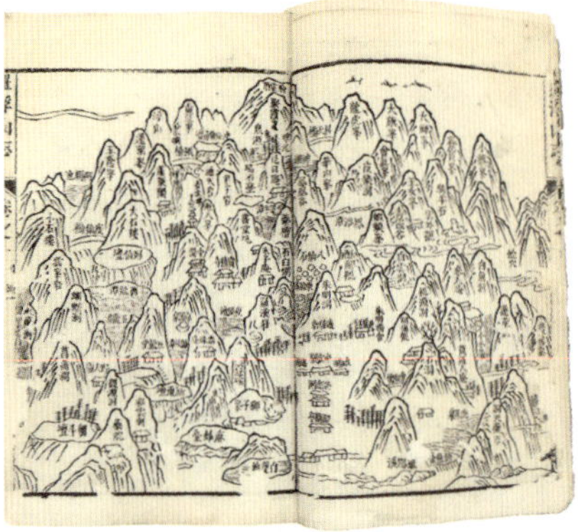

9-4 《罗浮山志》总图 李嗣钰 成书于1705年

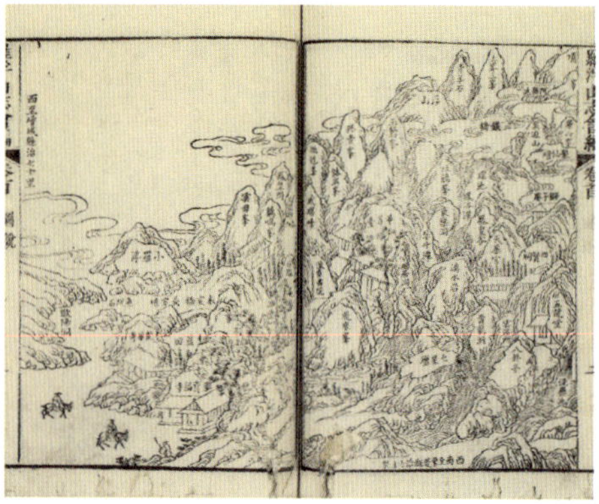

9-5 《罗浮山志会编》总图 宋广业 成书于1716年

游罗浮时，仍然感慨在后勤保障方面的艰难：

> 盖游屐罕至者，不畏风波，不虞盗贼，以由九子潭登陆，入罗，又由九龙潭乘舆入浮，数十里平畴旷野，户小人烟，劳顿竟日，都无茶饭款接，疏村远寺，穷苦不堪，地鲜膏腴，山灵瘴瘠。[①]

据潘飞声的经验，单就一次罗浮之行，花费极大，一般寒士是负担不起的：

> 然此次畏贼盗，又畏行路，舆夫入山雇用至数十人，非镜涵之豪，亦不易游也！[②]

作为第一代放眼看世界并曾赴德国柏林任中文教习的英杰，潘飞声提出了一个开发罗浮旅游资源的宏伟构想：

> 使建铁轨于陆路，借仙人之飞车，作长房之缩地，不逾数刻可履洞天门阑矣。瑞士、意大利称西土名山，自筑路以来，林木茂密，田亩丰穰，市尘畅盛，民游乐国，暴寇不生，楼台可泽金银，云霞新其绚绮，此仙城宝界之犹有待于后人也。[③]

潘飞声的构想，随着中国现代化进程而在几十年后得到实

① 〔清〕潘飞声：《罗浮纪游》，宣统二年（1910）铅印晨风阁丛书丰源印书局本，第9页，广东省立中山图书馆藏。

② 〔清〕潘飞声：《罗浮纪游》，宣统二年（1910）铅印晨风阁丛书丰源印书局本，第9页，广东省立中山图书馆藏。

③ 〔清〕潘飞声：《罗浮纪游》，宣统二年（1910）铅印晨风阁丛书丰源印书局本，第9页，广东省立中山图书馆藏。

现。可以想见，从广州到罗浮旅行，即使到了晚清，依然是一段艰难的行程，和古人相比，并无多少改进。在这里，旅游风气的兴起与旅途艰难形成一个有趣的张力，而僧道在这种旅行风气形成中起到的作用，却是被低估了。

第二节　道教教团与浮山开发

一、 酥醪观与三本《浮山志》

嘉道年间，浮山开始成为新的热门旅游路线。众多粤籍文士入山旅游。谢兰生[4]、吴荣光兄弟[5]、鲍俊[6]纷纷以游记或诗文的形式记录其浮山之行。单独为浮山而撰的山志也于这一时期出现，先是黄培芳于嘉庆十八年（1813）编写《浮山小志》，其后，赖洪禧撰《浮山新志》，道光二十五年（1845）梓行。酥醪洞主（陈铭珪）撰《浮山志》，光绪七年（1881）梓行。在短短的七十年间，突然连续出现三本《浮山志》，而与此同时，却无专门记载罗山的山志面世，这在一定程度上反映了浮山日渐成为文人旅游罗浮山的新热线。三本浮山志，无一例外都为浮山寂寞无闻叫屈，大有为浮山正名的热情。最先为浮山作志的黄培芳在其《浮山小志》序言中写道：

> 《浮山小志》何为而作也，曰阐幽也。罗为土山，浮为仙山，言罗浮者，大抵详于罗而略于浮，罗显而浮幽也。顾浮非可略也。会乎幽之义，同乎浮山之性情，志乌可已乎。[7]

赖洪禧《罗浮山志书后》一文再次为浮山一吐不平之声：

> 道书谓西流最贵，今浮山西流水数十里，始汇罗山之水，注于江。其间磅礴蜿蜒，秀岩深壑，空旷阻绝，

④ 〔清〕谢兰生：《游罗浮日记》，收入《常惺惺斋日记（外四种）》（李若晴等整理），广东人民出版社，2014 年。

⑤ 吴氏兄弟此游在道光十年（1830）正月，时吴荣光丁忧在粤，详见〔清〕吴弥光：《罗浮纪游》，《广州大典》第 231 册，广州出版社，2014 年，第 169—181 页。

⑥ 〔清〕鲍俊：《罗浮游草》，《广州大典》第 459 册，广州出版社，2014 年，第 669—681 页。

⑦ 〔清〕黄培芳：《浮山小志》，《广州大典》第 223 册，广州出版社，2014 年，第 509 页。

> 东至博罗，西至增城，北至龙门，南即罗也。不籍于罗而自成一大洞天，非开廓冲襟，登览遐极，孰能与于此？从入之路，则由罗而东循浮之垠入佛子凹，转西北行，邃谷幽岩，皆浮境界……罗之境多旷而浮之境多奥，是观亦以奥胜，沿山古木，撑天障日，历数百年。前人几经扶植，以遗后人。后人亦宜力加护惜，不得妄肆斩伐。峰容闳邃，烟光蒙茸，拥抱神区，全赖于此夫。二山之名，以有浮山，浮山之胜，以有酥醪。前此山志，未及深辨，多言罗而浮则概从而略，使洞天福地郁而不彰，非所以游心志而广耳目也。于是乎书。[①]

① 〔清〕赖洪禧：《浮山新志》，卷下，第25页，道光二十五年（1854）酥醪观刻本，广东省立中山图书馆藏。

陈铭珪在《浮山志》自序中记述了浮山的兴衰历史，认为浮山景致物产远胜于罗山，实不应任其缥缈若桃花源，使后无问津者：

> 罗浮本二山，而浮在罗之东北，尤广博而幽邃。自晋以来，若袁彦伯、徐道覆辈，纪浮山诸迹，多涉灵怪，在迷离惝恍中。而竺法真《登罗山疏》则谓罗主浮客，宜举主以赅客。疑浮山一境，人迹罕至，遂略之也。惟汴宋尊崇道教，诸名山宫观大兴。其时浮山深处，建有酥醪观，而白水山之佛迹院、丫髻峰之东林寺，亦错列其间。故东坡游罗浮朱明洞外，于东麓之白水山亦三至焉。然自是而后，道渐茀不通。南宋之季，冲虚道士邹师正作《罗浮指掌图记》已语焉不详。元明两代骚人羽客，称述更尠。考屈翁山所著书，乃知浮山酥醪洞即观旧址，自元以后为山猺所居。盖灵境之闷，又数百年于兹矣。夫浮山自东海浮来，其事虽荒忽不可信，然真灵之所往来，朱草瑶林不死之药与夫珍禽奇兽、灵鳞异豸之所孕育，不特非尘世所有，即罗山物产亦逊一筹。今海上蓬莱，既不可见，

如兹山者，可任其若桃花源，自刘子骥后遂无问津者乎？今自国朝雍正间柯善智师重建酥醪观，后之游者凿险缒幽，灵境毕现。于是黄香石有《浮山小志》，赖介生师有《浮山新志》之作。余久寓山中，续有所得，因复操笔于酥醪洞。外并浮山之顶与其麓纪载加详。[②]

三本山志的编撰与付梓，都与地处浮山深处的酥醪观有莫大关系。黄培芳《浮山小志》扉页特地注明酥醪观主持江本源校对，其序言还交代了他与江的友谊：

余两游浮山，皆主酥醪道院，与江瀛涛外史善。瀛涛亟以阐幽属余。于是搜剔岩谷，务穷幽深。游屐所至，率以操觚，得纪胜若干条，付瀛涛校订并取题志诸作附焉。区区补阙拾遗，奚足为名山增重？而瀛涛阐幽之意，要不可没。且宇内不尠幽人，将为探幽者引其端云。[③]

赖洪禧则说他也是在酥醪观主谢永靖的资助下编写《浮山新志》：

香山黄子实撰《浮山小志》，刻于嘉庆癸酉，去今三十年。余年七十，四六至罗浮。谢菊斋辟山房居余，空翠欲流，点尘不到，日长无事，自上界峰以迄蓬莱洞，探幽阐奥，于前志未之及者，偶有见闻，笔之简端，敢多此日之操觚，聊备他人之覆瓿耳。[④]

他更明确表示罗浮之闻名，全因浮山，而浮山之出名，则完全得益于酥醪观的复兴："二山之名，以有浮山，浮山之胜，以有酥醪。"[⑤]

至于陈铭珪，更是科场失意后遁入道场，成为酥醪观的主持。[⑥]据他儿子陈伯陶说，他曾于同治间募得万金重修了酥醪观。[⑦]

酥醪观位于浮山的深山幽谷中，原为东晋时葛洪创建的北

② 〔清〕陈铭珪：《浮山志》，志一，序，第1页，光绪七年（1881）荔庄刻本，广东省立中山图书馆藏。

③ 〔清〕黄培芳：《浮山小志》，《广州大典》第223册，广州出版社，2014年，第510页。

④ 〔清〕赖洪禧：《浮山新志》，卷上，第1页，道光二十五年（1845）酥醪观刻本，广东省立中山图书馆藏。

⑤ 〔清〕赖洪禧：《浮山新志》，卷下，第25页，道光二十五年（1845）酥醪观刻本，广东省立中山图书馆藏。

⑥ 陈铭珪的生平，见谭赤子《两代文章见性情——陈铭珪、陈伯陶父子其人其文》，《岭南文史》，2002年第1期，第31—33页。

⑦ 陈伯陶：《罗浮指南》，罗浮山酥醪观道同图书馆印行，第14页，广东省立中山图书馆藏。

庵。相传安期生与神女相会于此，醉后呼吸水露皆成酥醪，观由此得名。酥醪观在唐宋间曾经兴盛一时，但从宋末元明，“观旋倾圮，道流无托”[①]，不得已于前山作酥醪仓凑数。

酥醪观的复兴，推动了浮山旅游的兴起，其背后却与岭南道教在明清之际的大变革有关。罗浮山道教本为葛洪所开创，在道教体系中属于南宗灵宝派，但明清之际，发生了重大转折。全真教龙门派十一代传人曾一贯被任命为罗浮山冲虚等五观总主持，自此罗浮转为全真教龙门派圣地[②]。康熙年间编修《罗浮山志会编》时就有灵宝派道人对此深表不满（括号内为陈铭珪按语）：

> 惟罗浮本南宗道宇，自明以前，北宗全真无居此者。《山志会编》载李无无道人识语云，太上本教清微，汉天师立教正一，葛祖立教灵宾，许祖立教净明。今清微奉行不善，皆火居道士。正一天师，自有后人。灵宾寥寥，净明无几。元初邱处机长春子立全真教，罗浮乃灵宝法坛，他教道人岂可住持。如今江右龙虎山，乃天师子孙住持，他教焉能住持也（正一教实祖清微，今火居道士，皆称正一，盖源于汉天师。全真教始自王重阳，不始长春，此所记有误）李无无系康熙时人（《山志会编》刻于康熙丁酉，故知为康熙时人），时大吏命曾山山师住持五观，其言盖有所指。今五观道派皆出长春，无南宗道士矣。（四观皆龙门派，祖邱长春。惟黄龙观为崂山派祖明孙玄清孙，亦长春法嗣也，特居山东崂山，因别名派耳）[③]

除了灵宝派自身的式微外，全真教强大的生命力及某种历史机缘，促成了这一转折，康熙年间，全真道长曾一贯因求雨灵验，其法术颇得粤中官员信赖，故而被任命为罗浮山五观的总主持：

① 〔清〕赖洪禧：《浮山新志》，卷下，第25页，道光二十五年（1845）酥醪观刻本，广东省立中山图书馆藏。

② 黄敏：《罗浮山与岭南文化》，《社会科学家》，2003年第5期，2003年，第156—157页。

③ 〔清〕陈铭珪：《浮山志》，志二，第27页，光绪七年（1881）荔庄刻本，广东省立中山图书馆藏。

> 酥醪观以曾山山师为第一代住持。介生师称康熙四十五年，师于紫霞洞造云霄阁。五十五年，当道延师祷雨立应，因委管五观，权驻冲虚……全真教之居罗浮，实自山山师始。[4]

酥醪观虽由原先正一教的道场，变成了全真教的道场，但在观中设神位时，仍然保留了葛洪的一席之地，算是留存一点灵宝派的遗迹：

> 余尝博考诸书，全真教虽晚出，实能得老聃之传，与南宗专论金丹不同。长春劝元太祖止杀，其功行尤大，故自元以后龙门派几遍天下。今灵宝既寥寥，以之管领仙山，尚得焚修之正。李无无所论近于固。我今酥醪观正殿祀雷祖，以山山师通五雷法，其左右祀纯阳、稚川，于全真、灵宝两家，亦未偏废也（介生师引《蜗庵琐语》谓北宗王重阳亦传自纯阳，此元时道流张大其教，假托之词，非事实。山山师盖未考正，其说详余所著《长春道教源流》）。[5]

雍正五年（1727），曾一贯的弟子柯善智重修了酥醪观。柯氏长于与官绅交接，如两广总督杨应琚游罗浮时，即下榻酥醪观中，柯氏还全程陪伴杨总督游览浮山[6]。此后，观中的历任主持，沿袭这一风气，多与士人交往，故酥醪观成为浮山之游的重要据点：

> 曾山山师之高弟子为柯善智师，系创建酥醪观者。师名阳桂，福建晋江人，弱冠学道罗浮，住山三十余年。奉天杨佩之尝与之游，后于乾隆十年六月二十日无疾坐化，寿五十三岁。继善智师住持者为蔡坐云师（名来端，陆丰人）、童慵庵师（名复魁，浙江会稽人，尝任道会司，寿九十八岁）、江瀛涛师（名本源，番禺人）、叶鹤侣

④〔清〕陈铭珪：《浮山志》，志二，第27页，光绪七年（1881）荔庄刻本，广东省立中山图书馆藏。

⑤〔清〕陈铭珪：《浮山志》，志二，第28页，光绪七年（1881）荔庄刻本，广东省立中山图书馆藏。

⑥ 杨应琚《忘机石序》，该文收入赖洪禧撰《浮山新志》，卷下，第17页，道光二十五年（1845）酥醪观刻本，广东省立中山图书馆藏。

师（名令宾，惠州人）、萧梅村师（名合三，新会人）、陆悟醒师（名教愚，南海人）、谢菊斋师（名永阳，靖沈人）皆有道行。士大夫来游者，多以酥醪为依归。数百年来，浮山灵境，复著于世，亦由此。[①]

全真教本以修真绝俗为目的，这也是它区别于灵宝派的特征，但以罗浮山为代表的岭南全真教却走向它的反面，最终混迹人间，积极入世[②]。清代广东的全真道教，并未产生多少对本派教义发展有较大影响的著名大师，全真宫观的发展也逐渐式微，但在清代广东的世俗生活中，全真教道士的表现却是相当活跃[③]。从柯善智到江本源，我们可以见出酥醪观道士与世间俗务的密切联系，同时也可见到道教教团为获得官绅的支持所作的各种努力。

新近的研究表明，清代精英阶层与全真教有着密切往来，显示出道教文化已经成为士绅宗教文化生活的一个重要组成部分，在晚清帝国的建设和近代化过程中，士绅宗教文化生活的道教成分是理解道教的权力和影响力的关键所在，不管京城还是其他地区，皆是如此[④]。

全真道士及其宫观主要是依靠世俗民众的资助维持，而他们为出资者提供仪式等各种服务作为回报，高道们因为掌握建筑、财会等较为常用的技能而受到地方官员的尊崇。全真教俗众共同体吸引了众多文人加入其中，许多上层人士和官员的姓名都出现在宗谱之中。人们之所以对内丹修炼感兴趣，主要是出于益寿延年的渴望，而这些共同体造成了全真教传统的世俗化[⑤]。罗浮山全真教的彻底世俗化，堪称是当时全真教生存状态的一个缩影。

① 〔清〕陈铭珪：《浮山志》，志二，第28页，光绪七年（1881）荔庄刻本，广东省立中山图书馆藏。

② 夏志前：《岭南“新全真道”的历史衍变与当代境遇》，《宗教学研究》，2012年第2期，第11—17页。

③ 吴晓蔓：《清代笔记小说中所见广东道教》，《岭南文史》，2006年第4期，第37页。

④ 〔美〕刘迅：《神仙与祖师：十九世纪中国满洲官员及其家人的道教世界》，张广保编、宋学立译：《多重视野下的西方全真教研究》，第二编“全真教与国家社会”，齐鲁书社，2013年，第227—353页。

⑤ 〔法〕高万桑：《1700—1950年的全真教》，张广保编、宋学立译：《多重视野下的西方全真教研究》，第三编“清代以来的全真教”，齐鲁书社，2013年，第355—457页。

二、酥醪观主持江本源

在酥醪观历任主持中，江本源无疑是最为长袖善舞的一个，甚至可以说，在浮山取代罗山成为旅游新热线的这一风潮转变过程中，他是一个关键人物。江本源，字瀛涛，号松竹山人，广东番禺人。入道罗浮酥醪观，通儒、释之学，能诗文，士大夫皆乐与之游[6]。江氏虽是罗浮山道士，但却又活跃在省城士人圈之中。在省垣羊城书院山长谢兰生的日记中，他被称作“江道人”，也是曾经造访常惺惺斋的客人。在嘉庆廿四年（1819）四月廿八日和嘉庆廿五年（1820）二月十三日的日记中，均有“江道人来”的记录。

他曾经参与嘉庆十七年（1821）白云山云泉山庄的营建。伊秉绶嘉庆十八年（1813）所书《云泉山馆记》中，有“道士江本源、黄明薰，董其役，拓胜境二十”的记载。黄培芳《增修云泉山馆记》亦称：“董其役则江瀛涛、黄越尘二道士”。[7]

他和岭外入粤的文人也多有交往，曾寄送古藤杖给时任广东学政的翁方纲，翁氏回报以七绝一首：“苍藤飞起铁龙精，磊节蟠鳞石骨铮。是我泊船榕岭下，铿然相应寄诗声。”[8] 外省著名文人官员恽敬与汤贻汾游浮山，即由江本源接待入榻酥醪观。

相较于恽敬对浮山的不屑，汤贻汾的浮山之游则是内容丰富且充满传奇色彩，他与江本源的交游更是一段佳话。嘉庆二十一年（1816），汤贻汾奉江西巡抚阮元命前往罗浮山中缉盗，与江氏相从甚密，但从《艮泉图咏》上汤氏的题诗来看，二人早在嘉庆十九年（1814）就已相识于广州[9]，此番重逢，更得同览山水之胜。汤贻汾《博罗舟中望罗浮录寄江瀛涛道兄》写道：

罗浮吾欲老，蝴蝶尔来迎。短褐吹花片，长镵带雪声。

尘罴何处遣，富贵不长荣。终古神仙客，悠然少宦情。

⑥ 辛朝毅编辑：《番禺县续志》1938年，卷二十七，人物志十，第490页。

⑦ 罗可尧：《〈云泉山馆记〉拓本题记》，《职大学报》，2007年第4期，第73页。

⑧ 〔清〕翁方纲：《奉酬瀛涛道人寄古藤杖》，见赖洪禧撰《浮山新志》，卷中，第14页，道光二十五年酥醪观（1845）刻本，广东省立中山图书馆藏。

⑨ 李若晴：《罗浮洞天：〈艮泉图咏〉考析》，《艺术探索》，2016年第1期，第12页。

图 9-6 “鹤冢”题记遗址（笔者摄）

图 9-7 江本源墓碑，汤贻汾题（笔者摄）

酌酒看云流，山云到舵楼。何人餐白石，迟我跨青牛。

自有前缘在，知难今日酬。梅花弃落尽，去去复回眸。[1]

江本源于分霞岭中凿石引泉，并筑茶亭，方便过客歇息饮水，汤贻汾题其岩曰“思源”，又作诗纪之[2]。二人同游梅谷，汤贻汾作《与江瀛涛炼师访梅谷之胜，闻故人黄香石拟结庐焉》[3]。见猎人射伤一只白鹤，汤贻汾解囊将鹤买来细心养护，三日之后，终不治而死。乃以山中所出竹叶笋壳裹之，埋于观旁古松之下，刻“鹤冢”二字于石壁上[4]（图9-6）。汤贻汾自刻了一枚“罗浮半月黄冠客”的小印以纪念其罗浮之旅，又作诗《余奉檄至博罗，易道装入罗浮，便于游山且易访察也。出山后镌小印曰：“罗浮半月黄冠客。”诗以自嘲》：“才自神仙窟里来，烟霞满面绝尘埃。仙官天上今嫌冗，特把黄冠挂一回。”[5]江本源送别汤贻汾，则一直送到山外的明月寺。汤贻汾《明月

① 〔清〕赖洪禧：《浮山新志》，卷中，第 15 页，道光二十五年（1845）酥醪观刻本，广东省立中山图书馆藏。

② 《续修四库全书》第 1502 册，上海古籍出版社，1997 年，第 180 页。

③ 《续修四库全书》第 1502 册，上海古籍出版社，1997 年，第 180 页。

④ 《续修四库全书》第 1502 册，上海古籍出版社，1997 年，第 182 页。

⑤ 〔清〕陈铭珪：《浮山志》，志五，第 12 页，光绪七年（1881）荔庄刻本，广东省立中山图书馆藏。

寺与瀛涛话别》写出二人依依不舍的情谊："漫因明月留听笛，且趁斜阳去放船。送客仍携看云杖，到家犹酌在山泉。"[⑥]江本源还以山中名泉卓锡泉相赠，汤贻汾回穗后将其分赠粤中诸友。次年，汤贻汾离任赴山西，粤东士绅二十余人于广州白云山云泉山馆为之践行，江本源亦在列[⑦]。道光二年（1822），汤贻汾离粤五年后，作《忆酥醪洞江道士》，有"有时缩地终相见，只恐升天唤不闻"之句，感叹相隔千山万水，唯有期待江道人施展法术，以缩地之术方能相会了。[⑧]江本源逝后，其墓碑即由汤贻汾题写，可见二人之交谊至死不渝（图9-7）。

黄乔松在《江瀛涛炼师三昧图赞》中写出了江本源周旋于官绅释道之间的八面玲珑：

漉酒儒装（忆王孙）

豪华江总旧吴阊，涌翠飞红结客场。春酿梨花出饔香。笑谁忙，人海浮沉一醉乡。

面壁僧装（菩萨蛮）

是何忽作瞿昙想，安心先绝尘劳攘。莫说是枯禅，十围扪果然。空空色色是，变幻皆游戏。明月定前身，梅花何处春。

降魔（临江仙）

富贵浮云何足数，沧桑几阅轮回。长髯硕腹貌魁梧，黄金无用，挥手出红埃。活把野狐降住，笑看元鹤飞来，众仙同日憩蓬莱，乾坤袖底，叱咤起风雷。[⑨]

在后人的记述中，他竟被神化为仙人了：

江瀛涛建郑仙祠于蒲涧祠，左则云泉山馆，南海仲令拟改建仙祠，既拆卸，不及建而去。瀛涛旋亦升化于酥醪，于是徒孙杨教善再募建，气象一新，比旧更宏敞，香火日盛，已历二十余年。一日山馆中，有童子闻叩门声，

⑥《续修四库全书》第1502册，上海古籍出版社，1997年，第183页。

⑦《续修四库全书》第1502册，上海古籍出版社，1997年，第184页。

⑧《续修四库全书》第1502册，上海古籍出版社，1997年，第217页。

⑨〔清〕赖洪禧：《浮山新志》，卷下，第27页，道光二十五年（1845）酥醪观刻本，广东省立中山图书馆藏。

> 启视则庞然胖道士。请姓名，曰江某。俄而，由小门出，曰往仙祠。童子请道，不许。明日童子见杨师而述之，杨愕然问状，则真江瀛涛也。盖祠右龛中瀛涛之木主在焉，灵爽犹依此也。[①]

嘉庆六年（1801），江本源成为酥醪观第五代住持。他对观内建筑又进行一番整饬，新修了一座小楼，以供客人下榻之用。黄培芳品题为“浮山第一楼”。

除了修整道观外，江本源也很用心于浮山交通设施的开发，在入山的路口修建茶亭以便路人，便是其主要举措之一：

> 佛子凹巉岩壁立，豁然中开，为浮山之门户。旁临绝涧，延缘蚁垤，登陟为劳。童慵庵师主持酥醪，尝有志于凹上建茶亭一区，以便劳顿，苦于无水。于是江瀛涛商之顺德陈穗田，相视地势，蓦溪越岭，架竹通流，树木遮天，茶园接畛，亭曰玉液池，曰濯缨，曰濯足。有道人司之，惠州太守宁化伊墨卿题曰：逢莱门径。至今往来行路，扪历至此，顿解烦渴，爽气袭人，恍如欲界仙都，别有天地。[②]

为了与罗山竞争，其背后实是与地处罗山的冲虚观竞争，江本源可谓煞费苦心，他在浮山的顶峰上界峰上修建了祭祀罗浮山君的粤岳祠，未尝没有争夺正统之意：

> 浮山绝顶，常有云气封之，咫尺不辨，又多天风激荡，道险力艰，木石难致。嘉庆十一年，西蜀唐闻戎文才建数尺祠于上界三峰，命道人江瀛涛董其役，一日成之，祀罗浮君焉。后余与同人改建石室，增其式廓，名粤岳祠。[③]

为了更好地宣传浮山与酥醪观，他与黄培芳还选定了所谓的“酥醪十景”，即酥醪洞天、蓬莱丘壑、茶山飞瀑、梅谷幽溪、山潭凝碧、石灶煎琼、水门春花、符峰晚照、砦石写韵、涧石忘机[④]。从他们所取的景名以及请人分咏诸景来看，显然是继

① 〔清〕赖洪禧：《浮山新志》，卷中，第14页，光二十五年（1845）酥醪观刻本，广东省立中山图书馆藏。

② 〔清〕赖洪禧：《浮山新志》，卷上，第2页，光二十五年（1845）酥醪观刻本，广东省立中山图书馆藏。此茶亭至潘飞声过浮山时已荒圮，潘飞声游记写道：“（蓬莱门径）门内旧有玉液亭、云厨天香室，皆荒废不知遗址所在，亦无卖茶者，只雨生思源二字篆书刻石尚存。”见潘飞声：《罗浮纪游》，宣统二年（1910）铅印晨风阁丛书丰源印书局本，第8页，广东省立中山图书馆藏。

③ 〔清〕黄培芳：《浮山小志》，《广州大典》第223册，广州出版社，2014年，第520页。

④ 〔清〕黄培芳：《浮山小志》，《广州大典》第223册，广州出版社，2014年，第522页。

承了历代山水十景的创作方法。他又经常往来于广州与罗浮之间，不断在省会士绅间宣传推介浮山，并承担起东道与导游的义务。谢兰生的《日记》中表明罗浮寺观与海幢寺僧人似乎有业务往来。僧道来省城多至海幢寺挂单，如：

嘉庆廿五年九月初四日。过海幢，为楷屏写山水一幅，并邀墨池昆仲到丛现堂晚斋。罗浮何澹菴、钟潜虚两道人亦在席。

嘉庆廿五年九月十九日。楷屏云有罗浮区道人壶隐至海幢，未会也。

嘉庆廿五年九月廿八日。在海幢会区道人壶隐。

而海幢寺的僧人也有往罗浮旅行者，如：

道光二年（1822）四月廿九日。与墨池早饭后，过河入海幢，观秀公所藏新禄烟客大幅山水，极佳。闻澄公自罗浮还，入镜空堂问楷屏近况甚悉。

第三节 绘画中的浮山诸景

正是有了酥醪观这一据点，又有江本源这一热心的东道主，浮山慢慢引来文人的游屐，黄培芳《浮山小志》的撰写与梓行，标志着浮山的旅游资源已渐为世人所知。与此相呼应的是，浮山的景色也引起画家的兴趣，出现了描绘浮山实景的绘画，其中最为画家喜欢入画的有茶山飞瀑、分霞岭、铁桥、茶亭、酥醪洞天等景点。

一、茶山

原本寂寂无闻的茶山，短短十来年间，经过名士的题名点染，

图 9-8　茶山飞瀑石壁黄培芳题“飞清”（笔者摄）

迅速成为浮山第一胜景。道光十年（1830），吴荣光兄弟游罗浮山，发现飞瀑两侧的岩石上新增了不少粤中名士的题记（图 9-8）：

> 偕同人肩舆往游茶山，将至山中，树色岚光，引人入胜。至道院右，巨石盘峙，上有飞瀑凌空，奔赴蜿蜒而来，寒光侵人肌骨皆爽。黄培芳颜“飞清”二字于石旁。由石径转出，路极巉岩，石白水清，照影幽秀。至石臼中，有“云碓”二字，为潘正亨所书。云碓上易友兰题“云杵”二字，于水所出处，又有“醒泉证仙处”，两刻俱近人所题。[①]

茶山瀑布的景致，亲历其境的粤中名士谢兰生是这样描述的：

> 高松拂天，云凝不流，松罅白练横飞，环山上下雷转，动人心魄。山顶小祠肖黄仙像……其旁小屋数椽，依崖而立，最后峭壁撑空，一瀑直注，凝为深潭。潭旁石数方，位置高下，恰如人意，坐以观瀑，神清体安。两崖多植山茶、梅、桃、杂花，落英纷馥，入山来始一豁双眸也。[②]

而他创作于道光元年（1821）的《茶山飞瀑图》（图 9-9），堪称是传世众多罗浮山实景山水中的最佳作品。

① 〔清〕吴弥光：《罗浮纪游》，《广州大典》第 231 册，广州出版社，2014 年，第 181 页。

② 〔清〕谢兰生：《游罗浮日记》，收入《常惺惺斋日记（外四种）》（李若晴等整理），广东人民出版社，2014 年，第 314 页。

图 9-9 《茶山飞瀑图》 1821 年 谢兰生 绢本设色 纵 116 厘米，横 43.5 厘米 广东省博物馆藏

图 9-10 《茶山下叠瀑图》 1863 年 陈璞 纸本水墨 纵 26.5 厘米，横 37 厘米 广东省博物馆藏

图 9-11 《茶山看云图》 1863 年 陈璞 纸本水墨 纵 26.5 厘米，横 37 厘米 广东省博物馆藏

同治年间广东著名文人陈璞亦有《茶山下叠瀑图》(图9-10)、《茶山看云图》（图 9-11）二图。陈璞在《茶山观瀑记》一文中记下了雨中赏茶山飞瀑的乐趣，可见其对茶山的喜爱：

茶山在罗浮之北，度佛子凹而左，径路往复，林峦蔽亏，衡宇兀然出苍翠间，则黄仙古洞也。余同黎傍石从黄龙观冒雨行五十里，抵洞宿焉。洞有飞泉三叠，伏枕可听，魂梦与俱。终夜有声，风雨不辨。晓起启牖，则丛薄外缺，特露悬崖，栏槛横出，斜映匹练。盖洞之

图 9-12 酥醪观内院（笔者摄）

小楼与泉之上叠正对也。[①]

何仁山《改建茶山观黄仙祠并添构观石道室碑记》更是认为：

罗浮二山，浮山为胜。浮山诸山，茶山为胜。泉石幽阻，林峦蔽亏，境最林邃。[②]

其在《书罗浮览胜图卷诗后》中再次重申这一评价：

罗浮二山，浮胜于罗，而游者罕到。茶山又据浮山之胜。予所筑寄窝在焉，每岁入山小住，流连不能去也。[③]

虽是私心独好，但也说明茶山在游人心目中的地位。

二、酥醪洞天

黄培芳对酥醪观内外的景致（图 9-12）有这样的描写：

观外有斗台，台下为酿泉。泉上翼然曰香雾亭。门前为莲池，岁出仙凫一双，自然飞去。又多灵禽，腊月洞中远近俱放桃花，望之如锦。环洞皆山，周回约三十里。左有符竹峰、梅谷、下陂，右有黄仙洞、小蓬莱洞，后

① 〔清〕陈铭珪：《浮山志》，志三，第 34 页，光绪七年 (1881) 荔庄刻本，广东省立中山图书馆藏。

② 〔清〕陈铭珪：《浮山志》，志三，第 35 页，光绪七年 (1881) 荔庄刻本，广东省立中山图书馆藏。

③ 〔清〕何仁山：《锄月山房文钞》，卷下，《广州大典》第 468 册，广州出版社，2014 年，第 183 页。

为白水门、忘机石，前则西流水出焉，兼有凝碧潭、石灶之胜。公孙卿言仙人好楼居，而罗山绝尠精构。道人江瀛涛建小楼于酥醪观内，宇虽半椽，殊擅幽胜。楼成，余适至，颜曰浮山第一楼。并题句云："万壑烟云浮槛出，半天松竹拂窗来。"昔杨大司马应琚读书洞中，恒楼居，署曰："小楼容我静，大地任他忙。"并足识也。④

以酥醪观为题的实景山水画，可以谢兰生《酥醪观图》（图9-13）为例，款题：

浮山酥醪观佳胜，以夏日为最。今年夏五予住第一楼凡廿余日，有句云："插天新竹千竿碧，点水圆荷万颗丹。"即为云谷二兄图之并求是正。丙子深秋谢兰生识。

因为在酥醪观中住过一段

图9-13 《酥醪观图》 1816年 谢兰生 绢本设色 纵191厘米，横42厘米 广州艺术博物院藏

④〔清〕黄培芳：《浮山小志》，《广州大典》第223册，广州出版社，2014年，第511页。

图 9-14 《罗浮分霞岭图》 谢兰生 绢本设色 纵 99 厘米，横 40.5 厘米 私人收藏

图 9-15 《罗浮春色图》 苏六朋 绢本设色 纵 161 厘米，横 75 厘米 广东省博物馆藏

时间，所以谢兰生在画中对周围环境有极真实的描绘。他准确地刻画了酥醪观地处浮山深处的特点，观前的荷花池也是据实而写，而画面上方的瀑布，则可能是著名的白水门瀑布。

三、分霞岭

分霞岭为罗浮二山分脉之处，岭之左属罗山，岭之右属浮山，又名下铁桥，因其山势险峻，仄径盘曲，古人行山至此，多望而生怯。分霞岭原名佛子凹，嘉庆年间，张南山更名为“分霞岭”并请著名书画家汤贻汾题字刻石。分霞岭遂广为人知，成为一处著名景点。以此岭为题的实景山水画，最早见诸谢兰生创作于嘉庆二十四年（1819）的《罗浮分霞岭图》（图9-14）。

苏六朋《罗浮春色图》（图9-15）绘于道光二十五年（1845），是图以青绿赋色，构图缜密，山重水复。款题：“溪上桃李无数开，花间春水绿于苔。不因渔艇寻源人，人争识仙避世来。翠雨深云连玉洞，丹霞抱日护瑶台。山中旧侣时相约，约我来春载酒回。”又自注：

> 浮山有桃花溪，酥醪道人江瀛涛结茅于此，为入观憩息之地。道光乙巳秋八月六日云山过雨，凉气袭人，梦楼块坐，适秀东大兄持素缣索作画，因仿元人意以应并系之诗。

据此可知，此图描写的是分霞岭茶亭一带的景致。苏六朋早年曾至罗浮山宝积寺跟随画僧德堃学习绘画，又曾挂籍罗浮，为酥醪观道士，“芰服荷衣，超然尘外”[①]，所以他对罗浮山有很深的感情。朱万章先生指出，苏氏传世画作中的署款或钤印几乎都与罗浮山有关，流露出浓烈的罗浮情结，其别号与浮山有关的是：浮山道士、浮山道人、浮山樵者、浮山樵子、浮山阿朋[②]。这些别号要么独提浮山，要么以罗、浮并举，而无专门标明罗山者，可见在苏氏的心目中，似以浮山为重。

另有同治间陈璞作《佛子凹图》（图9-16），款题：“余丙申度佛子凹句云：‘我自云中来，更向云深去。天风呼我上铁桥，烟雨濛濛失来处。’因仿此作画。”图以米氏云山法出之，山道迂曲，云锁雾绕，展示了行旅的艰难。

① 〔清〕李长荣：《柳堂诗友诗录》，“苏六朋”条，《广州大典》第505册，广州出版社，2014年，第693页。

② 朱万章：《苏六朋及其艺术风格》，《收藏家》，2004年第2期，第4页。

图 9-16 《佛子凹图》 1863 年 陈璞 纸本水墨 纵 26.5 厘米，横 37 厘米 广东省博物馆藏

图 9-17 黎楷屏题“艮泉”刻石（笔者摄）

四、艮泉

艮泉是广东籍退休官员黎楷屏于嘉庆十八年（1813）在浮山酥醪观山后觅得的一处佳境（图 9-17）。因其在浮山深处，一直不为世人所知。黄培芳作为浮山的资深探险家，多次入山游览，曾梓行《浮山小志》，竟也没有发现艮泉。黎楷屏在发现艮泉后，“募人伐山开径，缒幽凿险，奇乃日辟”，遂得艮泉十二境，分别为：艮泉、枫台、修篁径、砥行岩、养心庐、调琴石、跃霞处、代苇舟、瑠璨潭、游龙涧、云梁、汇瀑亭。境虽有十二，但工程量实不甚大，土木工程只有汇瀑亭、养心庐二处，其余皆自然景观，只是依其地貌取以雅名而已。在艮泉营建告一段落后，黎楷屏便开始了他宏大的“艮泉图咏”规划。

谢兰生是最早为黎楷屏绘制《艮泉图》者。然而他此时尚未到过罗浮山，只是根据黎氏的描述，也借鉴了黄培芳的记述，创作了一种具有粉本性质的图式。后来其他《艮泉图》的构图，也大致与之相似，都是通过突出描绘飞瀑、清潭、小亭、茅屋来象征艮泉、瑠璨潭、汇瀑亭与养心庐这四处最具特色的景观。

今存三种《艮泉图咏》（图 9-18），是清代嘉庆十九年（1814）

至道光九年（1829）十六年间，48 位画家及文人为艮泉所作的图画与题咏。图册主人黎楷屏之所以驱驰世路，遍请江右、江东两地文人题诗，实与当日广东重视江南学者的情结有关。三种《艮泉图咏》是黎氏文化资本的物化形式，为他融入广州精英阶层提供了保证。而在这种经济与社会资本转化为文化资本的过程中，他不经意间沟通了南岭内外文人之间的交往。对于江南文人而言，之所以乐意为罗浮别业题咏作画，乃是在于完成一次精神旅行，满足其粤地想象，因此他们多于题跋中表露不能一游罗浮的遗憾[1]。

这次艮泉题咏，还刺激了广州城内文人对罗浮的向往，并促成了新一轮的罗浮旅行风尚。谢兰生在嘉庆二十年（1815）十二月，始与张如芝、黄乔松在黎楷屏的陪同下，第一次畅游罗浮，第二年五月又与黎楷屏、梁蔼如再次前往。除谢兰生外，题咏之后不久即有罗浮之游的，还有张维屏、恽敬、汤贻汾等人。在这一轮罗浮之行中，艮泉自然成为一个新的旅游景点和必游之地。

当然，谢兰生等人的实景山水图，就山水面貌的真实程度而言，与 20 世纪下半叶中国山水画坛流行的实景写生有相当距离。不过，古人面对描绘真山实水的课题时，似乎始终没将真实描绘作为最高目标，更不会在笔墨皴法上为寻求逼真而刻意求变，而是采取写意的态度，只是在山水布局上略为注意接近原景而已，正如何仁山在一卷《罗浮纪游图》中所说的：“图为纪游作，以志山水缘，但取松石间意，非必肖罗浮景也。”[2]

① 详见李若晴：《罗浮洞天：〈艮泉图咏〉考析》，《艺术探索》，2016 年第 1 期，第 1—12 页。黎丽明：《〈艮泉图咏〉与 19 世纪初的文人交游圈》，《中国国家博物馆馆刊》，2016 年第 4 期，第 123—134 页。

② 〔清〕何仁山：《锄月山房文钞》，卷下，《广州大典》第 468 册，广州出版社，2014 年，第 181 页。

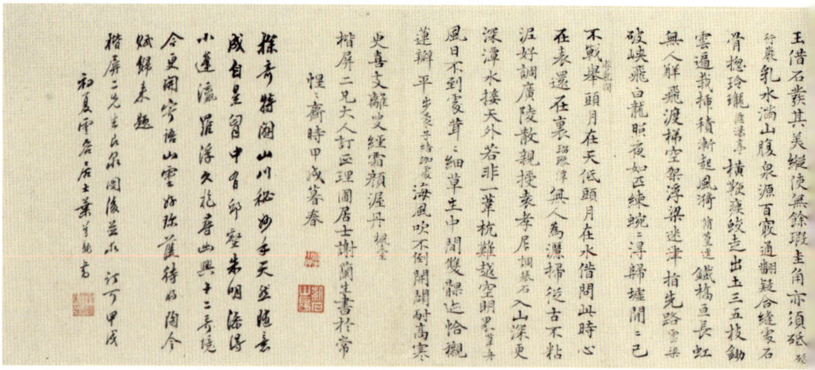

图 9-18 《艮泉图咏》（局部） 纸本水墨 纵 28.5 厘米，横 465 厘米
广州艺术博物院藏

第四节 浮胜于罗：广东士人区分雅俗的焦虑

嘉道之后，浮山日渐成为文人旅游罗浮山的新热线，游罗浮山不至浮山，会被笑话为“浅尝辄止”，未得山水兴味。如与潘飞声同游罗浮而不入浮的一名同行者，即自嘲“游罗未到浮，均香石所谓俗士，非高人也”①。张其淦为《历代罗浮山游记汇刊》一书题词就称：“好月人间第一秋，既到罗山应到浮。”又嘲笑只游览了罗山即回辕北上的袁枚：“浅尝辄止笑随园，诗话讥评我懒看。自注：袁子才大史到罗不到浮，诗话有讥评语，甚可笑也。”②

于是，罗山与浮山孰胜，不免也就成为此后士人游山的话题。嘉庆二十一年（1816）冬天，入罗浮山旅游的谢兰生就问隐居山中的黎楷屏：“予入山始见此奇，人言浮胜于罗，斯言信否？”黎氏的回答充满玄味：“不然，二山皆栖真之所，佳境俱在深处。高处如罗之百花径、大石楼、君子岩、朱明洞、飞云顶、上界三峰，

① 〔清〕潘飞声：《罗浮纪游》，宣统二年（1910）铅印晨风阁丛书丰源印书局本，第 10 页，广东省立中山图书馆藏。

② 钟玉文：《罗浮山游记汇刊初编》，中国图书出版社，2015 年，第 5 页。

实离尘绝俗，非此不足栖息仙灵。惜乎子未之见。即如艮泉，初时壅翳无路，自予斩荆入，乃获斯胜，未可于两山分轩轾也。”对于黎氏的持平之说，谢兰生颇加赞赏，认为“此洵不磨之论”[③]。

不过，自从浮山被嘉道时人重新发现后，似乎“浮胜于罗”已为普遍看法。如同治年间的广东东莞人何仁山就认为：“罗浮二山，浮山为胜。”[④]

即使赞成罗浮二山难分伯仲的谢兰生，其行止也表明他更喜欢浮山。他的两次罗浮之行，第一次旅程十六天，路上来回用了五天，在罗山只住了两宿，而在浮山住了九天，很显然浮山更能吸引他。而他在翌年五月，与步蒙子、青崖子再游罗浮，仍是“入酥醪观，住廿日，归时宿华首台一夜”[⑤]。这至少说明，酥醪观的接待水平和好客程度，已经远超华首台寺、冲虚观、黄龙观等老牌寺观，成为广东士人的新宠，而这正是浮山开发的结果。当然，也有例外，嘉庆十九年（1814），恽敬游罗浮，其于浮山，则有“渐里渐远，渐粗恶”[⑥]的观感。而潘飞声则认为恽敬评价不当：“而子居复有渐粗恶之言，不知浮山较罗更高，山皆峻岭，浓绿古翠，磅礴雄尊，自异罗之秀峭，然非粗恶也。”[⑦]

③〔清〕谢兰生：《游罗浮日记》，收入《常惺惺斋日记（外四种）》（李若晴等整理），广东人民出版社，2014年，第315页。

④〔清〕何仁山：《改建茶山观黄仙祠并添构观石道室碑记》，收入陈铭珪：《浮山志》，志三，第35页，光绪七年（1881）荔庄刻本，广东省立中山图书馆藏。

⑤〔清〕谢兰生：《游罗浮日记》，收入《常惺惺斋日记（外四种）》（李若晴等整理），广东人民出版社，2014年，第312页。

⑥〔清〕恽敬：《游罗浮山记》，《大云山房文稿》，世界书局，1937年，第159页。

⑦〔清〕潘飞声：《罗浮纪游》，宣统二年（1910）铅印晨风阁丛书丰源印书局本，第9页，广东省立中山图书馆藏。

浮山之所以被重新发现并作相应的开发，原因有很多。但最主要的，应当是地方精英始终存在一种区分雅俗的焦虑。这种焦虑从晚明就已经开始。正如柯律格所指出的，晚明的消费社会使精英文人与商人之间的界限变得模糊。精英文人急需寻找到一种新的方式来表明自己的位置①。巫仁恕的研究则表明，旅游之于文人士大夫而言，不只是一种休闲活动而已，还是用来区隔庶民大众的象征，因此，他们极力塑造新的旅游品味，以区分其与大众旅游不同，而其背后反映了士大夫面临社会竞争下的身份危机感②。这种“雅俗之辨”同样适用于清代广东士人圈中。士人们选择到罗浮山旅游，自然也有这种区分雅俗的考虑。但是，受限于交通等客观条件，此前他们只能到达罗山。到了清代嘉道年间，精英文人已经不满足于到达罗山，他们要开辟更为幽静的浮山作为新的景点。只有如此，他们才能够超越前人而且最大限度地与俗文化区分开来。潘飞声就以能渡过分霞岭，深入浮山为雅人幸事：“阅《浮山志》载佛子凹鸟道百盘，行者喘息，然巨灵设险，所以限俗士之游踪，待高人之芳躅。又忆陈元孝句‘神地于今路亦难’，余独游至此，诚一快事。”③黄培芳的《浮山志》正是在这样的背景下产生的，而黎楷屏在浮山深处的艮泉营建别业，并展开宏大的“艮泉图咏”规划，也是在相似的语境中产生的。他除了向岭外的文人宣示广东文化，也有一种区别雅俗的用意在焉。

① 〔英〕柯律格著，高昕丹、陈恒译，洪再新校：《长物：早期现代中国的物质文化与社会状况》，生活·读书·新知三联书店，2015年。

② 巫仁恕：《品味奢华：晚明的消费社会与士大夫》第四章“消费品味与身份区分——以旅游文化为例”，中华书局，2008年，第189—190页。

③ 〔清〕潘飞声：《罗浮纪游》，宣统二年（1910）铅印晨风阁丛书丰源印书局本，第10页，广东省立中山图书馆藏。

第十章 罗浮山旅行与纪游诗画：以谢兰生《游罗浮日记》为中心

罗浮山，由罗山与浮山组成，位于广东省博罗县境内，是中国道教名山之一。由于广东士绅与山中道士的通力合作，罗浮山旅游资源在清代嘉道年间得以广泛开发，原本游屐难及的浮山更是成为一条新的热门路线，众多粤籍文士入山旅游。本章将以谢兰生《游罗浮日记》（以下简称《游记》）为中心，探讨嘉道年间以谢兰生为代表的广东文人罗浮山旅行及其相关诗画创作的问题。

自嘉庆二十年（1815）十二月二十三日从广州出发，至次年嘉庆二十一年（1816）正月初八日返回，谢兰生与黎楷屏、张如芝、黄乔松同行展开了罗浮的深度旅游。嘉庆二十一年（1816）五月，谢兰生与黎楷屏、梁蔼如再游罗浮山。《游记》记录了这两次旅程，由于日记重点记录第一次旅行的情况，第二次从略，“再游，意主习静，不在山水间，有所得，因类分附每日之下，不另撰记”[①]，所以本章也相应地以论述第一次旅行为主。本章将探讨以下问题：一、谢兰生罗浮之行的交通工

① 〔清〕谢兰生：《游罗浮日记》，收入《常惺惺斋日记（外四种）》（李若晴等整理），广东人民出版社，2014年，第318页。（以下凡引此书者简称《游记》并标页码。）

具、路线；二、旅伴的选择；三、通过看山、观瀑、赏石、寻芳、访胜、品珍、思古等方面分析清代文人品味山水的情况；四、品味山水如何影响清代文人的诗画创作。

第一节　游具与行程

一、水行

古时，罗浮山对外陆路交通不便，根据历代罗浮山志和诸家游记的记载，可知历代从广州到罗浮山的游人，都是取水道乘舟至东莞石龙镇，再换小艇折入西沙河，上溯铁场潭或泊头登岸，再雇乘舆或马匹经梅花村、明月寺上罗浮山。

谢兰生的罗浮之游，就是趁着早潮登舟启航的。在傍晚时候，客舟已行了110里，抵达官海口停泊，住了一宿。估计当时乘坐的是一种快艇（图10-1）。我们从清代外销画中，可以见到这种快艇的形制："立二桅帆，正顺风而行，船尾后部的架上可见一卷折的船帆和一枝长桅杆。这种小艇，竟有三桅，若撑帆顺风而行，自然快速无比。船帆是席料，有人字形的纵向编织花纹。由挂在竹篙上的衣服推想，快艇中的人应是较长期地待在艇上。"[①]从广州下船开始，便可看到当日珠江两岸的旖旎风光。明清两代，许多文人都盛赞这一段舟行水上的景色。如李孙宸所记：

> 是时芙蓉木杪，下蘸秋波。舟行望两岸，见篱落断桥，与翠竹苍松相间。亦京华三载所未开之怀抱也。亟呼酒与二弟各酌行，尽兴就寐。夜舟杂涌至，五鼓移舟复发。予推窗斜望，淡月在帆，疏星在水。[②]

欧必元则记入夜后道："对月小酌，远望隔江渔水，若明

① 王次澄等编著：《大英图书馆特藏中国清代外销画精华》第六卷，广东人民出版社，2011年，第177页。

② 〔明〕李孙宸：《罗浮游记》，《建霞楼文集》卷三，广东省立中山图书馆藏。

图 10-1 《快艇》 1800—1805 年 水粉画 纵 41.6 厘米，横 53.6 厘米

若灭，渐来逼人，诸侍儿尤咤为龙女献珠也。”[③]

不过，当日珠江两岸虽然景色殊美，但东江水行并不太安全，时有水盗出没。谢兰生的好友崔鼎来从东莞乘舟回广州，途中就遇盗贼而财物被掠一空，连诗集都丢了[④]，所以游人多有防护。如李孙宸就“乃假一舟，置行李几案酒具，而唤一官哨为护”[⑤]。欧必元，“王公为之从，臾发一楼船以护行”[⑥]。这种情况一直延续到晚清，光绪二十八年（1902），潘飞声自香港入东江游罗浮山，雇了一艘紫洞船放乎中流，当地东道告诉他“江河不靖，召雏鬟亦不敢至”，潘飞声只好专门致函介字营张统领，请求其派勇保来护卫船只[⑦]。

抵达石龙镇后，还须换瓜皮小艇入浅溪。这种俗称作“西瓜扁”的小艇，因其“有圆形的舱板和侧舷，外形像个瓜”而得名，本用于接驳货物，改装后也用于载客，只是外观更为华丽（图

③ 〔明〕欧必元：《游罗浮山记》，收入钟玉文《罗浮山游记汇刊初编》，中国图书出版社，2015 年，第 35 页。

④ 详见崔弼《十一月二日舟自东莞归，过钩镰沙遇红头双刀五六人过船，衣物百无一存，巾箱中诗文稿俱失，最为懊恼。时雷峰僧信严同日贼伙登舟，以好语接之，与以百钱致谢而去。虽盗亦有道，而此僧能以礼化人，吾不及也。书此志慨》一诗。《珍帚编诗集》，卷二，嘉庆十五年 (1810) 版，广东省立中山图书馆藏。

⑤ 〔明〕李孙宸：《罗浮游记》，《建霞楼文集》卷三，广东省立中山图书馆藏。

⑥ 〔明〕欧必元：《游罗浮山记》，收入钟玉文《罗浮山游记汇刊初编》，中国图书出版社，2015 年，第 34 页。

⑦ 〔清〕潘飞声：《罗浮纪游》，宣统二年（1910）铅印晨风阁丛书丰源印书局本，第 6 页，广东省立中山图书馆藏。

10-2）[1]。冬日溪水干涸难行，谢兰生早上出发，下午四点钟（未刻）才抵达九子潭，总算是到了罗浮山的上山路口。[2]抱怨这一段路程难行的，不止谢兰生。李孙宸的行程更为艰难："滩水浅不盈尺，哨船不能进，即予舟亦剥以小艇，尽载行李而入。舟之人下水推舟，从沙面荡进。穷日夜仅行十余里。"[3]

据陈伯陶的考证，泊头九子潭是传统路线，晚明清初则开辟了铁场、明月寺两条新的上山路线：

> 今入罗浮之路，自东莞石龙墟东北行，溯沙河水（水为罗浮诸水总汇处），三十里至九子潭，其东二里许为泊头村，古泊头镇也。自宋至明游罗浮者多道此（泊头之南有硬塘为东江游衍地，今湖已淤为田，南去江十里许）。其西十五里为铁场，有明月寺（林光有《宿明月寺》诗），明及国初游罗浮者多道此（由石龙墟溯沙河水入里波水东北至铁场），然皆不若九子潭之捷。自九子潭北行十里许，至第一岭茶亭，又十里许，至石麟市，又十里许，过金砂水即至延祥寺。《邹记》云游山者自龙华寺七里登山，初至延祥寺，此由泊头东北至今龙华墟（墟因寺得名有昌福夫人祠，香火甚盛，与邹记合），复转而西北至延祥寺，盖循山坡行，避第一岭之南积潦也（九子潭至第一岭中为大埔，春夏间流潦纵横，不易行，明时取道铁场者亦以此）。[4]

据此可知，古时人们游览罗浮山，主要有两条路线：一是从石龙墟溯里波水，由罗浮山西南的铁场、罗浮初地、华首台一线进入；另一是在泊头村登岸，自九子潭北行至延祥寺。两条路线虽同时存在，只是罗浮山资深旅行者陈伯陶认为铁场、明月寺的上山路线"皆不若九子潭之捷"。而九子潭所在的泊头镇实是一个重要的商贸和交通中心："广惠二郡舟楫及自陆路至者，莫不泊此。食货毕集，登岸即可见山。泊头墟距山

① 王次澄等编著：《大英图书馆特藏中国清代外销画精华》第六卷，广东人民出版社，2011年，第117页。

② 《游记》，第312页。

③ 〔明〕李孙宸：《罗浮游记》，《建霞楼文集》卷三，广东省立中山图书馆藏。

④ 〔清〕陈伯陶：《罗浮指南》，罗浮山酥醪观道同图书馆印行，第1页，广东省立中山图书馆藏。

图 10-2 《俗称"西瓜扁"的小艇》 1800—1805 年 水粉画 纵 41.6 厘米，横 53.6 厘米

十五里，旧志墟在山下，即宋泊头镇也。"[5] 九子潭泊头的繁荣景象，直到晚清潘飞声游罗浮时仍然可以见及："（九子）潭方趁墟日，肩摩喧聒，觅酒肆茶馆不得，就市上购烧鸡、燔肉以酒沃之。"[6] 因而，九子潭路线自宋代以来就一直是游览者首选。苏轼于绍圣元年（1094）乘舟来游罗浮，就是在泊头舣舟登岸。2016 年，惠州博罗园洲义合村发现了 3 处古码头遗址，可能就是苏轼被贬惠州时到罗浮山游玩的登岸点[7]。苏仲权、毛锦钦《苏东坡游罗浮山泊岸博罗园洲泊头镇考》一文，考证苏东坡寓惠初地，就是今天的园洲镇泊头（今义合村）[8]。谢兰生走的正是这一条千年水道。

⑤〔清〕李嗣钰：《罗浮山志》卷十，古迹，第 25 页，康熙四十四年（1705）刻本，广东省立中山图书馆藏本。

⑥〔清〕潘飞声：《罗浮纪游》，宣统二年（1910）铅印晨风阁丛书丰源印书局本，第 7 页，广东省立中山图山管藏。

⑦ 详见《惠州日报》3 月 2 日及《东江时报》3 月 10 日相关报道。

⑧ 苏仲权、毛锦钦：《苏东坡游罗浮山泊岸博罗园洲泊头镇考》，《惠州日报》，2016 年 4 月 12 日。

二、山行

从泊头到山脚，还有 30 里路程，对于不习惯走山路的士人来说，竹舆这一传统的登山工具正好派上用场。所谓竹舆，又称为“竹兜”，就是竹子制成的简易轿子，一般由两名轿夫肩抬。从流传下来的罗浮游记看，从明代开始，罗浮山下便有职业的轿夫，他们在九子潭招徕生意。也有农闲期间临时来打散工的，如欧必元所记：“舆人俱是村农，不习肩负。汗湍而呻吟作苦状，与山鸟豺犬之声相合。余心亦为之不安。”[①]入山后，有时还不易找到竹舆，潘耒就说他“而山行须竹兜，索之近村无有，乃伐竹为之”[②]。住在山中的畲族人，因为行惯山路，所以肩抬竹舆特别在行，如欧大任所记：“山人畲人每十数拥一舆如飞，左穿狭中，古树蔽亏，巨石峭立。”[③]

谢兰生一行在九子潭登岸后，坐上竹舆，偏又遇到轿夫漫天要价。一路上为了价钱，双方争论不休，就这样，吵吵闹闹走了30里山路，才到华首台寺。从《游记》看来，这些轿夫并未跟随接下来的山行。直到三天后他们启程转入浮山，才又请了另一批人来肩负竹舆。竹舆虽然可以节省脚力，但坐上去翻山越岭未必舒服。潘飞声就说翻越佛子凹（又名分霞岭）的一段山路特别难走：“自入浮境，登陟劳顿，虽舆坐亦觉其苦。”远望万峰攒簇，鸟道螺旋，不禁让他想起张维屏描写过佛子凹情景的诗句“山势盘凹形，人行作之字”[④]。

而谢兰生的罗浮山之游，基本上还是靠步行。从酥醪观出发至凝碧潭、石灶的一段旅程，是谢兰生等人此行中所经历的最艰难行程：

> 由潭上，仄径斜趋，沮洳难行，然尚可辨路，渐入则劣不容步。到一峭壁下，路中断，前壁石纹斜出，仅三寸可履，其下为深潭。同行张老道士及挑担小童极狭捷，一跃便过。步蒙子素夸健步，忽胆怯不敢越。小童以担为略彴，双脚拄两壁下，肩承担，老道士援以手，予及步蒙、江夏二子乃得从担上过。此后悬崖一线，右俯深涧，崖中

① 〔明〕欧必元：《游罗浮山记》，收入钟玉文《罗浮山游记汇刊初编》，中国图书出版社，2015年，第36页。

② 〔清〕潘耒：《游罗浮记》，收入钟玉文《罗浮山游记汇刊初编》，中国图书出版社，2015年，第42页。

③ 〔明〕欧大任：《游罗浮记》，收入钟玉文《罗浮山游记汇刊初编》，中国图书出版社，2015年，第19页。

④ 〔清〕潘飞声：《罗浮纪游》，宣统二年（1910）铅印晨风阁丛书丰源印书局本，第8页，广东省立中山图书馆藏。

茅葛野火烧尽，并焦脆不可援。前行乱石中，水深不可厉。老道士及小童抱枯树枝及大石卵七八枚，垫枯枝上以取道。又一崖落，以石尖微突者为路，下顾危悚。小童先下居右，道士据左，双掖而后敢接足下，谈之犹可惧也。归途攀峭壁而登，予与江夏子不能步，寸寸皆仗扶掖。[5]

⑤《游记》，第315—316页。

第二节 旅伴

旅行途中，惬意与否，旅伴是很重要的因素之一。旅游热潮大行的晚明江南，即将其列入三大要素之一："吴人好游，以有游地，有游具，有游友也。"这些所谓游友，除了情趣高雅、志同道合的雅士之外，还有不少是能歌善舞、能说会道的清客，他们几乎相当于现代旅游业中的"导游"。[6] 谢兰生与黎楷屏、张如芝确定展开罗浮的深度旅游，黄乔松闻讯后也决定加入，而酥醪观主江本源则既是东道也是导游。

⑥ 滕新才：《明朝中后期旅游文化论》，《旅游学刊》，2001年第6期，第64页。

黎楷屏名应钟，号步蒙子，广东顺德籍贡生，曾捐纳为鄱阳县丞兼署县令。嘉庆十八年（1813），黎楷屏丁母忧返粤，在罗浮山酥醪观山后觅得一佳境，作为别业，以"艮泉"命名，并且煞费苦心地延请各地文人为其别业作画题咏。但黎楷屏真正在罗浮山的时间不长，他更喜欢周旋在嘉道年间的广州士人交游圈里[7]。谢兰生此次罗浮之旅，很大程度上是受他鼓动的，而他也确实兼负了导游的职责。

⑦ 黎丽明：《罗浮山艮泉主人黎应钟考析》，《收藏拍卖》，2014年第9期，第80—87页。

张如芝（? — 1824），字墨池，一字默迟，又号墨道人、荷村渔隐，广东顺德人。乾隆五十三年（1788）举人，设帐广州城西地，近半塘，风景绝胜。榜所居曰"荷香馆"。讲课之暇，唯以作画为事，善山水。他和谢兰生是最早为黎楷屏艮泉别业作图之人，很显然也是受到黎楷屏的邀请。

黄乔松（1776 — ?），字鉴仙，一字苍崖。广东番禺人。以贡生候选云南盐课司提举。尝与张维屏、林伯桐、谭敬昭、黄培芳等筑云泉山馆于白云山中，号曰“七子诗坛”。而负责云泉山馆营建工程的，正是酥醪观主江本源，想必彼此也是早已相识的。

当然，还有各自负责背运行李的随从仆人，日记中没有记录下他们的人数，但估计每人都带有不少于一名的仆人随行。这个旅游团阵容不算庞大，但有十人左右，大概便是当时寺观接待能力的极限了。

第三节　谢兰生的山水品味

一、看山

罗浮之行，看山自然是题中应有之义，且是重点内容。不过，不必到了罗浮方始看山，事实上，山色是适合远眺的。走了一天的水路，一路平坦的江岸，突然出现了一座大山，“雄秀特奇”，这便是罗浮了，让谢兰生很是惊喜：“如仙子被霞裳立水际肯舒眉与凡士接者，心讶之。”[①] 这种于江中远望罗浮的体验，许多文人都曾有过。欧必元记道：“抵博罗界，罗浮岿然在目。江浅流清，薄暮明霞。互空五色照映，疑玉女、麻姑辈于峰头相招。”[②] 黎简《罗浮赋》则描写了罗浮山倒映在珠江中的美景：“清江白石，寒沙翠洲，百里平山，数间茆屋。由是复移舟以进。清酒既开，春草已绿，棹歌夷曲，随遇欣赏，固不必心在乎罗浮也。已而，船头水光，下归无极，则罗浮之影在，可望而不可即也。”[③]

潘飞声在登山的前一夕，泊舟江上，远眺罗浮，有这样的

① 《游记》，第 312 页。

② 〔明〕欧必元：《游罗浮山记》，收入钟玉文《罗浮山游记汇刊初编》，中国图书出版社，2015 年，第 35 页。

③ 《黎简谢兰生书画》，香港中文大学出版社，1993 年，第 38 页。

感慨：

> 江上静悄，月明如昼。忆陈兰甫先生语余云，昔游罗浮，仅得“罗浮睡了”四字，欲续为词，久而未成。起从天际望一抹遥峰，真觉先生此四字为传神之笔也。[④]

谢兰生一行是在将近天黑之际入山的，“天色暗，松色暗，地下草色暗，独石痕一线微白可认”。即使窘迫不堪，但仍未忘山水之美：“向闻此径松石茂美，不让西湖之灵隐韬光。惜夜行，遗却佳处，凡事见地容易，到地不容易。今日罗浮君既为予袪除云雾，露全身，其中秘奥，岂令人一日揽尽乎？”[⑤]

入山第一天黎明，闻钟声，谢兰生披衣起行，从他的行文中，我们可以感受到他初见云山的喜悦：“残月一钩，疏星历历在户牖。徐步出山门，万松环匝，白云斜穿，重露滴衣，声若棋点。至雨花桥下，琴筑争鸣，天风送响，徘久之，而后初阳吐影。”[⑥]青山安静得可以听到露水落在衣上的声音，如同下棋子一般，“声若棋点”的说法呼应了苏轼《游匡庐白鹤观》一诗。无独有偶，赖洪禧也有相同的感受：

> 东坡游匡庐白鹤观，忽闻棋声，称司空表圣棋声幡影之句，以为写林壑幽深，非复人间境界。院中象棋一局，以梗木为棋子，大如茶杯，厚一寸，书刻工致奇古，彭合章手制。余虽不解，昼长无事，松阴绕院，山色满楼，每闻子声，阁辄作空谷足音，相对欣然，坐看半日。[⑦]

二、观瀑

罗浮山以瀑布闻名于世，著名者有黄龙洞、茶山二处。黄龙洞后的三叠泉，却以冬涸小水，未快人意。[⑧]最让人心醉的是茶山瀑布，谢兰生写道：

> 高松拂天，云凝不流，松罅白练横飞，环山上下雷转，

④〔清〕潘飞声：《罗浮纪游》，宣统二年（1910）铅印晨风阁丛书丰源印书局本，第6页，广东省立中山图书馆藏。

⑤《游记》，第312页。

⑥《游记》，第312页。

⑦〔清〕赖洪禧：《浮山新志》，卷上，第21页，道光二十五年（1845）酥醪观刻本，广东省立中山图书馆藏。

⑧《游记》，第313页。

动人心魄。[1]

陈璞、何仁山等人的游记都记述了茶山的清幽景致。陈璞在《茶山观瀑记》一文中记下了雨中赏茶山飞瀑的乐趣：

茶山在罗浮之北……洞有飞泉三叠，伏枕可听，魂梦与俱。终夜有声，风雨不辨。晓起启牖，则丛薄外缺，特露悬崖，栏槛横出，斜映匹练。盖洞之小楼与泉之上叠正对也。[2]

白水门瀑布亦足一观。谢兰生用了“凝睇”二字来描写他当时的心情：

上高峰凝睇白水门瀑布。初，山顶微凹处，有白龙从天蜿蜒下注，再泻为大瀑，不知阔几百丈。其下截为群峰所掩，不知直下几千丈。第见晶宫银阙，高挂红崖苍壁之上，与日光相闪烁，神龙现首不现尾，已令人叹绝矣。睇望久之，五内清彻，生机发越。[3]

据赖洪禧说，谢兰生来的还不是时候，春天遍山开满杜鹃的白水门才是最令人神往的：

白水山崎崟削立，不可以寻尺计……道光癸卯春，余与梁夏峰谈及兹山，兴致跃跃，遂与由茶山缘崖跨谷约三里许，至忘机石。仰见天河倒注，云海横流，山草蒙茸，险僻无迳。时杜鹃花开，万壑千岩，如丹如火，攀藤附藟。始至其巅，云压上游，水从云中迅涌而来，如怪龙拏攫，咄咄逼人，震荡心魂，声满天地。而地势平旷，可垦田百亩，足支十人。古木幽阴，乱山环卫，俗名五马归槽，惜无同心人卜隐居耳。[4]

三、赏石

山水画以皴法为主，故画家极为重视山石之肌理，谢兰生

① 《游记》，第314页。

② 〔清〕陈铭珪：《浮山志》，志三，第34页，光绪七年（1881）荔庄刻本，广东省立中山图书馆藏。

③ 《游记》，第314页。

④ 〔清〕赖洪禧：《浮山新志》，卷上，第5页，道光二十五年（1845）酥醪观刻本，广东省立中山图书馆藏。

与张如芝面对如画的风景多加观察，背下腹稿，以备将来创作：

与步蒙子、默迟子、秋镜和尚上后山合掌岩，坐大石上，汲跃雪潭水煎云露茶。茶色淡而味甘冽，登洗衲石趺坐，步蒙子居前，予当中，秋镜和尚居后。予顾默迟子曰："此绝妙画本，子志之。"默迟曰："然。"维时飞淙落涧，初日照衣，冥坐中，心游太虚，不知何者为泉声、为日影也。默迟亦于岩侧选平台坐，谓予曰："树石坚瘦，亦一云林画稿也。"⑤

⑤《游记》，第313页。

作为董其昌的崇拜者与追随者，谢兰生无疑接受了董氏的看山观念，有时直接用山水画皴法来形容所见山石：

到白鹤观，寻五龙潭。潭水铿訇，石若锴铁，皆作大斧劈势。潭下为药槽、为石臼、为大小水帘。一水分注而汇诸奇，真壮观也。⑥

⑥《游记》，第313页。

受其影响，潘飞声游五龙潭，亦以大斧劈来形容所见山石：

潭上有亭，俯瞰潭底，石皆绉叠，色如水银，显露龙形，两山中划，均作大斧劈皴。⑦

⑦〔清〕潘飞声：《罗浮纪游》，宣统二年（1910）铅印晨风阁丛书丰源印书局本，第7页，广东省立中山图书馆藏。

下陂泉石之美，令谢兰生产生"天然迂叟（倪云林）图画"之叹并兴卜居之意：

入下陂，陂石灵异胜梅谷。陂口大石横截为门关，瀑泉曲折泻入为小潭，潭右迭石层累，广数亩，色锡莹而形方解，无一笔杂者。当中隆起，宽平若亭台。小树瘦枝樛垂，若盖茅其上，天然迂叟图画。潭水从石缝奔注，分为数支，琤瑽响答，喧而弥静。下流潴为湖，宜植荷花，筑堤宜种梅桃。从湖上横结绮窗，回览瀑泉，无美不收。陂外土气和软，结屋西北向，又收尽陂上诸峰之胜矣。此地深不过幽，奇不尚险，有泉石可莹心神，置室屋可安眷属。近与仙观比连，远有云峦遮护，花竹草木种自前人，田原陂塘筑之由我。江夏子有志卜居，园亭若成，游偃终身，岂复思出山乎？[①]

四、寻芳

罗浮山是古代著名的赏梅圣地，赵师雄梦梅的故事一直脍炙人口[②]。但是，到谢兰生的时代，以梅花著称的罗浮山已无梅可赏，关于梅花村的所在，更是众说纷纭[③]。他只能在酥醪观中观赏到数株老梅以寄意："入观门，老梅数株，老桂一株，方作花。时诸院梅俱残，而此方盛，岂留以款客者耶？"[④]即使梅谷曾以梅著称，但此时也无梅可赏，只能记下"谷无梅而幽阴宜梅"[⑤]。他在桃源洞还碰到桃洞无桃的窘事：

> 旧传桃乃臞仙所植，白玉蟾访臞仙至此，尝有诗。臞仙者，宝谷王寗素也。洞石綦置石上，"桃源洞"三大字隐约可辨。惜乎桃洞无桃，梅谷无梅，俱是憾事。[⑥]

五、访胜

嘉庆七年(1802)，博罗的天地会起义，罗浮山沦为战区[⑦]，所以十余年后，谢兰生看到的仍是一派衰败景象："(华首台逍遥)洞居泉源之上，洞石对出为门，再成为台，下俯为厂，侧竖为壁，上则高树作盖，下有软草成茵，天然禅宇，不假修治。独禅师时高僧云集，诸石龛外结茆者又百余间，将逮五百华首之数，今则岩洞中榛莽不薙，并其台殿、丈室、钟楼倾圮一半，非有老尊宿、大檀越起振宗风不能复旧观矣。"[⑧]

在《送唐喻亭诗序》中，他称颂时任石龙都阃的唐文才在罗浮山的剿匪之功：

> 上年冬，余游罗浮，酥醪江道人指山间遗垒示余曰：此喻亭伏兵擒贼处也。望飞云绝顶，曰：此喻亭筑石室祀罗浮君处也。相与流连，叹羡不能去。[⑨]

① 《游记》，第315页。

② 程杰：《古代五大梅花名胜的历史地位和文化意义》，《阅江学刊》，2011年第1期，第109页。

③ 程杰：《岭南罗浮梅花村考》，《学术研究》，2009年第3期，第152—156页。

④ 《游记》，第314页。

⑤ 《游记》，第315页。

⑥ 《游记》，第317页。

⑦ 嘉庆七年（1802）九月，广东博罗县天地会首领陈烂屐四、张锦秀等率会徒起义，遭到清兵镇压，陈烂屐四在罗浮山战死。这次起义波及地区甚广，博罗也沦为战区，罗浮山诸宫观多毁于斯役。详见〔韩〕都重万：《嘉庆年间广东社会不安与团练之发展》，《清史研究》，1998年第3期，第50—52页。值得一提的是，著名书法家伊秉绶时任惠州知府，力主镇压，为此事触怒态度消极的两广总督，以前案参戍军台。详见管林：《伊秉绶在广东》，《岭南文史》，1998年第3期，第24页。

⑧ 《游记》，第313页。

⑨ 《游记》，第316页。

冲虚观的丹灶，相传乃葛洪炼丹的遗址，也毁于嘉庆七年（1802）的兵燹，后虽重修，谢兰生很是怀疑它已非本来面目。他颇有实验精神，还掇灶泥一撮，用舌头试了试，竟然感到犹带火气。道士用灶泥做成药丸以赠客人，并且告诉他："可疗疟及小儿腹痛。"

他又对观后小亭题"东坡山房"一事发表意见："坡一宿道士邓守安馆，托人市丹砂与守安丹，实未有其事。况一亭仅支风日，何山房之有耶？"[⑩]

谢兰生对于山中各处前人题字甚是留意，如他在石灶的访胜：

> 吾三人趺坐石上，久之，乃遍游石城，见壁上镌字深入分许，字意如以刀作笔，半楷半隶，云："朝吴暮粤，水天一色。长啸归来，山青月白。"不书姓名，真是仙笔。考黄野人《飞云峰绝句》云："云来万里动，云去天一色。长啸两三声，空山秋月白。"诗意与此略同，不解何故，窃疑此四言亦黄仙所为也。凡浮山涧下，石多净白，圆口约如灶形，惟此灶极大而甚肖，盖酥醪为葛仙药之北庵，非此灶不足以就琼液，天所特设以资仙人者也。灶旁大刻"煮石处"三字，亦杨制军所题。[⑪]

六、品珍

在前博物馆时代，除了皇家、文人士大夫之外，寺观是文物收藏活动的另一个重要组成部分，通常会收藏不少珍贵艺术品。在华首台寺，主持镜公出小佛塔见示。这是镜公的例行接待节目，许多游客都见识过这尊小佛塔，据谢兰生的描述："塔高四寸许，凡五层，缺其顶。四面佛像精致，塔色非玉非石非砖非瓦，而四色兼具，古朴不类人间物。"秋镜把塔的来历说

⑩《游记》，第313页。

⑪《游记》，第315页。

得神乎其神，反倒让谢兰生感慨道："斯言无根，未足深信。"后来归与及门黄厚庵谈及此塔。黄云："前上罗浮曾拾一座，此塔甚夥，不足称异。"谢兰生急索观之，却发现"形制荒陋，色泽灰死，又无镌字，盖好事者以瓦仿锻，博小儿钱者"。令他连连感慨："可见凡物俱有真赝如是。"[1]

接着便是在冲虚观赏玩镇观之宝"铜龙鱼"的例行节目："出铜龙一匣，龙凡八鱼一，铜色墨绿。"许多重要客人都在游记中提到他们看过这组铜龙鱼。如万历年间的欧大任所记"道士奉铜龙六、铜鱼一来观，盖苏轼已云得于青精先生朝斗台，则宋以前不知何代物矣"[2]。又如李孙宸记道"复出苏长公自朱真人所得铜龙六、铜鱼一，共看其色。非铜磁铁石可拟，相传为真人盟誓天地所藏"[3]。又如欧必元记："道士出铜龙六、铜鱼一，共看其色。非铜磁铁石可拟。"[4]谢兰生在来前认真做了功课，研读过《罗浮山志》，于是问："《志》称龙六鱼一，今龙乃八，何也？"道士的回答甚是可笑："嘉靖戊子移文取去后，龙鱼复出。"这使谢兰生考据癖大发："未审孰真孰赝。而按其形模与志所云，龙四足而无鳞，鱼空洞而无孔，坚若窑瓷，轻若木叶者，一字不爽，非神人不能制，岂赝物耶？"[5]

七、思古

对于中国古代文人来说，林泉之乐的最高境界乃在于"发思古之幽情"，而不只是停留在表面的观看之上。透过眼前的景色，吟咏前人的诗句，与古人隔空对话甚而在诗文上作一番较量，或许才是他们不辞劳苦跋山涉水的更深层原因。正如万木春在谈到明代文人旅行的情况："明代的文人热衷于旅行，但是欣赏自然风光只是旅行的目的之一，他们更看重山间的人迹，渴望沾一抔先贤触碰过的土，让自己在前后接续的典故中

① 《游记》，第 313 页。

② 〔明〕欧大任：《游罗浮记》，钟玉文：《罗浮山游记汇刊初编》，中国图书出版社，2015 年，第 19 页。

③ 〔明〕李孙宸：《罗浮游记》，《建霞楼文集》卷三，广东省立中山图书馆藏。

④ 〔明〕欧必元：《游罗浮山记》，收入钟玉文《罗浮山游记汇刊初编》，中国图书出版社，2015 年，第 36 页。

⑤ 谢兰生所读之山志当为李嗣钰《罗浮山志》，其记为"二物虽似铜铸，细玩则非金非石非铜非铁，龙各具四足而微鳞，鱼空洞其中而无孔。坚若窑瓷，轻若木叶，实神物也。贮于观中，永为镇山之宝。《道山》真人传授赍金龙玉鱼盟誓天地。"李嗣钰：《罗浮山志》卷十，古迹。

留下印记。”[6] 嘉道年间的文人，依然保持着这份雅致。虽然苏轼在罗浮只停留了一天[7]，但他的影响却无处不在，以至于每到一处，都可以产生与之对话的由头。谢兰生的游记中写道：

> 酿泉侧有小室，张南山题曰“洗梦”，予甚赏之。人能洗梦，斯见性矣。[8]

“洗梦”二字，并非张维屏向壁臆造，却是有来历的。出处就是苏轼《同正辅表兄游白水山》一诗中的名句：“永辞角上两蛮触，一洗胸中九云梦。”[9] 白水山在今天惠州汤泉，距罗浮尚有数十公里，苏轼曾三次入白水山游玩，但将其误作“罗浮东麓”，而后人也就将错就错，将其列入罗浮山了。

品题，则是另一种与古人对话的方式。大凡文人，总有对不朽的憧憬，在摩崖上留下题记，以供后人凭吊今古。谢兰生极爱酥醪观侧斗台上的幽篁，第二次入山时，书“群玉”二大字刻诸石。据赖洪禧说，谢兰生曾有在白水山刻摩崖大字的想法，但未果：

> 白水山崎崟削立，不可以寻尺计，然其石光润。南海谢里甫太史尝欲作摩崖书勒白水门三字计，每字高二丈。[10]

第四节 谢兰生的罗浮山纪游诗画

从《游记》中可知，在入住酥醪观的惜阴别墅后，谢兰生与张如芝曾合作一画纪游。张如芝画下陂，谢兰生画合掌岩，并赋诗题跋[11]。纪游图是一种传统山水画创作形式，中国古代画家没有对景写生的习惯，而是在旅行结束后回到书斋，根据存留脑海的印象把山形水势展示于画面，更多的情况只是写其大

⑥ 万木春：《远离山水：中国古代山水观的一个侧面》，《新美术》，2014年第9期，第34页。

⑦ 由于苏轼诗文中常以“罗浮山下”指代惠州，故被后世误会或附会为他常入罗浮山游玩。详见梁大和：《也说苏东坡与罗浮山》，《惠州大学学报（社会科学版）》，2001年第3期，第83页。

⑧ 《游记》，第316页。

⑨ 《苏轼诗集》第七册，卷三十九，中华书局，1986年，第2148页。

⑩ 〔清〕赖洪禧：《浮山新志》，卷上，第5页，道光二十五年（1845）酥醪观刻本，广东省立中山图书馆藏。

⑪ 《游记》，第317页。

意而已，若是有人刨根问底，按图索骥，那便是胶柱鼓瑟的笨伯了。虽然不一定逼肖实景，但在画家心中，纪游图既是他本人山水体验的记录，同时也是与观赏者分享游山之乐的媒介。

谢兰生传世的罗浮山纪游图，目前所见最早的一件，是作于当年游山归来的秋天，即嘉庆二十一年（1816）的《酥醪观图》。款题云：

> 浮山酥醪观佳胜，以夏日为最。今年夏五予住第一楼凡廿余日，有句云："插天新竹千竿碧，点水圆荷万颗丹。"即为云谷二兄图之并求是正。丙子深秋谢兰生识。

从款识可知，这件作品是应粤籍著名收藏家叶梦龙要求创作的。这也是第二次游罗浮山后的纪游之作，谢兰生在《游记》中写道：

> 再至亦不作诗，惟和步蒙子口占二首，云："学道心闲物自闲，朝看云气暮看山。插天修竹千竿碧，点水圆荷万颗丹。谁道求仙得暂闲，闭门坚坐一房山。奇哉五月无炎暑，心地清凉结大丹。"

谢兰生曾经两次游历酥醪观且小住过一段时间，故而对周围环境相当熟悉。酥醪观地处浮山深处，观前有一片荷花池，这都是据实而写。画面上方的瀑布，则是著名的白水门瀑布，也被他借景移入画中。至于题诗则来自他在观中所作的诗句。很显然，这是一件具有纪游性质的作品。

《游记》中还提及他刻意描绘真实山石结构的情况：

> 入合掌岩，修路逶迤，奇石异卉，夹道幽秀。有石两片，如人合手礼佛，岩罅通透，倏阴乍阳。小径蛇蟠徐起，而伏岩口左侧，瀑泉飞奔而落大石中，起若与之拒，即洗衲石也。尝为汤贻汾守戎写一小幅，甚肖似。[①]

谢兰生此件赠予汤贻汾的描绘合掌岩实景山水的作品，今

① 《游记》，第313页。

已无存。另有一件《罗浮烟雨图》（图 10-3），从图中所绘山水来看，极似合掌岩一带的山水格局，正中之高山，有合手礼佛意态，或正是合掌岩。

有时不经意的创作，也带有罗浮的影子，以至观者以为是描绘罗浮，如创作于嘉庆二十四年（1819）的《罗浮分霞岭图》（图 9-14）。款题说明谢兰生本无意于描绘具体山水，却因观者的提醒，而将其定为罗浮山中的分霞岭一景：

> 嘉庆己卯九月四日，过丛现堂，步蒙子属写山水，迅手涂沫，不知是何境界。客云似罗浮分霞岭上茶亭，桥似下铁桥，即倩步蒙子题句。予迩日遍搜枯肠，未能成一韵也。里甫居士并识，是日喜□何淡庵、钟潜虚两练师。
>
> 短棹烟江早潮，禅房染翰绝尘嚣。归装才出分霞岭，复睹林间下铁桥。步蒙子题。

款题可以见出谢氏意在笔前，作画时罗浮之行的印象犹在心间。

在谢氏描绘罗浮题材的绘画中，创作于道光元年（1821）的《茶山飞瀑图》（图 9-9），无疑是艺术水准最高的一件。款题为：

> 茶山飞瀑。辛巳小春。茶山瀑布自山顶飞下数百尺，潴为潭，又由松阴数十折，而后赴壑。吾尝欲与步蒙子结屋山椒，筑塘二顷，灌田养鱼，可以终身倘佯其间，非惟擅林泉之胜也。[②]

《茶山飞瀑图》所绘之景云峰孤立，飞流急湍，修篁葱翠，高士神游。谢兰生还赋《西江月》词一首：“四壁云岩积铁，中间天乐鸣弦。冥心坐向水天中，看见本来真面。松下筑塘二顷，厓前架屋三椽。饥餐渴饮困时眠，仙矣何劳修炼。”[③] 反映了谢兰生在享受林泉之乐的同时，对于挣脱名枷利锁的渴望。

② 《游记》，第 316 页。

③ 《黎简谢兰生书画》，第 214 页。

图 10-3 《罗浮烟雨图》 谢兰生 绢本设色 纵 91 厘米，横 42 厘米 广州艺术博物院藏

创作于道光二年（1822）的《罗浮五龙潭图》（图 10-4），也是一件纪游佳作。五龙潭在罗山白鹤观附近，白鹤观为葛洪东庵，观址在水帘洞洞口。水注成槽，故称药槽。画中高山之中，一水飞流直下，当即水帘洞。瀑布之右，有寺观建筑，当即白鹤观。水流于松间逶迤而行，又注入潭中，当即五龙潭。此图有一定写实性，其题跋与《游记》所记五龙潭文字几乎相同："罗浮五龙潭。水声铿锜，石若错铁，皆作大斧劈势。潭下为药槽、为石臼、为大小水帘。一水分注而汇诸奇。"有趣的是，虽然谢兰生在《游记》与题跋中均指明五龙潭一带的山石肌理酷似大斧劈皴，但全图却全以南宗的标准皴法披麻皴出之，有着浓厚的师法董其昌的气息。古人在真山实水与传统笔墨范式之间如何取舍，是山水画研究中的重要课题，此图为我们提供了一

图 10-4 《罗浮五龙潭图》 1822 年 谢兰生 绢本设色 纵 121 厘米，横 40 厘米 私人收藏

图 10-5 《山水册》之“罗浮纪游” 谢兰生 纸本设色 纵 30.3 厘米，横 26 厘米 私人收藏

个极佳的案例。

除了独立作品外，册页也有罗浮纪游的画作，如《山水册》，其中一页（图 10-5）即写道：

> 从黄龙洞后望飞云顶时，此境界久郁于中。今日迅扫而出，是大快事。五羊城中里道士不日将还罗浮，留此一页，俾后人知峰尖墨不到处，乃道人藏密处也。[1]

这里化用了元人张雨《小游仙诗》的诗句：“溪头流水泛胡麻，曾折琼林第一华，欲识道人藏密处，一壶天地小于瓜。”此图也属罗浮纪游之作，可见谢兰生对于罗浮山的经典景观感受颇深。

谢兰生《常惺惺斋日记》中还记录了他关于罗浮题材的其他诗画，如：

[1] 《山水册》之二，收入广东历代绘画展览组委会主编：《传承与发展：广东历代绘画展览图录》上篇，岭南美术出版社，2010 年，第 154 页。

尹滋亭来，以二樵画属题，不真，即和其自题句云："蓊出元云天外天，罗浮深隐几经年。便思借此山中屋，扫地焚香闭阁眠。"[①]

自题罗浮石灶图诗："一庵居北水流西，丹灶应无未浣泥。斗罢双龙趋铁峡，雪花都贮碧玻璨。"[②]

谢兰生此后仍然经常对游记进行修订勘误，《日记》中有"校看《游罗浮日记》新抄本"的记载。[③]这本游记和各种山志一样，成为后人游览罗浮山的指南。将近一百年后，潘飞声游罗浮山，仍是下榻酥醪观，当道人索题时，他就次韵谢兰生在酥醪观所作两首绝句作为浮山之行的总结[④]。中国人的山水情怀，就是在一代代文人的这种接力赓和中得以延续。

① 《日记》道光八年（1828）十二月初四日条。

② 《日记》道光九年（1829）七月十六日条。

③ 《日记》嘉庆廿五年（1820）正月初一日条。

④ 〔清〕潘飞声：《罗浮纪游》，宣统二年（1910）铅印晨风阁丛书丰源印书局本，第9页，广东省立中山图书馆藏。

第十一章　北上公车与诗画创作：以黄培芳《北行日记》为中心

黄培芳（1778—1859），字子实，又字香石，号粤岳子，祖籍广东香山，客居广州，为广东著名诗人、学者、画家。嘉庆二十三年（1818）十一月十三日，他于广州启程北上公车，翌年二月八日抵达北京。行期将近三个月，跋山涉水，舟车劳顿，可谓“行路难”矣。他此行目的，并非参加嘉庆二十四年（1819）的恩科进士考试。他虽然诗名甚大，但只考取了乡试副榜，还不是举人，不能参加进士考试，反而其门生孔继勋[①]通过了当年秋闱，准备入京赴考，二人结伴而行。黄培芳是抱着陪太子读书的心态，作为副贡生入读国子监，将来参加考试，谋一地方教职[②]。这也算是一种公车，只是和进士考试相比，未免太小儿科。因此，较之其他考生，他更有闲情来记录此行的所见所闻。《北行日记》便是此次北上的旅行日记，存世有两本，一本藏于广东省立中山图书馆，当系黄培芳手稿，已于《清代稿抄本》（2007年）、《广州大典》（2014年）两部丛书中影印出版。另一本藏于广东省博物馆，据邓小红先生比对，认为

① 孔继勋（1792—1842），字开文，号炽庭，广东南海人，嘉庆二十三年（1818）举人，道光十三年（1833）进士，选庶吉士，散馆授编修。

② 副贡之制，始于顺治二年（1645），乡试副榜入读国子监，免其坐监（在监中读书），即与廷试（参加朝廷举行的考试，试后可授予官职）。康熙元年（1662）又改为“坐监八个月，永为定例”。详见〔清〕素尔讷等纂：《钦定学政全书》，卷四十，“贡监事例下·副贡榜”，乾隆三十九年（1774）武英殿刻本，第11页。

应属手稿本部分被虫蛀后，由他人按原样抄录的抄本[①]。

在现代交通设施发明之前，由广州至北京的长途行旅并非易事，哀叹“行路难”是公车北上诸人的一大基调，与黄培芳同时代的另一广东士人金锡龄就说：

> 吾粤至京师七千余里，与计吏偕，实为壮游。然结伴必气类，循途欲便安，用人须约束，备物在精简以及舟车关山之宜，忌饮食起居之调摄，苟非了然于心，始则草率，既而将就，其不为行路难者，几希。[②]

黄培芳另有《北行小草》一卷，当系此行所作的诗歌集[③]。黄培芳《北行日记》为后人留下难得的清代广东士人北上赴考行程的详细记录，为我们了解行旅与诗画创作的关系提供了珍贵资料。但除了上述邓小红关于传本与版本的讨论外，尚未引起学术界的关注。本文将以《北行日记》为中心，讨论以下问题：一、广东士人如何选择北上路线，各条路线的优劣所在；二、在穿州过府中所经历的各种艰难与乐趣；三、分析行旅中的广东士人心境以及行旅对诗画创作产生何种影响。

第一节　结班与线路的选择

与黄培芳同时代的林伯桐，著有《公车见闻录》一书，详细记录了广东士子公车北上所需要注意的各项事务。林伯桐，字桐君，号月亭，广州番禺人。嘉庆六年（1801）举人，好考据之学，曾为广州学海堂首任学长。《公车见闻录》首重约班。在“约帮”条中称：

> 凡北上者，以约帮为重。盖万里同行，窬年相聚，自早至暮，咫尺不离。其无形之濡染，不仅如香篆之熏

① 邓小红：《功名路上——黄培芳暨〈北行日记〉》，《大众文艺》，2017年第13期，第62—64页。

② 金锡龄为《公车见闻录》所作跋语，见〔清〕林伯桐：《公车见闻录》，《广州大典》第92册，广州出版社，2014年，第775页。（以下引用该书只标页码，不再注明出处。）

③ 〔清〕黄培芳：《北行小草》，《广州大典》第453册，广州出版社，2014年。（以下引用该书只标页码，不再注明出处。）此诗集后收入《岭海楼诗钞》第六卷，有删节。

衣也。《易》曰：出门同人，此为第一义矣。[4]

对于约班之人，有如下要求：

> 同帮者，无论旧交新识，得素所敬重，或素所亲厚之人为佳。何也？人之性情，各有不同；人之学问，亦各有不同。则其见解议论，安能如一。惟所敬重者，常有畏心，不敢相忤；所亲厚者，常有爱心，不忍相嫌，即有异同，而断无芥蒂。此真可与游者也。[5]

至于约班人数，则以四人最为适宜：

> 帮友亦不必太多，大约四人同舟，两人同车为通行常例。若两人同帮，则必甚相得者，乃不寂寞。至五六人同帮，合为一船，则逼仄且行李必错杂。分为两船，则多费且饮食难照应。倘及八人以上，必须分为两船，人数既多，仆从亦众，瞻前顾后，意见纷歧，似不若简之为愈。[6]

对于跟随的仆从，则有以下忠告：

> 仆从不宜太幼，不谙事也；不宜太弱，不耐劳也。尤不宜狡黠，不为我用也。倔强则易触怒，浮薄则易生事，大抵少者亦须十八以上，老者亦必五十以前，乃便于用。但得膂力方刚、心地略明、人近忠厚，斯可矣……如同帮有四人，每人自带一仆，亦未为多，两人合用一仆，亦不为少。事有繁简，用有丰约，不能一概论也。[7]

林伯桐再三叮嘱各位举子选仆以实用为要务，切勿使气摆阔："公车亦王程也，然尚是为士，未是为官。豪奴俊仆固无用处。"最后又安慰道："至入都登第后，尽有京人可以雇用。"[8]

《北行日记》中有"联舟并发""五舟并发"的纪录，可知此行除了黄培芳与孔继勋一舟外，一起北上的共有五艘船，其中最为有名的是许乃济[9]，他刚刚卸任越秀书院山长，回家乡杭州省亲并准备入京谋差事，正好同路。他自乘舟一只，另

④ 〔清〕林伯桐：《公车见闻录》，"约帮"条，第 752 页。

⑤ 〔清〕林伯桐：《公车见闻录》，"约帮"条，第 752 页。

⑥ 〔清〕林伯桐：《公车见闻录》，"约帮"条，第 752 页。

⑦ 〔清〕林伯桐：《公车见闻录》，"工仆"条，第 767 页。

⑧ 〔清〕林伯桐：《公车见闻录》，"工仆"条，第 767 页。

⑨ 许乃济（1777—1839），字权舟，号青士，嘉庆十四年（1809）进士，历任广东按察使、太常寺卿、光禄寺卿等职。许乃济此次入京不久即外放至广东任职，而广东任职的经历，使其自许了解夷情，在道光十九年（1835），上书道光，力主弛禁鸦片，颇触时忌而被降级致仕，此为后话。详见仇家京：《新发现的〈许乃济丙申日记〉稿本考述》，《图书馆理论与实践》，2017 年第 2 期，第 73—92 页。

有副舟一只。其余两舟分别载有盛分司、潘正绵、孙云帆等人。一路上诸舟有先有后，晚上在同一处停泊，许、盛二人的船只可能载物较多，经常落后，“是日与潘正绵舟同行同泊，许、盛二舟俱在后二里，不见”①“日暮三舟同泊都安水下，青士太史坐船独未至，一鼓始到”②。抵达杭州后，许乃济回家，黄培芳与孔炽庭继续北上。至淮安，又有其他举子加入，结伴前行③。《北行日记》中有“收行李二千斤，尽移小驳船并拨二仆往守，只存襆被及上下四人耳”④的记录，可知黄培芳与孔继勋共带四仆，合计同船上下六人。

明清时广东士子北上之路，常行者有五条：其在东者有三，分别为沙井路、长江路、中江路；其在西者有二，分别是汉口路与樊城路。⑤北上之行虽然有五条线路可以选择，但大量传世的行旅诗表明，广东士人第一次北上公车最喜欢走中江路，因为会过境苏杭，得观都会人物。正如《公车见闻志》所称：“此路自粤至京，约在三个月内外。河面甚狭，波平如掌，且吴越江山，固有名胜，苏杭物产素称秀丽。初出门者，多闻而乐之。”⑥

谢兰生于乾隆五十七年（1792）中举，当年冬天北上公车，一路作有《入中宿峡，乾隆壬子》《度庾岭》《登滕王阁》《人日宿玉山旅舍和雨亭韵》《上元日西湖杂诗》《五更过滕县》诸诗，⑦从上述行旅诗来看，谢兰生所选路线当是中江路无疑。道光二年（1822），谢兰生次子谢念功中举，当年冬天北上，从谢兰生《常惺惺斋日记》所记来看，亦是中江路：“次儿巳刻下船，与梁、陈三君同帮进京，梁四兄置酒花船上饯行，诸家亲友并集，申初席散。”⑧“接次儿第二号信，自江西南安运馆寄来者。”⑨道光三年（1823），“接次儿自苏州寄来第四号信，上元日发”⑩。又“接次儿都中寄到之第五号安信。二月十八日到京，廿五日发信”⑪。经过中江路的必经之地南安、苏州，可知其挑选的仍

① 〔清〕黄培芳：《北行日记》嘉庆二十三年（1818）十一月十六日条，稿本，广东省立中山图书馆藏。

② 《北行日记》嘉庆二十三年（1818）十一月廿九日条。

③ 《北行日记》嘉庆二十四年（1819）元月十九日条记：“钱塘钟小萝孝廉鸿庆来附行，仲容故交也。”

④ 《北行日记》嘉庆二十三年（1818）十二月廿三日条。

⑤ 〔清〕林伯桐：《公车见闻录》，775页。关于这五条线路，本书的导言部分已有详述，此处不赘。

⑥ 〔清〕林伯桐：《公车见闻录》，“就道”条，第753页。

⑦ 〔清〕谢兰生：《常惺惺斋诗》卷一，《广州大典》第449册，广州出版社，2014年。

⑧ 《日记》道光二年（1822）十一月十九日条。

⑨ 《日记》道光二年（1822）十二月十六日条。

⑩ 《日记》道光三年（1823）二月廿九日条。

⑪ 《日记》道光三年（1823）四月十一日条。

是中江路。

如果首度公车失败，可能是为了换换运气的缘故，接下来会时常更换路线。仍以谢兰生父子为例，谢兰生第三次北上，便改走长江路，从其行旅诗《夜渡鄱阳湖》《石钟山》《己未正月桐城书事》可知他在嘉庆四年（1799）正月渡过长江，抵达长江路的必经之路桐城。其嘉庆七年（1802）第五次北上则是走樊城路，从《辛酉腊月廿日三水道中》《耒阳怀古》《至岳麓书院遍观堂庑诸古迹》《入洞庭湖》《沔水》《朱仙镇岳忠武王庙》诸诗可知。[⑫] 谢念功第二次公车则走西路，"本日次儿入京，与叶孝廉菁华及倪、冯二公同帮，由西路行，午间下船"[⑬]，"大儿来，云本日接到次儿自乐昌寄来二号家信"[⑭]。第三次公车，又走回中江路，"接次儿自江西饶州寄来书，是十二月廿六日寄"[⑮]，又"接次儿正月十八日自苏州寄来书"[⑯]。

黄培芳、孔继勋此行是首度公车，因此选择的正是广东士子最常走的线路——中江路，从广东出发，途经江西、浙江、江苏、山东、河北等省份，最后抵达北京。

⑫〔清〕谢兰生：《常惺惺斋诗》，卷二，《广州大典》第449册，广州出版社，2014年。

⑬《日记》道光五年（1825）十一月初九日条。

⑭《日记》道光五年（1825）十二月初三日条。

⑮《日记》道光九年（1829）三月初一日条。

⑯《日记》道光九年（1829）三月初二日条。

第二节　广东的行程

《北行日记》记载了黄培芳诸人离别广州的情景，"宿雨，早寒，十三日凌晨拜别"，是日上午"许拜廷（庭）司马饯许青士太史、孔生炽庭暨余于花埭"，许拜廷（庭）为广州著名盐商，与许乃济有所谓的同宗之谊，因此特来送行。花埭是离开广州的始发地点，也是官员士绅迎来送往之所。

林伯桐交代在广州雇船的要务是：

> 雇船者，要船身完好明洁。问行船用几人，问船

内何处住客。令掀开船板，看舱内安顿衣箱之处要爽洁（广河船舱内往往载盐，则衣物有湿气）。问何处备客炊爨，令船户逐一指认，分定界限，以免混杂。船中有台否，有几几张，可足用否，亦要问明。凡船中布帆，竹纤铜锣铁锚等物虽不必细察，然未有不触目者。若件件不在前，问之但云寄在别处，此必久泊之船，困于坐食，将物质钱新价到手，须偿宿逋，开船以后必须预支或求借矣。[1]

① 〔清〕林伯桐：《公车见闻录》，"行舟"条，第752页。

黄培芳自十一月十三日花埭解缆后，一路向北逶迤而行。当晚过佛山，十四日停舟紫洞口，十六日泊下界牌，此二处皆在三水县境内。十七日至清远。他们在清远逗留一天，作峡山寺游。十九日泊清远大樟汎，二十日过浈阳峡，泊英德县对河。廿二日过曲江，廿三日泊车头塘，去韶关三十五里。廿四日抵韶关，游万寿寺，观芙蓉山夕阳山色。廿五日"长至，先王以是日闭关，商旅不行，停泊"。不过，他还是利用关系，"在运馆早膳后放船至关下，入大顺号饷税……是晚出关泊关外"。廿六日过始兴驳船，过仁化江口，泊南石。廿七日到达始兴江口。廿八日泊都安。廿九日抵南雄，黄培芳追怀宋时建凌江馆以延接往来士大夫，"余口占一绝云：凌江旧馆倚江滨，万里行经千里身，尚有终童关未出，今霄犹是岭南人"。从南雄下船乘舆越过大庾岭，就到达江西的南安。所以黄氏用汉代终军南来劝降南越王的典故，自我安慰今夜尚在岭南境内。舟行至此告一段落，接下来便是入行联系越岭入江西事。

《公车见闻录》专辟一节来介绍度山的事宜。首先是挑选行商，不要随意接受牙人的邀约：

舟行将近度山，即有涉水远来迎请入行者，可婉辞之。俟舟泊马头，自可登岸到各行问夫价轿价。若在其行说价已合，行内即发夫往舟中搬行李谓之上河。[2]

然后又介绍了官行和货行的优劣："有官行，有货行，官行承应小心，但多求且多伪，不如货行为稳。其实货行照料一切，已极周到。"[3] 又告诫务必早起，饮食须注意，他还提醒度山后注意点齐行李：

> 度山至中站必小歇，南北轿夫在此相遇，面议对换，各归其乡。下半日之轿夫大抵非上半日之轿夫矣。度山先一日，行中必问发行李当至何处，如有素知之行，则语以发到某行。既度山后，入行即将爬山虎随身各物逐件点齐，即给轿夫酒钱令去。[4]

十二月初一日，黄培芳"投杨义顺官行，旅舍谓之行，寓官曰官行，寓商曰货行。由行主人发人夫度岭，行李悉榷其轻重而籍记之，无遗窃之虞。时行李每斤制钱三文，笥舆谓之'扒山虎'，小者曰兜子，仆夫每人率制钱二百文，馆餐另酬焉"。同行的许乃济则寓绍货行。初二日晓起，"行滕锁钥悉加封识，昧爽启行"，行三十里即至珠玑巷，又行七十里至中部"打尖"（即中午休息吃饭），九十里至岭顶梅关。诸人在此谒张曲江祠，越岭即江西界。又三十里至南安郡城，薄暮入林洪盛官行。从广东南雄至江西南安共行山路一百二十里，可朝发夕至，沿途行旅络绎不绝，百货阗骈。梅岭并不难行，北麓下山的路程，黄培芳没有坐兜子，而是步行下岭，孙云帆更是手折梅花随之，闲适之情，似又过之。

在广东境内的舟行，虽无急流险滩，但也绝非风平浪静，如舟经英德，"午间风尤大作，逆浪撼舟，几不能行"，而到了晚上却又"晚霞吐绮，辉映奇峰，紫翠夺目"[5]。一直到韶关仍"日来俱夜作风"[6]。

② 〔清〕林伯桐：《公车见闻录》，"度山"条，第764页。

③ 〔清〕林伯桐：《公车见闻录》，"度山"条，第764页。

④ 〔清〕林伯桐：《公车见闻录》，"度山"条，第765页。

⑤ 《北行日记》嘉庆二十三年（1818）十一月二十日条。

⑥ 《北行日记》嘉庆二十三年（1818）十一月廿四日条。

第三节 江西的行程

入江西境后，又始雇船北行。（图 11-1）《公车见闻录》交代了在江西雇船的要务：

> 凡雇船必要有保家，度山后入行者，须在其行内写船票。其沿途换船者，则在马头寻船，说定船价，然后入船行写船票。亦有船户不愿到船行，但在就近熟识铺户保认者。倘半路换船则多系现在船家保荐，或新船适有素识铺户可保。①

黄培芳诸人在南安雇舟还算顺利。初三日，“早晨与炽庭同看船，船甚稀……雇盐驳子船，又名小三板。行牙人为之经纪”。但初四日开行后，舟人故意怠工，令黄培芳很是气塞。初五日不得不“令舟子赶程，犒以酒肉”，晚过南康，又乘月再行，至龙头墟始泊，“是日行几一百五十里”，又称：“日来舟隘困人，神气为之不王，因诵先君句云：跼蹐篷窗下，偷嗟行路难。”

初六日，晚泊赣关，添水手，追及许舟。初七日过储潭口，上岸纳税：“岸口亦设关，赣关免单，到此缴销。”是日行一百八十里。初八日过黄公滩（即惶恐滩）、泰和，连夜行舟，共三百三十里。初九日晨过吉安府，薄暮过临江府峡江县，夜行过新淦县。初十日，傍晚过丰城。十一日，离南昌城外三十里处三王洲泊舟，黄培芳抱怨道：“舟子云夜至恐无好泊处，盖其惰也。”十二日，因为雨天，至午后雨停欲出发到南昌，“舟子欲行且止，以中充风浪为怵，余念昨日之需已为事之贼，欲以威严之。转思知进而不知退，知存而不知亡之戒，遂止，仍泊三王洲”。十三日，风未息，仍停舟洲边。十四日风稍息，移舟南昌，维舟滕王阁下，诸人游滕王阁后，又去拜谒曾任广东布政使的曾燠②。

① 〔清〕林伯桐：《公车见闻录》，“行舟”条，第 756 页。

② 曾燠于嘉庆十六年（1811）任广东布政使，嘉庆二十一年（1816）任贵州巡抚。嘉庆二十四年（1819）请假还乡侍奉母亲，居停南昌。在粤五年，他对粤地士子颇有奖掖之功。黄培芳作诗称赞他：“学业生徒化（自注：公以古学勉书院诸生），河渠政绩新（自注：疏玉带河、六脉渠）。”见〔清〕黄培芳：《方伯曾宾谷先生》，《岭海楼诗钞》卷三，道光二十一年（1841）刻本。而曾燠则有《有黄生培芳者尝居明福洞以所著〈浮山小志〉示余……因为作瑶石听泉图并系以诗，三君皆有邀入罗浮之意，赋此答之》《粤岳祠记》《谢黄香石饷罗浮黄精卓锡泉启》等诗文赠答黄培芳，详见〔清〕曾燠：《赏雨茅屋诗集》，《续修四库全书》第 1484 册，上海古籍出版社，1995 年。

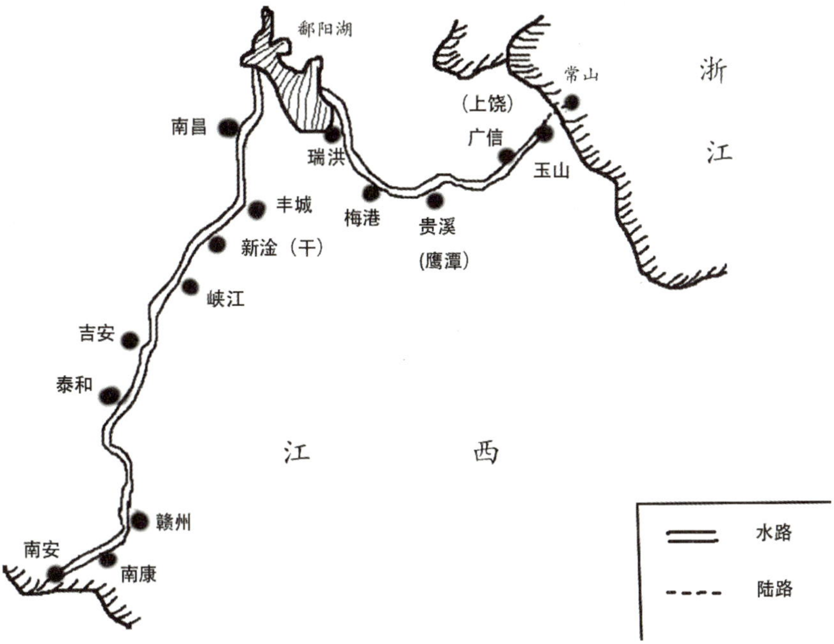

图 11-1 江西的行程

十五日一天都在鄱阳湖边洲渚间行。十六日过瑞洪，出彭蠡。十七日泊梅港。十八日过安仁县、英潭，“此间上水，可以加夫，以舱小，船户不果加”。十九日过贵溪，远眺龙虎山，连日雨雪交加，此日竟走了八十里，于是“犒舟子，天气阴寒正苦也”。二十日过叶家坝。廿一日到达河口，黄培芳观察到：“信府同知驻此，有河道通闽茶贸屯聚，风景略似佛山，亦一大市镇也。”因为河道浅窄，船户于此开驳小船。廿二日过广信府城。廿三日，黄昏抵达玉山。从南昌至玉山一程不甚顺利，黄培芳总结经验教训：

> 所乘船系南安所雇盐驳子，水手共七人，至河口已收行李二千斤，尽移小驳船，并拨二仆往守，只存襆被及上下四人耳。小驳船水手不过二人，而我舟竟赶不及，初不

知河口小驳船如是之捷，盖滩浅石多，彼深谙水源且可夜行故也。若在河口船行，全换小驳船，每船水手四人，价约二千余文加酒钱数百共三千文。自河口至玉山一百八十里包程一日一夜可达矣。大抵轻装赶程者，在南安写船包程至江西省垣，在省垣雇船，可不用船行包程至河口，在河口写船，必用船行，包程至玉山，则捷矣。若在南安雇至玉山，其水手已疲，虽欲赶程而不可得。在南雄、南安全不住行而住店，可省行费，雇船由己，亦无枝节，惟行李多者不可，恐过山有失漏也。过岭扒山虎用夫只可二名，或加一名，若用至四名，彼用横担，反迟滞。江西河船篷往往无关扣者，在南安必命铁匠打连环铁钩十余个，以为钩舱篷用，至赣州方有此铁钩卖也。[①]

他将行程安排不周的原因归结于所购旅行指南手册版本不佳，缺失了从南昌至衢州一段路程的内容，但从另一角度也说明当时人上路，并非“盲人瞎马”，实有旅行指南可作参考的：

坊间所购《示我周行》一书，自南昌至衢州一段路程全缺，须另觅手抄善本方可出门。无佳本路程，则里站不明，不能操纵自我。[②]

从江西玉山至浙江常山须走数十里山路，黄培芳以广东人特有的精明，货比三家，每十斤行李节省了十文钱，二千斤则共省了二千文钱（即二两白银，折算洋钱近3元）：

先问吴景诚行，佯称次日无夫过山，意欲昂值，时许太史已在彼住下。次问汤天美行，夫价评定每十斤制钱四十五文，一夫约挑七十斤，舆夫每名三百二十。闻吴景诚卒索每十斤五十五文矣。[③]

经过这次讨价还价，黄培芳又作总结：

在河口雇驳船，其船行必荐玉山住行，或讹会银，

① 《北行日记》嘉庆二十三年（1818）十二月廿三日条。

② 《北行日记》嘉庆二十三年（1818）十二月廿三日条。笔者查阅乾隆五十二年（1787）版《示我周行》（中国国家图书馆藏），亦无南昌至衢州一段路程。

③ 《北行日记》嘉庆二十三年（1818）十二月廿三日条。

切不可听，既会银到彼，即不能不住其行，为其所挟。不论梅岭、玉山，得到必有行人来接，切不可允，即已到岸，亦不可遽入行，必先亲到行问明次日有夫过山否，夫价每斤若干，若此家价昂，复问别家，其诀必订定价覆入行，始不为所制。倘先入行然后评夫价，必致浮开，至时不能改投别家矣。[4]

④《北行日记》嘉庆二十三年（1818）十二月廿三日条。

廿四日辰刻在玉山启行，说是度山，其实道皆坦平，不用过岭，午刻至草坪打尖，此地为江浙交界，再走四十里至常山，全日共行八十里。

第四节 江南的行程

自抵达常山之日起，进入江南的行程，于是又重新走水路至杭州。（图 11-2）对于明清两代的广东士子而言，江南是一处带有朝圣性质的文化圣地。这也是他们宁可舍近求远，绕道中江路的原因。

黄培芳廿五日雇船至杭州。廿六日舟从衢州府城穿过，苦寒尤苦逆风，夜过龙游县。廿七日过兰溪县、七里垅胥口、子陵钓台、桐庐县。廿八日过富阳县，晚二鼓泊钱塘江口。廿九日入杭州城内访许乃济，许是杭州人，先一夕抵家。是晚黄孔二人宿许家。三十日游玩吴山，赴乡试同年现任仁和县令的何太青宴，晚宿西湖边上昭庆寺附近的李氏湖楼寓舍，仆人已将船上的行李搬运至此。

嘉庆二十四年（1819）元旦，游北山路、九里松、三天竺、韬光庵、最后入灵隐寺。初二日过断桥游孤山，又放舟游湖。在籍官员钱栻又招游至南屏净慧寺。初三日游南山路，经毛家埠、

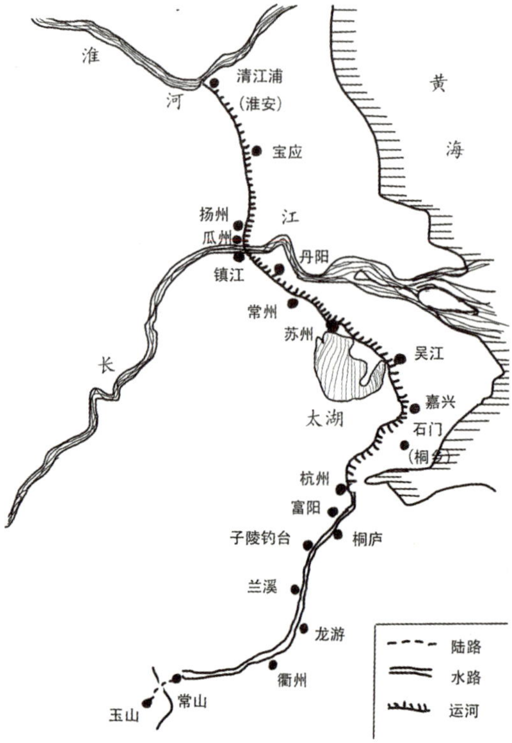

图 11-2　江南的行程

凤篁岭入龙井品泉，又越岭至烟霞洞、理安寺、水乐洞，入虎跑寺品茶。归途还顺带游了大佛寺、保俶塔。初四日，当地友人许乃来（字菊传）招游里西湖，至葛岭下茶话。回客栈发行李至武林门外下船。这种船名叫蒲鞋头，“颇雅饬，全用金漆饰以玻璃窗，雇至清江浦价十八千”。

在杭州，他们正好碰上春节，于是住了六天，畅游了西湖各处景点，也算是中途的休息。他们得到在此任仁和县知县的同乡故人何太青的关照，大年除夕，何太青请其赴家宴，临别又送了许多赆仪。

许乃济是杭州本地人，一尽地主之谊，对他们款待甚周。许氏是科举名门，此时正骎骎兴盛，许乃济有八兄弟，其中乃来、乃济、乃成、乃谷、乃普、乃钊、乃思七人相继中举[①]，杨文杰《东城记余》记载："七子登科，海内所未有。伯兄、季弟先后同年，尤科目中所罕见。"[②] 其中，许乃普[③] 曾于广州师从黄培芳，此时他已进士及第，于朝中任翰林院编修。嘉庆二十五年（1820），黄培芳与许乃济、许乃普兄弟于北京相会[④]。

许乃济的长兄许乃来[⑤]，曾任广东香山县令，也擅长作诗，与黄培芳堪称故友，对黄也颇为关照。所以黄培芳感激说："自抵杭宾至如归，皆青士太史照拂，复赠余及炽庭丝绵里衣各一件，菊传亦有所赠，握别时殊感枨触也。"

在杭州逗留六日后，他们移舟下一个人间天堂苏州。初五日发舟出东新关，由官塘行，不经北新关及塘栖镇。晚过长安坝。过坝也是一个烦琐的过程，由于人工运河与天然河道之间水位不等，因而运河入口处常修以斜坡状的石坝，船只换河道时，先卸下货物，由苦力运到岸上，再用绞盘把船只提起来，拖过石坝。明代人就曾夸张地描写过坝时的艰险："起若凌空，投若入井，财废船坏，不可胜算。"[⑥]

黄培芳详细记录下船只过坝的情形："坝者钵也，水不通桥，横钵径途而过也。船至坝下迳上，行人暂止。两头设绞盘，将船分系，每一绞盘用数人，转动如旋磨然，索牵船起，顷刻便过，若人之逾门限也。坝即径当过处，微低常沮洳。两头绞盘恒有人司之，过后酬以买酒钱。"[⑦]

初六日过石门县，夜至嘉兴府。初七日登岸至近村观剧片刻，复舟行。初八日过吴江县，薄暮抵苏州西门外大马头。初九日入城拜见江苏巡抚、苏州知府，游狮子林，又移泊阊门岭南会馆门首，上会馆拜会各乡亲。此种拜会多为"打秋风"性质，共有七字号：以谭裕纶为冠，另有仙城、冈州、宝安等共四会馆，以岭南为总汇。黄培芳还入浴池洗沐，这也是他整整三个

① 仇家京：《新发现的〈许乃济丙申日记〉稿本考述》，《图书馆理论与实践》，2017年第2期，第73—92页。

② 〔清〕杨文杰：《东城记余》卷上，"许氏科第"条，孙忠焕主编：《杭州运河文献集成》，卷二，杭州出版社，2009年，第539页。

③ 许乃普（1787—1866），字滇生，嘉庆进士。历任兵部尚书、内阁学士、工部尚书等职。

④ 详见黄培芳《门人许滇生编修乃普招游净业湖赏荷，偕其昆季青士太史乃济》《因树为屋寓斋题壁，许青士、滇生兄弟寓庐岁庚辰留予下榻》二诗，《岭海楼诗钞》，卷六，《广州大典》第453册，广州出版社，2014年，第125页。

⑤ 许乃来，字逊怀，号菊传，乾隆癸卯举人，历官太仓知州等。曾为民请命，粤东、临桂皆祀之。

⑥ 〔清〕顾炎武：《天下郡国利病书》，转引自〔美〕黄仁宇著：《明代的漕运》，新星出版社，2005年，第22页。

⑦ 《北行日记》嘉庆二十四年（1819）元月初五日条。

月行程中唯一一次沐浴，对勤于洗澡的广东人而言，这实在是一次难得的放松："久不浴，偶经浴池，入浴室一浴，香雾迷人，俨如黍谷。"林伯桐就关照过各位士子要多带盥洗手巾、汗衫、裤，以备换用[①]。

初十日立春，在山塘停舟，游虎丘。午后至浒关，挂号费是"青蚨四十"，另付小费"二小子十四，开关十四即放行，此关织造府主之"。是日趁月乘风夜行，不泊共行一百八十里。十一日抵常州府，船户是本地人，泊天宁寺，晨入寺游览。下午放舟从东门至西门穿城而过，黄培芳想起四年前南游广东的恽敬（已于前年去世），作诗怀念亡友。十二日过丹阳县，晚泊黄泥坝。十三日过新丰镇，镇江未开坝，不能出京口，月河水浅，亦不能行，于是改走丹徒闸。上午至丹徒镇，有巡检驻此，一直等到晚潮开闸，方才出闸泊江口。漕运船只故意横行以勒索过往船只，黄培芳《粮船行》写下当时焦虑的心情："运粮船，何赫喧。中流横梗，不许行人先。得钱放一线，无钱终日空洄沿。天庾急飞挽，公车重求贤。何妨小让孝廉船。圣人在上歌万年，河清海晏风散宣。以粟凌人固不可，况恃虚舟横索钱。"[②]十四日晨过焦门，历北固山、经金山渡江至瓜州。是日晴暖，有东南风，拽布帆而行，不用带江船。傍晚至扬州，泊钞关。十五日游平山堂。十七日过宝应县。十八日晨过淮关请关，饭后到清江浦司。

南宋建炎二年（1128），黄河改道，夺淮入海，淮河实即黄河[③]。清江浦在今江苏淮安境内，为黄河与大运河的交汇之处，实为当时重要的一处交通节点。明代士人舟至清江浦后，可以沿运河继续直达北京[④]。这种情况在清代发生了变化，清廷鉴于淮安以北的京杭运河迂缓难行，且时有断缆沉舟之事，故而规定清江浦以北的运河只允许漕运船只通过，除运粮漕船、贡

① 〔清〕林伯桐：《公车见闻录》，"行李"条，第770页。

② 〔清〕黄培芳：《北行小草》，第210页。

③ 咸丰五年（1855），黄河在铜瓦厢决口，改流大清河入渤海，结束700余年夺淮入海的历史。详见邹逸麟主编：《黄淮海平原历史地理》，第四章"黄淮海平原的水系变迁"，安徽教育出版社，1997年，第111—115页。

④ 〔美〕黄仁宇著，张皓、张升译：《明代的漕运》，新星出版社，2005年，第203页。

品船与巡河官船外，三品以下官员及其他旅客北上皆须舍舟登岸，渡过黄河至王家营换乘车马，由陆路入京[5]。

黄培芳诸人十九日渡黄河过王家营，水路行程至此结束，接下来便是相当艰苦的一程。

第五节 黄河以北的行程

如果以一月十九日从清江浦渡过黄河算起，到二月八日抵京，此后的二十日行程都是乘马车走陆路，也是此行最为艰辛的一程。途经江苏的众兴（属泗阳）、宿迁、窑湾（属徐州），山东的台儿庄、阴平（属峄县）、界河（属滕州）、邹县、东平州、东阿、茌平、德州，河北的漫河（属衡水阜城县）、任丘、雄州、固安县，入京。（图11-3）《公车见闻录》专辟“升车”一节。首先是要广东士子克服畏难怕苦情绪：“吾乡习惯乘肩舆，骤闻登车，多有畏心。其实大河以北，妇人孺子亦能乘车远行，并能骑驴代步，必非难事可知。”[6]

黄培芳《大车曲》写他刚坐马车远行时的窘状：

> 我渡黄河，言驾车辆。一车五马，非不雄壮。掀播杌陧，莫可名状。忽左忽右，忽升忽降。或如醉汉，东颠西撞。或如浮舟，翻江涌浪。或如野战，横军倒将。巢父掉头，改恃强项。假寐陡觉，一落千丈。[7]

《公车见闻录》还反复叮嘱要远离车蠹，不为其所骗：

> 车行有车蠹，凡船将近清江浦。此辈或搭在船尾，与船户同处，渐向客窥伺，或于客登陆雇车之时，特来迎接，沿途忽献殷勤，作乡导，卑礼甘言，此即车蠹也。须谕以素熟车行，并不须乡导，亦不要人伺候，斥远之。

⑤ 吴康：《南船北马，九省通衢——清江浦的前世今身》，《淮安文史资料》第24辑，黑龙江人民出版社，2007年，第67—68页。

⑥ 〔清〕林伯桐：《公车见闻录》，“升车”条，第760页。

⑦ 〔清〕黄培芳：《北行小草》，第212页。

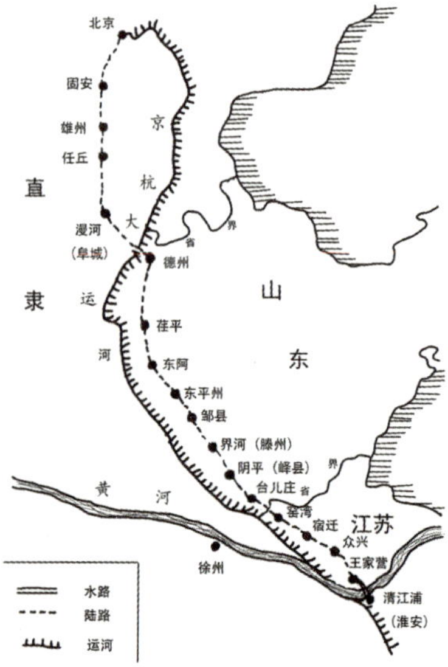

图 11-3　黄河以北的行程

> 倘一入其彀中，无论在何处雇车，彼皆能把持抽分。若不受其承奉，彼亦无能为。倘斥去之后，彼仍步步相随，则每入车行可先说明，我并无人接引，乃特来雇车者，此跟随之人并非我所用，不必于价内预备抽分，止据实说价便是，则车行亦能却之。[①]

即使是车行来招徕生意，也不能马上答应，定要眼见为佳：

> 亦有沿途远接，请到某行或持车行招帖即欲在途中说价者，此则接行之人耳。然说定之后，不能转移，而车马之美恶，实未得见，总不如亲到车行，看车说价为安也。[②]

而最要紧的是每日不要贪睡，要早起赶路：

> 每日四鼓车夫起，而饲骡马谓之喂料。此时铃铎丁东，客梦亦醒，车夫喂料则客可披衣矣。装束仅完，车夫已驾车以待。或因是日站路稍长，或计是日店少车多，更

① 〔清〕林伯桐：《公车见闻录》，“升车”条，第 760 页。

② 〔清〕林伯桐：《公车见闻录》，“升车”条，第 761 页。

③ 〔清〕林伯桐：《公车见闻录》，“升车”条，第 762 页。

当早起出车，始可及时到站。勿惮其劳，登车之后，竟日甚长，未尝不可熟睡也。[3]

如果说在江南享受的是乐趣，那么进入淮北黄泛区便是折磨了。从《北行日记》的字数即可见出，每天只是记录出发时间，哪站投宿，很难再见到黄培芳长篇大段地记录风土人情，显然每天的风尘仆仆，使其身心俱疲。每天一大早就得起床，匆匆梳洗就上车赶路，"三鼓初起来，仆人、舆夫挨至四鼓出车"[4]；最早的一次是"二鼓起来，三鼓出车"，有感而发作《早行诗》[5]。诗曰："星斗闪寒天，闻鸡早着鞭。车磨筋欲断，雪炼体弥坚。井邑惊心古，云山过眼鲜。沈旋增意气，慷慨入幽燕。"[6]即使下起大雪，为了不误车程，也得赶路："平明出车，冒雪行，寒苦甚……作《行路难》一首，车敝马烦，乏极。"[7]其《行路难》写道：

黑夜漫漫，车敝马烦。四无人烟，劳不得息，饥不得餐。雪深没骨风愈寒。吁嗟乎，行路难。[8]

一般是早上走三十里后，休息吃中午饭，即所谓的"打尖"。下午又再走三十里始投宿。有时改乘驴轿车，"颠簸三倍于大车，惟轻快稍可喜"[9]。不过，他认为驴轿不堪长途，"驴瘦小不能行长站，大抵以骡轿为妙"[10]。

黄泛区虽无大河，但仍有许多小河须过渡，如"出车未远，过河，先渡马，后拉车过，渡夫须恩威并济，每辆约一二百文，先言价"[11]。

黄培芳在日记中也记录下了淮北鲁西南一带贫瘠萧条的景象："连日境象皆萧条。"[12]淮北地区农业的衰落，在明清各类志书、笔记中多有记载[13]。一直到山东茌平县，才有点生机与活力，他说至此"始有歌妓矣"[14]。他还作诗赠歌者，可见其难得放松的心态："不慕桑麻慕绮罗，双鬟十五已情多。春风会叹娉婷甚，忍抱琵琶向客歌。"[15]

④《北行日记》嘉庆二十四年（1819）一月廿六日条。

⑤《北行日记》嘉庆二十四年（1819）一月廿五日条。

⑥〔清〕黄培芳：《北行小草》，第214页。

⑦《北行日记》嘉庆二十四年（1819）一月廿三日条。

⑧〔清〕黄培芳：《北行小草》，第210页。

⑨《北行日记》嘉庆二十四年（1819）二月初六日条。

⑩《北行日记》嘉庆二十四年（1819）二月初六日条。

⑪《北行日记》嘉庆二十四年（1819）一月廿六日条。

⑫《北行日记》嘉庆二十四年（1819）一月廿八日条。

⑬邹逸麟主编：《黄淮海平原历史地理》，第八章"黄淮海平原农业发展的历史过程及其区域特点"，安徽教育出版社，1997年，第290页。

⑭《北行日记》嘉庆二十四年（1819）二月初一日条。

⑮〔清〕黄培芳：《北行小草》，第213页。

图 11-4 《江山秋霁图》 1836 年 黄培芳 纸本设色 纵 32.5 厘米，横 207 厘米 广州艺术博物院藏

终于，在二月初八日申刻入永定门，至东草厂第一条胡同广州会馆卸车。先到者会为后来者接风洗尘："公车先至者必延后者一饭，诸凡未备故也。"此后便转入一个多月的备考阶段。

即使侥幸得以高中进士，回想起在黄河以北的行程，仍是梦魇一般挥之不去，如吴荣光《行路难七首北峡关作》自序说：

> 十一月十二日抵北峡关，连宵阻雨，仆瘁马瘏，孤寂客心，凄凉往事。因忆去年公车北赴，辛苦备尝，酒后屈指计之，几于拔剑欲起。遂即道中所历者，作《行路难》七首。要以极尽形容，故语不避俗，所谓痛定思痛，险过思险者乎。抵家日当与去年计偕诸君子商之。[①]

他的行程比黄培芳更为艰难，马车深陷泥泞之间，疲马不堪重负，死于半途，"死马之奴索上襄，有马之奴索加粮。群奴对面为盗贼，袒坐怨詈声皇皇"。倾囊再买一骡，每日陷入冰坑中达十来次，同行的奴仆又携款潜逃，告官也没人理睬，因其不堪回首，最后总结道："请君勿歌行路难，行路难，摧心肝。"[②]

① 〔清〕吴荣光：《石云山人集》，卷四，《广州大典》第 452 册，广州出版社，2014 年，第 31 页。

② 〔清〕吴荣光：《石云山人集》，卷四，《广州大典》第 452 册，广州出版社，2014 年，第 32 页。

第六节 行旅与诗画创作

行旅途中催生了大量的行旅诗文和游记，也为将来的画作打下腹稿。黄培芳是岭南著名诗人，沿途作诗记游，如“晴，廿八日，晓过始兴，江口见霜，即感赋一律，句云：温烟糊晓日，乾树战寒鸦”[③]。他于舟行中得见佳山水，连日作诗不绝：“日来得诗二句云：阴晴天气朝昏变，浓淡山容远近生。”[④]“补作诗数首。阅宋诗百一钞。揽龙头、弹子矶诸胜，大约自香炉、浈阳诸峡以后至青溪、凤田之间，皆奇峰络绎，江流碧玉，树染丹砂，足以骋怀。余句云：舟行百里内，山出万重奇。”[⑤]次日又“作诗数章，连前共十首”[⑥]。

黄培芳也是一名文人画家，江上风景，使其生作画之想：

> 黎明即起，过始兴。驳船，辰刻与许盛五舟并发，经仁化江口。数十里间丹山碧水，应接不暇。山形或方，或圆，或卧，或立，或如伏虎，如丈人，如席帽，如雉堞，如覆釜，如横琴，如跗萼相衔，鼎彝错列，视中宿、浈阳又一变矣。录诗册。日来思作画，以未携素而止。诸峡多斧劈皴，此间多折带皴。[⑦]

③《北行日记》嘉庆二十三年（1818）十一月廿八日条。

④《北行日记》嘉庆二十三年（1818）十一月十六日条。

⑤《北行日记》嘉庆二十三年（1818）十一月廿二日条。

⑥《北行日记》嘉庆二十三年（1818）十一月廿三日条。

⑦《北行日记》嘉庆二十三年（1818）十一月廿六日条。

图 11-5 《杏花村舍图》 1825 年 谢兰生 纸本设色 纵 17.4 厘米，横 51.6 厘米 广东省博物馆藏

又如：

> 晨起，见诸峰颇奇，微似英州，一峰横亘，半在云雾里，野岸人家，殊有画意。日来所见疏林皆作鹿角、蟹爪法，松林则一带尽青，间亦有非松树而极浓翠者，不知何木也。[①]

在描写吉安的景致时，也多以古画较之：

> 阁镜空江，城带疏林，棱棱塔出，叶叶帆飞。途次并足骋目……山远如屏，江净欲揩，平沙古木，清气挹人。舟行至此忽开扩清朗，古曰文江，故知其文秀独钟矣……又见青林赭树，草舍风帆，映带江干，点缀之工，令人辄思黄鹤山樵着色也……今日所历自吉水以上，在在可作烟江叠嶂图。[②]

今存黄培芳《江山秋霁图》（图 11-4），画深秋山林之景，上述文字几乎可作此卷注脚，足见古人虽无现场写生的习惯，但饱览天下胜景，胸中自有丘壑，并时时得与古人名迹比对，

① 《北行日记》嘉庆二十三年（1818）十二月二十日条。

② 《北行日记》嘉庆二十三年（1818）十二月初九日条。

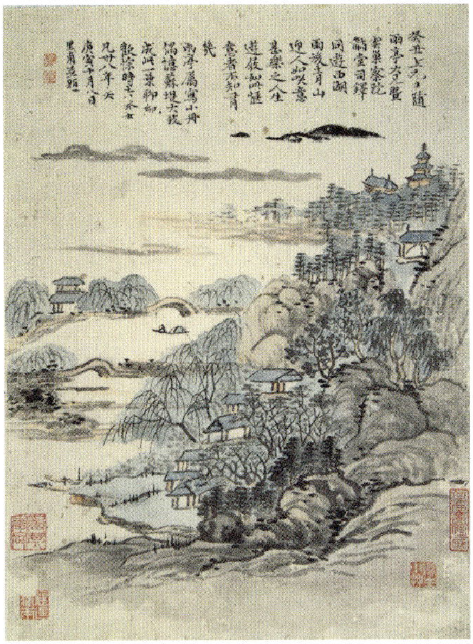

图 11-6　《仿古山水图》
1830 年　谢兰生　纸本设色
纵 31.5 厘米，横 23 厘米
私人收藏

无疑为将来的正式创作打下许多腹稿。

阅读存世广东文人的诗文，可以见出，沿路许多景点都能触动士人心弦而催生众多行旅诗文与绘画。著名诗人画家谢兰生就是一例：

> 又好流连山水，往岁计偕，每遇名山胜地，必穷搜远剔，辄有心赏，盘桓不忍去。③

他在多年后仍不时以北行所见情景入画，如《杏花村舍图》扇面（图 11-5）题款所道：

> 忆廿余年前北上道上所见杏花村舍，幽怀旷达，今图之。在目俨然昔日北行。

他在道光十年（1830）应老友颜时普（字雨亭，广东南海人，乾隆五十三年举人）之请，作一册页，此册以三十八年前与颜氏公车途中共游杭州西湖起笔，画中题记曰（图 11-6）：

> 癸丑（1793）上元日，随雨亭大兄暨云巢察院、黼

③〔清〕谢念功等撰：《皇清敕授文林郎翰林院庶吉加一级显考澧浦谢公府君行述》，《广州大典》第 189 册，广州出版社，2014 年，842 页。

堂司铎同游西湖，雨后青山，迎人如笑，意甚乐之。人生游屐，如此惬意者，不知有几。雨亭属写小册，偶忆苏堤，大致成此一叶，聊纪欢悰。时去癸丑凡卅八年矣。庚寅（1830）十月八日，里甫并题。

此册写于道光十年（1830）十月，翌年谢兰生即捐馆离世，故堪称绝笔之作。虽然只在西湖盘桓数日，而且过去了将近四十年，但依然记忆深刻，寥寥数笔，西湖苏堤的景致便已跃然纸上。这是一种沿自吴道子一日画成嘉陵江三百里风光的悠久创作传统："臣无粉本，均记在心。"这件作品既见出公车之行在岭南画学上的意义，同时也体现了广东士人强烈的江南情结，纵然老境颓唐，对青春年少时的江南旧游仍是眷念不已，以为"人生游屐，如此惬意者，不知有几"。

谢兰生的朋友熊景星为叶梦草所写一画（图11-7），内容是追忆公车途经湖北所见之景，从其题款来看，走的应是樊城路：

轻舟几日武昌城，郧口风高雪未停。斗忆故人诗语妙，春枝无叶影先青。此余楚游旧句也，丙申春画并录为蔗田仁兄大人正之。

嘉庆二十四年（1819），温汝适为其亡弟温汝进遗稿《津寄斋诗钞》作序，指出北上公车对诗文创作的益处：

至是北上，度大庾，下赣石，观涛浙江，临眺京口，遂渡大河，而北至于京师。览观都邑之雄壮，景物之富丽，又有弟兄朋好之乐，下第后仍盘桓不去，至秋半始归。丙子北上复如之，客途所阅之境，奇秀幽遂，苍莽绵邈，一一发之于诗，故其诗益奇以肆。尝笑语人曰：余若再不第，虽十上，不辞也。余私谓弟之豪兴如此，其遇虽偃蹇，而境实清旷。岂天将昌其诗耶？[1]

如温汝进一样借口北上公车而周游山川者大有人在：

① 〔清〕温汝适：《寄津斋诗钞序》，《广州大典》第453册，广州出版社，2014年，第644页。

> 两试不售，即慨然北上移名吏部，借为游览，于是庐泰金焦四山及平山堂、虎丘、西湖诸胜，登临殆遍。扁舟笠屐，到处勾留。②

陈其锟为梁信芳《北游草》所作序言也指出公车对于广东士子诗文创作的好处：

> 昔太史公周行天下，遍览海内名山大川，故其文疏宕有奇气。谢灵运与弟惠连、何长瑜、荀雍、羊璇，为山泽之游，以文章赏会。自来山川文字，互相映发，胸不罗万卷书，足不踏万里路，必不能文。盖非游则诗不奇，无诗则游不壮，大抵然也。予总角识芗甫先生于试院，是年戊辰，先生举于乡。厥后五上公车不第，足迹半天下，岭崎磊砢之气，一寓之于诗。粤于燕相距八千里，由梅岭而豫章而吴越而齐

图 11-7 《山水图》 1836 年 熊景星 纸本设色 纵 131.8 厘米，横 35.5 厘米 南海博物馆藏

② 〔清〕麦钰铭：《听春楼诗钞序》，《广州大典》第 452 册，广州出版社，2014 年，第 739 页。

鲁，以达于京师，为东路。涉泷抵郴，沿楚沂豫，以达于京师，为西路。

计偕吏道，必繇此。原水陆奔辏，寒酸之士，恒不能数数游。或终身不一游，或偶游而辄止者，力有所不逮也。然而东则揽西湖、虎阜之胜瞻，泰山海岱之雄；西则云梦之薮、洞庭之波，江汉浮浮，太行岳岳，所过通都钜邑，水驿山程，吊古事之苍茫，记土风之醇驳，率皆于萧条行李之中。一写其困顿无聊之概，故得志则酣嬉淋漓，失志则忧伤憔悴。其游益壮，而其诗乃益奇。先生连不得志于有司，宜多所怫郁矣。[①]

广东士子亦极为重视公车途中所作诗文，往往将其视作传世的代表作而付梓，如与黄培芳同在嘉庆二十三年（1818）北上赴考的韩懋林，其传世诗稿即多为“途中诸什”：

忆戊寅冬与先生同赴公车，扁舟出豫章，下吴越，泝江淮以达于齐鲁。其间所览山川都邑，风俗之异，人物之繁，先生则益自喜，往往谐笑甚适，然卒未尝见其言诗。今忽忽二十余年，对其遗编，多当日所与游历之迹，而先生已作古人矣。读途中诸什，犹想见酒酣耳热拈髭清咏时也。[②]

根据《北行日记》的记录，我们可以大致推算出广东士人一次公车之行的单程费用。黄培芳没有记下从广州至南雄的船钱，比照与之行程里数接近的常山至杭州段 27 两白银（《北行日记》作 27 千制钱），估算 30 两。翻越南岭 6 两，另加轿夫费 2 两[③]。南安至玉山船费 44 两，度山至常山 9 两，江山至杭州船费 27 两，杭州至清江浦船费 18 两，王家营至北京的车费未记下，但记下孔继勋另雇一驴轿车 17 两，估计大车当在 30 两左右，两车合计 50 两。加上各种小费、关税、犒赏船夫等杂项，

① 〔清〕陈其锟：《北游草序》，《广州大典》第 453 册，广州出版社，2014 年，第 345 页。

② 〔清〕何文绮：《竹香楼诗草序》，《广州大典》第 449 册，广州出版社，2014 年，第 329 页。

③ 《北行日记》中有“收行李二千斤，尽移小驳船”的记录，而度南岭的行李每斤三文，舆夫每人二百文，故推算出此数目。

合计200余两，即每人须花费100两白银，相当于120元洋钱。若算上在京食宿及回程费用，则每人一次公车当不少于200两。《粤屑》说“粤之赴礼闱者，八千里远，非二百金不能束装”[④]。说的只是一般情况，出身盐商的孔继勋出手豪爽，可能花费会更多一些。

清政府对于广东举人的盘费补助是20两白银（惟琼州府30两）[⑤]，不足部分就得自筹了。黄培芳是入国子监读书，连这种补助也没有。可以想见一次公车，即使殷实之家，也将面临考验。所以陈其锟才会说：“寒酸之士，恒不能数游。或终身不一游，或偶游而辄止者，力有所不逮也。”

黄培芳的公车之路并不成功，他于道光二年（1822）始得充补武英殿校录官，直至道光十年（1830）方得授乳源教谕，后又任陵水县教谕、肇庆府训导等闲差事聊以自慰。而与之同行北上的孔继勋则于十五年后终成进士，换言之，算上嘉庆二十三年（1818）第一次公车，他十八年间六上公车，始得修成正果，其间不知经历多少艰辛磨难。“跼蹐篷窗下，偷嗟行路难。”[⑥]广东士子的公车之路，既是一场智力的较量，也是体力与意志的比拼。路途的艰辛和开销的庞大，在一定程度上制约了广东举子的科考成绩。但是北上公车，极大地开拓了广东士人的视野和交际圈，即使铩羽而归，对其诗画创作，却是大有裨益，这是无法用“孰得孰失”来衡量的。

④〔清〕刘世馨编，许联陞订：《粤屑》，卷三，“义妻”，收入《岭南随笔（外五种）》，广东人民出版社，2015年，第230页。

⑤〔清〕杜受田等修，英汇等纂：《钦定科场条例》，卷六，“给举人盘费・附载旧例”，咸丰二年（1852）刻本，第36页。

⑥《北行日记》嘉庆二十三年（1818）十二月初五日条。

第十二章 守正出奇：广东文人画家去边缘化的努力

清初唐岱在《绘事发微》中梳理了自唐宋以来的画坛正统脉络，他将中国山水画史的演变与传统儒家道统流传相比拟：

> 画有正派，须得正传。不得其传，虽步趋古法难以名世也。何谓正传？如道统自孔孟后，递演于广川、昌黎，至宋有周、程、张、朱，统绪大明；元之许鲁斋，明之薛文清、胡敬斋、王阳明，皆嫡嗣也。画学亦然……盖精于画者，尝间代而一出也。唐李思训、王维始分宗派，摩诘用渲染，开后世法门。至董北苑则墨法全备，荆浩、关仝、李成、范宽、巨然、郭熙辈，皆称画中贤圣……元时诸子，遥接董巨衣钵。黄公望、王蒙、吴镇、赵孟頫，皆得北苑正传为元大家……明董思白衍其法派，画之正传，于焉未坠。我朝吴下三王继之。[1]

唐岱的这一观点，在清初画坛十分流行。自元代之后，江南文人山水画从元四家经董其昌直至“四王”，一脉相承，俨然成为中国山水画的文人正脉，其正统地位已不容置疑。

清代人所说的江南，就地理范围而言，广义上包括江苏、

① 〔清〕唐岱：《绘事发微》，收入王伯敏、任道斌：《画学集成（明清卷）》，河北美术出版社，2002年，第433页。

浙江、安徽三省，狭义的定义则是今天环太湖地区，即苏、松、锡、常、杭、嘉、湖七府。而文化意义上的江南，往往与繁华、雅致相关联，正如杨念群所言："清人尤其是清初帝王对'江南'往往抱有既恐惧又不信任，既赞叹不已又满怀嫉妒的心态，最为严重的是对江南作为历朝文化中心拥有一种既爱又恨的复杂感知。"[①] 江南地区因为长期经济领先，一直控制着国家经济命脉，加之人文环境优越，文化霸主的地位至明清两代已牢不可破，江南地区在进士考试上的辉煌成绩，足以说明康乾盛世，其实就是江南的盛世。[②] 以江南士人为主体的乾嘉学派的盛行，更说明它是中国的学术中心。

与江南地区经济、文化、政治全面发展相比，清代广东的发展极度不平衡：经济上，可称得上是与江南并驾齐驱的巨人。在文化上，则不过是个中等偏下的学生，清代广东进士共有 956 人，约占全国进士总人数的 3.59%，这一数字远远低于人文荟萃的江浙地区，也与地处中原地区的山东及京畿之地河北等省有较大差距。[③] 在政治上，则更是个侏儒，有清一代，甚少出现名宦，直到清朝行将覆灭之时，才有戴鸿慈一人进阶大学士，成为岭南地区唯一的清代宰相。

科考成绩与名宦人数往往被视为一省"省运"的重要指标，福建人梁章钜就因为"有明一代，吾闽登状元十一人……本朝百有余年，未有状元而屡得榜眼"[④]"历考国朝吾闽百余年来，文臣得谥者仅五人"而感慨"吾闽省运之衰"[⑤]。广东科举成绩与名宦人数，较之福建更不理想，"省运"可谓更衰。摆在广东士子面前的现实就是，要想获得与经济繁荣相对应的文化地位，就不可避免要与外省尤其是江南地区进行文化交流与竞争。本章将讨论嘉道年间以谢兰生为代表的广东文人画家去边缘化的努力与成果。

① 杨念群：《何处是"江南"：清代正统观的确立与士林精神世界的变异》，"导论"，生活·读书·新知三联书店，2017年，第14页。

② 李润强：《清代进士的时空分布研究》，《西北师范大学学报（社会科学版）》，2005年第1期，第67页。

③ 陈利敏：《清代广东进士地理分布及其特点分析》，《浙江档案》，2017年第10期，第46页。

④〔清〕梁章钜：《归田琐记》，卷四，"福建鼎甲"条，中华书局，2012年，第75页。

⑤〔清〕梁章钜：《归田琐记》，卷一，"谥法"条，中华书局，2012年，第7页。

第一节 毋为江浙轻薄儿所哂也：广东士人的“江南”情结

广东僻处岭南，经济文化水平长期落后于中原、江南地区。直至明代，经济取得长足进展，学术文化也一度繁荣，科考成绩大幅度提升，涌现了陈献章、湛若水等开宗立派的理学大家。但明清鼎革，战乱频仍，岭南文化元气大伤，好不容易形成的良好势头，瞬间被打回原形。此外，广东士人深受白沙心学影响，形成束书不观、游谈无根的流弊，游离于乾嘉年间的学术主流“朴学”之外，成为学术史上无足轻重的边缘地区。[⑥] 嘉道年间的岭南文士崔弼就自承本地学术水平远不如江浙地区：“本朝广南人士，不如江浙。盖以边省少所师承，制举之外，求其淹通诸经注疏及诸史传者，屈指可数。其藏书至万卷者，更屈指可数。”[⑦]

在这一现实面前，岭南文人若要扩大影响，除了自身修炼外，争取江南著名文人的认同，是提高社会声望的终南捷径。谢兰生的好友黎楷屏便是一例。黎楷屏名应钟，号步蒙子，广东顺德籍贡生，年轻时曾随为官的叔父在江苏镇江活动。镇江作为南北交通的孔道，他借东道之便结识了不少途经此地的广东籍及江南文人士大夫。其后又捐纳在江西做了两年知县。嘉庆十八年（1813），黎楷屏年届不惑，丁母忧返粤，在罗浮山酥醪观山后觅得一佳境作为别业，并以“艮泉”命名，以示绝意仕进。不过，退出官场，并不意味着从名利场彻底退出。

嘉庆十九年（1814）夏五月，黎楷屏携带三册《艮泉图》重游江南，于南昌、杭州、苏州等地，延请当地的友人为之作画题跋。众人的诗文，多以古之葛鲍比拟黎氏夫妇，但黎氏绘制《艮泉图》的主旨，却是为了求名。黎氏“栖真入道”的声名，

⑥ 李绪柏：《清代广东朴学研究》，第一章“绪论”，广东地图出版社，2001年，第1—16页。

⑦〔清〕崔弼：《新建粤秀山学海堂记》，学海堂初集，卷十六，道光五年（1825）启秀山房藏板，广东省立中山图书馆藏。

是由驰驱世路而换来，因为图画诗咏很少能像作序者宣称的那样“不胫骈集”，而是要一家一家沿门求索。

黎楷屏之所以不辞劳苦，翻山越岭，遍请江右、江南两地文人题诗，实与当日广东重视江南学者的情结有关。这种情结导致当时广州城内有些书贾，甚至将本地学者的著作改头换面，冠以南来江南籍学者之名出售以射利。如番禺方恒泰《橡坪诗话》被书贾易名作伪一事便为一例。该书原作者方恒泰在广州当地也颇富诗名，但“本地姜不辣”，书贾将作者易之以粤秀书院山长杭州人陈钟麟之名，以此牟利，遂有伪书《厚甫诗话》问世[①]。书贾制作伪书的背后，可以间接见出当时粤人对于江南学者有一种特别尊仰的情结。

对于乾嘉时期岭南士人的主动纳交，江南士人的反应如何呢？在交流中，似以居高临下甚而轻蔑广东者居多。乾隆四十九年（1784）袁枚入粤旅行，对粤中风物人情多不满意。粤中名士最为看重、视为“粤岳”的罗浮山，他则认为景色平平，名过其实，于《病起游罗浮得诗五首之五》一诗中揶揄道：

> 罗浮四百峰，所踏都可数。只有飞云岭，吾衰勇难贾。此处号洞天，佳名震千古。其实幽夐处，拔十仅得五。大半行夷庚，黑石卧黄土。不信蓬莱峰，如此割左股。倘取名山图，品题甲乙谱。吾将不帝秦，讵肯中分鲁！且吟诗数章，庶免嘲哑虎。[②]

其后补作《游丹霞记》再次贬损罗浮山：

> 僧问：“丹霞较罗浮何如？”余曰：“罗浮散漫，得一佳处不偿劳，丹霞以道警胜矣。”[③]

《随园诗话》直接说罗浮山不值一游，再也不来了，可想而知，这对广东文人的自尊是多大的冒犯：

> 罗浮只华首台、五龙潭数处，景尚幽渺；其余如梅花

① 程中山：《伪书〈厚甫诗话〉成书考述——兼论清代广东诗话中“南来学者”的情意结》，《中国典籍与文化》，2005年第3期，第108—118页。

② 〔清〕袁枚：《小仓山房诗集》，卷三十，《袁枚全集》第二册，浙江古籍出版社，2018年，第753页。

③ 〔清〕袁枚：《小仓山房续文集》，卷二十九，《袁枚全集》第三册，浙江古籍出版社，2018年，第585页。

村、冲虚观，平衍散漫，颇无足观。不知何以洞天福地，负此盛名。节相李侍尧勒石云：“黄土卧黑石，此外一无有。只可一回来，不堪再回首。”[4]

广州花艇之会，人人艳羡，甚至有“少不入广”之说，而袁枚偏偏不买账：

广东珠娘皆恶劣，无一可者。余偶同龙文弟上其船，意致索然。问：“何姓名？”龙文笑曰：“皆名春色。”余问：“何以有此美名？”曰：“春色恼人眠不得！”[5]

其《寄钟姬》一诗则对岭南风物继续抹黑：

此间光景逊江东，雨惯烟绵海惯风。仙荔红香刚我到，雪兰肤色与卿同。千家蛮语听难解，两月螺舟泛未终。寄语金闺诸姐妹，加餐不必念衰翁。[6]

袁枚就这样骂骂咧咧地离粤而去，而在广东士人的笔下，人品私德颇有争议的袁枚很是不堪，如《粤屑》专门分析了袁枚与广东文士交恶的缘由，并认为错在袁枚：

袁子才曾作粤游，而于粤中人物，甚不满意。游珠江则憎粤妓之劣，登罗浮则言粤山之粗。甚至端石荔枝，凡粤产之佳者，必加诋斥。所撰《随园诗话》除岭南三家偶然道及，此外未尝收粤人一诗也。相传子才到粤，携刘霞裳游西樵。时黎二樵先生简方以诗雄岭外，有致友人书云：“闻浙人某欲作樵游，此公品行卑污，且携娈童而来，足令林惭壑耻，殊秽名山矣。闻此公又欲选余诗，渠以诗名雄东南而实佻冶无足取，余亦雅不欲以诗卷供若辈采摭也。”子才闻之，甚不怿。及抵西樵，果有聚观而哗噪者。踉跄入船，幸免瓦石之击。故恚粤人特甚。理或然欤？考乾隆时，二樵诗名自是不如子才之盛。然细阅两家诗集，袁诗纤新，堕入恶道。黎诗则沈雄刻峭，

④〔清〕袁枚：《随园诗话》，卷十二，《袁枚全集》第五册，浙江古籍出版社，2018年，第462页。

⑤〔清〕袁枚：《随园诗话》，卷七，《袁枚全集》第五册，浙江古籍出版社，2018年，第250页。

⑥〔清〕袁枚：《小仓山房诗集》，卷三十，《袁枚全集》第二册，浙江古籍出版社，2018年，第746页。

力避肤庸，未见袁诗之果胜于黎也。然则石鼎道人之崛强不甘北面者，夫岂轻作鲁西家哉。[①]

袁枚为黎简所拒一事，也见于《世载堂杂忆》：“袁随园枚以其弟香树为广州守来游，闻二樵名，往访，二樵不纳。而语人曰：随园一大嫖客耳，与语勿乃污我口舌。随园闻而恨之。故随园诗话中，无及二樵者。”[②]《粤屑》又说袁枚无缘（暗讽其非豪客）得见珠江妓女之佳者，故给了差评：

> 妓之总名曰老举，分二十岁以外者曰阿嫂，十八九曰横梳，十五六曰打辫子，最小曰琵琶子，此皆方语，不必求其甚解也。其尤品者，多豪客主之，春风之面，颇难省识。袁子才至粤，讥珠娘为吹火青唇，盖未曾见庐山真面目耳。[③]

粤人嘲笑袁枚者亦多有之，张其淦为《历代罗浮山游记汇刊》一书题词就称：“好月人间第一秋，既到罗山应到浮。”又嘲笑只游览了罗山即回辕北上的袁枚为浅尝辄止：“浅尝辄止笑随园，诗话讥评我懒看。自注：袁子才太史到罗不到浮，诗话有讥评语，甚可笑也。”[④]

嘉庆二十年（1815），由黎楷屏介绍而来广东游历的常州文士恽敬也对广东士人不太客气。他在《与黄香石》一信中写道：

> 此文（按：指恽氏自撰《同游海幢寺记》）儒为主中主，禅为主中宾，琴与诗为宾中主，画与棋与酒为宾中宾。其序次，前五节皆以禅消纳之，为后半重发无和尚张本。而儒止瞥然一见，如大海中日影，大山雷声。此子长《河渠》《平准书》《伯夷》《屈原》《贾生》列传法也。海幢形势佳胜，先于独游时写足，入同游后，不必烦笔墨。此子长《项羽本纪》《李将军传》法也。敬古文法，尽出子长。其孟坚以下，时参笔势而已。所以屑

① 〔清〕刘世馨编，许联陞订：《粤屑》，卷五，“沙面纪事”条，收入《岭南随笔（外五种）》，广东人民出版社，2015年，第257页。

② 刘禺生：《世载堂杂忆》，“岭南诗画大家”，中华书局，2006年，第282页。

③ 〔清〕刘世馨编，许联陞订：《粤屑》，卷五，“沙面纪事”条，收入《岭南随笔（外五种）》，广东人民出版社，2015年，第257页。

④ 钟玉文：《罗浮山游记汇刊初编》，中国图书出版社，2015年，第5页。

屑自表者，诸君子遇我厚，庶几留古文一支在海南。勿使野牛鸣者，乱频伽之听耳。作诗赋杂文，其法亦然，舍是皆外道也。足下当不以为狂。⑤

其口吻如同老塾师训蒙童子一般，宜乎百年后粤中文人对此事仍然耿耿于怀，汪兆镛《粤古文家》一文即号召粤人自振作，勿为江南文人笑话：

粤人多诗家，以古文名者绝罕。嘉庆间，阳湖恽子居敬至粤，颇有睥睨一世之概，所为《海幢寺记》《黄香石诗序》皆寓微辞。张南山维屏诸人乃结希古文社，治古文学，高要彭春洲泰来《诗义堂集》、新兴陈雪渔在谦《七十二峰草堂文勺》皆蔚然可传。近年，古文学复衰歇未振。夫文以见道，自以此体为尚。岭海之大，人文之盛，必有英绝领袖之者，毋终为阳湖笑人也。⑥

时隔多年，广东士子依然记得这种耻辱，可见刺激之深。渴望得到江南士人的认可，无疑是此时广东士人的最大心愿，但总是事与愿违。嘉庆二十二年（1817），广东南海举子梁序镛赴京会试期间所经历的一事，说明江浙人对于广东士人的观感仍然不高，而他们不经意的看法，随时都会触动广东士人敏感的神经：

梁云门教授序镛工制艺，博极群书，乡试时为姚文僖公所赏。迨丁丑中式进士，年过不惑，遂就职教授而归。在场中诗题为《桐生茂豫》，有邻号山右孝廉来询题解，公以出《汉书·郊祀志》对。旁一浙士曰："咄咄怪事，粤东人竟有能读《汉书》矣。"公愤甚，恒举以语人曰："汝辈须读书汲古，毋为江浙轻薄儿所哂也。"归家讲学，负笈恒数百人。番禺何石卿宫赞、梁矩亭京兆皆其高足也。又于乡间设立背诵经书会，合塾童亲自课试之。以背诵熟洽为上，成就特多。⑦

⑤ 〔清〕恽敬：《与黄香石》，《大云山房文稿》，世界书局，1937年，213页。

⑥ 汪兆镛：《粤古文家》，邓骏捷、刘心明编校：《汪兆镛文集》，广东人民出版社，2015年，402页。

⑦ 〔清〕谭宗浚：《荔村随笔》，《丛书集成续编》第26册，上海书店，1994年，511页。

事实上，地域歧视，南北皆然。道光八年（1828），直隶人李钧赴广东任乡试副主考，途中日记就对各地风土人情多有讥诮之语，如笑话苏北人鲁直，空负江南之名：

入徐州界，民居多石墙茅屋，村落亦极萧条，人则雄伟桀骜，时有寻斗之意。妇女皆丰躯伟大，首蒙青帕，如戏中所扮鬼魂，殊堪发笑。余有戏句云："旧说江南好，江南绝可嘲。有墙皆砌石，无屋不编茅。浊水流千斛，童山遍四郊。蒙头青帕子，多少女交曹。"①

又作诗嘲笑安徽皖北的无盐丑妇：

自入皖界……妇女俱赤脚，首蒙布帕（蓝白不一），作苦力与男子等。貌类无盐，盖纯以德胜耳，戏作："不学缫丝学种田，稻花香里认婵娟。凌波罗袜浑多事，妩媚原来推赤仙。""一曲秧歌妙啭喉，撩人最是帕笼头。侬家门巷君须记，绿树阴中浸水牛。"②

又嘲笑江西妇女大有蛮风："至此（江西万安）妇女皆赤双趺，又有凤阳风致。盖此风直到岭南矣。"③又"妇女皆戴笠无顶以便容髻，四围缘以青布，细摺垂半尺许，长绊过胸，大有蛮风矣"④。

虽然地域歧视无处不在，但广东士人却最在乎江浙士人的观感，也总爱对标江浙士人。如阮元为刘彬华、谢兰生等士绅代奏设恤嫠公局，其理由就是，"该绅士等仿照江南省城等处恤嫠会之意，凑捐银两，设立公所"，又"粤东涵濡圣化，人知节行，向惟绌于经费，故恤嫠之举未能如江南等处举行"。⑤很显然，只要江南有的善政，我们广东也应当有，是这群士绅的共同心态。

随着阮元治粤提倡朴学之后，广东学术进入了一个黄金时期，岭南学术不再过分仰视江南。同时，大量占籍广东番禺捕

① 〔清〕李钧：《使粤日记》，卷上，道光八年（1828）六月十九日条，道光十四年（1834）刊本，开封府署藏板，中国国家图书馆藏。

② 〔清〕李钧：《使粤日记》，卷上，道光八年（1828）六月廿一日条，道光十四年（1834）刊本，开封府署藏板，中国国家图书馆藏。

③ 〔清〕李钧：《使粤日记》，卷上，道光八年（1828）七月十六日条，道光十四年（1834）刊本，开封府署藏板，中国国家图书馆藏。

④ 〔清〕李钧：《使粤日记》，卷上，道光八年（1828）七月十八日条，道光十四年（1834）刊本，开封府署藏板，中国国家图书馆藏。

⑤ 〔清〕张鉴等撰：《阮元年谱》，中华书局，2006年，第124页。

属人家的“新广州人”，在科考、学术上均可与江南士子不分轩轾，他们祖上多是江南人，虽已自认为是广东人，但对于江南又有一份割舍不了的乡愁。这种地域观念的模糊，以及文化学术上的差距拉近，使得两地学者之间不再充满火药味。如道光年间浙江人龚自珍就对广东大加赞叹：“粤之东，维帝南服，而天下之雄也。其山怪，其土阻，其水大壑，其物产英诡，其人沈雄多大略。”⑥

⑥〔清〕龚自珍：《书番禺许君》，《龚自珍全集》，第二辑，上海人民出版社，1975年，第178页。

虽然江南人的态度有所好转，不过，广东人对于江南总有一种爱恨交加的复杂情愫。晚清以来，经济最为发达的两个地区，江南与岭南，除了经济上角力外，在政治、文化方面同样也存在微妙的竞争关系。两地的区域竞争，一直持续至民国。

广东士人的“江南情结”，其背后实际是对中华正统的推崇。江南在文化上的意义，不仅仅只是文采风流，还代表着中华文脉的正统。这份正统所带来的隐性权力，就连乾隆皇帝也倍感焦虑与压力，必欲去之而后快。广东虽然富庶，但是远离朝廷中心，空间上的这种边缘感自然会带来非正统感。朝廷越是不屑，而引起广东人的反弹则越激烈。广东固然是近代民主革命的策源地，但一个不容忽视的现象是清朝灭亡之后，广东是遗老最多的一个省份：

> 宣统大婚，粤中遗老具婚礼八百余份，（汪）兆镛与焉（宣统大婚，全国自命遗老者，具婚礼计千余份，粤人占八百余）。惟袁世凯称帝，则闭门痛哭，力主讨伐，殆本其所学于东塾之“行己有耻”欤？⑦

⑦ 刘禺生：《世载堂杂忆》，“岭南学派述略”，中华书局，2006年，第276页。

如何理解这种矛盾？对于大多数广东遗老而言，究竟实行帝制还是共和制，都无关宏旨，他们所争者，却是依附在逊帝溥仪身上的所谓“正统”。而且这种坚守越是遇到挑战，就越表现得顽固执拗。从心理学角度分析，这是一种逆反心理，越是不被对方认可，就越是要表现得优秀，非使对方最终接纳不可。

第二节 无一不逊于粤：黄培芳的强烈优越感

嘉道之际，是广东士子重拾文化自信的关键时期。嘉庆二十四年（1819）初春，广东士子黄培芳北上公车，其行旅日记《北行日记》记录了此行的所见所闻，也为后人留下难得的清代广东士人北上赴考的真实心态。从中可以见出，随着乾隆年间一口通商政策所带来的经济文化的兴盛，广东士人在比较家乡和外省的人情物产时，产生强烈的地区优越感与自信心。

黄培芳对于所见风土人情，喜与家乡广东作一比较。应该看到，自从明代以来，广东经济文化取得极大发展，尤其是乾隆年间的一口通商，更为广州积聚了大量的社会财富，使得原本被视为南蛮的广东士人不仅平视邻省甚至带有骄傲之语。黄培芳对广东本土人情多加赞语，如他描写曲江境内民风："至白土墟，与炽庭上岸，行村落田塍间约二三里许，妇女在田间操作，亦皆系裙，风俗之美，可知也。"[①] 又追怀诞生于曲江的一代名相张九龄的功业："山峰多尖铦，形家所谓廉贞火星也，火星在会垣之北，斯为得位，岂其宅南交启文明之象，地毓曲江公，不虚耳！"[②] 但南来的李钧则认为进入广东境内，便如同到了异域蛮方一般："又三十里至南雄州，穿过市廛约七八里许，人物远不及江右之秀。妇女多披发者，渐有番俗。"[③]

黄培芳对于梅岭之上商贸往来的繁荣景象十分自豪：

> 自南雄至南安共一百二十里，行旅络绎不绝，百货阗骈。孙西庵句云"广南富庶天下闻"，洵乐土欤，宜

① 〔清〕黄培芳：《北行日记》嘉庆二十三年（1818）十一月廿三日条，稿本，广东省立中山图书馆藏。

② 《北行日记》嘉庆二十三年（1818）十一月廿三日条。

③ 〔清〕李钧：《使粤日记》，卷下，道光八年（1828）七月二十一日条，道光十四年（1834）刊本，开封府署藏板，中国国家图书馆藏。

> 四方宾客所至日盛也。余步行下岭，孙云帆手折梅花随之，偶忆罗浮分霞岭、佛子凹陡峻难越，视此倍之，盖彼为神仙奥区，所以遏凡俗，此为岭峤康衢，所以便宾旅，故自不同。[④]

但《示我周行》的作者赖盛远（乾隆年间的福建人）则另有一番评价：

> 广城乃阳泄阴盛之地，人多瘟疾，宜保真元。岭路多险，驴马遗溺甚臭，宜饱醉而行。一路有山岚障气，陆路出门宜迟，水路舟中无害，客商至江西樟墩，再俟三夜船，可以无虞。[⑤]

江西在宋明两代经济、文化十分发达，涌现出许多杰出人才，但到清代，经济、文化已大不如昔。黄培芳在过境江西途中，颇多不满之语，认为景色、物产多不如广东，如舟过十八滩，"水深尺许，清澈见底，石子粼粼，峰岚云树颇佳，然逊于曲江、中宿远矣"。舟人故意怠工，令黄培芳很是气塞："舟子缓行，殊闷人，或曰北路舆夫、江西船户，天下之疲难也，小人难养，驭之良不易。"[⑥]

因为大风，舟船不能如期抵达南昌，黄培芳再次抱怨，最后竟认为江西的物产"无一不逊于粤"：

> 去会垣十里而遥竟不能渡，即来帆亦无。江上已断渡矣，风浪俱不甚大，以吾粤较之，大小千舟往来，可以无忌。察其故，盖吾粤船底当必施一干，厥名曰鳌，鳌者能负重，冲波之物也。既有此鳌，可以左右受力，船虽倾侧，亦可无虞。以此乘风，风不能翻；以此破浪，浪不能覆；以此受横风，而逆风皆可驾帆欹行，船侧过半亦无害也。此间之船，船底平而篷架高，不施此鳌只利浅源，水微有风浪即不能行，且其桨橹帆缆皆钝拙不得力，无一不

④ 《北行日记》嘉庆二十三年（1818）十二月初二日条。

⑤ 〔清〕赖盛远：《示我周行》，"广东省城进京至江西南昌府水陆路程"条，卷一，第27页，中国国家图书馆藏。

⑥ 《北行日记》嘉庆二十三年（1818）十二月初四日条。

逊于粤。[①]

与黄培芳同时代的程含章则认为江西土物绝胜岭南，其《南安土物绝胜岭南口占一绝》：“溪清鱼美菜花香，脆炒白菘煮蒜芒。除却黄柑和荔子，岭南何事可人肠。”[②]程含章是云南人，长期在广东为官，作为第三方的看法可能比较中立，不过程诗仅就饮食而言，自然喜食辣的程巡抚更倾向于江西菜式了[③]。

今日粤菜誉满全国，有“食在广州”之称，然而清代外省人士来到广州，于饮食极不习惯，如光绪年间任广东学政的杭州人徐琪《粤庖治具多不可食，余每餐惟瀹瓶水沃饭，值家印香叔父寄茶笋至，不觉加餐，赋此志谢》一诗写道：“莫将脱粟笑荒厨，直此何曾下箸无。肉食由来嗤鄙俗，冷淘亦觉称清臞。不图珍味来千里，顿使加餐进一盂。况引诗怀清更甚，松风试院咏髯苏。”[④]徐琪之诗，或有矫情之处，但对粤中饮食之不屑，背后仍然渗透着一种轻视。

黄培芳的观感虽有些偏激，但他的优越感也并非凭空托大。林伯桐在谈到北上随身用品时，也强调家乡器具物美价廉，流露出满满的优越感：“吾乡百物大备，视瓦器为粗，然度岭以后，渐不易得。至大河以北，瓦器之价则昂而样则陋，且色黑如涂泥，偶然取用，辄思乡物。谚曰石湾瓦胜天下，固知名不虚立。”[⑤]

即使是广东士人心目中的文化圣地江南，黄培芳也以一种各有千秋的平视态度视之：“岭北多京广并称，杭盛苏广并称。”[⑥]杭州的旖旎风景令黄培芳想起家乡的罗浮山，并时时作比较：“大抵合韬光、虎跑、松竹二径可仿佛罗浮之华首台，所少者流泉飞瀑，而华首台松皆合抱参天，空天数里，此亦不及。”[⑦]他甚至认为素以美人窝著称的苏州，其妇人姿色也不及广州：“唐人谚云：苏州头，杭州脚。杭州之小佳，以苏州之硕形之耳。其实春云之裹，以广州为最纤。书云：‘苏州头，广州脚。’

①《北行日记》嘉庆二十三年(1818)十二月十三日条。

②〔清〕程含章：《岭南集》，卷四，《广州大典》第440册，广州出版社，2014年，第476页。

③ 林伯桐就说：“江西船户食辣椒如食菜，其辣椒颇大而色青，船户顿顿食之。此常居水中以之辟湿，习而安焉，若吾乡人食此必燥矣。”见〔清〕林伯桐：《公车见闻录》，“养生”条，第772页。

④ 徐琪：《粤轺集》，卷二，《广州大典》第477册，广州出版社，2014年，第651页。徐琪，字玉可，字花农。浙江仁和（今杭州）人。光绪六年(1880)进士，授翰林编修。光绪十七年(1891)，出任广东学使。

⑤〔清〕林伯桐：《公车见闻录》，“用物”条，第768页。

⑥《北行日记》嘉庆二十三年(1818)十二月廿九日条。

⑦《北行日记》嘉庆二十四年(1819)元月初三日条。

乃得实录。”[⑧] 明清以妇人足小为美，故黄培芳有此观点。苏州人沈复于乾隆五十八年（1793）曾游历广州，他在登上沙面花船探花听曲后发出“少不入广，当在斯矣”[⑨] 的感慨，可证黄培芳的观感并非无因。

从镇江历北固山、经金山渡江至长江对岸的瓜州，长江不如想象的壮观，于是黄培芳流露出失望之情：“江面不过如珠江之鹅潭，又如西南镇一路至芦苞水而已，尚无扶胥口之阔也。”[⑩] 他又比较扬州与苏杭、广州的优劣：“（扬州）屋宇人物又不及苏杭，屋宇以广州为冠，人物以苏州为佳。”[⑪]

当时广东地区已普遍使用洋银，而内陆不用洋银，又让黄培芳极感不便。因为中国其时是以银两为主币，系称量金属货币，各地平砝不划一，宝银成色参差不齐，在交易收付上远比不上洋银计枚论值便利[⑫]。洋银初时仅在东南沿海沿江商埠流通。沈复曾受盐商之请，在安徽绩溪一处寺院游玩，“临行以番银二圆为酬，山僧不识，推不受。告以一枚可易青钱七百余文，僧以近无易处，仍不受。乃攒凑青蚨六百文付之，始欣然作谢”[⑬]。沈复所记此事，发生于乾隆五十三年（1788）。此时洋银在徽州等地已有流通，但绩溪等偏远之地不甚通行，故山僧拒绝。相比闽粤江浙沿海地区，即使是在乾隆后期，洋银在内陆的农村地区仍不甚流行[⑭]。

黄培芳的日记为后人留下当日洋钱的使用情况。到达浙江常山后，有印洋钱用至此止，以后俱用光板洋钱[⑮]。抵达江苏常州府后，洋钱至此不用[⑯]。林伯桐的记载也大致相同：“新洋钱（须并未打银印兼要有四个工字者）用至苏州而止，其有印洋钱，东路用至赣州或至玉山而至。”[⑰]

虽然顺治四年（1647）清廷定制钱“每十文准银一分，永著为令”，从此在法令上明确银钱一两比一千文的比价，但实际上

⑧《北行日记》嘉庆二十四年（1819）元月初九日条。

⑨〔清〕沈复：《浮生六记》，卷四“浪游记快”，上海古籍出版社，2009年，第97页。

⑩《北行日记》嘉庆二十四年（1819）元月十四日条。

⑪《北行日记》嘉庆二十四年（1819）元月十五日条。

⑫ 陈春声：《清代广东的银元流通》，《中国钱币》，1985年第1期，第46—53页。

⑬〔清〕沈复：《浮生六记》卷四“浪游记快”，上海古籍出版社，2009年，第92页。

⑭ 熊昌锟：《清代民间舆论对洋银流通的认知与因应》，《长安大学学报（社会科学版）》，2018年，第20卷，第5期，第89页。

⑮《北行日记》嘉庆二十三年（1818）十二月廿四日条。

⑯《北行日记》嘉庆二十四年（1819）元月十一日条。

⑰〔清〕林伯桐：《公车见闻录》，“用物”条，第769页。

并没有能力维持这一规定。有清一代，银钱比价变动不居，不但因时而异，而且在不同地区也有各自的特点。[①]《北行日记》中的记录，说明洋钱兑制各地并不统一。在江西的南安“洋银一圆兑钱九百二十”，浙江境内，光板洋钱每圆兑制钱九百三十。[②]黄培芳记录各地银钱比价，并非闲笔，其背后仍是优越感作祟。嘉庆十九年（1814），两广总督蒋攸铦奏：“现在粤省市价，每圆换制钱七百二三十文，若至浙江、江苏等省，可值钱八百数十文。”[③]据陈春声分析，乾嘉年间，银钱比价接近一比一千这一正常比值，但随着鸦片走私导致中国大量白银外流，银贵钱贱成为道咸之后全国性现象。而广东仍能保持一比一千的银钱正常比价（一圆约等0.72两），说明广东财政状况的良好和洋钱货币的坚挺。[④]乾隆《广州府志》曾这样评论当时广东的钱币铸造：“今广省岁铸钱若千，权操于上，利通于下，以调盈虚，以权子母，百姓乐业，市道无争，较之前代轻重屡更，敛散无方者，实度越千古焉。”[⑤]

黄培芳在与外省的比较中处处流露出优越感，虽然外省人未必认可这种优越，但黄培芳也绝非孤芳自赏。这份优越感，给广东士子带来自信，激发出他们前所未有的进取心。黄培芳在《北行日记》中所展现出来的自信与进取，似乎也表明了在嘉道之际，广东与江南在争夺文化中心一事上，虽然未曾“攻守之势异也”，但至少发生了一些微妙的变化。同时也应该看到，公车北上开拓了广东士子的视野和胸襟，拓展了其交游圈，加速了南岭内外的文化交流，提升了广东的文化影响力。如黄培芳游灵隐寺，寺内有灵隐书藏，乃阮元抚浙时所建，以为名山之藏，书悉编号，遂将随身携带的“家集自先祖先君至拙稿凡七种畀贮焉”[⑥]。阅读《北行日记》，可知当日区域竞争与互动的许多细节，江南学者对粤中文人也不乏赏音之人，文化交流使得岭南文人更容易得到广泛认同，从而有力地展示广东文化。

① 陈春声：《清代广东银钱比价》，《中山大学学报（哲学社会科学版）》，1986年第1期，第99页。

② 《北行日记》嘉庆二十三年（1818）十二月廿七日条。

③ 〔清〕梁廷柟总纂、袁钟仁校注：《粤海关志》，卷十七，禁令一，广东人民出版社，2002年，第345页。

④ 陈春声：《清代广东银钱比价》，《中山大学学报（哲学社会科学版）》，1986年第1期，第103页。

⑤ 《（乾隆）广州府志》，卷十二，钱法，乾隆二十四年（1759）刻本，广东省立中山图书馆藏。

⑥ 《北行日记》嘉庆二十四年（1819）元月一日条。

黄培芳的优越感，也从侧面说明嘉道之际广东在人才储备、资源配套等方面已经达到了一个蓄势待发的临界点，这是其他许多省份所不具备的。阮元之所以在广东兴办学海堂取得巨大成功，与广东能提供强大的人力物力支持密不可分。当他调任云贵总督后，把广东的办学模式完全复制过去，只是同样的举措在云南却收效甚微。淮橘成枳，阮元也无可奈何，可见许多事情能否办成，天时地利人和，缺一不可。

第三节 守正出奇：谢兰生去“被边缘化”的努力

“江南情结”同样存在于广州的书画世界。每年十二月十九日东坡生日，广州士绅举办寿苏雅集便是这一情结的体现。康熙三十九年（1700）冬，商丘宋荦刊成《施注苏诗》，恰值东坡生辰，遂与师友聚于苏州沧浪亭为东坡祝寿，是为近世寿苏雅集的发端。此后翁方纲督学广东，又将这一发端于江南的寿苏之风带入岭南。粤中诸子于是日或焚香拜像，或书画为祝，以表缅慕之情。

道光元年（1821）十二月十九日，谢兰生等人齐聚风满楼，拜东坡生日[⑦]。这一年，叶梦龙从京返粤，因翁方纲离粤而停办数年的寿苏雅集得以重新举办。东坡寿诞前一日，“叶云谷致书，代梦溪请明日集风满楼拜东坡生日”[⑧]。道光三年（1823），谢兰生再次参加寿苏会：“午后同人集三元古观，拜东坡先生诞辰，主席者张磬泉、仪墨农，予未上席即还。”[⑨]

道光元年（1821）的寿苏雅集，确立了叶梦龙与谢兰生等人在广州城中的文化领袖地位。礼毕东坡像后，诸家又合作大

⑦《日记》道光元年（1821）十二月十九日条。

⑧《日记》道光元年（1821）十二月十八日条。

⑨《日记》道光三年（1823）十二月十九日条。

幅山水，谢兰生写树一株，又为《六君子图》题诗。[①]“寿苏”的背后，也是对江南风雅的一种模仿与学习。它作为精英士人的文化活动，不仅停留在书画创作与鉴赏活动的层面，还涉及士大夫内部的自我认同问题。换言之，这些朝野上下、南北各地在东坡生日举办纪念活动的人，相互之间有一种强烈的文化认同感。这种认同感并非仅仅来自科第功名或官阶品级，而是取决于其对历史文化的温情脉脉和审美情趣。通过寿苏活动，广东士绅向世人表明，广东不再是蛮荒之地，而是也可以领悟中华精致文明的礼仪之邦。

谢兰生的艺术风格和师承来路，由石涛上追元人，很显然也是一种江南情结的体现。汪宗衍曾言：

> 陈古樵尚论粤中绘事，黎二樵而后，推许里甫。自陈兰甫撰《谢里甫师画跋》云“其画尤高在二樵之上”。再传弟子康长素著录里甫画于《万木草堂画目》，世之评论粤画者乃靡然从风。盖书法平原北海，浑厚朴拙，虽与二樵同法清湘，善用破水法，墨韵滃郁，独具面目，深得大涤精髓，直追元人，视二樵柔弱有间矣。[②]

谢兰生早年习画，便是从学习正统派画家入手。从其乾隆五十五年（1791）创作的《荔枝图》（图 12-1）可见其扎实的绘画基本功。此图用笔严谨细致，敷色则糅合恽寿平晕染的效果。自从退隐广州后，谢兰生广泛研习各家画法，在仿古类作品的题跋中，他经常记录下学习心得，以下略加整理：

> 1. 范华原春岚晓霭一幅，其枝头皆密作圆点，其山顶皆攒簇短树，浓绿可爱，亦华原之长技也。[③]
>
> 2. 北苑仙山楼阁，不可得见。而所谓仙山者，北苑

① 《日记》道光元年（1821）十二月十九日条。

② 汪宗衍：《广东书画征献录》，著者自印本，1988 年，第 149 页。

③ 《仿古山水四屏》，收入《黎简谢兰生书画》，香港中文大学出版社，1993 年，第 233 页。

图 12-1 《荔枝图》 1791 年 谢兰生 绢本设色 纵 166 厘米，横 75 厘米 香港中文大学文物馆藏

并未之见。以其画法想像为之，庶步远而。[4]

3. 秋江动月。学吴仲圭渔父图大意，此图浑厚洒脱，多半出自僧巨然云。[5]

4. 千尺乔柯。从郭河阳古木遥山图变出，亦觉磊落可意。[6]

5. 关九思此写法，观之亦从北苑解索法变来。[7]

6. 清湘老人云泉图，予尝作小幅未畅志，因复为此。[8]

④ 《仿古山水四屏》，收入《黎简谢兰生书画》，香港中文大学出版社，1993 年，第 233 页。

⑤ 《仿古山水四屏》，收入《黎简谢兰生书画》，香港中文大学出版社，1993 年，第 233 页。

⑥ 《仿古山水四屏》，收入《黎简谢兰生书画》，香港中文大学出版社，1993 年，第 233 页。

⑦ 《设色山水四屏》，收入《黎简谢兰生书画》，香港中文大学出版社，1993 年，第 229 页。

⑧ 《山水册》，收入《黎简谢兰生书画》，香港中文大学出版社，1993 年，第 222 页。

图 12-2 《洞庭秋水图》
谢兰生 金笺本设色 纵 106 厘米，横 25 厘米 广东省博物馆藏

7. 二樵先生碧嶂红棉图。[①]

8. 法高房山意。[②]

9. 古木秋亭，仿云林笔。里甫画有竹山房。[③]

10. 九十日春分两色，石矶间却钓鱼船。此予少时题人山水诗。忘却上二句矣。偶忆及之，为补一幅，亦大痴法也。[④]

11. 风月宽闲地，溪山隐遁身。云边安井臼，竹里过比邻。洗术分岩瀑，烹芝柬涧新。柴门敲不应，疑是避秦人。放翁诗。里甫以曹云西法写之。[⑤]

12. 以破笔学黄鹤山樵，未知是否。[⑥]

由上观之，谢兰生凭借长年鉴定绘画的经验，能够游刃有余地以各家笔法进行山水画创作。从五代北宋的董源、范宽、郭熙，到元代高克恭、倪瓒、吴镇、黄公望，再到明清的沈周、石涛等，各家风格他都熟稔于心，甚至明代中晚期不甚出名的关九思，他都有相当研究。由此也可以看出当时广州书画世界对于全国绘画风格的熟悉。其中 10—12 条分别仿元代黄

① 《仿各家设色山水册》，收入《黎简谢兰生书画》，香港中文大学出版社，1993 年，第 246 页。

② 《仿各家设色山水册》，收入《黎简谢兰生书画》，香港中文大学出版社，1993 年，第 246 页。

③ 《仿各家设色山水册》，收入《黎简谢兰生书画》，香港中文大学出版社，1993 年，第 246 页。

④ 《山水册》之三，收入广东历代绘画展览组委会主编：《传承与发展：广东历代绘画展览图录（上篇）》，岭南美术出版社，2010 年，第 153 页。

⑤ 《山水册》之三，收入广东历代绘画展览组委会主编：《传承与发展：广东历代绘画展览图录（上篇）》，岭南美术出版社，2010 年，第 154 页。

⑥ 《山水册》之三，收入广东历代绘画展览组委会主编：《传承与发展：广东历代绘画展览图录（上篇）》，岭南美术出版社，2010 年，第 154 页。

图 12-3 《仿梅道人江浦远帆图》 1829 年 谢兰生 纸本设色
纵 108 厘米，横 173 厘米 广州艺术博物院藏

公望、王蒙、曹知白三家，是专为翰华斋老板何南坪所作，亦可略窥广州画坛中最受欢迎的绘画题材，而这也是典型的江南风格。

在众多仿古之作中，谢兰生对倪瓒用力颇深，曾言“予见迂翁真笔不多，特爱其奇峭者”⑦。其《洞庭秋水图》（图 12-2）就是仿倪瓒风格，画中采取“一河两岸”构图，近景平坡枯树，岸石以折带皴出之，中景是辽阔江面，远景几抹淡山。意境寂寞空灵，深得倪画萧瑟疏落的意趣。

吴镇也是谢兰生特别推崇的画家：“吴仲圭画发源董巨，而深入窔奥，所作大幅，多深山巨壑，以写其离奇之气。如此幅平远者绝少。然境虽坦迤，而奇妙处不一而足。识者细玩，自知至其静穆浑雅之气，尤非后世名辈所能及，虽石田亦未臻此境，无他，气韵高也。”⑧ 谢兰生作于道光九年（1829）的《仿梅道人江浦远帆图》（图 12-3），乃是仿吴镇画风的一件精品，墨法苍润，颇得吴镇善用湿笔的特点。

谢兰生一生崇拜董其昌，其在道光元年（1821）所作的《与张墨池合作山水图》（图 12-4）中写道：

辛巳四月廿二日，余方展绢欲仿香光笔意作山水，

⑦《以上自题山水》，谢兰生：《常惺惺斋书画题跋》，卷下，第 416 页。

⑧《题吴仲圭大幅山水》，谢兰生：《常惺惺斋书画题跋》，卷上，第 407 页。

12-4 《与张墨池合作山水图》 1821年
谢兰生 绢本设色 纵72.5厘米，横31厘米
广州艺术博物院藏

而墨迟、步蒙二子适至，墨迟兴到，即为落墨，瞬息而就，余但着色而已。

此画虽是与张如芝合作，但仍不无董其昌的影子。谢兰生不仅模仿董其昌的笔意，还于画中抄录董氏诗句明确此画乃仿董之作：

云开见山高，木落知风劲。亭下不逢人，夕阳淡秋影。此香光题云林秋林图句也，画中亦有此意，里甫再书。[①]

尽管谢兰生擅长模仿古人画风，但他的仿古，并非全盘照抄，而是作为启发创作灵感的途径，这是了解谢兰生山水画创作手法的一大关键：

每拈笔伸纸欲作画，不知从何处说起，忽得古人稿本，开发性灵，一笔扫去，不管似不似，自然入妙。董思翁谓对临古画，不三五笔，便写出自己本色。竟有终幅无一笔肖者，此真善于临古。[②]

受董其昌影响，谢兰生学习古人以得气韵为上，不拘泥于线条、墨色之间。他学倪瓒有独到的心得："学云林者，见一二枯株，淡抹平远数笔，自谓得其三昧。至奇峰绝壑，则鲜为之，

① 《黎简谢兰生书画》，第195页。

② 《题南田临古山水》，谢兰生：《常惺惺斋书画题跋》，卷下，第410页。

图 12-5 《山水册》之一 1829 年 谢兰生 纸本设色
纵 30.5 厘米，横 40.5 厘米 广东省博物馆藏

恐迂翁不受也。”[③] 他于道光九年（1829）画的一本《山水册》中有一页（图 12-5）仿倪瓒风格，题款写道：“倪画自有苍深圆厚一种，近人但以枯瘦者当之。又盛称渐江，谓学倪者无如此僧，不知渐江最枯秃，一染其恶习，无药可治矣。”因此，他师法倪瓒与他人一味强调枯淡不同：“拟云林着色，此则朱绿并用，益觉灿然。”[④] 又曰：

> 云林画以不着色者为贵，其着色真本，予实未之见。今姑以用墨之法为着色之法，随其浓淡，若有若无，虽未必合，庶不远而。[⑤]

再以《古木秋亭图》（图 12-6）为例，此画也是仿倪之作，但不是斤斤计较于所谓“平淡天真”，其用笔老辣而松动，转折处微露圭角而风骨遒然，山石矾头则可找到不少董巨、黄公望的笔法源头。

谢兰生虽多有仿古之作，但并非只知墨守古人三尺法者，他对于“四王”的态度可以见出这一点。他批评王翚：“画临古，十

③ 《以上自题山水》，谢兰生：《常惺惺斋书画题跋》，卷下，第 416 页。

④ 《以上自题山水》，谢兰生：《常惺惺斋书画题跋》，卷下，第 416 页。

⑤ 《自题仿倪着色法》，谢兰生：《常惺惺斋书画题跋》，卷上，第 401 页。

图 12-6 《仿各家设色山水册》之“古木秋亭图” 谢兰生
纸本设色 纵 30.5 厘米，横 40.5 厘米 广州艺术博物院藏

居八九而不免拘谨，不能如正叔善变。”[①] 他对王原衵评价尚好：“伍春岚送重装清湘册子来，又送至麓台《仿赵大年江乡清夏》大幅山水，极秀润宜人，此幅作于辛未夏五，秀公所得一幅亦仿大年，作于甲午九秋，二幅皆是妙品。”[②] 但又批评王原衵“未脱奔放气，以其能用重笔，不能轻笔，且浮气未敛故耳”[③]。谢兰生很推许恽寿平，如“恽正叔天资高妙，其临古若有意若无意，愈觉姿态横生”[④]，“学古而善变，故能与古人齐驱，高出等伦”[⑤]。至于他对于石涛的倾心向慕，更能说明他在转益多师后希望“自开我法”。他在晚年有一次作画后感慨：“晚写大绢画二幅已成，一气挥就，若无其事，亦向来未臻之境。”[⑥] 很难得自负一次“人书俱老”。

大凡真正的艺术家，无不经历过“守正”与“出奇”这两个阶段的来回训练。盖因非守正不能得文人正脉，非出奇不能呈现个人面貌。那么，如何在师古的过程中建立起个人风格呢？可以肯定的是，以所学的技法画眼前之物，显然是不二法门。广东画家对本土实景山水的描绘，目前所见最早的作品是明清

① 《题南田临古山水》，谢兰生：《常惺惺斋书画题跋》，卷上，第 410 页。

② 《日记》道光三年（1823）七月十一日条。

③ 《题王麓台仿云林》，谢兰生：《常惺惺斋书画题跋》，卷上，第 414 页。

④ 《题南田临古山水》，谢兰生：《常惺惺斋书画题跋》，卷上，第 410 页。

⑤ 《题南田画》，谢兰生：《常惺惺斋书画题跋》，卷上，第 397 页。

⑥ 《日记》道光九年（1829）十月十一日条。

之际高俨的《羊城八景图》，活动于乾嘉时代的黎简则绘制了大量以罗浮山、珠三角景色为主题的山水画，而谢兰生则继承了这一创作手法并将其发扬光大。正如张艺仪指出的，嘉道年间的广东山水画创作中表现出了强烈的本土意识："士人把对本乡的感情，体现于整理及重建文艺成就上，显示出来的强烈自我意识，除了希望达到巩固本土文化地位的目的外，也企图表现出一种地方文化的独特性，事实上，这种企图于嘉道年间的广东文人山水画中也成为主调。"⑦

南粤大地，四季如春，温暖湿润，粤山长年覆盖植被，圆浑葱郁而与北方山水大不相同。晚明来粤的江南人叶权对此深有体会：

> 岭表山形与中州稍异。峰峦向背，率若自出己意，非若吴浙中脉络相贯者，如绘家所谓马蹄、鬼脸、矾头、披麻、乱云、雨点诸皴法，一一有之。石甑山仿佛矾头，乱石山远如雨点，观音山酷似披麻，黄巢矶俨然鬼脸，迴岐山依稀乱云，今绘家所图，多平远土，仅有峰文，大小斧劈尽之矣。以是知画虽一技，必博闻广见，乃能穷尽变态为大家，即如大庾松，马远、郭熙得一端而已。⑧

喜欢登临山水的谢兰生深切体验到南粤山川所特有的亲切感，并将本土山水的独特情态表现于画面。广州知府程含章将赴任山东，谢兰生以木棉入画写扇面饯别，凸显岭南山水的地域特色。⑨这一地域风物的描绘，乃是谢兰生经过仔细观察得来的。在写此画的前三日，谢兰生外出观赏木棉，并打下腹稿，在《日记》中写道："由小北门城上看木棉，循城而北而西而南至归德门止，一路木棉俱开，有殊萎而出叶者矣。虽未极大观而得画本已有四五幅矣。"⑩

又如《红棉溪阁图》（图 12-7），是仿黎简《碧嶂红棉图》

⑦ 张艺仪：《十九世纪初广东文人画的本土意识》，收入林亚杰、朱万章主编：《广东绘画研究文集》，岭南美术出版社，2010 年，第 337 页。

⑧〔明〕叶权：《游岭南记》，中华书局，1997 年，第 44 页。

⑨《日记》道光元年（1821）三月二十日条。

⑩《日记》道光元年（1821）三月十七日条。

图 12-7 《仿各家设色山水册》之“红棉溪阁图” 谢兰生 纸本设色 纵 30.5 厘米，横 40.5 厘米 广州艺术博物院藏

而作，除了仿写黎画中的红棉外，还描绘了岭南地区常见的芭蕉。在其他题跋中，谢兰生也表现出对本土风物的喜爱：

> 楼上高枝乃木棉也，花谢絮飞，嫩绿初吐，亦殊有风韵。吾粤画人，自二樵山人始以木棉入山水，第俱用朱点花而不叶，写叶则自里甫始也。[①]

“吾粤画人”一语，清晰可见其强烈的本土意识。他在《自题山水》中详细记录了粤中水松特有的一些习性：

> 粤之水松与山松相似，而实不同。树身如杉，叶似柏而加细密，水乡中数百株排列，岸浒结巢其下，足以娱老，惜予未能然也。

在《题水松扇》中，他再次表达对家乡这种特殊树种的珍爱：

> 水松，一名水桧，干似杉，枝瘦而叶细，水乡中排列千百株，天然入画。珠江之南，沿溪硖至汇津桥，松尤蔚茂。[③]

① 《题海珠图》，谢兰生：《常惺惺斋书画题跋》，卷下，第521页。

② 〔清〕谢兰生：《常惺惺斋书画题跋》，卷下，第418页。

③ 〔清〕谢兰生：《常惺惺斋书画题跋》，卷上，第398页。

谢兰生在许多作品中，展示了岭南山水的温润亲切，如《山水图册》中有一页（图 12-8）就描绘他春天最喜欢去的花埭，自题云：

> 道光甲申初春，载酒游花埭，将入滘口，遥望丹林如霞，乃山村桃花，连夜得雨，开至烂漫也。归而图之，距今三年乃毕。此册画亦岂易事乎！丙戌长至后，里甫记。

而许其光在对页的题跋中则说："此画又如春光霭霭气象，画法亦能肖乎人品焉！今抚斯图，仿见先生春秋佳日花埭、荔湾游宴时也。"

谢兰生也有作品描绘每年消夏必去的荔枝湾（图 12-9）。又曾以广州城外的海珠寺入画：

> 午后欲过花埭，以风大而止，复还斋午饭。申后写《海珠寺图》一幅，即以今日所见略写大意，亦有兴致，不落俗套。此图不难写，难在脱俗。[4]

谢兰生力图通过传统笔墨来表现家乡山水这一新题材，从而寻求突破。为此，他一方面孜孜不倦于传统山水画题材的创作，这是他的"守正"；另一方面，则在创作中倾注对家乡山水的深切感受，将所见岭南山水的一些经典场景写入画中，这便是"出奇"了。他的仿古，为表现身边所见题材提供了丰富的笔墨经验；而古人未曾或者甚少涉及的题材，则是他畅快抒发个人性情的最佳方式。

广州书画世界出现强烈的地方自我意识，是广东经济文化发展到一定程度后的产物。正如国家崛起，通常会带来民族主义思潮兴起一样，一个地区经济繁荣兴盛之后，本土意识必然也如影随形，应运而生。这种意识唤起了广州士绅对本土文化的认同感与归属感。据《日记》记载，"何梦溪送来《广东文献》

④《日记》道光八年（1828）三月廿五日条。

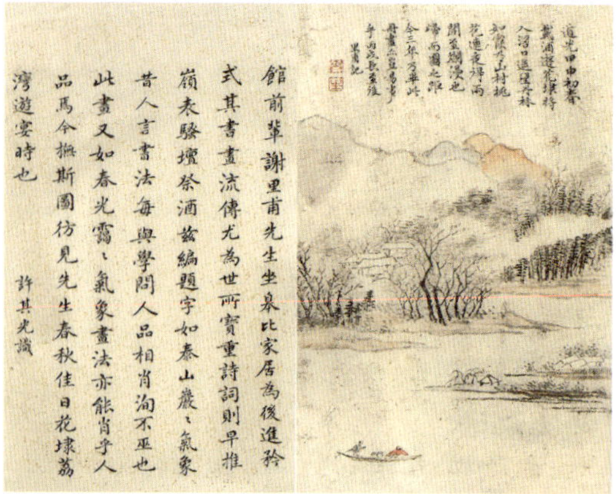

图12-8 《山水图册》
1826年 谢兰生
纸本设色 纵32厘米，横21厘米
东莞市博物馆藏

图12-9 《荔枝湾图》
1820年 谢兰生
纸本水墨 纵58厘米，横31.5厘米
广州艺术博物院藏

一函，共四集”[①]“何梦溪送《岭南文献》一函，凡四集”[②]。除了整理岭南乡邦文献，他们还关注岭南前贤的遗作，如“陈君其璋字达廷送《独漉堂全集》”[③]。《独漉堂全集》是清初广东遗民陈恭尹的著作，乾隆年间曾遭禁毁，道光时期文网渐松，又重现于坊间。清初江南与广东两地的遗民曾频繁来往，江南遗民屡次潜入岭南避祸，而广东遗民则反向流入江南避难寻友，以求声援。[④]江南士人对岭南三家（屈大均、陈恭尹、梁佩兰）颇存敬意。[⑤]此后康乾盛世江南文运大盛，而广东却游离于学术主流之外，两地也就无法形成有效对话。因此，广东士人关注陈恭尹诗文，背后是为了重拾昔日的荣光，并借此表达对地域传统的敬意与温情。而广东士人重建文化传统的最典型事例，莫过于《广东通志》一书的修撰。该工程由两广总督阮元主持，始于嘉庆二十三年（1818），成于道光二年（1822），谢兰生、刘彬华、吴兰修、曾钊、刘华东等一大批广东本地精英全程参与。程美宝指出：

> 在道光《广东通志·风俗》一章中，“粤人”“粤俗”和以“粤”字起头的事物触目皆是，这些用语很容易给人一个印象，以为编纂要叙述的，是一种独特的地方文化；而像“吾粤”一类的用语，更似乎是有意识地表达着一种群体身份。[⑥]

《广东通志》的成功编撰，与广东精英阶层的集体投入不无关系，也与广东文人自我意识的觉醒有关。道光六年（1826），谢兰生的好友吴应逵将品荔心得写成《岭南荔支谱》一书。它与吴兰修《端溪砚史》作为学海堂学者的广东本土历史文化著作，于道光三十年（1850）被收入伍崇曜编纂的《岭南遗书》。麦哲维认为，这是起源于江南的考据学在广东形成气候的象征，同时也表明广州正进入一个至少可与明代媲美的文化繁荣期。[⑦]

① 《日记》道光六年（1826）三月廿八日条。

② 《日记》道光六年（1826）七月三日条。

③ 《日记》道光六年（1826）八月十日条。

④ 杨念群：《何处是“江南”：清代正统观的确立与士林精神世界的变异》，第八章“文字何以成狱”，生活·读书·新知三联书店，2017年，第377页。

⑤ 如潘耒为屈大均《广东新语》作序就称：“粤东为天南奥区，人文自宋而开，至明乃大盛。名公巨卿，词人才士，肩背相望。”

⑥ 程美宝：《地域文化与国家认同：晚清以来“广东文化”观的形成》，第二章“岭外入中国”，生活·读书·新知三联书店，2006年，第48页。

⑦ 〔美〕麦哲维著，沈正邦译：《学海堂与晚清岭南学术文化》，广东人民出版社，2018年，第47—50页。

图 12-10 《碧峰红棉图》 1821 年 叶梦草 纸本设色 纵 151 厘米，横 49.5 厘米 广州艺术博物院藏

吴应逵与吴兰修的著作，都是采用正宗的考据学方法，而研究对象则是广东本土文化，这与谢兰生的创作手法有异曲同工之处，都应是本土意识觉醒的产物。

谢兰生对岭南实景山水的描绘，引起广州其他文人士大夫的共鸣与模仿，单是以木棉题材入画的作品就有叶梦草所绘《碧峰红棉图》（图 12-10），李魁《木棉山水图》等，其他如张如芝、黄培芳、梁蔼如、蔡锦泉、熊景星等人，与谢兰生相从甚密，或多或少会受其影响。而越秀山镇海楼与红棉搭配的岭南胜景，作为广州的新地标，成为岭南画家由衷喜爱的题材之一（图 12-11、图 12-12）。罗浮山一带的景致，也成为广东山水画家的创作母题之一，除了寄托洞天福地的遐思外，更是广东本土意识高涨的体现。

对“江南”风尚的迷恋与本土意识的觉醒，作为事物的两面，深深形塑着嘉道年间广州的书画世界。这一时期的广州书画世

图 12-11 《镇海楼四友图册》之“镇海楼图” 1817 年 黄培芳 纸本水墨 纵 32.5 厘米，横 29.5 厘米 广州艺术博物院藏

图 12-12 《红棉仙馆图》 张琛 纸本设色 纵 30.5 厘米，横 73.5 厘米 广东省博物馆藏

界，最重要的特征是省内外画家的密切交流并出现本土意识的倾向。由于清政府“一口通商”的政策倾斜，广州的区域经济增长迅猛，造就了富庶繁荣的盛景。与此同时，广州书画世界的地域意识开始觉醒，以谢兰生为代表的文人画家通过描绘乡土风物来构建一种新的绘画样式。当然，这并不意味着一定要从江南风尚的笼罩下突围而出，另起炉灶。其实，融入主流书画世界，摆脱边缘的困境，才是横于广东士人胸中的一道难题。对于谢兰生而言，自然不至妄自尊大到要取代江南的书画中心地位。提升广东的文化地位，争取成为一个让江南人高看一眼

的次文化中心，便是此时广东士人最高的目标了。正如黄培芳可以鄙夷江西“无一不逊于粤”，但面对江南，虽然不再过分仰视，但也绝不敢出以狂妄之语。因此，这种表现岭南实景山水的做法，实际上是以谢兰生为代表的广州士绅，在大力促进地域文化建设的同时，又运用地方资源来争取区域文化去“被边缘化”的努力。

事实上，此时期的广东绘画，正如暗潮涌动的社会各个群体，充满各种变数，也在变动中孕育着革新的各种苗头和土壤——那只一百年后搅动中国美术版图的小蝴蝶正在等待时机成熟破茧而出。进入20世纪，广东美术横空出世，大放异彩，引领潮流。为何会如此？这个问题很难回答。或者真如俗话所说：三十年河东，三十年河西。人才的出现，既有天时地利，也有很多不可捉摸的因素。而民国时期广东美术之所以如此绚丽多彩，和民国时期广东人整体生猛的活力有关。

我们不应该孤立地看待民国时期广东画家的活动，更应该看的是广东人在整个中国活动的场景。民国时期，广东无论在政界、商界还是文化界，都产生了非常杰出的人才。中国社会是很讲究乡缘、地域关系的，这是一个不用讳言的事实，“二高一陈”之所以能够有这么高的历史地位以及影响力，是因为他们作为同盟会元老，得到过许多广东籍高官要员的帮助。而20世纪下半叶之后，广东美术的发展势头有所回落，与之相对应的是广东在全国范围内的活力，除了商界以外，无论是在政界还是在文化界，都是有所萎缩的。由此可见，美术的进与退，并不单单只是美术界的问题。

回过头来看，第一次鸦片战争前夕的广东绘画，就全国范围来看，毋庸讳言，仍然处于非中心地位，这也是广东整体文化在此时处于非主流地位的一个缩影。以谢兰生为代表的广东画家去“被边缘化”的努力，与阮元创办学海堂令广东进入朴学的学术主流一样，是广东文化在清代中叶努力追赶中心地区的一种体现。任何一种区域文化，要想获得全国范围内的中心地位，各种因素势必凝聚成一股合力共同奋进，而非零敲碎打、朝夕可至的。唯有政治、经济、思想等多个方面齐头并进，而且必须有长时段的持续性，经过几代人的不断接力传递，在各自领域内做出突破性成就，方有可能实现从边缘向中心的飞跃。谢兰生及其同时代画家的成就，无疑给予后来者巨大鼓舞，激发了后来者的进取心，假如没有谢兰生以及之后几代人的努力，很难想象广东美术能否在民国迸发出非凡的能量。而谢兰生的意义，正在于区域文化（小世界）与中心文化（大世界）互动所形成的这种张力之间。

尾声

嘉庆六年（1801），谢兰生为友人徐东篢《观海图》作记：

> 忆乾隆辛亥岁，徐子东篢出示所制《蜃楼记》。自云：渡重洋获奇观，为生平一大快事。余曰：此真观海者也……吾人居斗室，对青简，且不识户外事，何况观海？然拥书百城，日手一编，博关群言，耽玩奥旨，极鱼龙曼衍之观，涌仙山楼阁之奇，腾天入渊，瞬息万变，洞心駴目，应接不暇，曾何蜃楼海市之足云乎？今东篢学有本原，又获此海外奇观以益其神智，然后知天之啬于彼而厚于此者，诚非无故。余向者犹浅之乎视东篢也。[1]

此年谢兰生第四次公车不售，正值人生低谷，因此，他借《观海图》来抒发怀才不遇的感慨，认为功名利禄终究如蜃楼一般可望而不可及：

> 余今年四十有一，虽未经沧海而人事起伏变现无常，真如蜃楼随风，无足芥蒂。又尝屡踬公车，长途力倦，尚得衣食粗足，读书荒山，志愿足矣！东篢才过于我，

① 〔清〕谢兰生：《观海图记》，《常惺惺斋文集》，收入谢兰生《常惺惺斋日记（外四种）》（李若晴等整理），广东人民出版社，2014年，第364页。

而曾不得少摅其胸中所有，又不获从容闲暇，大畅其生平读书之志。追忆旧游，绘为此图，岂真驰域外之观耶。抑鉴于河伯始旋其面目者耶！盖东篔毕生志趣，胥于斯图寓焉也矣。不然舟人渔子，日出没于云涛雪浪中，即云蜃楼者，安知不偶然寓目而诧以为奇哉！[1]

无独有偶，三年后，一本描写洋商生活的言情小说《蜃楼志》在广州刊刻，顾名思义，小说也把现实中的广州城市生活比拟为虚幻的海市蜃楼。在当日官绅与洋商共同营造的盛世幻境中，我们丝毫看不出广州城内各阶层的生活沧桑与鸦片战争前夕的紧张气氛。而嘉庆十五年（1810）纵横驰骋南海二十多年的海盗联盟突然瓦解消亡，更是大大加深了时人对太平幻境的想象。谢兰生在一卷欢送两广总督百龄平定海盗后凯旋回京的《平海还朝图》上题跋道：

公自平海后，谨斥堠、添巡防、编保甲、纠义勇，一切经营善后，既与诸大吏询谋佥同，使诸司、百职咸有法守，以故时和而年丰，外户而不闭，民咸曰：衮衣黼裘，公实惠我。盖人知捣穴擒渠，功甚拯溺，亦知劳来安集，与民更始，其福庆流衍，尤不可世数计量如是哉。[2]

不知谢兰生写下这段跋语时，是否真的相信从此天下太平，海清河晏。作为大陆国家，中国的外患总来自北方，历代王朝都从未真切体会海防的重要性。海盗问题的突然消亡，让朝野上下产生一种假象，以为所有的危险都将迎刃而解。正如穆黛安（Dian H. Murray）在《华南海盗（1790—1810）》中所言：“海盗投降的一个更为严重的后果是，它使得清朝官员对其海岸状况产生了一种虚假的安全感。用传统方式镇压叛乱所取得的胜利，不但未能促使清政府对其海防上的弱点有所醒悟，反而使之更加麻木；清朝官员不但未从其水师与海盗屡战屡败的结局中得到警示，反而只是满足于做表面上的改革文章，掩人耳目。”[3]

① 〔清〕谢兰生：《观海图记》，《常惺惺斋文集》，收入谢兰生《常惺惺斋日记（外四种）》（李若晴等整理），广东人民出版社，2014 年，第 364 页。

② 〔清〕谢兰生：《宫保菊溪先生还朝图序》，《常惺惺斋文集》，收入谢兰生《常惺惺斋日记（外四种）》（李若晴等整理），广东人民出版社，2014 年，第 334 页。

③ 〔美〕穆黛安著，刘平译：《华南海盗（1790—1810）》，“结语”，商务印书馆，2019 年，第 210—211 页。

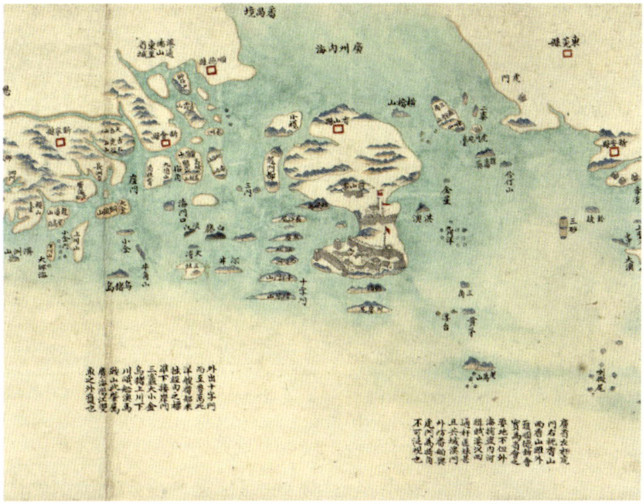

图 13-1 《海疆洋界形势全图》之“珠江口” 清代 美国国会图书馆藏

美国国会图书馆藏有一卷《海疆洋界形势全图》（图 13-1），一般认为，这是雍正年间陈伦炯编绘《海国闻见录》时绘制沿海图的复本。初看会觉得清人的绘图还是很不错的，山形水势、炮台关口一目了然。当年百龄为平定华南海盗，开放言路，问计于地方父老，作为地方精英，谢兰生应该有所建言，也可能看过此类海防图。这不由让人想到一个问题：传统士大夫的天下观与现实的地理学知识之间，是否会有心灵落差，如何调适？再细细推敲，这些地图在战略规划上或有些用处，很适合书生谈兵时高谈阔论，但在实战中可能没有多大意义。如果比较中西同一时期的地图，便不难看出双方战力的差距。我们的地图还是前科学时代的产物，仍然是兼具审美功能的对景式山水画法——最早的山水画就是魏晋时候从地图演变过来的。这一时期的西方地图与中国完全不同，他们是投影法与经纬度法绘制的精确地图，而以现代测绘法绘制地图，直到同治年间才在中国开始应用。[4]

④ 曾新：《明清广州城及方志城图研究》，第八章“清代广州城市格局与城图绘制”，广东人民出版社，2013 年，第 110 页。

图 13-2　《靖海全图》之“大屿困贼”　香港海事博物馆藏

在《靖海全图》“大屿困贼”部分中，有一位立于船头的红衣女子（图 13-2），据说就是叱咤风云的盗首郑一嫂，[①] 她在《平海还朝图》中被陈昙讥笑为“昔为群盗今寡妻”。《靖海全图》“梯航入贡”部分描绘外国人牵象进贡，图左下角还有西洋货船，可见清廷上下正沉浸在万邦来朝的太平幻象之中（图 13-3）。在平定华南海盗后，广东官员与洋商没有想到如何加固海防，拓展海上贸易，而是想尽办法巩固既得利益，继续其垄断特权。海上贸易本得益于海路平安畅通，但洋商的茶叶生意却因海氛平靖反而受损，因为福建茶商见海面平靖，遂改走海路，绕过洋商，与洋人直接交易。这还了得，于是广东洋商请求朝廷力禁海运，理由是不经过洋商，私相买卖，其中必夹有违禁之物。朝廷自然是同意的。[②] 这片大海一直是一个充满各种计算、掠夺的角力场，当然，也充满关于财富想象的蜃楼幻影，只是英国远征舰队的到来，最终打破了中国人的这种幻觉。

《日记》终于道光九年（1829），两年后，谢兰生辞世，再过十年，中英鸦片战争爆发。就此点而言，比起张维屏、潘正炜、陈澧等故友门生，谢兰生要幸运得多，不必目睹天朝在西方列

① 郑二平：《败于海上：解读中国古代海战图》，生活·读书·新知三联书店，2016 年，第 76 页。

② 〔清〕梁廷枏总纂，袁钟仁校注：《粤海关志》，卷十七，禁令一，广东人民出版社，2002 年，第 353 页。

图 13-3 《靖海全图》之“梯航入贡” 香港海事博物馆藏

强坚船利炮之下的崩溃，也没有因为战乱而颠沛流离。在他去世后不久，广州士绅（许多是其朋友、学生）因为鸦片问题，分化成“严禁”与“弛禁”两派。基于这样的知识背景，我很想知道谢兰生如何考量日趋紧张的中英关系，由此找出些“殷鉴”式的话题，但结果很是失望，《日记》中只字未曾提及一个洋人。按常理，谢兰生作为重要士绅，又与十三行洋商交往甚密，对此是应该有所耳闻的。而且更为重要的是，他经常前去游玩的花埭、海幢寺，已于嘉庆二十一年（1816）重新向洋人开放，成为洋人唯一可以上岸游玩的两处景点[③]，然则他为何对这一切视而不见呢？或许只能说在强敌入侵前夕，广州正过着她最后的平静岁月，战争只是很偶然发生的，至少对于中国人而言是毫无防备的。更大的可能则是康乾盛世的虚名助长了中国上层精英的妄自尊大，他们以天朝自居，认为其他国家都是蕞尔小国，根本不值一提。如果这一假设成立，那么《日记》同样为我们提供了当时士人心态的真实材料，它远胜于大量“事后诸葛”式的史料[④]。

当然，要求《日记》涉及国计民生的大问题，未免太苛责古人了。《日记》的最大价值，在于其以生动的文笔和细致的

③ 嘉庆二十一年（1816），两广总督蒋攸铦准令：每月初八、十八、二十八日对外商开放三次，每次只限十人，要随带通事，只准到海幢寺、花埭闲游。详见李荣国、林伟森主编：《清代广州十三行纪略》，第五章“洋行沧桑”，广东人民出版社，1994 年，第 87 页。

④ 譬如《阮元年谱》的作者就铺陈了阮元督粤期间的各项“武功”，说他早就发现英夷为心腹之患，在珠江口各处修建了不少炮台。鸦片战争中，这些炮台几乎不堪一击，清军的表现说明阮元的努力纯属“事后诸葛”式的口头补救。详见张鉴等撰《阮元年谱》，中华书局，2006年。

图13-4　潘家祠道界碑　（笔者摄）

图13-5　潘家祠现状　（笔者摄）

情节把我们带回到19世纪早期的广州城中。这一时期广州留给后人最为深刻的印象，想必是熙攘富庶的全盛景象。沧海桑田，虽然距离《日记》撰写的时间不过两百年，但《日记》中所记录的许多地点，早已荡然无存，只剩下海幢寺、潘家祠（图13-4、图13-5）、荔枝湾等几处景点供后人凭吊。

有一次，我登上越秀山镇海楼俯瞰广州城，学海堂遗址就在越秀山南麓，但早已湮没在丛林民舍之间（据说曾在学海堂就读的梁启超民国时期回广州访学海堂，已然难寻其迹），对于这座再熟悉不过的城市，我突然间有一种“今夕何夕”之感。研究这段历史时间久了，难免会关怀现实，于是便会发现历史时常出现惊人的相似之处。四十年的改革开放，广州在政策上得到许多优惠，这与当年的“一口通商”有些相似，但今天国内外形势大变，故已不再独领风骚。因此，广州如何实现经济与文化转型，是一个值得思考的大命题。

参考书目

一、古代文献

〔宋〕苏轼：《苏轼文集》，中华书局，1986年。

〔宋〕方信孺：《南海百咏》，广东人民出版社，2010年。

〔明〕李贽：《焚书·续焚书》，中华书局，2009年。

〔明〕叶权：《游岭南记》，中华书局，1997年。

〔明〕王临亨：《粤剑编》，中华书局，1997年。

〔明〕王士性：《广志绎》，中华书局，1981年。

〔明〕李孙宸：《罗浮游记》，《建霞楼文集》，清刻本，广东省立中山图书馆藏。

〔明〕欧必元：《游罗浮山记》，收入钟玉文《罗浮山游记汇刊初编》，中国图书出版社，2015年。

〔明〕欧大任：《游罗浮记》，收入钟玉文《罗浮山游记汇刊初编》，中国图书出版社，2015年。

〔清〕潘耒：《游罗浮记》，收入钟玉文《罗浮山游记汇刊初编》，中国图书出版社，2015年。

〔清〕屈大均：《广东新语》，中华书局，2017年。

〔清〕黄培芳：《浮山小志》，《广州大典》第223册，广州出版社，2014年。

〔清〕赖洪禧：《浮山新志》，道光二十五年（1845）酥醪观刻本，广东省立中山图书馆藏。

〔清〕陈铭珪：《浮山志》，光绪七年（1881）荔庄刻本，广东省立中山图书馆藏。

〔清〕李嗣钰：《罗浮山志》，康熙四十四年（1705）刻本，广东省立中山图书馆藏。

〔清〕宋广业：《罗浮山志会编》，康熙五十五年（1716）刻本，日本早稻田大学图书馆藏。

〔清〕潘飞声：《罗浮纪游》，宣统二年（1910）铅印晨风阁丛书丰源印书局本，广东省立中山图书馆藏。

〔清〕吴弥光：《罗浮纪游》，《广州大典》第231册，广州出版社，2014年。

〔清〕陈伯陶：《罗浮指南》，罗浮山酥醪观道同图书馆印行，广东省立中山图书馆藏。

〔清〕素尔讷等纂：《钦定学政全书》，乾隆三十九年（1774）武英殿刻本，中国国家图书馆藏。

〔清〕杨文杰：《东城记余》，孙忠焕主编：《杭州运河文献集成》卷二，杭州出版社，2009年。

〔清〕梁廷枏总纂，袁钟仁校注：《粤海关志》，广东人民出版社，2002年。

〔清〕梁廷枏：《越华记略》，《广州大典》第230册，广州出版社，2014年。

〔清〕梁廷枏：《粤秀书院志》，《广州大典》第230册，广州出版社，2014年。

〔清〕梁廷枏:《藤花亭书画跋》,顺德龙氏中和园印,1934年。

〔清〕阮元、刘彬华、陈昌齐等纂:《广东通志》,上海古籍出版社,1990年。

〔清〕《(光绪)广州府志》,光绪五年(1879)刻本,广东省立中山图书馆藏。

〔清〕《(乾隆)广州府志》,乾隆二十四年(1759)刻本,广东省立中山图书馆藏。

〔清〕《(道光)南海县志》,《广东历代方志集成》,岭南美术出版社,2009年。

〔清〕林伯桐:《学海堂志》,道光十八年(1838)版,广东省立中山图书馆藏。

〔清〕林伯桐:《学海堂志》,《广州大典》第230册,广州出版社,2014年。

《清实录》,台北"中研院"数据库http://hanchi.ihp.sinica.edu.tw/mql/login.html

〔清〕杜受田等修,英汇等纂:《钦定科场条例》卷六,咸丰二年(1852)刻本,中国国家图书馆藏。

〔清〕张鉴等撰:《阮元年谱》,中华书局,2006年。

〔清〕林伯桐:《公车见闻录》,《广州大典》第92册,广州出版社,2014年。

〔清〕赖盛远:《示我周行》,乾隆五十二年(1787)鹤和堂刊,中国国家图书馆藏。

〔清〕李钧:《使粤日记》,道光十四年(1834)刊本,开封府署藏板,中国国家图书馆藏。

〔清〕潘正炜:《听帆楼书画记》,北京古籍出版社,1998年。

〔清〕叶梦龙:《风满楼书画录》,《民国稿抄本》第32册,广东人民出版社,2016年。

〔清〕唐岱：《绘事发微》，王伯敏、任道斌：《画学集成》（明清），河北美术出版社，2002年。

〔清〕康有为：《广艺舟双楫》，浙江人民美术出版社，2019年。

〔清〕吴兰修：《端溪砚史三卷》，《广州大典》第63册，广州出版社，2014年。

〔清〕翁方纲著，欧广勇、伍庆禄补注：《粤东金石略补注》，广东人民出版社，2015年。

〔清〕沈复：《浮生六记》，上海古籍出版社，2009年。

〔清〕樊封：《南海百咏续编》，广东人民出版社，2010年。

〔清〕梁章钜：《归田琐记》，中华书局，2012年。

〔清〕吴绮等撰，林子雄点校：《清代广东笔记五种》，广东人民出版社，2006年。

〔清〕刘世馨编，许联陞订：《粤屑》，收入《岭南随笔（外五种）》，广东人民出版社，2015年。

〔清〕马光启：《岭南随笔》，收入《岭南随笔（外五种）》，广东人民出版社，2015年。

〔清〕倪鸿：《桐阴清话》，收入《岭南随笔（外五种）》，广东人民出版社，2015年。

〔清〕黄芝：《粤小记》，林子雄点校：《清代广东笔记五种》，广东人民出版社，2006年。

〔清〕颜嵩年：《越台杂记》，林子雄点校：《清代广东笔记五种》，广东人民出版社，2006年。

〔清〕佚名：《岭南丛谭》，收入《岭南随笔（外五种）》，广东人民出版社，2015年。

〔清〕杨懋建：《梦华琐簿》，张次溪编：《清代燕都梨园史料》，中国戏剧出版社，1988年。

〔清〕震钧：《天咫偶闻》，北京古籍出版社，1982年。

〔清〕陈坤 :《六脉渠图说》,《广州大典》第225册，广州出版社，2014年。

〔清〕佚名 :《刘华东乡贤案稿》,《广州大典》第177册，广州出版社，2014年。

〔清〕谢兰生 :《常惺惺斋日记》，稿本，中国国家图书馆藏。

〔清〕谢兰生著，李若晴等整理 :《常惺惺斋日记(外四种)》，广东人民出版社，2014年。

〔清〕谢兰生 :《常惺惺斋文集》，南州书楼藏书，广东省立中山图书馆藏。

〔清〕谢兰生 :《常惺惺斋诗钞》,《广州大典》第449册，广州出版社，2014年。

〔清〕谢念功 :《皇清敕授文林郎翰林院庶吉加一级显考澧浦谢公府君行述》,《广州大典》第189册，广州出版社，2014年。

〔清〕张维屏 :《听松庐诗钞》,《广州大典》第93册，广州出版社，2014年。

〔清〕张维屏 :《谈艺录》,《广州大典》第94册，广州出版社，2014年。

〔清〕汤贻汾 :《琴隐园诗集》,《续修四库全书》第1502册，上海古籍出版社，1995年。

〔清〕鲍俊 :《罗浮游草》,《广州大典》第459册，广州出版社，2014年。

〔清〕庾岭劳人 :《蜃楼志》，华夏出版社，2013年。

〔清〕蓝鼎元 :《鹿州全集》，厦门大学出版社，1995年。

〔清〕陈澧著，黄国声主编 :《陈澧集》，上海古籍出版社，2008年。

〔清〕谭宗浚 :《止庵笔语》，刻本，广东省立中山图书馆藏。

〔清〕谭宗浚 :《荔村随笔》,《丛书集成续编》第26册，上海书店，1994年。

〔清〕谭宗浚：《希古堂文甲集》，《广州大典》第477册，广州出版社，2014年。

〔清〕谭宗浚：《希古堂文乙集》，《广州大典》第477册，广州出版社，2014年。

〔清〕程含章：《岭南集》，《广州大典》第440册，广州出版社，2014年。

〔清〕阮元：《揅经室集》，中华书局，2016年。

〔清〕程恩泽：《程侍郎遗集》，商务印书馆，1935年。

〔清〕吴荣光：《石云山人文集》，《广州大典》第452册，广州出版社，2014年。

〔清〕吴应逵：《雁山文集》，《广州大典》第450册，广州出版社，2014年。

〔清〕吴应逵：《岭南荔支谱六卷》，《广州大典》第63册，广州出版社，2014年。

〔清〕潘进：《潘资政公遗稿》，《广州大典》第450册，广州出版社，2014年。

〔清〕崔弼：《珍帚编诗集》，《广州大典》第450册，广州出版社，2014年。

〔清〕崔弼：《新建粤秀山学海堂记》，学海堂初集，启秀山房藏板，道光五年（1825），广东省立中山图书馆藏。

〔清〕《楚庭耆旧遗诗》，道光二十三年（1843）版，广东省立中山图书馆藏。

〔清〕徐荣：《怀古田舍诗钞》，道光二十八年（1848）刻本，广东省立中山图书馆藏。

〔清〕尤步星：《五云诗钞》，《广州大典》第450册，广州出版社，2014年。

〔清〕李鸣盛：《春雨楼稿》，《广州大典》第450册，广州出版社，2014年，

〔清〕袁枚：《随园诗话》，《袁枚全集》第五册，浙江古籍出版社，2018年。

〔清〕袁枚：《随园食单》，浙江古籍出版社，2018年。

〔清〕袁枚：《小仓山房诗集》，《袁枚全集》第二册，浙江古籍出版社，2018年。

〔清〕袁枚：《小仓山房续文集》，《袁枚全集》第三册，浙江古籍出版社，2018年。

〔清〕蒋敦复：《随园轶事》，《袁枚全集》第十册，浙江古籍出版社，2018年。

〔清〕潘仪增编，潘飞声校：《番禺潘氏诗略》，光绪二十年（1894）刻本，广东省立中山图书馆藏。

〔清〕陈昙：《邝斋杂记》，收入《岭南随笔（外五种）》，广东人民出版社，2015年。

〔清〕陈昙：《邝斋师友集》，《清代稿钞本八编》第379册，广东人民出版社，2017年。

〔清〕伊秉绶：《留春草堂诗钞》，嘉庆十九年（1814）广州秋水园刻本，广东省立中山图书馆藏。

〔清〕潘正亨：《万松山房诗秒》，道光十二年（1832）刻本，广东省立中山图书馆藏。

〔清〕黄培芳：《北行日记》，稿本，广东省立中山图书馆藏。

〔清〕黄培芳：《北行小草》，《广州大典》第453册，广州出版社，2014年。

〔清〕黄培芳:《岭海楼诗钞》，道光二十一年（1841）刻本，广东省立中山图书馆藏。

〔清〕黄培芳：《岭海楼诗钞》，《广州大典》第453册，广州出

版社，2014年。

〔清〕龚自珍：《龚自珍全集》，上海人民出版社，1975年。

〔清〕劳伯言：《求实用斋诗存》，《广州大典》第477册，广州出版社，2014年。

〔清〕曾燠：《赏雨茅屋诗集》，《续修四库全书》第1484册，上海古籍出版社，1995年。

〔清〕屈大均著，欧初、王贵忱主编：《屈大均全集》，人民文学出版社，1996年。

〔清〕梁佩兰：《六莹堂集》，中山大学出版社，1992年。

〔清〕张锦芳：《逃虚阁诗集》，《广州大典》第447册，广州出版社，2014年。

〔清〕何仁山：《锄月山房文钞》，《广州大典》第468册，广州出版社，2014年。

〔清〕李长荣：《柳堂诗友诗录》，《广州大典》第505册，广州出版社，2014年。

〔清〕恽敬：《大云山房文稿》，世界书局，1937年。

〔清〕温汝适：《寄津斋诗钞序》，《广州大典》第453册，广州出版社，2014年。

〔清〕麦钰铭：《听春楼诗钞序》，《广州大典》第452册，广州出版社，2014年。

〔清〕陈其锟：《北游草序》，《广州大典》第453册，广州出版社，2014年。

〔清〕何文绮：《竹香楼诗草序》，《广州大典》第449册，广州出版社，2014年。

〔清〕徐琪：《粤轺集》，《广州大典》第477册，广州出版社，2014年。

〔清〕方浚颐：《梦园书画录》，《广州大典》第47册，广州出版社，2014年。

〔清〕招子庸：《粤讴》，广东人民出版社，1986年。

二、近人著述

（一）论文

朱良志：《画史上流传石涛伪作分类考略》，《美术研究》，2005年第4期。

朱良志：《石涛款“赠刘石头山水图”诸问题考辨——存世石涛款作品真伪考系列之八》，《荣宝斋》，2015年第12期。

莫润棣：《谢兰生与广东书画收藏家》，莫家良编：《学道扬尘：香港中文大学中国艺术史论文集》，香港中文大学艺术系，2003年。

张艺仪：《十九世纪初广东文人画的本土意识》，收入林亚杰、朱万章主编：《广东绘画研究文集》，岭南美术出版社，2010年。

张艺仪：《嘉道时期广东地区书画鉴藏活动》，《粤海艺丛》第二辑，2010年。

李孝悌：《士大夫的逸乐：王士祯在扬州（1660—1665）》，《历史语言研究所集刊》，第76本第1分，2005年。

何炳棣著，王振忠译：《科举和社会流动的地区差异》，《历史地理》，第11辑，1993年。

麦思杰：《“瑶乱”与明代广西销盐制度变迁》，《广西民族研究》，2008年第2期。

唐晓涛：《明代桂西土司力量在大藤峡地区的更替——兼论大藤峡瑶民起义的发生》，《广西民族研究》，2011年第3期。

程镇芳：《五口通商前后福建茶叶贸易商路论略》，《福建师范大学学报（哲学社会科学版）》，1991年第2期。

陈春声：《清代广东的银元流通》，《中国钱币》，1985年第1期。

陈春声：《清代广东银钱比价》，《中山大学学报（哲学社会科学版）》，1986年第1期。

洪再新：《艺术鉴赏、收藏与近代中外文化交流史——以居廉、伍德彝绘潘飞声〈独立山人图〉为例》，《故宫博物院院刊》，2010年第2期。

洪再新：《试论黄宾虹的"道咸画学中兴说"》，《美术》，1994年第2期。

杨鸿烈：《回忆梁启超先生》，《广东文史资料》，第8辑。

张静庐：《记前清科举考试的一些概况》，《广东文史资料》，第33辑。

王建军、慕容勋：《论清代广州书院城市化》，《华东师范大学学报（教育科学版）》，2005年第23卷第1期。

伯子：《辛亥革命后寓居香港"前清遗老"的种种活动》，《广东文史资料》，第11辑。

黄国声：《羊城旧话之点主》，《南方都市报》，2011年3月17日。

司徒瑞：《清代广州的接官亭、法场地与万寿宫》，《广州文史资料存稿选编》第5辑，中国文史出版社，2008年。

黄国声：《水城广州旧事》，《羊城晚报》，2010年6月20日。

胡玉兰：《清代十三行儒商钟启韶及其诗歌简论》，《重庆科技学院学报（社会科学版）》，2017年第5期。

杨念群：《论十九世纪岭南乡约的军事化——中英冲突的一个区域性结果》，《清史研究》，1993年第3期。

颜志端、颜祖侠：《十三行闽籍行商家族联姻初探》，《岭南文史》，2019年。

董少新：《论邱熺与牛痘在华之传播》，《广东社会科学》，2007年第1期。

王小荷：《清代两广盐商及其特点》，《盐业史研究》1986年第1期。

孔令彬：《李秉绶生平事迹略考》，《美术学报》，2016年第2期。

孔令彬：《孟觐乙生平事迹略考》，《美术学报》，2015年第3期。

孔令彬：《居廉、居巢为宋光宝弟子考》，《美术学报》，2015年第5期。

贾慧如：《略论洪颐煊的学术生涯与治学特点》，《西北民族大学学报（哲学社会科学版）》，2009年第4期。

徐雁：《诗吟陶令篇，地拟衡山墅——访临海洪颐煊“小停云山馆”有感》，《图书馆研究与工作》，2010年第1期。

陈利敏：《清代广东进士地理分布及其特点分析》，《浙江档案》，2017年第10期。

方尤瑜：《殷殷良马情　拳拳知遇心——李黼平和阮元的情谊》，《岭南文史》，2016年第4期。

罗中峰：《绘画与沈周的社会世界（一）》，《美术学报》，2012年第2期。

罗中峰：《绘画与沈周的社会世界（二）》，《美术学报》，2012年第4期。

陈鲁民：《说避寿》，《大公报》，2013年1月12日。

陈贤波：《青天平海：嘉庆十六年（1811）袁瑛〈平海还朝图〉的绘制背景与知识来源》，《美术学报》，2020年第4期。

万新华：《吴荣光书画鉴藏活动研究》，林亚杰、朱万章主编：《广东绘画研究文集》，岭南美术出版社，2010年。

赵力：《江南风象——从地域创作的异动谈晚清画风的嬗变》，《区域与网络国际学术研讨会论文集》编辑委员会编：《区域与网络——近千年来中国美术史研究国际学术研讨会论文集》，台湾大学艺术史研究所，2001年。

周利锋：《吴荣光书法“北碑入行草”论献疑——兼论晚清碑学传播的复杂性》，《美术学报》，2015年第1期。

周利锋：《吴荣光与广东书法家交游考略兼论晚清岭南帖学》，《美术与设计》，2014年第6期。

金丹：《阮元与淳化阁帖》，《上海文博论丛》，2003年第3期。

贾祥云：《中国赏石的分类与鉴赏》，《中国园林》，2010年第11期。

刘音、高伟：《英石赏石文化历史源流及发展前景》，《广东园林》，2017年第4期。

单国强：《赏石与中国绘画》，《故宫博物院院刊》，1999年第2期。

梁大和：《也说苏东坡与罗浮山》，《惠州大学学报（社会科学版）》，2001年第3期。

谭赤子：《两代文章见性情——陈铭珪、陈伯陶父子其人其文》，《岭南文史》，2002年第1期。

黄敏：《罗浮山与岭南文化》，《社会科学家》，2003年第5期。

夏志前：《岭南“新全真道”的历史衍变与当代境遇》，《宗教学研究》，2012年第2期。

吴晓蔓：《清代笔记小说中所见广东道教》，《岭南文史》，2006年第4期。

罗可尧：《云泉山馆记拓本题记》，《职大学报》，2007年第4期。

朱万章：《苏六朋及其艺术风格》，《收藏家》，2004年第2期。

黎丽明：《艮泉图咏与19世纪初的文人交游圈》，《中国国家博物馆馆刊》，2016年第4期。

黎丽明：《罗浮山艮泉主人黎应钟考析》，《收藏拍卖》，2014年第9期。

黎丽明：《清代富商人物画的形象建构——〈富山怡乐图〉背后的一段心史》，《文艺研究》，2017年第10期。

李凯：《嘉道年间金石价格研究——以张廷济〈清仪阁所藏古器物文〉中的古董交易为中心》，《中国书画》，2020年第5期。

苏仲权、毛锦钦：《苏东坡游罗浮山泊岸博罗园洲泊头镇考》，《惠州日报》，2016年4月12日。

滕新才：《明朝中后期旅游文化论》，《旅游学刊》，2001年第6期。

程杰：《古代五大梅花名胜的历史地位和文化意义》，《阅江学刊》，2011年第1期。

程杰：《岭南罗浮梅花村考》，《学术研究》，2009年第3期。

管林：《伊秉绶在广东》，《岭南文史》，1998年第3期。

万木春：《远离山水：中国古代山水观的一个侧面》，《新美术》，2014年第9期。

邓小红：《功名路上——黄培芳暨〈北行日记〉》，《大众文艺》，2017年第13期。

仇家京：《新发现的〈许乃济丙申日记〉稿本考述》，《图书馆理论与实践》，2017年第2期。

李润强：《清代进士的时空分布研究》，《西北师大学报（社会科学版）》，2005年第1期。

程中山：《伪书〈厚甫诗话〉成书考述——兼论清代广东诗话中“南来学者”的情意结》，《中国典籍与文化》，2005年第3期。

熊昌锟：《清代民间舆论对洋银流通的认知与因应》，《长安大学学报（社会科学版）》，2018年第5期。

吴康：《南船北马，九省通衢——清江浦的前世今身》，《淮安文史资料》第24辑，黑龙江人民出版社，2007年。

（二）著作

刘禺生：《世载堂杂忆》，中华书局，2006年。

汪兆镛：《岭南画征略》，广东人民出版社，2006年。

汪兆镛著，邓骏捷、刘心明编校：《汪兆镛文集》，广东人民出版社，2015年。

梁启超：《饮冰室合集文集》，中华书局，1932年。

黄佛颐编：《广州城坊志》，广东人民出版社，1994年。

刘伯骥：《广东书院制度》，商务印书馆，1938年。

商衍鎏：《清代科举考试述录及有关著作》，百花文艺出版社，2004年。

黄任恒编：《番禺河南小志》，广州市海珠区人民政府编印，1990年。

钟玉文：《罗浮山游记汇刊初编》，中国图书出版社，2015年。

梁嘉彬：《广东十三行》，广东人民出版社，1999年。

祝秀侠：《粤海旧闻录》，圣文书局，1987年。

汪宗衍：《广东书画征献录》，自印本，1988年。

汪宗衍：《艺文丛谈》，中华书局香港分局，1978年。

傅申：《从白纸到白银》，东大图书股份有限公司，1997年。

朱良志：《传世石涛款作品真伪考》，北京大学出版社，2017年。

朱良志：《石涛研究（第二版）》，北京大学出版社，2017年。

朗绍君：《论中国现代美术》，江苏美术出版社，1988年。

万青力：《并非衰落的百年——19世纪中国绘画史》，广西师范大学出版社，2008年。

万木春 ：《味水轩里的闲居者 ：万历末年嘉兴的书画世界》，中国美术学院出版社，2008年。

李孝悌编 ：《中国的城市生活》，北京大学出版社，2013年。

程美宝 ：《地域文化与国家认同 ：晚清以来“广东文化”观的形成》，生活·读书·新知三联书店，2006年。

李绪柏 ：《清代广东朴学研究》，广东地图出版社，2001年。

曾昭璇 ：《广州历史地理》，广东人民出版社，1991年。

曾昭璇、黄少敏 ：《珠江三角洲历史地貌学研究》，广东高等教育出版社，1987年。

陈春声 ：《市场机制与社会变迁——18世纪广东米价分析》，中国人民大学出版社，2010年。

陈海忠、温建钦 ：《清代粤东地方动乱与治理》，中山大学出版社，2019年。

唐立宗 ：《在盗区与政区之间 ：明代闽粤赣湘交界的秩序变动与地方行政演化》，台湾大学出版委员会，2002年。

刘平 ：《被遗忘的战争 ：咸丰同治年间广东土客大械斗研究》，商务印书馆，2003年。

任百强 ：《我佛山人评传》，自印本。

中国戏曲志编委会编 ：《中国曲艺志·广东卷》佛山分卷，中国ISBN中心，1993年。

余勇 ：《明清时期粤剧的起源、形成和发展》，中国戏剧出版社，2010年。

江灿腾 ：《晚明佛教改革史》，广西师范大学出版社，2006年。

贺跃夫 ：《晚清士绅与近代社会变迁》，广东人民出版社，

1994年。

王先明：《近代绅士——一个封建阶层的历史命运》，天津人民出版社，1997年。

颜广文：《古代广东史地考论》，中山大学出版社，2007年。

李绪柏：《清代广东朴学研究》，广东地图出版社，2001年。

曾新：《明清广州城及方志城图研究》，广东人民出版社，2013年。

胡巧利主编：《广东方志与十三行——十三行资料辑要》，广东人民出版社，2014年。

陈鸿钧、伍庆禄编著：《广东碑刻铭文集》，广东高等教育出版社，2016年。

潘刚儿、黄启臣、陈国栋编著：《广州十三行之一潘同文（孚）行》，华南理工大学出版社，2006年。

黄国信：《国家与市场》，中华书局，2019年。

李国荣、林伟森主编：《清代广州十三行纪略》，广东人民出版社，1994年。

李明：《清代绘画与金石学关系研究》，上海社会科学院出版社，2018年。

黄宾虹著，王中秀主编：《黄宾虹文集全编》，荣宝斋出版社，2019年。

吕永光：《梁佩兰年谱简篇》，梁佩兰：《六莹堂集》，中山大学出版社，1992年。

张长虹：《我用我法：石涛艺术与社会接受研究》，上海书画出版社，2019年。

劳继雄：《中国古代书画鉴定实录》，东方出版中心，2011年。

杨仁恺：《中国古代书画鉴定笔记》，辽宁人民出版社，

2014年。

巫仁恕：《品味奢华：晚明的消费社会与士大夫》，中华书局，2008年。

王次澄等编著：《大英图书馆特藏中国清代外销画精华》，广东人民出版社，2011年。

《黎简谢兰生先生书画》，香港中文大学出版社，1993 年。

广东历代绘画展览组委会主编：《传承与发展：广东历代绘画展览图录》，岭南美术出版社，2010年。

邹逸麟主编：《黄淮海平原历史地理》，安徽教育出版社，1997年。

杨念群：《何处是“江南”：清代正统观的确立与士林精神世界的变异》，生活·读书·新知三联书店，2017年。

郑二平：《败于海上：解读中国古代海战图》，生活·读书·新知三联书店，2016年。

三、海外著述

〔美〕麦哲维：《谢兰生〈常惺惺斋日记〉与嘉道间广州城市生活一览》，《华南研究资料中心通讯》，第33期，2003年。

STEVEN B. MILES：*The Sea of Learning: Mobility and Identity in Nineteenth-Century Guangzhou.* Cambridge (Massachusetts) and London: Harvard University Press, 2006.

〔美〕麦哲维著，沈正邦译：《学海堂与晚清岭南学术文化》，广东人民出版社，2018年。

〔美〕高居翰著，杨贤宗等译：《画家生涯：传统中国画家的生活与工作》，生活·读书·新知三联书店，2012年。

〔英〕柯律格著，刘宇珍等译：《雅债：文徵明的社交性艺术》，生活·读书·新知三联书店，2012年。

〔英〕柯律格著，高昕丹、陈恒译：《长物志：早期现代中国的物质文化与社会状况》，生活·读书·新知三联书店，2015年。

〔美〕蒂莱曼·格里姆：《广东的书院与城市体系》，〔美〕施坚雅主编：《中华帝国晚期的城市》，中华书局，2000年。

〔法〕布罗代尔著，顾良、施康强译：《十五至十八世纪的物质文明、经济与资本主义》，商务印书馆，2018年。

〔英〕彼得·伯克著，刘永华译：《法国史学革命：年鉴学派，1929—2014》，北京大学出版社，2016年。

〔法〕谢和耐著，刘东译：《蒙元入侵前夜的中国日常生活》，江苏人民出版社，1995年。

〔美〕张仲礼著，李荣昌译：《中国绅士研究》，上海人民出版社，2008年。

〔美〕张仲礼著，费成康、王寅通译：《中国绅士的收入》，上海社会科学院出版社，2001年。

〔美〕张仲礼：《中国绅士——关于其在十九世纪中国社会中作用的研究》，上海社会科学院出版社，1991年。

〔法〕伊凡著，张小贵、杨向艳译：《广州城内》，广东人民出版社，2008年。

〔美〕穆黛安著，刘平译：《华南海盗（1790—1810）》，商务印书馆，2019年。

〔美〕亨特著，冯树铁、沈正邦译：《广州番鬼录·旧中国杂记》，广东人民出版社，2009年。

〔美〕阎云翔著，李放春、刘瑜译：《礼物的流动——一个中国村庄中的互惠原则与社会网络》，上海人民出版社，1999年。

〔美〕刘迅著，张广保编，宋学立译：《神仙与祖师：十九世纪中国满洲官员及其家人的道教世界》，《多重视野下的西方全真教研究》，齐鲁书社，2013年。

〔法〕高万桑著，张广保编，宋学立译：《1700—1950年的全真教》，《多重视野下的西方全真教研究》，齐鲁书社，2013年。

〔美〕黄仁宇著，张皓、张升译：《明代的漕运》，新星出版社，2005年。

〔韩〕都重万：《嘉庆年间广东社会不安与团练之发展》，《清史研究》，1998年第3期。

后记

与谢兰生及其《常惺惺斋日记》结缘，实属巧合。2010年春天，我通过香港中文大学莫润棣博士的相关论文留意到这本日记，也了解到美国学者麦哲维在其著作《学海：十九世纪广州的社会流动性与身份认同》一书中使用了这一史料。当时，我的学术兴趣正从明代绘画史转入广东区域史研究，恰好《常惺惺斋日记》被纳入到《广州大典》的整理范围，广东省古籍保护中心的林锐老师鼓励我做该书的整理工作。在这种机缘下，我从标点入手，开始接触谢兰生及其相关史料。

《常惺惺斋日记》原稿藏于中国国家图书馆，我是采用影印版进行整理的，其间曾请香港中文大学童宇博士协助标点部分日记，前前后后用了两年多的时间，2014年由广东人民出版社出版整理本。《常惺惺斋日记》虽然字数不多，但内容丰富，并且在识读方面有一定难度，要求整理者既有草书的辨识能力，又要对日记中的相关人物信息有所了解。我刚开始也是一头雾水，后来经过反复研读，方逐渐弄清来龙去脉。总之，解读日记内容，犹如破解谢兰生的人生密码。当然，过分追求细节，可能会陷入烦琐考据的泥沼中，但确实很有趣。

在完成《常惺惺斋日记》的整理工作后，我便转入艰难的研究和写作阶段，其间由于我调至学校学报编辑部工作，琐碎繁重的编务工作一度使研究中断，写作一直是在断断续续的状态中进行的。一晃十年过去了，我也从一个"自了汉"，变成了两鬓苍然的老编辑。到了新的工作环境，也就有了许多新的人生感悟。因为改行做编辑，我得以从学院教研系统的象牙塔中探出头来，接触到各色人等，增长了许多社会阅历。我不敢确定，假如没有这段在学报工作的经验，对于谢兰生的许多人生选择与处世方式，能否有真切的理解。因此，尽管学报工作耗去不少精力与时间，但我觉得从中所体验和领悟到的人生真谛，对于研究却是大有裨益。

本书得以完稿，首先要感谢美国普吉湾大学洪再新教授。他是我博士生导师范景中先生的师弟，按辈分来说，是我的师叔，但他总是风趣幽默地"尊称"我为"若老"，直到我在同门师兄王霖兄的提醒下提出"抗议"，方改为"若兄"。虽说"礼岂为我辈设也"，但或许因为没有正式师生名分，我们的交往更多了一份轻松从容。洪老师是江南人，但对我这个广东"蛮子"一直关爱有加，在为我前一部书稿《越台春望》撰写两万多字的长序后，又为本书作序，体现了前辈学者对后学的关心与奖掖之情。在本书的写作过程中，他提出了大量建设性意见，许多章节，便是我们多次书信往来商讨的结果，可以说，本书也凝聚了洪老师的不少心血与思考。本书的书名"青萍之末"便是从他的序文题目"大风起于青萍之末"掠美化出。十多年来，得益于他的谆谆教诲，我不至产生独学无侣的孤寂感。近年，洪老师受邀回母校中国美术学院讲学，他有好几次在返美登机前，给我打电话道别，这是他们那一代学人平易近人、彬彬有礼的处事方式。这份情谊，我是铭感于心的。世上之事，多有不可解者，或许真的只能用“缘分”二字来解释这份情谊，当然，还有他念兹在兹的“粤学”。

在文献搜集方面，尤其感谢香港中文大学童宇博士。许多国内难得一见的过刊以及海外学者的论文，他以精湛的电脑检索技术及在香港的良好人脉，都能及时帮忙找到。每逢遇到文献搜集上的困难，我总是第一时间想起童宇兄，而童宇兄也总能在最短时间内为我排忧解难，迅速发来所需的材料，称之为“及时雨”，真不为过。童兄近年学术精进，新作迭出，洪再新老师曾感慨道，看到童兄就仿佛看到当年饶（宗颐）老在香港治学的风采。作为童兄本科时期的老师，我也为之深感欣慰。

在实地考察方面，衷心感激林一方兄的襄助。我们志趣相投，经常结伴四处寻幽访古。我们数次入罗浮山考察艮泉、茶山等景点，追寻谢兰生等广东名士当年的游迹，还一起登上最高峰飞云顶——这可是清代广东文人望而却步之处，我当时还填了一首词《忆少年·登罗浮山飞云顶》纪念此游：“淙淙泉水，悠悠古径，蒙蒙云岫。骑鲸过巨浪，绝尘摩星斗。始信山君终可就，倩麻姑、奉觞称寿。虽霜鬓如此，却千峰入袖。”

此外，许多师友也给了我真诚的帮助，其中有：广东著名美术史学者黄大德先生，中国美术学院范景中、董捷、万木春、孔令伟、石炯、王霖、封治国等老师，中央美术学院吴雪杉教授，北京印刷学院李啸非教授，中国人民大学付阳华教授，南京艺术学院李安源老师、叶康宁老师，南京师范大学薛墨老师、汤宇星老师、许玮老师，四川大学韩刚教授，华东师范大学李万康教授，广州美术学院李公明、李伟铭、李行远、蔡拥华、许敦平、陈伟明、蔡涛、胡斌、彭圣芳、陈建宏、赖志强等老师，华南师范大学皮道坚老师、陈贤波老师，中山大学陈嘉顺博士，广东省立中山图书馆林子雄研究员、林锐研究员、姚少丽馆员，南京博物院万新华研究员，北京画院赵琰哲研究员、奇洁研究员，中国国家博物馆朱万章研究员，广东省博物馆任文岭研究员，广州艺术博物院陈志云研究员、黎丽明研究员，关山月美术馆陈俊宇、庄程恒、丁澜翔等研究员，云南省博物馆曾天华馆员。他们或提出写作意见，或帮忙查找资料，对于他们的支持与帮助，借此一角，表达我由衷的谢意。总之，要感谢的师友实在太多，限于篇幅，恕不一一列出名字了。

最后，感念已故的著名山水画家林丰俗老师，这也是我久藏心中的一件憾事。林丰俗老师曾赠我青绿山水一帧，因别无他物回赠，便以谢兰生日记整理本一册呈正。其时不过出于礼节，讵料林老师常置于案头翻看，且延誉于诸客，其后又托王艾兄来问我相关研究的进展情况。该书本属断烂朝报式的日记体，读者寥寥，难得林老师如此看重，令我感动莫名。我曾有一愿，待谢兰生研究成书后，再请林老师一阅。2017年，林老师遽归道山，我敬挽一联，其上句“冷僻文字，惟公清赏，欲说知音恐托大”，说的正是此事。现在书稿终于完成，差可告慰林老师，然终不免有“挂剑”之憾。坡公曾言“死生惯见浑无泪”，人到中年，今岁又逢新冠疫情，对于死生契阔更有一番感悟，唯行文至此，总是不胜欷歔之至。

李若晴

2020年大暑于广州美术学院